Sammlung Metzler
Band 277

Knut Hickethier

Film- und Fernsehanalyse

3., überarbeitete Auflage

Verlag J.B. Metzler Stuttgart · Weimar

Der Autor

Knut Hickethier, geb. 1945; Studium der Literaturwissenschaft und Medienwissenschaft in Berlin; 1982 Habilitation; seit 1990 Lehrstuhlvertretung und Gastprofessur für Medienwissenschaft an der Universität Marburg; seit 1994 Professor für Medienwissenschaft an der Universität Hamburg; bei J.B. Metzler sind erschienen: *Geschichte des deutschen Fernsehens,* 1998. *Das Fernsehspiel der Bundesrepublik,* 1980.

Die Deutsche Bibliothek – CIP-Einheitsaufnahme

Hickethier, Knut:
Film- und Fernsehanalyse / Knut Hickethier.
– 3., überarb. Aufl..
– Stuttgart ; Weimar : Metzler, 2001
(Sammlung Metzler ; Bd. 277 : Realien zur Literatur)
ISBN 3–476–13277–3

Gedruckt auf chlorfrei gebleichtem, säurefreiem und alterungsbeständigem Papier

SM 277

ISBN 3-476-13277-3
ISSN 0558 3667

Dieses Werk einschließlich aller seiner Teile ist urheberrechtlich geschützt. Jede Verwertung außerhalb der engen Grenzen des Urheberrechtsgesetzes ist ohne Zustimmung des Verlages unzulässig und strafbar. Das gilt insbesondere für Vervielfältigungen, Übersetzungen, Mikroverfilmungen und die Einspeicherung und Verarbeitung in elektronischen Systemen.

© 2001 J.B. Metzlersche Verlagsbuchhandlung
und Carl Ernst Poeschel Verlag GmbH in Stuttgart
www.metzlerverlag.de
info@metzlerverlag.de
Einbandgestaltung: Willy Löffelhardt
Satz: Johanna Boy, Brennberg
Druck und Bindung: Franz Spiegel Buch GmbH, Ulm
Printed in Germany
April/2001

Verlag J.B. Metzler Stuttgart · Weimar

Inhalt

I. Einleitung 1

II. Gegenstandseingrenzungen
    Film – Fernsehen – Audiovision 5
    1. Medium und Kunst 6
    2. Film und Fernsehen als Kommunikation 9
    3. Öffentlichkeit – Film, Fernsehen, Video 13
    4. Medien als Manipulationsinstrument? 17
    5. Dispositive des Kinos und des Fernsehens 19
    6. Apparat und Programm 21
    7. Film und Fernsehen als Text und Erzählung 23

III. Methodische Aspekte 26
    1. Erkenntnisorientierte Analyse 26
    2. Inhaltsanalyse oder Hermeneutik 30
    3. Zum Filmprotokoll 36
    4. Computergestützte Filmanalyse 40

IV. Zur Analyse des Visuellen 42
    1. Das Bild 42
       Das fotografische Bild 44
       Das kinematografische Bild 45
       Rahmen 46
       Format 47
       Teil und Ganzes innerhalb des Bildformats 49
       Komposition 50
       Die Ordnung der Dinge im Bild und ihre Bewegung 52
       Vom Bild zur Bilderfolge 53
    2. Kategorien zur Beschreibung des filmischen Bildes 55
       Größe der Einstellung als Nähe-Distanz-Relation 57
       Kameraperspektive 61
       Bewegungen von Kamera und Objekt 62
       Bewegungsrichtungen 64
       Dynamik des Bewegungsflusses 67
       Die Veränderung der Begriffe durch die Technik . 68
    3. Bildraum, Architektur und Licht 70

	Der ›mechanische‹ Bildraum	71
	Natur und gebauter Umraum	74
	Architektur als Sujet	77
	Lichtgestaltung	78
	Kategorien des Lichts	81
	Narrativer Raum	84
4.	Elektronische Bildgewebe	86
	Das Fernsehbild	87
	Stanzbilder, elektronische Texturen, Bildgewebe	89

V. Zur Analyse des Auditiven 94

1.	Ton	94
	Geräusche	96
	Musik	98
2.	Sprache im Film	102
3.	Wort-Bild-Verbindungen	107

VI. Zur Analyse des Narrativen 110

1.	Erzählen und Darstellen	110
	Story, Fabel, Thema	113
	Bedeutungsschichten	115
	Denotation und Konnotation	116
	Gestaltete Abfolge	119
2.	Dramaturgie	121
	Geschlossene und offene Form	122
	Anfang und Ende	123
	Figurenkonstellationen	127
3.	Erzählstrategien	129
	Point of view und Erzählsituation	130
	Erzählzeit und erzählte Zeit	133
	Zeitraffung und Zeitdehnung	134
	Vorgreifen und Rückwenden	135
	Gegenwart und Gleichzeitigkeit	139
4.	Montage und Mischung	144
	Montage der Einstellungen	145
	Montage der Sequenzen	146
	Dramaturgie, Erzählen und Montage als Einheit	148
	Der unsichtbare Schnitt	149
	Der unsichtbare Schnitt als filmischer Realismus?	155
	Montage als Kollision	156
	Montage des Autorenfilms	157
	Montagestile – Filmstile	159

Inhalt VII

       Bildmischung – Transparenz des Televisuellen 160
       Die Materialität elektronischer Bilder 162
       Innere Montage 164
       Montage im postklassischen Hollywood-Film 167

VII. Schauspielen und Darstellen in Film und Fernsehen 169

1. Die Präsenz des Darstellers 169
2. Produktion und Rezeption 170
   Unterspielen 172
3. Darstellungsstile im Film 173
   Darsteller und Rolle 175
   Sichtbarmachen des Unsichtbaren 179
4. Darstellen im Fernsehen 182
   Die Bildschirmpersönlichkeit 186
   Der Politdarsteller 188

VIII. Dokumentarisch – fiktional Gattungen und Programmformen 190

1. Fiktion – Dokumentation 191
2. Kinofilm – Fernsehspiel – Fernsehfilm 193
   Film-Fernseh-Koproduktion 196
3. Die Serie 197
4. Dokumentarfilm – Feature – Dokumentation 200
5. Dokumentarisch-fiktionale Mischformen 204
6. Spielshow – Game Show 207

IX. Werk, Genre und Programm 210

1. Oeuvre 210
2. Genre 213
3. Format 215
4. Programm 216
   Das Programm als große Erzählung 217
   Programmverbindungen 219
5. Entgrenzung und Verfestigung 221

X. Literaturverzeichnis 224

Sachregister 238

I. Einleitung

Fernsehen und Film sind heute unbestritten die wichtigsten Medien der gesellschaftlichen Kommunikation. Das audiovisuelle Angebot wächst beständig. Wo noch Anfang der achtziger Jahre in der Regel drei Fernsehprogramme zu sehen waren, gibt es heute zwischen 25 und 30. Ca. 12.000 Kinospielfilme zeigt das Fernsehen jährlich, ungezählte Fernsehfilme und Serienfolgen nicht eingerechnet. Film, Fernsehen und Video bilden heute Teile eines großen medienindustriellen Verbundes: Nur wenige deutsche Kinofilme werden heute ohne Fernsehgelder hergestellt, die erfolgreichen Kinofilme werden im Videobereich zusätzlich vermarktet. Inzwischen wird von einer medialen ›Verwertungskette‹ gesprochen, die der Film vom Kino über den Video- und DVD-Markt zum Fernsehen (Pay-TV, kommerzielles ›Free TV‹ und öffentlich-rechtliches Fernsehen) bis zum Internet durchläuft. Im Fernsehen finden heute die meisten deutschen Kinofilme ihr großes Publikum und das Fernsehen zehrt wiederum vom Glanz des Kinos. Das Fernsehen hat eine Vielzahl neuer Programmformen entwickelt, die Videokunst hat die Film-Sprache verändert. Autoren und Autorinnen, Regisseure und Regisseurinnen, Schauspieler und Schauspielerinnen sind in allen medialen Bereichen tätig, oft sogar gleichzeitig. Filme werden nach erfolgreichen Bestsellern gedreht, zu den Filmen gibt es das ›Buch zum Film‹. Theaterstücke werden verfilmt, diese ›Theaterfilme‹ wiederum im Fernsehen gezeigt und, auf Videokassetten gezogen, vertrieben. Zeitschriften lenken den Blick auf die mit vielen Werbemitteln herausgestellten Filme, fördern auf diese Weise den Medienkonsum. Im Kino und im Fernsehen präsentiert sich die Werbung als Nutznießer der Filme. Die gegenseitige Stützung der Medien hat ein Geflecht wechselseitiger Abhängigkeiten entstehen lassen, das von einigen Theoretikern bereits als neues ›Supermedium‹ Audiovision beschrieben wird, an dem auch die Druckmedien partizipieren (Zielinski 1989).

Noch vor dem Lesen lernen die meisten Kinder heute, den Fernsehapparat zu bedienen und Filme zu verstehen. Jugendsoziologen sprechen von einer fernsehsozialisierten Generation, die seit den sechziger Jahren herangewachsen ist und die sich von den durch das Buch sozialisierten Generationen ihrer Eltern und Großeltern unterscheiden. Der Gebrauch des Fernsehens und das Sehen von Filmen scheint heute eine Selbstverständlichkeit. Dennoch ist die Kenntnis künstlerischer Ausdrucksweisen, besonderer filmsprachlicher Mittel, im Allgemeinen nicht sehr entwickelt. Die Abwehr künstlerisch avancierter filmischer Erzählweisen ist weit verbreitet. Anders als bei der Literatur, deren Erzählformen in der Schule nahe gebracht werden, gibt es dort kaum Heranführungen an die ästhetischen Gestaltungsmittel des Films und kaum eine Vermittlung der Gestaltungsprinzipien des Fernsehens und der Videokunst.

Seit Mitte der sechziger Jahre findet in Deutschland an den Universitäten eine analytische Auseinandersetzung mit Filmen und ihren ästhetischen Strukturen statt, seit Anfang der siebziger Jahre auch eine mit Fernsehsendungen. Das leichte, scheinbar umstandslose Verstehen filmischer Darstellung und Erzählung forderte zur wissenschaftlichen Untersuchung heraus, verlangte nach Beschreibung und Analyse der Gestaltungsweisen und der Formen audiovisueller Vermittlung. Die Ausgangspunkte in den Fachdisziplinen waren unterschiedlich. Sie sind zum einen zu finden in der Soziologie (Albrecht 1968) und der Publizistikwissenschaft, wenn diese sich dem Film zuwandten, dann auch, ab Beginn der siebziger Jahre, verstärkt in der Literaturwissenschaft (Kreuzer 1975, Knilli 1973, 1974, Schanze 1974) sowie in der Theaterwissenschaft und der Kunstwissenschaft.

Die vor allem in den Geisteswissenschaften in den siebziger Jahren entstandene Medienwissenschaft hat sich auch methodologischen Fragen der Analyse von Film- und Fernsehprodukten zugewandt (Knilli/Reiss 1971; Paech 1975; Faulstich 1976; Kuchenbuch 1978; Hickethier/Paech 1979, Silbermann/Schaaf/Adam 1980, Waldmann/Waldmann 1980, Korte 1999). Im Vordergrund stand die Analyse der ›Filmsprache‹, auch dann, wenn die Kategorien für die Analyse von Fernsehsendungen benutzt wurden. Die hier vorgelegte Einführung lässt stärker auch fernsehcharakteristische Merkmale in den Blick kommen. Die erwähnten Beispiele entstammen nicht einem Kanon (zum Kanonbegriff vgl. Heller 1989), sondern sind der alltäglichen Praxis entnommen und versuchen bewusst auch den vielfach vernachlässigten Fernsehfilm einzubeziehen.

Film- und Fernsehanalyse, in dem hier entwickelten Verständnis, geht davon aus, dass in den Medien der Audiovision – Kino, Fernsehen, Video – Gemeinsamkeiten in den Vermittlungsstrukturen vorhanden sind. Die Unterschiede zwischen Kino und Fernsehen und zwischen Fernsehen und Video sollen darüber jedoch nicht vernachlässigt werden. Doch sie liegen weniger in den Grundlagen des audiovisuellen Erzählens und Darstellens als vielmehr in Anwendungsformen, in speziellen Aufgabenzuweisungen, in unterschiedlichen Produktions- und Distributionsweisen.

Einleitung

Über die Notwendigkeit der Film- und Fernsehanalyse bestehen heute kaum noch Kontroversen. Im Schnittpunkt von Theorie, Geschichte und Rezeptionspraxis markiert sie die Aufgabe, deren Befunde am konkreten Film, der Fernsehsendung bzw. dem Programmausschnitt oder dem Videotape zu überprüfen und von diesen aus wiederum Fragen an die Theoriebildung und die Geschichtsschreibung zu stellen.

Die Zielsetzungen der Film- und Fernsehanalyse lassen sich aufgrund der methodischen Debatten folgendermaßen grob umreißen. Sie dient:

- der Sensibilisierung der eigenen Wahrnehmung;
- der Vervollkommnung der ästhetischen Geschmacksbildung;
- der Steigerung des ästhetischen Genusses;
- der Gewinnung von Kenntnissen über die audiovisuellen Medien;
- der genaueren Beschreibung und besseren Beurteilung von medialen Prozessen.

Ein solches ›Pflichtenheft‹ der Film- und Fernsehanalyse ist nicht unveränderlich, sondern wandelt sich im Laufe der analytischen Praxis, erweitert und reduziert sich mit der Gegenstandsentwicklung und der allgemeinen Veränderung der Medienwissenschaft.

Diese Einführung kann nicht alle Fragen beantworten, sondern will auf Probleme aufmerksam machen. Sie ist nicht für den Spezialisten gedacht, sondern versteht sich als ein Einstieg.

Eine vielleicht mögliche geschlechtsdifferenzierende Thematisierung der Aspekte des audiovisuellen Erzählens und Darstellens sowie des Zuschauens musste ausgespart werden, weil sie den Rahmen einer Einführung übersteigt. Zum einen, weil für viele Aspekte dafür keine gesicherten Erkenntnisse vorliegen (wo gibt es eine feministische Fernsehtheorie?), zum anderen, weil selbst Grundfragen, z.B. ob es eine spezifisch weibliche Filmästhetik gibt, unter Filmtheoretikerinnen strittig sind.

Ist von ›den Zuschauern‹ oder den ›Regisseuren‹ und ›Autoren‹ im Folgenden allgemein die Rede, ist dies idealtypisch und damit geschlechtsunspezifisch gemeint, um sprachliche Umständlichkeiten wie ›Zuschauerinnen und Zuschauer‹ oder die vielfach beliebten Binnengroßschreibungen (›dieseR ZuschauerIn‹) zu vermeiden.

Für zahlreiche Anregungen danke ich den Studentinnen und Studenten in den film- und fernsehwissenschaftlichen Einführungskursen des Instituts für Theaterwissenschaft der FU Berlin, des Instituts für Neuere deutsche Literatur und Medien der Philipps-Universität Marburg, des Fachbereichs 11 der Hochschule der Künste Berlin sowie der Studiengänge ›Medienkultur‹ und ›Deutsche Sprache und Literatur‹ an der Universität Hamburg, die im Laufe der Jahre durch Kritik und Widerspruch zur Differenzierung vieler Aspekte beigetragen haben. Dank gilt auch Heinz-B. Heller und Joan Bleicher für Hinweise und Anregungen sowie Elisabeth Faulstich und Carsten Gülker für ihre Hilfe bei der Texterstellung.

II. Gegenstandseingrenzungen Film – Fernsehen – Audiovision

Wenn heute von ›Film‹ und ›Fernsehen‹ die Rede ist, wird damit oft Unterschiedliches verbunden. Im alltagssprachlichen Umgang sind mit ›Film‹ und ›Fernsehen‹ sowohl die gesellschaftlichen *Institutionen* gemeint, die Filme und Fernsehsendungen produzieren und vertreiben (also die Filmwirtschaft, die Fernsehanstalten, die Medienindustrie insgesamt) als auch einzelne *Filme und Fernsehsendungen* sowie die Gesamtheit der Filme und Fernsehsendungen als einer *ideellen Einheit* der Produkte. Darunter wird auch der Vorgang des Filme-Sehens und des Fernsehens als Handlung gefasst, also der Umgang der Menschen mit den Medien: das Zuschauen, die Rezeption.

Film- und Fernsehanalyse muss also wie jede andere wissenschaftliche Arbeit den Gegenstand der eigenen Auseinandersetzung bestimmen. Dazu bedient sie sich theoretischer *Modellbildungen*, mit denen Film und Fernsehen gefasst werden. Auch wenn sich Film- und Fernsehanalyse in der Regel als Analyse ästhetischer Produkte versteht, also der einzelnen Filme und Fernsehsendungen, gehen in dieses Gegenstandsverständnis immer auch allgemeine Vorstellungen von den Medien ein. Film- und Fernsehanalyse bedient sich in ihrer Gegenstandsbestimmung der Modelle allgemeiner Film- und Fernsehtheorien.

Audiovisuelle Bilder und Töne sind direktes Ergebnis eines *technischen Produktionsvorganges*, einer mit technischen Apparaturen operierenden Inszenierung und Realisation eines kommunikativen Vorhabens. Sie sind Resultat der Arbeit von einzelnen Autoren, Regisseuren, künstlerischen und technischen Mitarbeitern, die jedoch in der Regel nur kollektiv zustande kommt. Sie entstehen bis auf wenige Ausnahmen heute innerhalb einer Institution, sei es eines kommerziellen Unternehmens oder einer öffentlich-rechtlichen Anstalt. Sie unterliegen damit den inneren Mechanismen, Abhängigkeiten und Zwängen dieser Institutionen, die ihrerseits gesellschaftlichen Regulativen wie Gesetzen, Staatsverträgen, Verordnungen etc. bzw. den marktwirtschaftlichen Bedingungen gehorchen. Doch gegenüber diesem *Rahmen* der Kommunikationsbedingungen bewahren die Produkte, Filme und Fernsehsendungen, auch eine gewisse Unabhängigkeit, da sie zwar unter den jeweiligen Bedingungen zustande gekommen sind, diese aber nicht direkt abbilden.

In dem Augenblick, in dem der Film aus dem Produktionszusammenhang entlassen ist und der Öffentlichkeit, den Zuschauern gegenübertritt, stellt er eine eigenständige Einheit dar. Die Intentionen, die einmal zu seiner Produktion geführt haben, die Umstände, die seine Produktion kennzeichneten, treten hinter das *ästhetische Produkt* zurück, das seinen eigenen Regeln folgt. Den Zuschauern mit seinen Seherwartungen und -erfahrungen steht nur das ästhetische Produkt gegenüber.

Zuschauen bedeutet eine kognitive und emotionale Mitarbeit der Rezipienten. Nur durch Verstehensleistungen der Zuschauer wird aus der Vorführung eines belichteten Filmstreifens ein *kommunikativer Vorgang*. Kulturelle Kenntnisse, mediale Erfahrungen der Zuschauer und deren Realitätsverständnis sind am Verstehensprozess beteiligt. Bedeutung entsteht nicht allein durch den Film selbst, sondern vor allem auch durch die konstruktive Mitarbeit des Zuschauers.

Der Spielraum, den der Zuschauer besitzt, das Gesehene zu deuten und zu interpretieren, ist jedoch nicht beliebig ausweitbar, wenn überhaupt noch von einem Verstehen des Films gesprochen werden soll. Den Rahmen dafür stecken die ästhetische Struktur und die ihr eingeschriebenen Mehrdeutigkeiten des Produkts ab. Er ist immerhin so groß, dass er zu unterschiedlichen Interpretationen führen kann.

1. Medium und Kunst

Zu den Modellvorstellungen, mit denen wir Film und Fernsehen heute fassen, gehört, dass wir sie als *Medien* verstehen. Der extensive Gebrauch des Medienbegriffs setzte erst mit der Ausbreitung des Fernsehens in den sechziger Jahren ein, und hier wurde zumeist der Plural gebraucht. Selten sprach man von dem einzelnen ›Medium‹ Fernsehen oder dem ›Medium‹ Film.

In den zwanziger Jahren hatte sich die filmtheoretische Diskussion statt dessen bemüht, den Film als neue *Kunst* zu etablieren. Filmtheorie verstand sich, so z.B. in Béla Balázs' erstem filmtheoretischen Buch *Der sichtbare Mensch*, als Kunsttheorie, als eine »Kunstphilosophie des Films« (Balázs 1924, S. 13), Film wurde von ihm 1924 als »Volkskunst« definiert (ebd., S. 11). Rudolf Arnheim nannte 1932 sein Buch über den Film programmatisch *Film als Kunst* (Arnheim 1932). Er ging davon aus, dass die Filmkunst »nach denselben uralten Gesetzen und Prinzipien arbeitet wie alle anderen Künste auch« (Arnheim 1974, S. 11).

Die zumeist aus der Filmkritik kommenden Theoretiker der ersten Jahrzehnte wollten den Film als Kunstform gleichrangig neben die traditionellen Künste, also Literatur, Theater, Musik und bildende Kunst, stellen und mit Hilfe der Filmtheorie Filmästhetik beschreibbar machen. Filmtheorie war und ist deshalb häufig nur eine Theorie des Spielfilms (vgl. z.B. Wuss 1990).

Indem diese Theorien neben dem Kunstaspekt grundsätzliche Eigenschaften des Films thematisierten, waren und sind sie auf implizite Weise auch *Medientheorien*. Arnheim arbeitete z.B. in seinem Buch bereits mediale Charakteristika heraus und auch Balázs ging in seinem zweiten filmtheoretischen Buch *Der Geist des Films* 1930 über einen kunsttheoretischen Ansatz hinaus, als er die »neue Kunst« des Films als ein »neues Sinnesorgan« begriff und als eine »neue Ausdrucks- und Mitteilungstechnik« definierte (Balázs 1930, S. 1ff.; vgl. auch Locatelli 1999). Als Hilfskonstruktion entstand, nicht zuletzt geprägt durch den russischen Filmregisseur Sergej Eisenstein, der Begriff der »Sprache des Films«. Filmtheorie in diesem Verständnis versucht, eine »Grammatik dieser Sprache« zu schreiben (Balázs 1930, S. 7).

Beim *Fernsehen* liegt der Anfang der Fernsehtheorie zunächst ebenfalls im Versuch, eine Kunsttheorie zu formulieren und das Fernsehen über eine »Fernsehdramaturgie« als Kunst zu definieren. Der Fernsehtheoretiker Gerhart Eckert schrieb 1953 ein Buch mit dem Titel: *Kunst des Fernsehens* (Eckert 1953), und das in dieser Theorie formulierte Verständnis hielt sich bis in die sechziger Jahre. Deutlicher als beim Kinofilm erwies sich beim Fernsehen der Kunstansatz jedoch als problematisch, weil im Fernsehprogramm ganz offensichtlich sehr verschiedene Formen aufeinandertreffen und nur die wenigsten von ihnen einen Kunstanspruch erheben. Anfang der sechziger Jahre wurde deshalb bereits der theoretischen Gleichsetzung von Kunst und Medium im Fernsehen widersprochen (Riedel 1963).

Der *Begriff des Mediums* wird heute als der umfassendere Begriff verstanden: Er umschließt alle Mittel, derer wir uns beim Kommunizieren bedienen. Grundlegend ist die Unterscheidung von Harry Pross zwischen *primären, sekundären* und *tertiären Medien*. Mit primären Medien sind die an den menschlichen Körper gebundenen Elementarformen (Sprache, Mimik, Gestik, Proxemik) gemeint, die ohne zusätzliche Geräte zu gebrauchen sind. Mit sekundären Medien meint Pross die, die auf der Seite der Produzenten eines Gerätes bedürfen (Schreib- und Druckmedien, Plakat, Flaggensignale usf.), nicht aber auf der Seite der Rezipienten. Als tertiäre Medien werden diejenigen verstanden, die nicht nur auf der Seite der Produzenten, sondern auch auf der der Rezipienten eines Gerätes bedürfen. Dazu gehören alle

Medien, die wir als ›technische‹ Medien verstehen, von der Schallplatte, dem Telefon bis zu Film, Fernsehen und Radio (Pross 1987).

Siegfried J. Schmidt hat 1994 vorgeschlagen, zwischen folgenden Medienbegriffen zu unterscheiden: a) Konventionalisierte Kommunikationsmittel wie die Schrift; b) Medienangebote als Resultate der Verwendung von Kommunikationsmitteln (z.B. Texte); c) Techniken, die zur Erstellung von Medienangeboten verwendet werden; d) Institutionen bzw. Organisationen, die zur Erstellung von Medienangeboten erforderlich sind (z.B. Verlage), einschließlich aller damit verbundenen ökonomischen, politischen, rechtlichen und sozialen Aspekte (Schmidt 1994, 613). Alle Definitionsversuche strukturieren sich nach dem Prinzip der aufsteigenden Komplexität.

Der hier verwendete Medienbegriff zielt auf die technisch-apparativen Medien, die tertiären Medien im Sinne von Harry Pross. Er schließt die technisch bedingte Vermittlungsform ein, die sich von anderen durch bestimmte Charakteristika in der gesellschaftlichen Konstitution, den Produktionsweisen, Vermittlungswegen und Wahrnehmungsdispositionen der Zuschauer sowie in den sinnlichen Ansprechweisen des Zuschauers unterscheidet. Medium ist also nicht nur der technische Signalkanal, sondern auch die konkrete historische Ausgestaltung eines kommunikativen ›Apparates‹ im weitesten Sinne. In ihm kann Kunst vermittelt werden, aber nicht alles, was in einem Medium vermittelt wird, ist automatisch Kunst.

Bisher wurde hier, wie umgangssprachlich üblich, vom Film als Medium im Gegensatz zum Fernsehen gesprochen, gemeint ist damit jedoch das Kino als Medium. Der Film als Produktform hat mit dem Entstehen von Fernsehen und Video seine eindeutige Zuordnung zum Kino verloren. Filme werden auch für das Fernsehen hergestellt und im Videobereich (Kassettenabspiel, -verleih und -vertrieb) abgesetzt. Im Begriff der Audiovision (der die elektronischen Produktionsverfahren einschließt) wird der in den letzten zwanzig Jahren zu beobachtenden Tendenz der wirtschaftlichen, medienpolitischen und produktionsästhetischen Verschmelzung der getrennten Medien Kino, Fernsehen und Video Rechnung getragen (vgl. Zielinski 1989).

Kunst in den Medien erscheint zunächst als eine spezielle Angebotsform, die sich von nichtkünstlerischen (z.B. journalistischen) Formen absetzt und an den traditionellen Kunstformen orientiert (vgl. Schanze/Zimmermann 1993). Es gab und gibt vor allem seit Mitte der achtziger Jahre Versuche, den Kunstbegriff wieder auszuweiten und ihn als Wertungsbegriff auf alle Formen anzuwenden.

Es ist auffällig, dass mit dem Entstehen der neuen technischen Medien das Bemühen, die Künste in einem System zusammenzufassen und in einer übergreifenden *Ästhetischen Theorie* umfassend zu erklären, nachgelassen hat. Stattdessen besteht eine Tendenz zu Kunsttheorien als Elementartheorien (vgl. Iser/Henrich 1982). Umgekehrt gibt es jedoch das Bestreben, medientheoretisch von den Einzelmedientheorien zu übergreifenden Medientheorien zu kommen (vgl. Faulstich 1990) und entsprechend der Filmästhetik (Nagl 1999) Konstruktionen einer allgemeinen *Medienästhetik* zu entwickeln (Welsch 1991, Schnell 2000). Daran wird nicht zuletzt die Bedeutungsverschiebung von den Künsten hin zu den Medien deutlich, die mit der Ausbreitung der Audiovision stattgefunden hat.

2. Film und Fernsehen als Kommunikation

In der Medienwissenschaft wird das Verhältnis von medialer Produktion, Produkt und Rezeption als *Kommunikation* beschrieben und in Modellen gefasst. Das einflussreichste Modell der Kommunikation geht von linearen Beziehungen zwischen der Produktion, dem Produkt, dem Medium und der Rezeption aus und erweitert dieses Modell durch zusätzliche Variablen (vgl. Maletzke 1963, S. 41).

In diesem und in vergleichbaren anderen Modellen sind die linearen Beziehungen einseitig gerichtet (eindimensional) und werden als *technische Signalübertragungen* verstanden: Ein ›Kommunikator‹ oder ›Sender‹ (Produktion) stellt eine ›Aussage‹ her (Produkt), die in einem ›Medium‹ den ›Rezipienten‹ bzw. ›Empfänger‹ erreicht. Das Medium wird hier also als ein Kanal zwischen Kommunikator und Rezipienten gedacht, der die Aussage transportiert bzw. vermittelt.

Dieses einfache und zunächst schlüssige Modell erweist sich vor allem in seiner Bezeichnung als Kommunikation als problematisch, weil der Rezipient in der Regel nicht direkt im gleichen Medium antworten kann, sondern allenfalls indirekt über andere Medien (Briefe, Telefon). Damit wird die Prämisse des Modells, dass es sich hier um Kommunikation, also einen wechselseitigen Vorgang, handelt, hinfällig. Denn Kommunikator und Rezipient sind bei Film und Fernsehen ungleichgewichtig. Der Kommunikationsakt bleibt einseitig, er wird von einer Seite her eindeutig determiniert.

Diese *Einseitigkeit* der massenmedialen Kommunikation drückt sich in der Frageformel des amerikanischen Kommunikationstheoretikers Harold D. Lasswell (1948) aus, die die Forschung der fünfziger und sechziger Jahre wesentlich bestimmte: »Who Says What in Which Channel to Whom with What Effect?« Auch andere Modelle, die diesen Vorgang als einen Austausch von Signalen zwischen Kommunikator und Rezipienten verstehen, die sich aus einem gemeinsamen Zeichenvorrat von Kommunikator und Rezipient speisen (vgl. Aufermann 1971, S. 13; Reimann 1968, S. 68f.), kranken an der Ungleichheit von ›Kommunikator‹ und ›Rezipient‹.

Problematisch bleibt das Modell auch, weil sich bei Film und Fernsehen der ›Kommunikator‹ in vielen Produkten nur schwer eingrenzen lässt: Ist damit der Drehbuchautor oder der Regisseur, der Schauspieler oder der Kameramann gemeint, ist es das Produktionsteam, und wenn ja, wie kann dieses eine einheitliche Aussage im Sinne eines Sprechenden zustande bringen?

Die Kommunikationswissenschaft hat seit dem ersten Entwurf solcher Kommunikationsmodelle (in den dreißiger und vierziger Jahren durch die amerikanische Massenkommunikationsforschung) immer deutlicher die Eigenständigkeit des Rezipienten innerhalb dieses Prozesses herausgestellt. Denn im Modell der linearen Informationsabgabe von einem Kommunikator an einen Rezipienten war immer auch eine *Wirkungsvorstellung* eingeschrieben: Die Aussagen wurden dabei als Stimuli für den Rezipienten verstanden, die eine bestimmte Wirkung erzeugen. Es entstand die Auffassung, die noch heute in vielen populären Wirkungsannahmen (z.B. in der Diskussion über Gewalt in den Medien) anzutreffen ist, dass die Aussage des Kommunikators sich direkt in den Köpfen der Rezipienten abbildet und damit deren Bewusstsein strukturiert. Empirische Untersuchungen haben jedoch seit den fünfziger Jahren deutlich gemacht, dass Wirkungen nicht auf eine derart lineare Art und Weise entstehen.

Mitte der siebziger Jahre hat sich deshalb in der deutschsprachigen Diskussion durch die Rezeption amerikanischer Theorien ein grundlegender Wechsel in der Auffassung von der medialen Kommunikation durchgesetzt. Die Auffassung von der Eindimensionalität des Kommunikationsflusses wurde in einem neuen Modell dahingehend korrigiert, dass beim Rezipienten mehr Handlungsmöglichkeiten gesehen werden und er dem medialen Angebot eines Kommunikators nicht mehr einfach nur ausgeliefert ist, sondern dass er seinerseits die Angebote auf ihren Nutzen für seine Bedürfnisse hin überprüft. Der Rezipient tritt als aktiv Handelnder auf, der aus dem Angebot auswählt, was er sehen und hören will, weil er sich davon eine Befriedigung seiner Bedürfnisse verspricht (Teichert 1972/3). Dieser ›Nutzenansatz‹ (›use and gratification approach‹) setzt jedoch voraus, dass der Rezipient auch tatsächlich zwischen verschiedenen Angeboten wählen kann.

Deutlich wird mit dieser Modellveränderung die *historische Bedingtheit* von Kommunikationsmodellen. Das Massenkommunikationsmodell mit seinem eingeschriebenen Wirkungskonzept war implizit ausgerichtet auf wenige Kanäle, im Grunde nur auf einen Kanal, in dem der Kommunikator sich an viele Rezipienten richtete. Dies entsprach der Anfangszeit der Situation der Rundfunkmedien. Das Nutzenmodell dagegen geht von der Existenz mehrerer Angebote in vielen gleichzeitig existierenden Kanälen aus. Es entspricht damit auch den veränderten Medienbedingungen der Audiovision, wie sie sich seit den sechziger Jahren mit dem Hinzukommen weiterer Programme im Fernsehen (ZDF, Dritte Programme) und in den achtziger Jahren mit den kommerziellen Programmanbietern ergaben. Es wird deshalb heute auch von einer ›Vielkanal-Kommunikation‹ gesprochen.

Die im Nutzenansatz beschriebene Unabhängigkeit des Rezipienten findet in weiteren Modellbildungen in den achtziger Jahren ihre Fortsetzung, insbesondere im *systemtheoretischen und konstruktivistischen Ansatz*, wie ihn Siegfried J. Schmidt, Siegfried Weischenberg und Klaus Merten wohl am ausgeprägtesten im Funkkolleg Medien und Kommunikation 1990 vertreten haben (Schmidt 1990, Merten u.a. 1994). Kommunikation gilt nicht mehr als ein Austausch von Informationen, »die von Medienangeboten gleichsam wie in Behältern transportiert werden«, sondern stattdessen als ein »Prozess individueller Sinnkonstruktion aus Anlass der Wahrnehmung eines Medienangebotes in einer von den Kommunikationspartnern gemeinsam geteilten Kommunikationssituation« (Schmidt 1990, S. 37). Medien liefern nach dem konstruktivistischen Verständnis damit zwar Aussagen über die Realität, sind aber darin zugleich Teil der Realität und konstituieren diese damit letztlich erst (Schmidt 2000).

Die wesentliche Differenz zu den vorangegangenen Modellvorstellungen besteht darin, dass der systemtheoretische Ansatz annimmt, dass es keine Realität an sich gibt, die sich in der Kommunikation abbildet, sondern dass sich die Individuen ihre *eigene Wirklichkeit* aufgrund ihrer eigenen Bedingungen der Wahrnehmung und der Bewusstseinskonstitution schaffen. Beim Umgang mit den Medien wird deshalb von einer ›Koppelung‹ gesprochen. Die ›Mediennutzer‹ koppeln sich an die bestehende Kommunikation der Medien an, wie es Niklas Luhmann formuliert, wobei er Kommunikation damit jedoch auch anders definiert (Luhmann 1996).

Eine solche Auffassung korrespondiert mit der *medialen Wirklichkeit* von heute, in der die Vielzahl der Medienangebote immer mehr soziale Außenkontakte der Menschen ersetzt und damit nichtmediale Wahrnehmung zu überformen und verdrängen droht. Das große Angebot fordert zu einer stärkeren Auswahl heraus. Die Zuschauer entwickeln unterschiedliche Strategien der Auswahl (z.B. auch das Switchen und Zappen durch die Programme, bei dem für den Zuschauer aus den Bruchstücken von Sendungen ein ›eigener‹ Film entsteht). Dem Subjekt wird damit eine ganz neue Eigenständigkeit gegenüber den Medien zugewiesen, zugleich erscheint es selbst als Teil der Medienwelten, weil diese Teil seiner eigenen Wirklichkeit werden.

Die Brauchbarkeit der hier skizzierten Modellvorstellungen wird von der Erklärungstiefe und der Reichweite bestimmt, mit der sie die konkreten Phänomene der medialen Kommunikation erfassen. Die Veränderungen der Medienrealität, die meist sukzessive erfolgen, führen in Abständen immer wieder zur Revision der theoretischen Annahmen über die Medien. Theoriebildung ist damit als ein dynamischer Prozess zu verstehen, der seine eigenen Bedingungen immer wieder neu reflektieren muss. Vor allem die Entwicklung des Fernsehens zum gesellschaftlichen Leitmedium in den sechziger und siebziger Jahren, die Verschmelzung mit dem Kinomedium Film zu einer neuen *Einheit der Audiovision* und in der Gegenwart die bevorstehende Konvergenz mit dem Internet stellten sich als neue theoretische Aufgaben.

Wie rasch sich die durch die Medienentwicklung selbst geschaffenen Grundlagen verändern, machen einige Zahlen am Beispiel des Fernsehens deutlich:

Das Fernsehen in der Bundesrepublik strahlte 1952/53 ein Programm mit einer Dauer von täglich etwa zweieinhalb Stunden aus. Fast fünfzig Jahre später sind es täglich bereits ca. 450 Stunden Programm (im Sendegebiet von Berlin) – also 180mal so viel. Konnte 1952/53 das Fernsehangebot anfangs von ca. 10.000 Empfängern gesehen werden, so besitzen im Jahre 2001 mehr als 34 Millionen Haushalte mindestens ein Fernsehgerät, und dies sind ca. 98 Prozent aller Haushalte in Deutschland.

Wenn man annimmt, dass bei einer Reichweite des Fernsehens von 94 Prozent und einer durchschnittlichen Sehdauer bei erwachsenen Zuschauern von täglich dreiviertel Stunden (1999) das Fernsehen in der Bundesrepublik eine Zuwendung von ca. 195 Millionen Stunden individuellen Zuschauens jeden Tag erfährt, dann ist damit die andere, zuschauerbezogene Seite dieses Medienverhältnisses beschrieben. Im Vergleich dazu nehmen sich die jährlich ca. 121 Millionen Kinobesuche (1998) in Deutschland mit jeweils zwei Stunden Dauer relativ bescheiden aus: Bereits an zwei Tagen wird von der Bevölkerung mehr Zeit vor dem Fernsehgerät verbracht als in einem Jahr im Kino. Diese Nutzungszahlen markieren das Verhältnis von Kino und Fernsehen heute in Deutschland.

3. Öffentlichkeit – Film, Fernsehen, Video

Ausgangspunkt kommunikationstheoretischer und publizistischer Überlegungen ist ein Grundverständnis von Öffentlichkeit, das sich auch in der Mediengesetzgebung (Rundfunkgesetze, Landesmediengesetze, Filmförderungsgesetz) niedergeschlagen hat. Öffentlichkeit wird als ein *Kommunikationsraum* verstanden (vgl. Kleinsteuber/Rossmann 1994), der allgemein zugänglich und für jeden potentiell erreichbar ist, wobei dieser Ort sowohl durch eine räumliche Konkretion (Marktplatz, Kinoraum etc.) bestimmt werden kann als auch durch periodisch erscheinende Medien, die für sich wiederum *Publikationsorte* der Öffentlichkeit darstellen. Öffentlichkeit ist in diesem Sinne ein Abstraktum, das sich aus vielen, auch miteinander konkurrierenden Einzelöffentlichkeiten herstellt. So wie der Sprachgebrauch von ›öffentlich‹ und ›Öffentlichkeit‹ eine Vielzahl von Bedeutungen kennt, die sich historisch herausgebildet haben (Habermas 1969, S. 11), bezeichnet er nicht nur einzelne Institutionen, sondern auch einen *Erfahrungshorizont* für die Gesellschaft, »in dem das zusammengefasst ist, was wirklich oder angeblich für alle Mitglieder der Gesellschaft relevant ist. Öffentlichkeit ist in diesem Sinne zum einen »eine Angelegenheit weniger Professioneller (z.B. Politiker, Redakteure, Verbandsfunktionäre), zum anderen etwas, das jedermann angeht und sich in den Köpfen der Menschen erst realisiert, eine Dimension ihres Bewusstseins« (Negt/Kluge 1972, S. 18).

Mit der Ausdehnung der elektronischen AV-Medien ist nicht nur der Einfluss der Medien-Institutionen gestiegen, auch die Vorstellung von Öffentlichkeit als einer Vielzahl *medialer Öffentlichkeiten* hat sich verfestigt. Öffentlich ist für viele, was in den Printmedien, im Radio und im Fernsehen öffentlich gemacht wird. Die traditionellen Öffentlichkeitsformen wie z.B. die Versammlung, die Demonstration, sind nur noch dann öffentlich wirksam, wenn über sie wiederum in den technisch vermittelten Medien berichtet wird. Zunehmend gewinnt auch das Internet als Medium und Ort ganz neuer Öffentlichkeitsformen (Chatrooms, Newsgroups) an Bedeutung.

Dass die Medien Fernsehen, Radio und Presse in dieser Weise nicht nur Öffentlichkeit darstellen, sondern auch Meinungen veröffentlichen, die in diese Medien eingegeben werden, hat dazu geführt, dass in Kenntnis dieser Öffentlichkeitsfunktion auch gezielt Informationen, Nachrichten, Meinungen hergestellt werden, um von den Institutionen der Öffentlichkeit aufgegriffen und verbreitet zu werden. Öffentlichkeit wird deshalb gerade auch in der Mediengesellschaft produziert und systematisch erzeugt, wobei Einzelne, Gruppen, Verbände und Parteien bestimmte Kommunikationsabsichten (z.B. der Werbung, Public Relations) verfolgen.

Öffentlichkeit gewinnt seine besondere Bedeutung vor allem dadurch, dass sie für das gesellschaftliche Zusammenleben der Ort ist, an dem die *politische Willensbildung* erfolgt, die idealerweise ›von unten nach oben‹ zu gehen hat, um auf diese Weise die *demokratische Organisation der Gesellschaft* zu gewährleisten. Öffentlichkeit ist deshalb ein Ort der politischen Kontroverse, der möglichst nicht durch den Staat gelenkten und beherrschten Diskussion und Debatte, in der verschiedene Meinungen miteinander konkurrieren können. Meinungsfreiheit und Meinungsvielfalt gehören deshalb zum Öffentlichkeitsprinzip, müssen jedoch auch immer wieder gegen Bestrebungen, diese einzugrenzen, durchgesetzt werden.

Medien schaffen Öffentlichkeit in unterschiedlicher Weise. Während die Presse Öffentlichkeit primär über die Verschriftlichung und den Diskurs stiftet, schaffen die audiovisuellen Medien Öffentlichkeit durch Bild und Ton und erwecken damit den Eindruck von unvermittelter und ungebrochener *Augenzeugenschaft* eines Ereignisses. Gaben schon die ersten Wochenschauen in den Kinos den Zuschauern den Eindruck einer direkten Anschaulichkeit, so liefert das Fernsehen durch die Möglichkeit der Live-Berichterstattung – also der Gleichzeitigkeit der Aufnahme eines Geschehens an einem fernen Ort und der Betrachtung desselben auf dem Bildschirm im gleichen Augenblick im privaten Heim der Zuschauer – den *Anschein direkter Teilhabe*. Öffentlichkeit gewann durch das Fernsehen scheinbar etwas von der Möglichkeit spontaner, direkter und unvermittelter Beteiligung aller zurück. ›Scheinbar‹ deshalb, weil diese Beteiligung durch die Institutionen der Medien vermittelt wird, und weil diese auswählen, ordnen, zulassen oder auch verhindern, dass etwas in diesem Medium erscheint. Auch wenn vieles im Fernsehen ›direkt‹ und ›spontan‹ wirkt, ist es von einer wirklichen Direktheit und spontanen Beteiligung weit entfernt und wird häufig gezielt inszeniert. Der Schein entsteht, weil die institutionellen Bedingungen hinter dem Eindruck, den das audiovisuelle Bild erzeugt, verschwinden, weil sie sich in diesem nicht direkt vermitteln.

Das Öffentlichkeitsmodell gilt auch für die explizit *unterhaltenden* Angebote der Medien, die wie die anderen Programmangebote Meinungen bilden, Wissen vermitteln, Haltungen erzeugen. Ähnlich dem Theater sind die audiovisuellen Medien, gerade auch in ihren fiktionalen Formen, als *kulturelle Foren* zu verstehen, auf denen gerade durch die überspitzte und in der Fiktion zugespitzte Weise Figuren auftreten, die Verhaltensweisen zur Schau stellen, mit denen sich der

Zuschauer auseinander setzen kann (vgl. dazu Newcomb/Hirsch 1992). Viele Angebote, die als banal und künstlerisch irrelevant abgetan werden, wie beispielsweise viele Fernsehserien oder auch »Big Brother« (2000), gewinnen auf diese Weise eine gesellschaftliche Funktion (vgl. Hickethier 1991b, Weber 2000).

Gegenüber dem Wort erzeugt das Bild, besonders das bewegte Bild, eine starke Suggestionskraft. Die vermeintlich oder tatsächlich vorhandenen Einflussmöglichkeiten des Bildes haben dazu geführt, dass in der Geschichte der Medien die institutionelle Ausformung der Medien starken *regulativen* Einflüssen seitens des Staates unterworfen war. So ist die Kinobranche seit ihrem Beginn zwar kommerziell organisiert und damit dem Prinzip des Marktes unterworfen, doch bestand über lange Zeit eine staatliche Einflussnahme durch eine Filmzensur, eine Lizensierung des Abspiels oder auch durch die Vergabe finanzieller Fördermittel. Die Gründung der UFA als der größten deutschen Filmproduktions- und -vertriebsfirma im Jahr 1917 geschah aufgrund staatlicher Anregung. Die Gleichschaltung der Filmwirtschaft in der Zeit des Nationalsozialismus diente in ähnlicher Weise der staatlichen Kontrolle und Lenkung. Nach 1945 war der Aufbau der Filmproduktion vom Erhalt einer Lizenz durch die Besatzungsmächte abhängig.

Auch das deutsche Fernsehen stellte in seiner Frühzeit von 1935 bis 1944 eine staatliche Institution dar. Und die Festschreibung des *öffentlich-rechtlichen* Charakters des Radios und des Fernsehens ab 1948 in der Bundesrepublik diente gerade der Institutionalisierung der Medien unabhängig vom Staat und unabhängig von kommerziellen Interessen. Der öffentlich-rechtliche Charakter des Fernsehens wurde 1961 durch das Bundesverfassungsgericht festgeschrieben: Er sollte, weil es damals nur wenige Kanäle und Programme gab, die Meinungspluralität sichern, indem Radio und Fernsehen gegenüber den Parteien und anderen gesellschaftlichen Gruppen unabhängig blieben.

In dem Maße, wie durch Satellit und Kabel viele neue Kanäle und damit viele andere Programme möglich wurden, entfiel die Bedingung, Radio und Fernsehen allein öffentlich-rechtlich zu organisieren. Statt einer Binnenpluralität (Vielfalt der Meinungen innerhalb eines Programms) schien nun eine Außenpluralität (Vielfalt von Meinungen durch viele Programme) möglich und die Befürworter kommerzieller Programme versprachen eine größere Meinungsvielfalt, als sie die öffentlich-rechtlichen Programme schon boten. Diese stellte sich im Nachhinein jedoch nicht entsprechend ein.

Die Etablierung kommerzieller Programme im ›dualen Rundfunksystem‹ in der Bundesrepublik Mitte der achtziger Jahre, die mit der

Zulassung kommerzieller Programme internationalen Medienentwicklungen folgte, führte zu einer partiellen ›Deregulierung‹ der Medien, also der Durchsetzung des Marktprinzips im Rundfunk. Auch bei diesen kommerziellen Anbietern (der Begriff ›privat‹ ist in diesem Kontext irreführend, weil diese Fernsehunternehmen öffentlich wirksam werden) gibt es jedoch weiterhin gesellschaftliche Kontrollinstanzen (Landesmedienanstalten), die über die Einhaltung der gesetzten Rahmenbedingungen für die kommerziellen Programmanbieter wachen.

Die Vervielfachung der Programme führte zu einer strukturellen Veränderung der medialen Öffentlichkeit. In den fünfziger und sechziger Jahren besaß das Fernsehen mit nur einem Programm eine integrative Funktion für die Gesellschaft. Mit der Vervielfachung der Programme reduzierte sich diese integrative Funktion. Zwar gelingt es den einzelnen Sendungen und Programmen immer noch, ein Millionenpublikum vor die Bildschirme zu locken, aber Zuschauermehrheiten sind heute praktisch nicht mehr möglich. Es entstehen viele, auf einzelne Publikumsgruppen ausgerichtete *Teilöffentlichkeiten,* wie dies auch bei den Druckmedien, im Kino und im Videobereich der Fall ist.

Video als eine selbstständige Kunstform und als Medium zu sehen, meint, dass eine eigenständige audiovisuelle Kunst entstanden ist, die weder das Kino noch das Fernsehen ermöglicht hat, sondern die stärker der bildenden Kunst, dem Theater und anderen Künsten verpflichtet ist. Video ist weiterhin ein selbstständiges, nach Marktprinzipien funktionierendes Abspielsystem, für das analog zum Kinomarkt Filme angeboten werden, die geliehen oder gekauft und im privaten Bereich abgespielt werden (Zielinski 1992). Unter dem Gesichtspunkt der Herausbildung medialer Teilöffentlichkeiten bildet der Videobereich im Grunde nur ein zusätzliches Marktsegment für die schon bestehende Filmwirtschaft. Eine eigenständige Institution ist in einem nennenswerten Maße noch nicht entstanden. Mit dem sukzessiven Rückgang der Dominanz von Porno- und Horrorfilmen im Videobereich (als Ergebnis einer gewissen Sättigung des Bedarfs) schwindet die anfangs hervorgehobene Besonderheit des Videobereichs, die darin bestand, dass hier gesellschaftlich tabuisierte Filme in eingeschränktem Maße öffentlich zugänglich waren.

Deutlich hat sich in den letzten Jahren gezeigt, dass sich die Öffentlichkeitsfunktionen von Kino, Fernsehen und Video unterschiedlich ausprägen und dass der gesellschaftliche *Institutionalisierungsgrad der Medien* differiert. Je umfassender ein Medium den Anspruch erhebt, Gesellschaft darzustellen, umso stärker erheben die in der Gesellschaft einflussreichen Gruppen den Anspruch, diese Darstellung zu beeinflussen.

Wie die Medien gesellschaftlich organisiert sind, spielt für die durch sie vermittelten Angebote eine zentrale Rolle. Die Strukturen der Institutionen prägen das Angebot in seiner Zusammensetzung, seiner Platzierung und seiner inneren Gestaltung. Entscheidend ist nicht nur, wie Film und Fernsehen etwas zeigen, sondern auch, was sie ausklammern und nicht zeigen und damit als bedeutungslos für die gesellschaftliche Auseinandersetzung erklären.

4. Medien als Manipulationsinstrument?

Das Modell der audiovisuellen Kommunikation als institutionalisierte Öffentlichkeit innerhalb eines Gemeinwesens geht davon aus, dass die Medien als Institutionen auf einem gesellschaftlichen Konsens basieren, der ihren Bedingungsrahmen und ihre Funktionszuweisungen bestimmt. Der *gesellschaftliche Kontrakt* wird informell durch den Gebrauch der Medien zwischen den gesellschaftlichen Gruppen und den Medieninstitutionen, den Zuschauern und den Medien geschlossen, indem die Zuschauer bestimmte Angebotsstrukturen akzeptieren und damit auch die Institutionen als solche legitimieren.

Gegenüber einem solchen Modell, das auf einem mehr oder minder gleichberechtigten Mitwirken aller am Kommunikationsprozess Beteiligten basiert, stehen Erfahrungen vieler Rezipienten von Machtlosigkeit gegenüber den Medien. Es sind vor allem kulturkritische Positionen, die Film und Fernsehen deshalb als Teil eines *kulturindustriellen Zusammenhangs* beschreiben. Indem diese auf die Wünsche der Zuschauer nach Unterhaltung und Ablenkung eingehen und sie bedienen, bestätigen sie diese und unterdrücken damit die Möglichkeiten der Zuschauer, zu anderen Einsichten und zu einem aufgeklärten Verhalten zu gelangen. Gerade die »rücksichtslose Einheit der Kulturindustrie«, in der alle mediale Kommunikation eingebunden ist, führe zu einer »Täuschung«, »dass die Welt draußen die bruchlose Verlängerung derer sei, die man im Lichtspiel kennenlernt« (vgl. Horkheimer/Adorno 1947, S. 147). Wo Horkheimer/Adorno vom »Verblendungszusammenhang der Medien« sprechen, ist in der Folge bei Medientheoretikern und -kritikern wie Franz Dröge, Oskar Negt und Alexander Kluge von einem »Blockierungszusammenhang« zwischen Erfahrung und öffentlichkeitsverändernder Bewusstwerdung die Rede (Dröge 1974, vgl. auch Wehner 1997).

Zum Schlüsselbegriff wird in solchen Modellen der Terminus der ›*Manipulation*‹. Bezeichnet wird mit ihm die Herstellung eines falschen Bewusstseins durch eine verzerrte Darstellung der Realität. Diese Auffassung hat jedoch immer wieder heftige Kritik erfahren, weil sie davon ausgeht, dass es eine Realität gebe, die durch die Medien falsch oder richtig abgebildet werde, und dass die Produktion einer falschen Abbildung gezieltes Vorhaben von Manipulateuren, von Täuschern in den Medien und ihren Drahtziehern sei. Sicherlich gibt es auch die gezielte Benutzung der Medien zur Vermittlung absichtsvoll falscher Auffassungen und Anschauungen von der Welt (Desinformation), etwa auch durch die Produktion von gefälschten Meldungen (vgl. Born 1997), doch kann eine solche Täuschung nicht als grundsätzlich angenommen werden.

Gewichtiger ist, dass jede Vermittlung immer auch *Intentionen* folgt und jedes kommunikative Angebot immer von den Interessen derjenigen bestimmt wird, die dieses Angebot herstellen und vermitteln. Eine solche Struktur ist dann eher als ›intentional‹ denn als ›manipulativ‹ zu bezeichnen. In diesem Sinne hat Hans Magnus Enzensberger 1970 bereits auf die Unumgänglichkeit des gestaltenden Eingriffs in das Material hingewiesen und dies als eine ›operative‹ Manipulation verstanden (Enzensberger 1970). Die gezielte Produktion falscher Bilder hätte auch in einer von Konkurrenz bestimmten Medienproduktion wenig Chance, weil jede aufgedeckte Falschproduktion den Ruf der Urheber nachhaltig schädigt.

Grundsätzlicher ist der Vorwurf der ›strukturellen‹ Manipulation durch die Medien. Der Dokumentarfilmer Helmut Greulich hat, aus einer Innensicht der Medien heraus, einmal festgestellt, dass »Fernsehen ohne Manipulation gar nicht machbar« sei. »Der Zuschauer vor dem Bildschirm erliegt nur besonders leicht der Illusion, dass ihm das Fernsehen ein zuverlässiges Bild der Wirklichkeit vermittelt und dass er nicht in Zweifel ziehen muss, was er mit eigenen Augen sehen kann« (Greulich 1975, S. 163). Greulich fordert dagegen als eine Art der ›Immunisierung‹ gegenüber solcher Manipulation die Vermittlung von Kenntnissen über die »handwerklichen und strukturellen Zwänge«, unter denen Sendungen entstehen, um auf diese Weise den Schein von Objektivität und ungestellter Realität, die sich durch die Bilder vermittle, abzubauen (vgl. Faulstich 1982, S. 112ff.).

In den letzen Jahren hat sich deshalb der Inszenierungsbegriff durchgesetzt (vgl. Willems/Jurga 1998). Er geht davon aus, dass Medienproduktionen generell inszeniert und arrangiert werden und dass diese Inszenierungen spezifische Folgen für die Erfahrung von Welt durch die Medien hat.

5. Dispositive des Kinos und des Fernsehens

Dass die Medien in einer grundsätzlichen Weise Wahrnehmung strukturieren, beschreibt der Ansatz des *Dispositivs*. Von Michel Foucault geprägt, zielt er zunächst auf ganz andere gesellschaftliche Bereiche als die Medien, nämlich auf das Verhältnis von Macht und Sexualität, Macht und Wahnsinn, Macht und Wissen. Foucault kam es darauf an, das in die Subjekte eingeschriebene Machtgefüge sichtbar zu machen, das ein »entschieden heterogenes Ensemble« von »Diskursen, Institutionen, architekturalen Einrichtungen, reglementierenden Entscheidungen, Gesetzen, administrativen Maßnahmen, wissenschaftlichen Aussagen, philosophischen oder moralischen Lehrsätzen, kurz: Gesagtem ebenso gut wie Ungesagtem umfasst. So weit die Elemente des Dispositivs. Das Dispositiv selbst ist das Netz, das zwischen den Elementen geknüpft werden kann« (Foucault 1978, S. 119f.). Der Dispositiv-Begriff ist über die französische Kinotheorie, insbesondere durch die Arbeiten von Jean-Louis Baudry und Jean-Louis Comolli, auch auf die Medien, zunächst auf das Kino, übertragen worden (Baudry 1980, Comolli 1980). Als Apparatustheorien (nach dem englischen Begriff ›apparatus‹ für Dispositiv) haben diese Ansätze in die neuere Kinoliteratur Eingang gefunden (Rosen 1986, Hak Kyung Cha 1980, Paech 1998).

Der dunkle Kinoraum, in den sich der Zuschauer zu vorgegebenen Zeiten begibt, um teilzuhaben am Geschehen des Films, seine Platzierung zwischen der projizierenden Apparatur und dem projizierten Bild, schließlich die in das Filmbild eingeschriebene perspektivische Darstellung des Filmraums mit seinem Verweis auf eine andere Realität, der Illusionismus des Vorgeführten, der auf eine lange kulturelle Tradition ästhetischer Inszenierung verweist, dies alles lässt sich im Zusammenhang mit der mentalen Disposition des Zuschauers für derartige Konstruktionen als ein dispositives Netz, als ein Dispositiv des Kinos beschreiben (vgl. auch Paech 1989a, 1998, Zielinski 1989, Hick 1992, 1999).

Das Produktive des Dispositiv-Begriffs liegt darin, dass er bislang getrennt betrachtete Aspekte wie Kinotechnik, kulturelle Traditionen der Wahrnehmung und psychische Verarbeitungsprozesse, fotografische Abbildungsverfahren, gesellschaftliche Konventionen und psychische Verarbeitungsformen in einem Zusammenhang sieht.

Im Anschluss an diese Diskussion ist dieser Begriff des Dispositivs auch auf das Fernsehen angewendet worden (vgl. Hickethier 1991a, 1995, Sierek 1991). Es liegt nahe, auch bei diesem Medium nach der Anordnung zu fragen, nach den Konstruktionen, mit denen das Medium arbeitet. Auch hier besteht eine spezifische Anordnung des Zuschauers vor dem Bildschirm, eine ästhetische Organisation des zu Vermittelnden innerhalb des unverrückbaren Rahmens dieses Bildschirms, der zugleich die alltägliche Wahrnehmungswelt aus dem TV-Geschehen ausgrenzt und damit das Gezeigte immer deutlich als Fernsehrealität ausweist.

Anders als im Kino wird das Bild nicht von einem Projektionsapparat, der hinter dem Zuschauer steht, über den Zuschauer hinweg auf eine Leinwand vor ihm geworfen, sondern wird hinter dem durchscheinenden Bildschirm im Apparat erzeugt. Der Zuschauer scheint auf andere Weise mit dem Empfangsapparat und über diesen mit der Wirklichkeit ›draußen‹ verbunden zu sein.

Die Einbindung des Fernsehgeräts in den privaten häuslichen Bereich schafft ein anderes soziales Gefüge für die audiovisuelle Wahrnehmung, lässt stärker Ablenkungen zu, führt zu einer anderen Freiheit des Zuschauers gegenüber dem Angebot. Die geringere Bildgröße (im Vergleich zur Kinoleinwand) lässt zumeist auch einen Teil des Umraums mit in den Blick des fernsehenden Zuschauers treten. Da der Zuschauer nicht mehr wie im Kino an einen Veranstaltungsort in der Öffentlichkeit gebunden ist, kann er sich legerer in seiner Kleidung und seinem Verhalten geben, ist in seiner zeitlichen Ausrichtung flexibler und möchte zu unterschiedlichen Zeiten das Medium nutzen. Die Folge war eine Ausdehnung des Angebots, die zum Programm rund um die Uhr führte.

Die kommunikative Anordnung von medialem Angebot, Zuschauer und situativer Umgebung definiert deutlich voneinander unterscheidbare Dispositive der medialen Wahrnehmung. In der Mediendiskussion Kino versus Fernsehen wird häufig auf diese Unterschiede abgehoben, wenn von angeblichen Wesensunterschieden vom Kinospielfilm und dem Fernsehspiel die Rede ist (vgl. z.B. Meyer 1977).

Die Dispositive Kino und Fernsehen lassen sich ergänzen durch die des Videos und anderer audiovisueller Varianten. Sie strukturieren unsere Wahrnehmung, prägen auch unser Weltbild dort, wo es scheinbar nichts mit den Medien zu tun hat. Dieser allgemeine Charakter des Dispositivs wird vor allem langfristig in den kulturellen Veränderungen der Wahrnehmung wirksam (vgl. Meyrowitz 1987).

Gegenüber dem Zwanghaften des Dispositivs, wie es von Foucault vor allem an Phänomenen des 18. und 19. Jahrhunderts beschrieben wurde, scheinen die Mediendispositive heute variabler zu sein. Sie können sich z.B. durch technologische und ökonomische Entwicklungen rasch verändern. Schon kleinere technologische Veränderungen haben bei den Medien oft ungeahnte Wirkungen, wie beispielsweise die Einführung der Fernbedienung mit seiner Folge des Switchens und Zappens durch die Programme gezeigt hat (vgl. Winkler 1991). Fernsehsendungen werden heute, anders als früher, durch das Zusammenspiel von Fernbedienung und Vielzahl der Programme immer seltener in ihrem gesamten Umfang gesehen.

Das Modell des Mediendispositivs als ein Erklärungsansatz für die Audiovision hält gegenüber dem Öffentlichkeitsmodell stärker daran fest, dass Kommunikation in der Gesellschaft immer auch mit *Macht und Herrschaftserhalt* verbunden ist. Ein letztlich herrschaftsfreier Diskurs, wie er der Kontraktvorstellung zugrunde liegt, ist für das Dispositivmodell nicht existent: Wer bestimmt, wer mit wem sich worüber austauschen darf, besitzt Macht und Einfluss. In diesem Sinne üben mediale Institutionen Macht aus und kontrollieren den Zugang zur Öffentlichkeit.

Mediendispositive entstehen aus dem Zusammenwirken von technischen Bedingungen, gesellschaftlichen Ordnungsvorstellungen, normativ-kulturellen Faktoren und mentalen Entsprechungen auf der Seite der Zuschauer, die aus dem Akzeptieren solcher macht- und ordnungspolitischer Rahmenbedingungen, den kulturellen Konventionen und psychischen Gestimmtheiten und Erwartungen entstehen. Hinzu kommen habitualisierte Rezeptionsweisen, verinnerlichte Formen des Medienkonsums, die bis in die Mikrostruktur unserer Wünsche und Sehnsüchte hineinreichen und sich in Ritualen und Routinen des Zuschauens niederschlagen (vgl. Pross/Rath 1980, Steinmaurer 1999).

6. Apparat und Programm

Verschiedene Einbettungen (Kontexte) lassen sich für die einzelnen Filme und Sendungen festhalten, die im Kommunikationsprozess eine Rolle spielen. Die Institution stellt sich als ein gesellschaftlicher, personeller und technischer Apparat dar, der auf vielfältigen Ebenen den Rahmen bestimmt, in dem die Zuschauer den Film sehen. Dieser Rahmen ist im Kino bestimmt durch den spezifischen Ort des Zuschauens (das Lichtspieltheater z.B.), durch die festgelegten Terminierungen der Kinoveranstaltungen. Der Rahmen wird bestimmt durch eine Reihe weiterer sozialer Regulative, die für ein bestimmtes Verhalten der Zuschauer im Kino sorgen. Und nicht zuletzt durch die Abfolge der Angebote im zeitlichen Kontinuum, also das *Programm*, und durch die Art der Filme selbst.

Die *Filmgeschichte* kennt unterschiedliche Formen des Kino-Programms, das sich aus dem Varieté-Programm entwickelt hat: In den ersten Jahren war die Vorführung des einzelnen Films Teil eines größeren Unterhaltungsprogramms, in dem auch andere Nummern aus Kleinkunst, Artistik, Tanz und Kabarett vertreten waren. Daraus entwickelten sich in den sich Anfang des Jahrhunderts herausbildenden Kinotheatern Nummernprogramme mit vielen kurzen Filmen dokumentarischer oder fiktionaler Art (vgl. Müller 1994, 1998).

Mit der Durchsetzung langer (abendfüllender) Filme reduzierte sich zwangsläufig die Zahl der Filme innerhalb eines Programms, andererseits wurden immer auch weitere Attraktionskombinationen gesucht. Noch bis zum Beginn der Tonfilmzeit gab es eine Kombination von Filmvorführung und ›Bühnenschau‹, bei der zum gezeigten Film eine szenische oder in anderer Weise unterhaltende Darbietung geboten wurde (Berg 1989). Auch existierte in den zwanziger Jahren schon die Kombination zweier Spielfilme in einer Veranstaltung.

Diese unterschiedlichen, bislang wenig erforschten Varianten wurden mit der Reglementierung und Gleichschaltung der Filmindustrie während der Zeit des Nationalsozialismus beseitigt. Die Reichsfilmkammer verordnete als Norm für das Kinoprogramm die Abfolge: Wochenschau, Kulturfilm, Spielfilm (als Hauptfilm), eine Programmform, die sich dann bis in die sechziger Jahre hinein in der Bundesrepublik erhalten hat und erst durch das Ende der Wochenschauen beseitigt wurde (vgl. Hickethier 1991a). Solche Programmabfolgen prägten die Wahrnehmung des Films wesentlich, weil sie zugleich auch Wertungen und Hierarchien in der Abfolge des Gezeigten enthielten.

Eine Steigerung erfuhr das Programm als eine letztlich dispositive Struktur innerhalb der audiovisuellen Wahrnehmung im Fernsehen. Hier blieb das Angebot nicht mehr auf anderthalb oder zwei Stunden beschränkt, sondern dehnte sich aus, so dass heute auf fast alle Kanälen keine zeitlichen Begrenzungen mehr bestehen und ein permanentes Angebot besteht. Der Rahmen einer ›Veranstaltung‹, wie sie noch die Filmvorführung im Kino kennzeichnet, wurde gesprengt, die Rezeption des Angebots innerhalb des privaten Bereichs der Zuschauer erlaubte einen Zugriff der Zuschauer auf das Angebot zu jeder Zeit. Folgerichtig musste sich das Angebot ausweiten. Feste Programmstrukturen mit einem Zeitraster, in das die Produkte eingebunden wurden, waren die Folge und führten zu einer neuen Form der Wahrnehmungslenkung der Zuschauer. Wann eine Sendung platziert wird, ob um 13.00 Uhr, 20.15 Uhr oder 23.00 Uhr, entscheidet wesentlich darüber, mit wie viel Zuschauern zu rechnen ist.

Umgekehrt bildet der zeitliche Rahmen, den das Programm durch seine Raster vorgibt, auch für die Produktion von Filmen eine Norm, die die Erzähl- und Darstellungsweise determiniert. Ob eine Sendung

25 Minuten, 60 Minuten oder 90 Minuten dauert, entscheidet bereits darüber, wie differenziert etwas filmisch gezeigt werden kann. Der Unterschied zwischen Serien und einzelnen Filmen beruht wesentlich auf solchen *Zeitnormierungen*.

Programme beeinflussen durch die Kombination von einzelnen Filmen auch deren Wirkungsmöglichkeiten. Die Betrachtung eines einzelnen Films lässt diesen intensiver wirken, als wenn danach noch ein weiterer oder gar mehrere Filme gesehen werden. Im Fernsehen führt die ununterbrochene Folge von verschiedenartigen Angeboten dazu, dass sich Wirkungen potenzieren oder auch gegenseitig aufheben können.

Die Frage der *Programmstrukturen* spielte in der Anfangszeit des Fernsehens, als es erst wenige Programme gab, nur eine geringe Rolle. Mit der Ausweitung der Zahl der Programme und ihres Umfangs wurde dieser Aspekt jedoch immer wichtiger. Zum einen, weil sich die Programme durch Spezialisierungen (Vollprogramm – Spartenprogramme) und durch die Entwicklung einer spezifischen, für den jeweiligen Sender typischen Ästhetik (Fernsehdesign, Corporate Identity) zu unterscheiden beginnen und zum anderen, weil sie sich durch geschickte Platzierung ihrer Angebote Konkurrenz machen und damit die Wahrnehmung der Zuschauer wiederum beeinflussen (vgl. Hickethier 2000a).

Trotz der wachsenden Bedeutung des Programms als Gesamtheit lassen sich auch weiterhin noch einzelne Sendungen voneinander unterscheiden, nicht zuletzt, weil sie als einzelne hergestellt werden und erst in einem zweiten Schritt in den Programmzusammenhang integriert werden. Der einzelne Film, die einzelne Sendung lässt sich auch für die Film- und Fernsehanalyse immer noch aus dem Programmzusammenhang herauslösen und gesondert betrachten. Doch ist dieser Programmkontext immer mitzureflektieren, weil durch ihn die Produktwahrnehmung der Zuschauer beeinflusst wird.

7. Film und Fernsehen als Text und Erzählung

Die Bedeutung des Programms als Angebotszusammenhang, in dem die einzelnen Filme und Sendungen einerseits als selbstständige Einheiten wahrgenommen werden können, andererseits aber auch Teile des Programmflusses bilden, legt nahe, das Angebot als einen ästhetisch gestalteten Zusammenhang zu verstehen, der auch als ›Text‹ bzw. als ›Erzählung‹ definiert werden kann. Dabei werden diese Begriffe in einem weiten, nicht nur am sprachlichen Text orientierten Verständnis gebraucht.

Das jeweils aktuelle Filmangebot der Kinos kann damit ebenso wie das Fernsehangebot insgesamt als ein *Gesamttext des jeweiligen Mediums* verstanden werden, ebenso wie das Programm als eine zusammenhängende Erzählung. Solche Modellvorstellungen werden vor allem dort wirksam, wo sich die Differenzen zwischen den einzelnen Programmteilen, den Filmen und Sendungen, nivellieren, wo wie im Genrekino das Genre selbst als eine große Geschichte erscheint, die in den einzelnen Filmen konkretisiert und variiert wird. Entgrenzungen und Verschleifungen der einzelnen Produkte finden sich auch im Fernsehen, wo sich die Grenzen der einzelnen Sendungen verwischen, wo durch Werbeeinblendungen die Einheit der einzelnen Filme aufgelöst wird und wo durch vielfältige Programmverbindungen ein reibungsloser Fluss durch die Sendungen hindurch gewährleistet werden soll.

Film und Fernsehen als Text zu verstehen und zu »lesen« (vgl. Fiske/Hartley 1978), geht von der Annahme eines Zeichenprozesses in diesen Medien aus, sieht in ihnen eine spezielle »Zeichenpraxis« (Kristeva 1978). Die Besonderheit der filmischen und der televisuellen Zeichen besteht darin, dass sie anders als in der Sprache nur eine geringe Formalisierung und Konventionalisierung aufweisen und sehr stark durch Ähnlichkeit (Ikonizität) geprägt sind (Wollen 1974, S. 122).

Ein enges Verständnis der Medien als *Film- und Fernsehsprache*, wie es die frühen Filmtheoretiker kennzeichnete, führte jedoch nicht weit, weil sich grammatische Strukturen der Sprache nur begrenzt auf den Film übertragen lassen (vgl. Möller-Naß 1986). Merkmal der Audiovision war und ist weniger die Möglichkeit, kleinste Bedeutungseinheiten isolieren zu können, sondern die Existenz eines »Bedeutungskontinuums« (Monaco 1980, S. 143), in dem wir als Zuschauer unterschiedliche Sinneinheiten abgrenzen können. Auch die Definition der ›Einstellung‹ als kleinster Einheit führte nicht dazu, ein System der filmischen Ausdrucksmöglichkeiten im Sinne einer ›Sprache‹ beschreibbar machen zu können. Dennoch lassen sich Regeln der Zeichenverwendung feststellen.

Das Besondere des filmischen Textes liegt gerade darin, dass er Bedeutungen nicht nur jeweils auf der Ebene des gesprochenen Textes, des Abgebildeten, der Struktur der Bilder und ihrer Verbindung (Montage) entstehen lässt, sondern dass diese Bedeutungen auch im Spiel der einzelnen Ausdrucks- und Mitteilungsebenen miteinander entstehen. Die einzelnen Zeichenebenen voneinander zu isolieren und getrennt zu betrachten, ist beim Film wenig ergiebig: Entscheidend ist immer ihr Zusammenspiel. Das Bedeutungskontinuum des Films, hergestellt vor allem durch den Illusionismus des bewegten fotografischen Bildes und den kontinuierlichen Ton, bildet mit dem Zeichencharakter eine Doppelstruktur, die Film und Fernsehen eigen sind: Sie können sowohl als Raum-Zeit-Einheit, aber auch als Aussagesystem mit einzelnen Regeln wahrgenommen werden.

Von Film und Fernsehen als Erzählung zu sprechen, zielt insbesondere auf die narrativen Formen, auf den Kinospielfilm, den fiktionalen Fernsehfilm (das Fernsehspiel), die Serie. Das Erzählen ganz auf den Genrezusammenhang zu beschränken, in dem einzelne fiktionale Filme und Sendungen stehen (vgl. Winter 1992, S. 37, Neale 1992, Berry 1999), erscheint jedoch zu eng gefasst. Erzählungen im Sinne einer Weltvermittlung und Sinnstiftung innerhalb eines Geschehens sind auch in anderen Gattungen als dem Spielfilm (z.B. dem Dokumentarfilm, dem Feature) und im Autorenfilm zu finden.

Erzählen ist in den audiovisuellen Medien zumeist verbunden mit dem Darstellen. Darin liegt die Besonderheit des Audiovisuellen, dass es durch die inzwischen schon scheinbar selbstverständliche technische Verbindung von Bild und Ton die Bilder erzählbar macht und damit zugleich das Erzählen visualisiert.

III. Methodische Aspekte

1. Erkenntnisorientierte Analyse

Film- und Fernsehanalyse will in der konkreten Untersuchung der Strukturen des einzelnen Produkts charakteristische Merkmale von Film und Fernsehen herausarbeiten, neue Erkenntnisse sammeln und neue Dimensionen der filmischen und televisuellen Ästhetik erschließen.

Film- und Fernsehanalyse steht dabei in Konkurrenz zur Film- und Fernsehkritik, die sich ebenfalls mit einzelnen Produktionen auseinandersetzt. Anders als die Kritik ist die Film- und Fernsehanalyse vom Druck des raschen Urteils, des schmalen Publikationsraums und tagesjournalistischer Anforderungen und Zwänge frei, erkauft sich diese Freiheit mit der Notwendigkeit intersubjektiver Überprüfbarkeit, methodischer Reflexion und ausführlicher Explikation von Analyse-Ergebnissen und Interpretation.

Film- und Fernsehanalyse ist Teil der *Film- und Fernsehtheorie* sowie der *Film- und Fernsehgeschichte*. So wie sie aus Geschichtsschreibung und Theoriebildung Fragestellungen und Material entnimmt, gibt sie ihre eigenen Ergebnisse an diese zurück. Filmanalyse begründet keine selbstständige Forschungsrichtung, sondern stellt nur eine spezielle Annäherungsweise an einzelne Produkte dar. Ihr methodischer Zugang und ihre Verfahren haben deshalb seit ihren ersten Ansätzen immer wieder eine umfangreiche *methodologische Reflexion* herausgefordert (vgl. Schöll 1978, Hickethier/ Paech 1979, Seeßlen 1986, Korte/Faulstich 1988, Kanzog 1991, Korte 1999).

Werner Faulstich unterteilte 1988 die *Entwicklung der Film- und Fernsehanalyse in drei Phasen*: Von den Anfängen 1964, die er mit Gerd Albrechts grundlegendem Aufsatz »Die Filmanalyse – Ziele und Methoden« setzt (Albrecht 1964), bis 1976, als es zu einer Reihe methodischer Kontroversen kam, sieht er eine Phase sich methodologisch begründender Ansätze. Die zweite Phase von 1976 bis 1980 bezeichnet er als Phase der Einzelwerkanalyse, weil hier vermehrt Einzelanalysen publiziert wurden, während er die dritte Phase ab 1980 durch eine stärkere Theorieorientierung geprägt sieht (in Korte/Faulstich 1988, S. 11ff.).

Auch wenn solche kurzschrittigen Phaseneinteilungen problematisch sind, weil in der Entwicklung der Film- und Fernsehanalyse vieles gleichzeitig diskutiert wurde und wird und ihre Anfänge früher, bereits bei Gerhard Maletzke (1957) liegen, deutet diese Gliederung doch die Vielfalt der methodologischen Reflexion an, die die Film- und Fernsehanalyse bis heute begleitet. Sie ist ein wesentliches Moment der Analyse, weil die methodische Vergewisserung des analytischen Handelns zum Nachdenken über die Strukturen des Gegenstandes gehört. Film- und Fernsehanalyse problematisiert immer wieder aufs Neue ihre eigenen Ansätze, nicht zuletzt auch, um neue theoretische Konzepte und historiographische Erkenntnisse in die analytische Praxis einzubeziehen.

Die Frage, ob heute angesichts der filmisch-elektronischen Verflechtung nicht besser von einer ›Auslegung von elektronischen Texten‹ als von einer Film- und Fernsehanalyse zu sprechen ist, gehört deshalb mit zum sich ständig verändernden Problembewusstsein der Analyse (vgl. Zielinski 1992b). Noch bestimmen jedoch die elektronischen Gestaltungsmöglichkeiten nicht durchgängig Film und Fernsehen, noch haben sie auch nicht die Grundformen audiovisuellen Erzählens und Darstellens fundamental verändert (vgl. Hoberg 1999), und es stellt sich überhaupt die Frage, ob sie dies in absehbarer Zeit tun werden und sich nicht eher als neue Dimensionen der *Produktion* in die Konventionen und Standards des audiovisuellen *Wahrnehmens* integrieren werden.

Film- und Fernsehanalyse ist Teil der *wissenschaftlichen Praxis*. Sie wird an Schulen und Hochschulen praktisch betrieben und dient damit der Einführung in die wissenschaftliche Beschäftigung mit Film und Fernsehen. In der analytischen Beschäftigung selbst steckt ein Erkenntnisprozess über Film und Fernsehen, der zu *kommunikativen Kompetenzen* im Umgang mit den Medien führen soll.

Film- und Fernsehanalyse will über die ästhetischen Strukturen von Filmen, Fernsehsendungen und Videos Einsichten und Erkenntnisse sprachlich formulieren, um sie auf diese Weise bewusst zu machen. Natürlich liegt in dieser ›Versprachlichung‹ auch eine Destruktion der sinnlichen Gesamtgestalt des Films, die gerade im Zusammenspiel der verschiedenen, gerade auch nichtsprachlichen Mitteilungsebenen des Films ihren besonderen ästhetischen Ausdruck findet. Versprachlichung bedeutet deshalb Reduktion, und Film- und Fernsehanalyse muss sich bewusst sein, dass sie den Film, die Fernsehsendung nicht durch die Analyse ›rekonstruiert‹, sondern in der sprachlichen Beschreibung und Interpretation nur Annäherungsweisen herstellen kann, dafür aber auch analytische Zugänge und ein tieferes Verstehen ermöglicht. Filmanalyse ist deshalb immer nur ein ›sekundärer‹ Text gegenüber dem ›Primärtext‹ des Films, der Fernsehsendung, des Videos.

Film- und Fernsehanalyse kann aber die in der sprachlichen Erfassung liegende *Bewusstwerdung des Film- und Fernseherlebnisses* auch als ein positives Moment auffassen, indem sie das sinnlich Überwältigende, Nicht-Rationale in seinen Strukturen begreifbar und in seiner filmischen und televisuellen Konstruiertheit durchschaubar zu machen versucht. Gerade dem Nichtsprachlichen widmet die Film- und Fernsehanalyse besondere Aufmerksamkeit, um die sinnliche Suggestion, die emotionale Wirksamkeit, die Mehrdeutigkeit des Gezeigten aus dem Zustand des unbewusst Erfahrenen in den des bewusst Erlebten zu heben.

Sicherlich kann Film- und Fernsehanalyse ihren Gegenstand nicht erschöpfend beschreiben und muss einen unerklärbaren Rest respektieren, doch sie kann auf dem Wege der Bewusstmachung die scheinbare sinnliche Unmittelbarkeit des audiovisuellen Bildes als vermittelte und absichtsvoll gestaltete erkennbar und Suggestionen durchschaubar machen und damit dem Betrachter ein Zugewinn an Souveränität gegenüber dem Film geben. Gerade bei der wachsenden Fülle des audiovisuell Angebotenen in den Medien scheint dies eine notwendige Kompetenzerweiterung des Betrachters zu sein.

Kenntnis, Wissen und Erfahrung bedeuten deshalb noch keinen Verlust an *ästhetischem Genuss*. Im Gegenteil: Das Erkennen im Betrachten kann gegenüber dem naiven Zuschauen der Genusssteigerung dienen, weil der Betrachter vorhandene, aber verborgene Bedeutungspotentiale im Film für sich erschließt. In dem Maße, wie der Betrachter durch einen Zuwachs an Wissen Anspielungen, Zitate, Querverweise im Film erkennt, wie er wiederkehrende und variierte Muster im Film entdeckt, wie er um die Besonderheit von Blickweisen und Inszenierungen weiß, kann sich auch sein ästhetisches Erleben steigern.

Film- und Fernsehanalyse stellt eine Vermittlungs- und Verständigungsform dar und ist damit Teil der Kommunikation über Film und Fernsehen. Ihre Analyse-Ergebnisse und Interpretationen sind deshalb auch nicht überzeitlich, sondern immer zeitgebunden. So wie in den Philologien die Interpretation der großen Werke der Literatur von Generation zu Generation neu geleistet werden muss und sich die Interpretierenden in der Literatur selbst wiedererkennen und über die Auseinandersetzung mit ihr sich selbst definieren, so ist auch Film- und Fernsehanalyse im Prinzip eine sich historisch verstehende Arbeit, die zu immer neuer Überprüfung der Analyse-Ergebnisse und Interpretationen herausfordert. Aussagen über Filme erweisen sich deshalb, wie Klaus Kanzog es formulierte, »permanent als revisionsbedürftig« (Kanzog 1991, S. 14).

Film- und Fernsehanalyse dient also der *Erkenntnisgewinnung*, ihre Voraussetzung sind Erkenntnisinteressen. Da es viele Möglichkeiten der Auseinandersetzung mit Film und Fernsehen gibt und vieles an ihnen – schon allein von den unterschiedlichen Wissenschaftsdisziplinen her – erörterbar ist, bleibt die Bestimmung dessen, was die Analyse erbringen soll, unerlässlich. Je konkreter die Fragestellungen, um so genauer werden in der Regel auch die Ergebnisse ausfallen (vgl. auch Hickethier/Paech 1979).

Die Formulierung von Fragen an das Produkt begründet sich *im Film- und Fernseherlebnis* selbst, in der Erfahrung mit dem einzelnen Film.

Sie kann ihren Ansatz jedoch auch in einem *vorgegebenen* Erkenntnisinteresse haben, das sich an *aktuellen Diskussionen* orientiert (z.B. nach der Darstellung von Gewalt), in einem *wissenschaftlichen Untersuchungsansatz* (wie werden bestimmte Berufsgruppen in einem Film dargestellt, wie ist das Verhältnis von Film und literarischer Vorlage zu beschreiben usf.).

Werner Faulstich hat 1988 verschiedene Frageinteressen als methodische Zugriffsweisen auf das Produkt beschrieben. Er unterscheidet sechs verschiedene Richtungen der Filmanalyse: Von einem eher allgemeinen »strukturalistischen Zugriff« heben sich eine besondere »biografische«, »literar- oder filmhistorische«, »soziologische«, »psychologische« und eine »genrespezifische« Filminterpretation ab (Faulstich 1988). Es ist erkennbar, dass sich diese Ansätze aus unterschiedlichen Kontexten entwickelt haben.

Die Differenz der vorgeschlagenen Zugangsweisen liegt nicht nur in der Perspektive, unter der sie den Gegenstand Film betrachten, sondern auch in ihren verschiedenen Arbeitsschritten sowie in dem zusätzlich an den einzelnen Film herangetragenen Material. Schon bei der biografischen Methode, in der der einzelne Film in einen Zusammenhang mit der Biografie des Regisseurs (oder des Drehbuchautors, des Kameramannes usf.) gebracht wird, ist der Analysierende auf Informationen außerhalb des Films angewiesen (z.B. über die Lebenswege der an der Produktion Beteiligten). Soll der Film in einem Werkzusammenhang mit anderen Filmen gesehen werden, ist die Kenntnis dieser anderen Filme unerlässlich, wobei die Auswahl der Filme ebenfalls auf zusätzlich vorhandenen Informationen beruht. Noch viel umfangreicher ist das *Materialspektrum*, wenn gesellschaftliche Aspekte und psychische Verarbeitungsmomente im Sinne psychologischer Erlebnisstrukturen bzw. psychoanalytischer Sinnkonstruktionen herausgearbeitet werden sollen. Die Analyse benötigt hier nicht nur die theoretische Fundierung in entsprechenden allgemeinen Theorien, sondern auch zusätzliches Material aus Produktions- und Rezeptionsuntersuchungen.

Nun gehört zum Verständnis filmischer und televisueller Kommunikation, dass wir möglichst viele Informationen über die Bedingungen, die besonderen Produktionsumstände und -weisen zusammentragen, dass wir den Vermittlungsapparat und seine Arbeitsweisen kennen, die genaue Situation der Rezeption beurteilen und mögliche Wirkungen abschätzen können. Häufig kennen wir nur allgemeine Aussagen über die Kontexte, und die Gefahr besteht, sie als unbedingt gültig auch für den Einzelfall anzunehmen. Umgekehrt ist auch vor vorschnellen Verallgemeinerungen der Bedingungen des Einzelfalls zu warnen.

Will die Analyse erforschen, was die filmische Welt ›im Innersten zusammenhält‹, gilt es nicht nur die von Faulstich skizzierten Fragerichtungen als Erkenntnisinteressen zu begreifen, sondern bezogen auf den einzelnen Film differenzierter zu formulieren, welchen Aspekten sie intensiv, d.h. durch ein beständiges Nachfragen, nachspüren möchte. Auch können sich Verfahren als produktiv erweisen, die nach den ersten Befunden neue Fragen an das Objekt der Analyse stellen und auf diese Weise ein tieferes Verständnis für die audiovisuellen Medien und ihre Faszination erzeugen.

Es liegt nahe, für eine *Vielfalt der Methoden* zu plädieren, da die hier angeregten Zugangsweisen jeweils unterschiedliche Segmente bearbeiten und dabei andere vernachlässigen, so dass erst aus der Synthese der verschiedenen Ansätze ein umfassendes Bild des Films bzw. der Fernsehsendung entsteht (Faulstich 1988, S. 90ff.). Dass dies keine beliebige »Methodenkombination« bedeuten kann, hat Klaus Kanzog hervorgehoben und betont, es gehe immer nur um eine Präzisierung der Standpunkte und Vermittlung unterschiedlicher Perspektiven (Kanzog 1991, S. 159). Gerade die Verschiedenheit möglicher Perspektiven zwingt dazu, sich des eigenen Erkenntnisziels zu vergewissern.

2. Inhaltsanalyse oder Hermeneutik

Zwei grundsätzliche Richtungen der Filmanalyse lassen sich festhalten, die sich als analytische Verfahren in der Auseinandersetzung mit medialen Produkten nicht nur auf Film und Fernsehen beziehen, sondern generell die Auseinandersetzung mit Kommunikationsprodukten bestimmen: die empirisch-sozialwissenschaftliche Methode und das hermeneutische Interpretationsverfahren. Das scharfe Gegeneinander, in dem beide Methoden in der Medienanalyse (quantitative vs. qualitative Verfahren) noch Anfang der siebziger Jahre gesehen wurden, ist heute reduziert. Eine gegenseitige Respektierung und Ergänzung hat sich durchgesetzt: In die hermeneutisch orientierte Film- und Fernsehanalyse werden auch *quantitative* Daten und Materialien einbezogen, insbesondere in der Reflexion der Programmkontexte und Medienstrukturen. Umgekehrt ist die *qualitative* Interpretation häufig eine Fortsetzung einer Auswertung ermittelter quantitativer Ergebnisse, auch kann die qualitative Analyse einer Verbesserung der Hypothesenbildung der quantitativen Analyse dienen.

a) *Empirisch-sozialwissenschaftlich*: Gerd Albrechts Ansatz zur Filmanalyse war bereits auf eine soziologische Methodik ausgerichtet. Ihm ging es in erster Linie um eine Vergewisserung des flüchtigen Filmerlebnisses. Von seinem Ansatz aus lässt sich eine Richtung der Filmanalyse beschreiben, die ihre Fundierung schließlich in empirisch-sozialwissenschaftlichen Methoden, vor allem in der *Inhaltsanalyse*, gefunden hat. Ziel der Inhaltsanalyse ist es, Strukturen in den Äußerungen in den Massenmedien auf eine objektivierbare, d.h. quantifizierbare Weise, zu ermitteln. Fragestellungen müssen soweit ›operationalisiert‹ werden, dass sie zu quantitativen Ergebnissen führen (vgl. Wersig 1968, Ritsert 1972, Merten 1983). Bevorzugt werden deshalb Häufigkeiten bestimmter Merkmale erhoben (Frequenzanalyse), werden Argumente, Kennzeichen für oder gegen etwas ausgezählt (Valenzanalyse), wird die Stärke der einzelnen Argumente gemessen (Intensitätsanalyse) sowie die Häufigkeit bestimmter Muster und wiederkehrender Motive in ihrem Zusammenhalt mit anderen Bestandteilen des Produkts ermittelt (Kontingenzanalyse). (Zur Kritik vgl. Prokop 1980, S. 82ff.).

Voraussetzung ist eine genau entwickelte Fragestellung, die in Form von Hypothesen die zu beantwortenden Fragen vor dem Hintergrund einer Diskussion bereits vorhandener Erkenntnisse über den Sachverhalt formuliert. Diese Hypothesen werden dann anhand einer nach statistischen Methoden ausgewählten Fallsammlung überprüft und verifiziert bzw. falsifiziert. In der Diskussion der Ergebnisse werden die eingangs formulierten Hypothesen gegebenenfalls neu formuliert.

Die hinter diesem hier nur sehr vereinfacht skizzierten methodischen Verfahren stehende Vorstellung der Erkenntnisgewinnung geht davon aus, dass in dieser empirischen Analyse ein für andere objektiv nachprüfbarer Wissenszuwachs erreicht werden kann, auf dem wieder neue Studien aufbauen können, so dass am Ende eine gesicherte Konstruktion von Wissen über die Welt (in unserem Fall über Film und Fernsehen) zustande kommt.

Inhaltsanalysen werden vor allem im sozial- und publizistikwissenschaftlichen Bereich durchgeführt, in dem es auf die Beantwortung gezielter Fragen im Zusammenhang größerer Produktmengen ankommt, so dass sich Häufigkeiten von Merkmalen als ein zusammenfassendes Strukturelement herausstellen lassen. Die ästhetische Struktur des einzelnen Produkts mit ihren differenzierten Binnenbeziehungen wird dabei notwendigerweise vernachlässigt. Die Inhaltsanalyse hat sich seit ihren Anfängen in ihren einzelnen Erhebungs- und Auswertungsverfahren verfeinert, ohne jedoch von den Grundprinzipien abzuweichen. Zur Durchführung inhaltsanalytischer Untersuchungen sind deshalb heute zumindest Grundkenntnisse in der Statistik notwendig.

b) *Hermeneutisch*: Der hermeneutische Zugang zu Filmen und Fernsehsendungen – von den Sozialwissenschaften häufig als unwissenschaftlich, weil nicht quantitativ nachprüfbar, kritisiert – entwickelte sich in den Geisteswissenschaften, insbesondere in den Literaturwissenschaften, in denen ab Ende der sechziger Jahre eine Beschäftigung mit Film und Fernsehen einsetzte, aus der dann in den siebziger und achtziger Jahren die Medienwissenschaft entstand.

Orientiert an der Theorie und Praxis der Textauslegung (z.B. religiöser und juristischer Texte), setzte sich die literarische Hermeneutik mit dem *Sinnverstehen künstlerischer Texte* auseinander (vgl. Szondi 1975, Leibfried 1980). In der Form der Werkinterpretation hat sich die Literaturwissenschaft damit auch seit den fünfziger Jahren intensiver beschäftigt (vgl. Enders 1978). Textauslegung meint Interpretation und nicht nur ein Verständlichmachen des Unverständlichen innerhalb eines Textes, sondern will auch verborgene, also nicht offenkundig zutage tretende, Bedeutungen des Textes sichtbar machen.

Vor allem an diesem Verständnis knüpft die Film- und Fernsehanalyse an. Da bei vielen Filmen und Fernsehsendungen es nicht darauf ankommt, ihre Geschichte verständlich zu machen, sollen vielmehr hinter diesem Schein des allgemein Verständlichen die Strukturen der Gestaltung hervorgehoben und die zusätzlich noch vorhandenen *Bedeutungsebenen und Sinnpotentiale* aufgedeckt werden. Hermeneutisch orientierte Film- und Fernsehanalyse geht von der Mehrdeutigkeit filmischer und televisueller Werke aus und versucht, diese Mehrdeutigkeiten erkennbar zu machen.

Anders als die strikt lineare Abfolge der Arbeitsschritte der Inhaltsanalyse ist die hermeneutische Textanalyse durch ein ›zirkuläres‹ Verfahren gekennzeichnet, in dem immer wieder aufs Neue der Text befragt und mit Einzelbefunden und Interpretationsergebnissen konfrontiert wird. Als ›hermeneutischer Zirkel‹ wird deshalb diese Praxis vielfach beschrieben, in der der Interpretierende von einem Vorverständnis des Textes ausgeht und durch immer wieder erneute Befragungen des Textes und seiner Struktur, des Vermittelns von Detailverständnis und Gesamtverständnis, von Textanalyse und Kontextwissen zu einem genaueren, tieferen Verständnis des Textes gelangt. »Wiederholte Anschauung und wiederholte Kontrolle der Beschreibung durch den Blick auf den Gegenstand« hat Thomas Koebner als Merkmale der hermeneutischen Filmanalyse bezeichnet, »die Fähigkeit zur Einfühlung und Abstraktion, der ausreichenden Begründung und der Veranschaulichung am Beispiel« (Koebner 1990, S. 7). Ziel ist es, die »hermeneutische Differenz« zwischen dem »Eigensinn« des Textes (Habermas 1981, S. 159), dem vom produzierenden Subjekt *gemeinten* und dem vom rezipierenden Subjekt *aufgefaßten* Sinn zu reduzieren, auch wenn diese Differenz letztlich nie völlig aufgehoben werden kann (vgl. Schutte 1990, S. 22ff.).

Auf die Gefahr im hermeneutischen Ansatz, in Analyse und Interpretation das Werk bestätigend fortzuschreiben und disparate Elemente zu harmonisieren, hat Harro Müller hingewiesen und statt dessen eine Betonung der Differenzen in der Interpretation gefordert. Müller steht damit im Diskussionszusammenhang einer Postmoderne-Debatte, die ebenso das Konzept der *Dekonstruktion* favorisiert (Müller 1990). In der Film- und Fernsehanalyse sind vergleichbare Überlegungen erst in Ansätzen vorhanden (vgl. Paech 1988, Zielinski 1992b). Wenn hier ein eher integrierender als die Differenzen betonender Ansatz vertreten wird, dann vor allem deshalb, weil es in der gegenwärtigen filmanalytischen Praxis nach wie vor schwierig erscheint, in audiovisuellen Produkten Sinnzusammenhänge zu erkennen und zu beschreiben, die sich auf unterschiedliche Zeichenebenen (Bild, Ton, schauspielerische Darstellung, Szenerie, Montage etc.) zugleich beziehen.

Da es der hermeneutisch orientierten Film- und Fernsehanalyse um ein Sinnverstehen geht, kann sie nicht von der *Subjektivität des Rezipienten* und des Analysierenden absehen. Daraus resultiert keine Beliebigkeit der Interpretation, sondern der Analysierende muss sich seines Vorverständnisses bewusst werden, muss in die Analyse seinen Standort, seine Interessen (die sich von den Interessen und dem Standort anderer Filmbetrachter durchaus unterscheiden können), seine Rezeptionsbedingungen einbeziehen und davon ausgehen, dass sich in der Rezeption auch seine Lebenserfahrungen auswirken (vgl. Schutte 1990, S. 24ff.).

Thomas Koebner hat das Verständnis der hermeneutischen Film- und Fernsehanalyse 1990 formuliert:

»Interpretation heißt auch Verständigung. Sie verlangt, Gefühle und Eindrücke zu präzisieren, sich in den Bedeutungshorizont eines Werkes (oder einer Werkgruppe) hineinzubewegen, so dass es zur Überschneidung mit dem jeweils eigenen Erfahrungs- und Denkhorizont kommt. Interpretation ist ein Prozess der Orientierung im Werk, das dadurch allmählich vertrauter wird, seine Brüche und Tiefen erschließt. Sie ist aber auch ein Prozess der Orientierung im Kopf der Betrachter. Bei der Interpretation treten Publikum und Kunstprodukt, Subjekt und Objekt in ein beide umgreifendes Spannungsfeld ein, in dem ästhetische und soziale, psychische und historische Dimensionen einander durchdringen und sichtbar werden.« (Koebner 1990, S. 6)

Hermeneutisch orientierte Film- und Fernsehanalyse ist sich deshalb immer auch der *Historizität der Analyse* bewusst, kann von dieser nicht absehen, muss sie jedoch auch immer wieder kritisch hinterfragen.

Die in der Literaturinterpretation entwickelten *Arbeitsschritte* (vgl. dazu Schutte 1990, S. 29ff.) finden sich deshalb ähnlich auch in der Film- und Fernsehanalyse wieder. Ausgehend von der Seh-Erfahrung beim Betrachten eines Films oder einer Fernsehsendung lässt sich

1. ein *erstes Verständnis* des Films formulieren, in dem auch Missverständnisse und Nichtverstehen deutlich werden, die zugleich die Subjektivität der Seherfahrungen deutlich machen und dazu führen sollten, dass

2. der Analysierende sich seines eigenen Kontextes bewusst wird und seine Seh-Erfahrung als eine spezifische *Lesart* oder *Wahrnehmungsart* artikuliert und damit zugleich eine Auslegungshypothese formuliert.

3. Daran knüpft die *Analyse* des Films bzw. der Fernsehsendung an, in der nun die Struktur des Produkts und seine film- bzw. fernsehästhetische Gestaltung untersucht wird, seine Ausdrucksformen ermittelt und der Bezug des Films zu den filmischen und fernseheigenen Traditionen und die in ihm vorhandenen Bedeutungspotentiale entschlüsselt werden. Diese Analyse kann immer nur eine historische sein, indem sie auf diese Weise das Verstehen des einzelnen Werks in Beziehung zum zeitgenössischen Horizont möglicher Erfahrung sieht.

4. Zu erschließen sind weitere Informationen über die *Kontexte des Films*, über seine Entstehung und Produktion, über seine Distribution und Rezeption. Dazu sind vor allem zusätzliche Materialien zu ermitteln: Produktionsunterlagen, Statements zu den Produktionsabsichten und Macher-Intentionen, zu den Produzenten im umfassenden Sinn (also auch zu den produzierenden Firmen oder Fernsehanstalten),

dann auch Rezeptionsdokumente, also Kritiken, Fan-Beiträge, schon vorhandene Analysen, Rezeptionsbelege von anderen Filmautoren und -regisseuren usf. Zunehmend finden sich Rezeptionsbelege nicht nur in anderen Medien wie den Filmfachzeitschriften und Tageszeitungen, sondern auch im Internet, wobei der Einsatz von Suchmaschinen, die Benutzung von Datenbank (z.b. Internet Movie Database) und Newsgroups hilft, Rezeptionsmaterialien für eine Medienproduktionen zu erschließen. Dabei werden auch die Diskurse sichtbar, in denen der Film Bedeutung erlangt hat, es werden die Topoi sichtbar, die dann vom jeweils einzelnen Film auf das Medium zurückbezogen werden können.

5. Seh-Erfahrung, Arbeitshypothesen und Analyse der Struktur des Films werden in einem letzten Schritt in einen *Zusammenhang* gebracht, filminterne und filmexterne Befunde zueinander in Beziehung gesetzt. Die subjektiven Erfahrungen werden dabei mit dem Potential der im Film ermittelten Bedeutungen und mit anderen Rezeptionsbefunden konfrontiert und die in der Analyse beschriebenen Strukturen der filmischen Erzählung und Darstellung mit den eigenen und fremden Erlebnisweisen in Beziehung gesetzt. Das Ergebnis kann – neben der Explikation vorhandener Sinnpotentiale und der Formulierung unterschiedlicher Deutungen des Films – im Ideal eine Erweiterung des subjektiven Horizonts des Analysierenden darstellen.

Die – trotz aller zirkulären Rückbindungen der Erkenntnis an das Produkt im einzelnen – dann doch erkennbare Abfolge von Arbeitsschritten ist von Klaus Kanzog weiter differenziert worden. Er hat auf die Unterschiede zwischen ›Analyse‹ und ›Interpretation‹ aufmerksam gemacht und innerhalb der »geordneten Rede über den ›Gegenstand Film‹« vier Schritte auf dem Weg von der Beschreibung zur Interpretation unterschieden:

1. Befund: die Notierung eines filmischen Sachverhaltes, wie er sich ohne zusätzliches Wissen aus der Filmbetrachtung formulieren lässt.

2. Erläuterung: zusätzliche Informationen zum weiteren Verständnis des Sachverhalts werden eingebracht.

3. Kommentar: Der Sachverhalt wird mit weiteren beobachteten Sachverhalten auf der Ebene des Films verknüpft.

4. Interpretation: Der Sachverhalt wird im Gesamtzusammenhang des Films, der Intention des Regisseurs und dessen Werkkontextes gesehen, sowie mit weiteren Erkenntnissen aus andern Kontexten des Films verbunden (Kanzog 1991, S. 152ff).

Die hier skizzierten Stufen müssen jedoch in Übergängen gesehen werden. Entscheidend ist, dass sie unterschiedliche Stufungen der Informationsverknüpfung und der Verallgemeinerung enthalten auf dem Wege von einem ersten Verständnis zu einer umfassenden Interpretation des Films.

Mit diesen Arbeitsschritten sind *Verlaufsformen der Analyse* benannt, nicht jedoch bereits das, *was* am Film zu beschreiben und zu analysieren ist. Dabei bleibt der eine Pol immer das mediale Produkt, während der andere sowohl die Produktions- als auch Rezeptionskontexte erfasst. Zunehmend wird in den letzten Jahren unter Verweis auf medienanalytische Ansätze der Cultural Studies der Rezeptionsaspekt in den Vordergrund gestellt (vgl. Korte 1999, S.18ff.), weil die unterschiedlichen Lesarten von Filmen und Fernsehsendungen ihre kulturelle Bedeutung sichtbar werden lassen. Der in dieser Einführung vertrete Ansatz hält es jedoch für unabdingbar, diese Rezeptionsbefunde immer wieder auch mit den Produkten selbst in Beziehung zu setzen, um die differenten Wahrnehmungsweisen überhaupt beurteilen zu können.

3. Zum Filmprotokoll

In der Film- und Fernsehanalyse hat seit ihrem Beginn die Frage nach der Notierung und Protokollierung von Filmen eine heftig diskutierte Rolle gespielt. Diese Diskussion ist historisch zu verstehen (zur Geschichte der Film- und Fernsehanalyse vgl. Hickethier/Paech 1979).

Gerd Albrechts Kategoriensystem der Filmanalyse von 1964 war darauf angelegt, das flüchtige Filmerlebnis im Kino festzuhalten, möglichst viele Informationen durch eine systematisierte Betrachtung des Films bei einer Filmvorführung zu notieren (vgl. Albrecht 1964). Auch am Schneidetisch (»Filmbetrachtungstisch«) sollte mit dem von ihm entwickelten Analyseschema gearbeitet werden. Filme waren zu dieser Zeit nicht beliebig verfügbar, das Protokoll diente deshalb als Dokument und als Vergewisserung des Gegenstandes.

Die Medienwissenschaft hatte Ende der sechziger Jahre bereits die ersten Videorecorder zur Verfügung und konnte damit auch Fernsehsendungen aufzeichnen und wiederholt betrachten – eine damals von der normalen Fernsehnutzung abweichende Fernsehbetrachtung. Dennoch wurde auch hier die Notwendigkeit des Protokollierens eines Films bzw. einer Fernsehsendung, häufig unter Verweis auf Albrecht, betont. Mit dem Protokoll des Films wurde dieser im wissenschaftlichen Diskurs ›zitierbar‹, und damit war für Literaturwissenschaftler die intersubjektive Überprüfbarkeit gewährleistet. Die Erfassung eines

Films durch ein Protokoll ist für Helmut Korte beispielsweise ein »unerlässliches Hilfsmittel« (Korte 1986, S. 15, auch Korte 1999, S.24f.), für Günter Giesenfeld und Philipp Sanke immerhin noch ein »notwendiges Arbeitsmittel« (Giesenfeld/Sanke 1988, S. 135).

Werner Faulstich stellt die Protokollierung eines Films an den Beginn einer Strukturanalyse des Films, weil diese ohne Protokoll »nicht möglich und schon gar nicht für andere nachvollziehbar« sei, weil ohne sie eine Interpretation »nicht werkbezogen rational begründet werden« kann; weil sich ohne sie »keine systematischen Detailuntersuchungen anstellen« lassen, weil »ohne die Gesamtstruktur nur eingeschränkt fundiert werden« kann und damit »der einfachsten Verpflichtung wissenschaftlichen Arbeitens«, »exakt zu dokumentieren und zu zitieren«, nicht nachgekommen werden kann (Faulstich 1988, S. 17).

Auch für Klaus Kanzog ist die Protokollierung des Films (die er als Literarisierung des Film darstellt) »die Basis für wissenschaftliche Diskurse, die das ›Kommunikat Film‹ ohne Geschmacksurteile kommunizierbar« macht (Kanzog 1991, S. 135).

Das Insistieren auf der schriftlichen Transkription von Filmen befremdet, denn die Protokollierung eines Filmes ist in der Regel arbeitsintensiv und in ihrer Notwendigkeit nicht immer einsehbar. Filmprotokolle mit einer Notierung nur der wichtigsten Merkmale kommen leicht auf einen Umfang von 100 bis 150 Seiten. Vor allem in Seminaren und Übungen besteht die Gefahr, dass sich die Analyse bereits im Protokollieren erschöpft. Zwar hat schon Albrecht 1964 davor gewarnt, einen Film »vollständig« analysieren zu wollen, doch ist es offenbar durch die Praxis solcher Filmprotokollierungen angelegt, einen Film vollständig erfassen und analysieren zu wollen. Es gibt offenbar eine heimliche Hoffnung, mit dem Protokoll eines Films sich bereits der ästhetischen Struktur des Films in intensiver Weise versichert zu haben.

Ein Filmprotokoll als Hilfsmittel zur Analyse spezieller Sequenzen und Aspekte des Films ist sicherlich sinnvoll und begründet. Aber nicht für jede Filmanalyse ist die minutiöse Transkription aller Einstellungen eines Filmes unbedingte Voraussetzung. Auch die Notwendigkeit komplizierter Notierungssysteme, wie sie Ludwig Bauer für die Intonation, Kirsten Burkhardt für Bewegungsabläufe vorgeschlagen haben, ist nicht einsehbar (Bauer 1988, Burkhardt 1988). Dass für die wissenschaftliche Auseinandersetzung die *Verfügbarkeit* des zu analysierenden Objektes eine Voraussetzung ist, ist unbestritten, doch ist das Protokoll immer nur als ein in seinen Informationen stark reduziertes Dokument zu betrachten, nicht als das Objekt selbst. Die Anschaulichkeit von Bewegungsabläufen, filmischen Einstellungsabfolgen, das audiovisuelle Zusammenspiel der unterschiedlichen ästhetischen Mittel ist in der Betrachtung des Films selbst schneller und besser zu erfahren als über die mühsam decodierende Lektüre eines Protokolls.

Angesichts der allgemeinen Verbreitung von Videorecordern, der Weiterentwicklung der Aufzeichnungstechnik, die es ermöglicht, einen aufgezeichneten Film in beliebiger Weise vor- und zurücklaufen zu lassen, den Film anzuhalten, in kleinsten Schritten zu bewegen und auf diese Weise minimale Bildveränderungen zu betrachten, ist der Aufwand, den die vollständige Protokollierung eines gesamten Films (mit oft an die tausend Einstellungen) erfordert, nicht mehr plausibel zu begründen.

Der *Einsatz und Gebrauch des Videorecorders* in der Analyse schafft einen direkteren Zugang zum Film als das von allen sinnlichen Konkretionen abstrahierende Protokoll. Gerade dort, wo es um die Beschreibung und Analyse des Visuellen im Film, um das Spiel der Bedeutungsvermittlung und Geschehenslenkung auf mehreren Mitteilungsebenen des Films geht, ist der intensive Gebrauch des Recorders mit seinen verschiedenen Formen der Bildpräsentation jeder ›Literarisierung‹ des Films vorzuziehen. Film- und Fernsehanalyse ist deshalb ohne Videorecorder heute nicht mehr denkbar, mit seiner Hilfe kann der Analysierende im Film wie in einem Buch ›blättern‹ und sich der Struktur des Produkts vergewissern. Möglich ist es, und es wird in Filmanalysen in Seminaren immer wieder praktiziert, sich auf einem zweiten Videoband Sequenzen oder Einstellungen in anderer Reihenfolge und unter analytischen Gesichtspunkten zusammenzuschneiden und auf diese Weise Strukturmomente für die Analyse besser bearbeiten zu können.

Die Protokollierung von Filmen bzw. Teilen von ihnen sollte deshalb in der Film- und Fernsehanalyse in Schule und Hochschule, wo sie nicht speziellen wissenschaftlichen Fragestellungen folgt, nur begrenzt betrieben werden.

Bewährt haben sich folgende reduzierte Protokollierungsverfahren:

1. Die *Sequenzliste* (auch Sequenzprotokoll) erfasst den gesamten Film in seiner Zusammensetzung aus einzelnen Sequenzen. Als Sequenz wird dabei eine Handlungseinheit verstanden, die zumeist mehrere Einstellungen umfasst und sich durch ein Handlungskontinuum von anderen Handlungseinheiten unterscheidet. In der Regel werden Handlungseinheiten durch einen Ortswechsel, eine Veränderung der Figurenkonstellation und durch einen Wechsel in der erzählten Zeit

bzw. der Erzählzeit markiert. In der Sequenzliste werden für die einzelnen Sequenzen Handlungsort sowie auftretende Personen festgehalten und in wenigen Sätzen das Geschehen beschrieben.

Das Sequenzprotokoll dient der Orientierung über den Gesamtaufbau des Films, es will einen Überblick schaffen und damit die weitere Auseinandersetzung des Analysierenden mit dem Film erleichtern.

2. Das *Einstellungsprotokoll* dient der genaueren Erfassung der filmischen Struktur innerhalb einzelner Sequenzen. Hier werden die einzelnen Einstellungen festgehalten, auf der Bildebene die kameraästhetischen Merkmale vermerkt und Merkmale des Handlungsortes, der Figuren, ihrer Ausstattung und Bewegungen, des Geschehensablaufes notiert. Auf der Ebene des Tons werden Dialoge und andere On- und Off-Texte festgehalten sowie die Geräusche und die Musik notiert. Weiterhin sind beim Einstellungswechsel die Formen des Wechsels (Schnitt, Überblendungen etc.) festzuhalten. Dazu werden in der Regel Bild- und Tonebene in getrennten Spalten erfasst, die Schnitte durch waagerechte Striche markiert und die Dauer der einzelnen Einstellungen notiert.

Ziel ist in einem begrenzten Einstellungsprotokoll die genaue Erfassung der filmästhetischen Merkmale, das Protokoll dient der Überprüfung gestalterischer Strategien eines zentralen Ausschnitts des Films. Diese Einstellungsprotokollierung führt in der Regel zu einer sehr genauen und intensiven Beobachtung des Films, sie fördert dabei oft neue Details zutage, die zuvor nicht richtig bemerkt wurden. Einstellungsprotokolle sollten deshalb dort angefertigt werden, wo Irritationen über das filmische Erzählen entstanden sind, wo bereits eine präzise Frage formuliert ist und Strukturmomente des Films im Detail genauer untersucht und erörtert werden sollen.

Protokolle sind kein Selbstzweck, das kann nicht oft genug wiederholt werden. Sie sind Hilfsmittel auf dem Wege der Erkenntnisgewinnung, Arbeitsmittel für die analytische Durchdringung des Films und Materialien, auf denen eine Interpretation aufbauen kann.

Aus der Protokollierung heraus und in Ergänzung zu ihr haben sich in den letzten Jahren Formen der Notierung entwickelt, die der *Veranschaulichung und Visualisierung von Strukturen* dienen. Dazu gehören sowohl die Sequenzgrafik wie die Einstellungsgrafik. Auf einer Zeitachse werden dazu die Blöcke einzelner Sequenzen oder Einstellungen aufgetragen. Sie können, vor allem wenn sie zu bestimmten Untersuchungsschwerpunkten erstellt werden, Gliederungen des Films veranschaulichen und damit in der Vermittlung von Strukturen diese sinnfällig machen (vgl. Korte 1986, 1999). Hier haben sich vor allem aus der Verbindung von Videorecorder und Computer neue Möglichkeiten der Darstellung von filmischen Prozessen ergeben. Helmut Korte in Göttingen und Rolf Kloepfer in Mannheim haben hier Modelle und Verfahren entwickelt, die dazu dienen, die Struktur von Filmen visuell zu erschließen, den Film im Rechner als eine Art Datenbank zu speichern, aus der nach Bedarf Einstellungsabfolgen des Films und analytische Befunde abgerufen werden können.

4. Computergestützte Filmanalyse

Die Erfahrung der Mühsal des Protokollierens hat dazu geführt, dass von einigen Filmwissenschaftlern computerunterstützte Protokollierungsverfahren entwickelt worden sind, die insbesondere die Notierung von Segmentierungen (also z.B. den Einstellungswechsel) erleichtern. Durch Koppelung eines Rechners und eines Videogerätes werden in der Regel einzelne Notierungen mechanisiert, häufig wird dabei auch im Gegenzug der Film mit zusätzlichen Informationen versehen, so dass nach einem ersten Durchlauf gezielt einzelne markierte Einstellungen aufgesucht werden können. Ein einheitliches System ist bislang noch nicht entwickelt worden, so dass man sich, will man ein solches Verfahren benutzen bzw. erwerben, mit den Urhebern solcher Systeme in Verbindung setzen muss.

Günter Giesenfeld (Philipps-Universität Marburg) z.B. hat das Filmprotokollierungssystem »Filmprot« entwickelt, bei dem ein Computer mit einem Videogerät gekoppelt wird und der Computer wie auf einem zum Film parallel laufenden ›Textband‹ Informationen über den Film speichert. In einem ersten Schritt werden die Schnitte markiert, in einem zweiten Beschreibungen zu den einzelnen Einstellungen eingegeben (Giesenfeld/Sanke 1988, S. 137ff.). Der Computer kann über spezielle Programme für alle quantifizierbaren Elemente des Films (Schnitthäufigkeiten, Frequenzen der Einstellungsgrößen etc.) Häufigkeitstabellen und Grafiken produzieren.

Komplexer ist die von Helmut Korte (Hochschule der Künste Braunschweig) entwickelte »Computergestützte Notation filmischer Abläufe« (CNfA), die nicht nur die Auswertung quantitativer Daten elektronisiert, sondern darüber hinaus auch noch zu den einzelnen markierten Einstellungen Filmbilder digital einlesen kann. Mit dem CNfA-System wird in seinem vom Urheber anvisierten Endzustand ein schnellerer und leichterer Zugriff auf den Film unter den verschiedensten Frageinteressen möglich sein (vgl. Korte 1993). Korte hat die verschiedenen Visualisierungsstrategien in ihren Funktionsmöglichkeiten ausführlich dargestellt (Korte 1999, S. 39ff.).

Ein computergestütztes Protokoll- und Auswertungssystem haben auch Werner Faulstich und Holger Poggel (Universität Siegen und Universität Lüneburg) mit »Cavas« vorgestellt. Auch hier geht es ähnlich wie bei dem Marburger Verfahren um eine Elektronisierung der quantitativen Auswertung (Faulstich/Poggel 1988). Weitere Ansätze werden an anderen Universitäten erarbeitet. Rolf Kloepfer in Mannheim hat ebenfalls ein inzwischen ausgereiftes Modell der computergestützten Filmanalyse unter dem Namen »Akira« (früher »FilmAss«) entwickelt.

Deutlich ist, dass mit diesen technischen Verfahren das Protokollieren beschleunigt und quantitative Auswertungen leichter möglich gemacht werden. Die Notwendigkeit der Protokollierung insgesamt wird damit jedoch noch nicht plausibler begründet. Als didaktisches Mittel der Veranschaulichung können diese Verfahren jedoch Erkenntnisse überzeugend präsentieren.

Die computergestützten Analyseverfahren sollten sich aus dem Kontext der Protokollierungsfrage lösen, denn mit den neuen rechnergesteuerten Verfahren sind ganz neue produktive Analyseformen ermöglicht geworden. Ihr Einsatz kann zu einer vielfachen und individuellen spielerischen »Dekonstruktion der Kinogeschichte« in der Montage von digital gespeicherten Fragmenten und Bausteinen führen, wie es Jean-Luc Godard mit seiner noch auf Video ›geschriebenen‹ »Histoire(s) du cinéma« bereits vorgeführt hat (vgl. Zielinski 1992b).

IV. Zur Analyse des Visuellen

Materialität und Immaterialität, Flüchtigkeit und Fixierung kennzeichnen das audiovisuelle Bild. Einerseits ist es fixierbar auf einen Träger (Nitrozellulose, Triacetatfilm, Magnetband, Compact Diskette, DVD, Computerspeicher), kann bearbeitet, verändert und beliebig oft reproduziert werden. Andererseits ist das elektronische Bild (im Fernsehen) nicht unbedingt an eine Fixierung auf einen Träger gebunden und kann deshalb flüchtig bleiben. Als ›live‹ erzeugtes Bild wird es im Augenblick seines Entstehens über Radiowellen übertragen und von Betrachtern auf Bildschirmen an ganz anderen Orten wahrgenommen.

Das audiovisuelle Bild ist zweidimensional. Das fotografische Abbilden von vorfilmischer Realität erzeugt jedoch die Illusion eines dreidimensionalen Raumes. Als fotografische Abbildung von Bewegungen ist es mit der Dimension der Zeit verbunden. In der spezifischen Verzahnung von Raum und Zeit, in der »Dynamisierung des Raumes« und der »Verräumlichung der Zeit« liegt deshalb die Besonderheit der audiovisuellen Medien (Panofsky 1967, S. 343ff.).

Das Bild (als stehendes Bild) erscheint traditionell als eine ortsgebundene, zeitlose Organisation der Dinge. Es zeigt und präsentiert etwas. Das Präsentative wird über das Zeigen von Bewegungen performativ. Die Performanz ist ein grundlegender Bestandteil der audiovisuellen Medien Film und Fernsehen. Als eine Organisation eines Geschehens in der Zeit wird auch das Erzählen verstanden. In den audiovisuellen Medien hat sich dieser Gegensatz zu einer neuen Form des *bildhaften Erzählens* und des *narrativen Zeigens* verbunden. Das Erzählen hat sich durch den Gebrauch von Bildern verändert, und die Bilder sind durch das Erzählen andere geworden.

1. Das Bild

Dass Menschen Bilder machen und sich diese anschauen, ist Teil unseres Lebens. Die Welt abzubilden, sich von ihr und dem Menschen in ihr ein ›Bild‹ zu machen, ist Merkmal und Bestandteil der Kultur. Dabei ging es beim Schaffen von Bildern zunächst nicht darum, das abzubilden, was ohnehin schon zu sehen war, sondern das darzustellen, was nicht da war. Das Abwesende im Bild anwesend zu machen, ist eine der frühen und wesentlichen Aufgaben des Bildes, ob beim Jagdzauber, bei der Beschwörung der Dämonen oder bei der Verehrung eines Gottes. Das Bild steht stellvertretend für etwas Anderes, das nicht anwesend ist, dessen Existenz aber durch das Bild behauptet wird. Häufig, etwa bei profanen Bildsujets, ist die Existenz des Abgebildeten unstrittig, ist das Abbild am Abgebildeten überprüfbar. Sehr viel öfter aber, etwa bei religiösen Bildern, handelt es sich um Darstellungen von etwas Ungesehenem, um Visualisierungen einer Göttergeschichte, eines heilig erklärten Textes, eines überlieferten Berichts. Das Bild galt vielen Menschen als Beweis der Existenz des Unsichtbaren.

Der Kunsttheoretiker Richard Hamann hat in diesem Zusammenhang betont, dass das Abbild häufig nicht nur als Bild, sondern als das Abgebildete selbst verstanden wurde, dass es für wahr und als lebendig galt. Er sprach von der »magischen Wirkung des Bildes« und sagte: »Diesem Glauben an die verwirklichende Kraft der Vertretung, diese Gleichsetzung von Vertretenem und Vertretendem unterliegt auch der aufgeklärteste Mensch in irgendeiner Weise« (Hamann 1980, S. 18f.). Hamann betont vor dem Hintergrund der kunstgeschichtlichen Entwicklung, dass der Schein von »Anwesenheit«, dass »Präsenz« und »Repräsentation« um so mehr zustande kommen, »je mehr das Bild für wirklich gehalten werden kann, je illusionistischer es wirkt« (ebd.). Es entsteht also ein sich gegenseitig bedingendes System: Die magische Wirkung des Bildes führt zur Annahme, es vertrete und beherrsche das Reale; der Eindruck der Stellvertretung führte zur Steigerung der Illusionierung durch die Kunst.

Die Geschichte der abendländischen Malerei seit der Renaissance lässt sich bis ins 19. Jahrhundert hin als Ausbau der visuellen Illusionsbildung darstellen. Die Erfindung der Zentralperspektive in der Renaissance und ihre Anwendung in der Malerei bildeten den Ausgangspunkt für diese Entwicklung, die wir mit dem Wort ›Illusionismus‹ nur unvollkommen kennzeichnen, weil es auch um das Verhältnis von Abbildung und Abgebildetem, von Bild und Realität ging. Das Abgebildete sollte nicht mehr nur aufgrund einer in einem Regelkanon festgelegten Bedeutung dargestellt werden, sondern sollte sich auch – bei aller subjektiven Organisation des Bildes durch den Künstler – mit der visuellen Erfahrung der Menschen verknüpfen lassen. Dass die Größe des Abgebildeten nichts mit seiner Bedeutung, wie noch in der mittelalterlichen Malerei, zu tun habe, sondern etwas mit der Entfernung des Abgebildeten zum Betrachter, entsprach zwar der realen Erfahrung der Menschen, die ihnen sagte, dass ein weit von ihnen entfernt stehender Mensch in ihrem Blickfeld kleiner erschien als einer, der dichter bei ihnen stand. Aber dies in einem flächigen Bild auch so darzustellen, war ein neues Problem, das ein neues Sehen von Bildern provozierte. Die *perspektivische Darstellung* als eine Konstruktion und ihre Konventionalisierung im Laufe der Jahrhunderte trug wesentlich dazu bei, so dass sie heute als selbstverständlicher Teil unserer Wahrnehmung erscheint.

Parallel zu der mit der Neuzeit entstehenden neuen Form der bildhaften Erfassung von Welt und der Organisation des gesehenen Dreidimensionalen auf der zweidimensionalen Fläche entsteht auch die Form der Reflexion über Bilder, die Kunstbetrachtung. Mit der »relativen Lösung (der Bilder) aus kultischen Zusammenhängen« wurde die Bilder »konnotativ, aufnahmefähig für Nebenbedeutungen« (Trautwein 1997, S.15). Analyse und Interpretation sind also ›ein altes Geschäft‹.

Das fotografische Bild

Das fotografische Bild bildet für das Filmbild den unmittelbaren Vorläufer. Es ist zugleich Teil der Kinematografie und des Fernsehens. Anstelle der malerischen, zeichnerischen oder plastischen Umsetzung trat zunächst ein opto-chemo-mechanisches Verfahren, das in einem vorgeblich ›objektiven‹ Abbildungsvorgang ein Bild eines vorgefundenen oder arrangierten Realitätsausschnittes lieferte. Die Subjektivität des Künstlers wurde damit scheinbar aus dem Abbildungsvorgang und dem Herstellen des Bildes eliminiert, obwohl die Fotografie noch lange auf Darstellungsweisen der Malerei zurückgriff, die sich im 19. Jahrhundert herausgebildet hatten (vgl. Kemp 1979ff.). Die Fotografie benutzte diese vorfotografischen Formen, weil diese die Wahrnehmung der Betrachter geprägt hatten und über ihre Vertrautheit sich das Neue des fotografischen Bildes vermitteln ließ. Die technische Bildherstellung ermöglichte eine ganz neue umfangreiche ›Verbildlichung‹ von Welt. Die physische Realität wurde fotografisch reproduzierbar.

Mit der bildenden Kunst verband das fotografische Bild die Unbewegtheit des Abgebildeten, die Fixierung des Augenblicks. In der am Ende des 19. Jahrhunderts entwickelten ›Schnappschuss‹-Fotografie konnten auch Bilder bewegter Objekte aus der Bewegung heraus ›geschossen‹ werden, konnte der Eindruck von Bewegung – im angehaltenen Zustand – suggeriert werden (vgl. auch Kemp 1980).

Durch die vom Apparat neu geschaffene Beziehung des Bildes zum Abgebildeten entstand eine Macht im Anschaulichen, die jenseits von

Sprache und sprachlicher Darstellung durch das Zeigen einen Eindruck von unmittelbarer Direktheit, von Realität selbst erzeugte.

Das fotografische Bild kann bis heute durch das Zeigen von bislang Ungeschautem den Betrachter auf unerwartete Weise treffen und zutiefst beeindrucken. Immer wieder gibt es trotz des massenhaften Bildkonsums auch heute noch solche Bilderlebnisse, die einen Schock auslösen können, wie es Worte nicht vermögen. Im Festhalten der Welt durch das Bild steckt auch der Wunsch, dem zeitlichen Vergehen zu entkommen, denn die fotografische Wiedergabe beglaubigt, »dass das, was ich sehe, tatsächlich gewesen ist« (Barthes 1989, S. 92). Doch das Bild erinnert damit um so mehr an die Unausweichlichkeit des Vergehens, indem die zeitliche Differenz zwischen Aufnahme und Betrachtung wächst. Die Magie des Bildes bleibt auch im fotografischen Abbild des Alltäglichen erhalten, sie zeigt gerade in den Bildern des Unscheinbaren oft sehr viel schockartiger die Veränderungen, die sich in der historischen Distanz zwischen Aufnahme und Betrachtung ergeben.

Dass die fotografische Apparatur mit dem ›sehenden Objektiv‹ das Abgebildete wirklichkeitsnäher, authentischer und damit ›echter‹ zeigt, war eine Annahme des 19. Jahrhunderts, aus ihr resultiert der noch heute vielfach vorhandene Glaube an die ›unverstellte‹ Darstellung von Realität durch die Technik. Sie begründet sich in der zeitgenössischen Sehnsucht nach größtmöglicher Ähnlichkeit der Abbildung mit dem Abgebildeten, wobei diese Ähnlichkeit eine der äußeren Erscheinung ist, nicht etwa einer inneren Befindlichkeit.

Das kinematografische Bild

In der fotografischen Fixierung des Augenblicks liegt bereits das Streben nach der Erzeugung bewegter Bilder. Film ist, schon in seinen Anfängen, »bewegte Fotografie«; fotografiert wurde »alles, was wirklich war, weil es sich bewegte« (Paech 1990, S. 25). Die Fundierung des Films in der Fotografie hat Siegfried Kracauer in seiner »Theorie des Films« (1973, S. 26ff.) ausführlich beschrieben. Kracauer sprach dem kinematografischen Bild eine »realistische Tendenz« zu, die in der Wiedergabe und Aufdeckung »physischer Realität« bestehe (ebd., S. 61ff.) und die eine Darstellung der Realität ermögliche, »wie sie sich in der Zeit entfaltet« (ebd., S. 71). Kracauer unterschied zwischen »registrierenden« und »enthüllenden« Funktionen des Bildes. Als registrierend beschrieb er Aufnahmen, die schon bekannte Sachverhalte zeigen, als enthüllend verstand er Aufnahmen, die dem Zuschauer etwas zeigen, was er ohne die Filmkamera nicht wahrnehmen würde: im

Kleinen innere Zustände, Visionen, im Großen unüberschaubare Zusammenhänge wie z.B. Kriegsaufmärsche; dazu überraschende Ansichten vertrauter Sachverhalte, Details, die einen größeren Zusammenhang charakterisieren.

Als Besonderheit stellte er vier Affinitäten zur Realität heraus, die das filmische Bild mit der Fotografie gemeinsam habe: Die Affinität

a) zur »ungestellten Realität«, also zum Nichtinszenierten in der Wirklichkeit;
b) zum »Zufälligen«, zum Flüchtigen, z.B. auf den Großstadtstraßen;
c) zur »Endlosigkeit«, die sich gerade in der Unabgeschlossenheit wirklicher Geschehen äußert, und
d) zum »Unbestimmbaren«, das sich nicht zuletzt in der Mehrdeutigkeit von Geschehen äußert. (ebd., S. 95ff.)

Zusätzlich sei dem Film »eine – der Fotografie versagte – Affinität zum Kontinuum des Lebens oder ›Fluss des Lebens‹ [...], der natürlich identisch mit dem abschlusslosen, offenen Leben ist«, eigen (ebd., S. 109).

Diese These von der Affinität des Films zum »Fluss des Lebens« nimmt den Zeitaspekt in besonderer Weise auf. Kracauer: »Der Begriff ›Fluss des Lebens‹ umfasst also den Strom materieller Situationen und Geschehnisse mit allem, was sie an Gefühlen, Werten, Gedanken suggerieren. Das heißt aber, dass der Fluss des Lebens vorwiegend ein materielles Kontinuum ist, obwohl er definitionsgemäß auch in die geistige Dimension hineinreicht« (ebd., S. 109). Es liegt auf der Hand, dass hier ein Phänomen angesprochen wird, das auf ganz andere Weise dann im filmischen Konzept einer bewusstseinsorientierten, assoziativen Montage, im ›stream of consciousness‹ neu artikuliert. Kracauers These, für den Kinofilm formuliert, wird auch für die Vorstellung von Programm und Programmfluss, insbesondere beim Fernsehen, wichtig.

Rahmen

Das Bild wird bestimmt durch seinen Rahmen. Er hebt das Abgebildete von den visuellen Erscheinungen der Wirklichkeit ab, isoliert es, löst es aus den optischen Konstellationen heraus, die wir im Alltag als Fülle wechselnder Erscheinungen erleben. »Im täglichen und tätigen Leben beachten wir«, so schrieb Richard Hamann, »die Bilder der Außenwelt nur flüchtig und nur daraufhin, wie wir uns in der Außenwelt orientieren, wie wir die Dinge angreifen, benutzen können. Die jeweilige optische Konstellation, das Bild, ist uns gleichgültig, wir schreiten sofort vom flüchtigen, stets wechselnden Anblick zum Erkennen, zum Begriff, zum Namen« (Hamann 1980, S. 8).

Der Rahmen trennt das Abgebildete von der Realität. Die Bildhaftigkeit des Gezeigten wird durch die Bildgrenze und die Bildfläche bestimmt. Die Bildgrenze hat eine »konzentrierende, das Auge auf das Bild lenkende und heftende Wirkung« (ebd., S. 9). Der Rahmen erklärt das in ihm Gezeigte als etwas Zusammengehörendes. Was in der Realität als zufällig und ungeordnet erscheint, erhält durch den Rahmen eine innere Ordnung. Alle »Elemente im Bild erhalten ihren Stellenwert aus der Bildgrenze«, aus ihrem Verhältnis zu ihr (Schnelle-Schneyder 1990). Die Bildgrenze und das durch sie formulierte Format schaffen eine innerbildliche Anordnung der Elemente, grenzen Dinge aus und erklären das innerhalb der Bildgrenzen Gezeigte zu einer eigenen Welt, zu einem Kosmos, dessen Schnittpunkt im Betrachtungsstandpunkt, bei der Fotografie also im Kameraauge, liegt.

Die Funktion des Rahmens wird im Film häufig noch dadurch betont, dass in speziellen Situationen, in denen innerhalb des Filmgeschehens ein besonderer Teilbereich isoliert werden soll, ein *innerer Rahmen* (Fenster, Spiegel, Türen) geschaffen wird, der das Gezeigte je nach Kontext in eine Atmosphäre der Beengtheit oder der Geborgenheit, der Distanzierung oder auch der besonderen Zuwendung versetzt. Über diesen Gebrauch des Begriffs hinaus hat die neuere Filmtheorie den Begriff des Rahmens und der Rahmung (frame) als konstitutiv für die filmische Ästhetik verstanden. Leo Braudy beispielsweise hat ihn auch auf Inszenierungsstile, Genrekonventionen und Rollendefinitionen angewandt (Braudy 1980).

Format

Ist in der Malerei das Bildformat in starkem Maße variabel, so wurden bereits bei der Fotografie die Bildgrenzen durch die Kamera eindeutig festgelegt. Allerdings können sie im Negativ-Positiv-Verfahren noch durch Vergrößerung, Verkleinerung und eine zusätzliche Ausschnittwahl verändert werden. Beim Film ist die Wahl des Bildformats nicht allein durch die Kamera, sondern auch durch die Projektion eingeschränkt. Da die Apparatur genormt ist, reduziert sich das Filmformat in der Kinogeschichte auf wenige Größen.

Als *Normalformat* etablierte sich in den zwanziger Jahren ein Bildformat mit einem Seitenverhältnis von 3:4, also 1:1,37 und wurde schließlich auch durch die Academy of Motion Picture Arts and Sciences zum Standard erklärt (Monaco 1980, S. 99ff.). Es war jedoch nie das einzige Format. Schon die Einführung des Tonfilms, der auf dem Filmstreifen Platz für die Tonspur brauchte, reduzierte das Bildformat auf eine fast quadratische Abmessung, die dann Anfang der dreißiger Jahre wieder auf das Verhältnis von 1:1,37 gebracht wurde.

Anfang der fünfziger Jahre kamen die verschiedenen *Breitwandformate* hinzu, die hauptsächlich durch Kaschieren eines Teils der Bildfläche erzeugt wurden. Ein Teil des Filmmaterials blieb also unbelichtet. 1:1,66 (in Europa) und 1:1,85 (in den USA) waren neue Standardformate. Mit *Cinemascope* und *Panavision* wurden anamorphotische Verfahren entwickelt. Bei diesen Verfahren wurde das Bildformat in der Weise ausgenutzt, dass das Filmgeschehen durch besondere Objektive aufgenommen wurde, die das in seiner Breite aufgenommene Geschehen komprimierte. Durch ein entsprechendes Objektiv im Projektor wird die Komprimierung in der Projektion wieder entzerrt und auf diese Weise ein sehr breites Bild mit einem Seitenverhältnis von 1:2,35 erzeugt. Anamorphotisch heißen diese Verfahren nach einer in der Renaissance entwickelten Darstellungstechnik, bei der starke Verzerrung in der Zeichnung so angelegt waren, dass das Abgebildete von einem genau bestimmten Standpunkt aus (z.B. schräg zur Bildfläche) normal und entzerrt wirkte oder dass es sich in einem gewölbten Spiegel als Normalbild spiegelte.

Es ist naheliegend, dass innerhalb dieser unterschiedlichen Bildformate auch die Wirkung des darin Gezeigten unterschiedlich ist und dass sich die *Anordnungen im Gezeigten* verändern. Die Dehnung des Formats führt zur Betonung von Panoramablicken und zu einer tendenziellen Monumentalisierung der Umräume. Die handelnden Figuren sind häufiger nur in Anschnitten, Groß- und Nahaufnahmen zu sehen, der Zuschauer kann das Geschehen nicht mehr insgesamt überschauen, sondern muss mit seinem Blick auf der Leinwand hin und her wandern. Dies führt zu einem Eindruck größerer Nähe und stärkeren Einbezogenseins auf der Seite des Zuschauers.

In Bertoluccis Cinemascopefilm »Der letzte Kaiser« (1987) wird die Größe und der Pomp des Kaiserpalastes zu Beginn gegen den kindlichen Kaiser gesetzt, der inmitten der Größe verloren wirkt. Als er von seinem Thron herunterrutscht und zum Ausgang läuft, öffnet sich für ihn, und damit über die Kamera auch für den Zuschauer, der Blick für die zu seiner Inthronisierung aufmarschierten Menschen, die sich in dem breiten Format über das ganze Bild hin aufgestellt haben.

In vielen Filmen werden Bildformate auch zusätzlich durch *Kaschierungen und Masken* verändert. Schon beim amerikanischen Stummfilmregisseur David W. Griffith ist ihr Einsatz bekannt, ebenso finden sich aber auch Beispiele in neueren Filmen, z.B. in den Arbeiten von Jean-Luc Godard, François Truffaut und Alexander Kluge.

Am bekanntesten ist die kreisförmige Maske des expressionistischen Stummfilms, der damit, ohne in der Aufnahme den Kamerastandpunkt zu verändern, den Eindruck einer Großaufnahme suggeriert und den Blick des Zuschauers ganz auf ein Gesicht oder ein Detail lenkt.

Dennoch gilt, gerade bei den Kaschierungen, die aus individuellen künstlerischen Intentionen heraus erfolgen, dass sie nur punktuell das Bildfeld verändern; für den Zuschauer bleibt das vorhandene Format weiterhin für seine Wahrnehmung des Films und des in ihm aufgebauten filmischen Raums bestimmend.

Das Normalformat wurde auch prägend für die Proportionen des *Fernsehformats*, die in anderer Weise noch fester vorgegeben sind als die Filmformate. Das Bildformat auf der Braunschen Röhre ist unaufhebbare Definitionsgrenze des Bildgeschehens. Formatänderungen – etwa bei der Ausstrahlung von Breitwandfilmen im Fernsehen, erscheinen nicht als Kaschieren der Bildfläche, sondern als Gestaltungselemente der Bildfläche. Der schwarze Balken oben und unten stellt ein zusätzliches Bildelement dar, das in Beziehung tritt zu den anderen des eigentlichen Bildes.

Erst mit der Änderung des Bildschirmformats (16:9), die seit einigen Jahren betrieben wird, ohne sich richtig durchgesetzt zu haben, und mit der damit verbundenen Übernahme der Proportionen des Kino-Breitwandformats kommt es zu einem wirklichen Formatwechsel, der aber die grundsätzlichen Probleme nicht aufhebt, weil seine Voraussetzung der völlige Austausch der Empfangsapparatur ist. Auf dem neuen vergrößerten Bildschirm wird das Abspielen von Filmen im bisherigen Normalformat Probleme aufwerfen. Bedeutet im Kinodunkel die schwarze Kaschierung des Bildfeldes tatsächlich dessen Veränderung, so bildet auf dem Fernsehschirm im halberleuchteten Wohnraum auch bei HDTV jede neue Kaschierung wieder eine zusätzliche Bildfläche. Neuere Fernsehapparate können deshalb das Bild nach Bedarf entsprechen dehnen oder stauchen, was jedoch nicht ohne Folgen für das Abgebildete bleibt.

Teil und Ganzes innerhalb des Bildformats

Das im Bildformat eingeschlossene Bildfeld wird auch als *Kader* bezeichnet, die Kadrierung ist die Begrenzung eines abgebildeten Geschehens durch den Ausschnitt. Gilles Deleuze hat in einem Versuch einer typologisierenden Beschreibung von filmischen Strukturmerkmalen die organisierende Funktion dieses Bildkaders angesprochen. Für ihn ist die Kadrierung »die Festlegung eines – relativ – geschlossenen Systems, das alles umfasst, was im Bild vorhanden ist – Kulissen, Personen, Requisiten. Das Bildfeld (cadre) konstituiert folglich ein Ensemble, das aus einer Vielzahl von Teilen, das heißt Elementen besteht, die ihrerseits zu Sub-Ensembles gehören.« (Deleuze 1989, S. 27). Was hier nur wie eine scheinbare Verdoppelung des Gesagten erscheint, weist jedoch auf zwei gegensätzliche Aspekte hin: Zum einen ist das, was im Bild gezeigt wird, eine in sich abgeschlossene Welt, die durch die Bildgrenzen ihr Ende findet, durch sie definiert wird, in der sich alles aufeinander bezieht. Zum anderen ist das Filmbild wie ein Fenster, durch das hindurch wir auf eine andere Welt sehen, die vor allem dann, wenn wir uns mit der Kamera zu bewegen beginnen, ein umfassenderes Ensemble sichtbar macht. Wir finden diese Auffassung in der Metapher von Film und Fernsehen als einem ›Fenster zur Welt‹ popularisiert wieder.

Damit wird in ganz neuer Weise auch das, was außerhalb des Bildrahmens bleibt, in das Bildgeschehen einbezogen. Das Ausgegrenzte gilt damit immer auch als ein potentieller Teil des im Filmbild Gezeigten. Deleuze hat bei seiner Bezeichnung des Bildfeldes als »geometrisch *oder* physikalisch« (bzw. »dynamisch«) versucht, dem Rechnung zu tragen. Er meint damit, dass innerhalb des statischen Bildes, wie es die Malerei oder die Fotografie kennt, die perspektivische Darstellung, die Geometrie, eine dominante Rolle spielt, im bewegten Bild dagegen diese Geometrie zugunsten der Bewegung aufgehoben wird.

Doch diese Aufhebung erfolgt nur teilweise und bei großer Schnelligkeit, denn auch bei langsamen Kamerabewegungen bleibt die perspektivische Darstellung wirksam. Umgekehrt sind im statischen Bild häufig Bewegungen eingeschrieben, die in der Kunst als kinetische Darstellungen diskutiert werden und die sich aus Körperhaltungen ergeben, die Bewegungen assoziieren lassen, oder aus Proportionsungleichgewichten innerhalb der Komposition, die Veränderungserwartungen beim Zuschauer evozieren (vgl. auch Paech 1989b).

Komposition

Bevor wir zu diesen Veränderungen durch die Bewegung kommen, wollen wir noch einen Augenblick bei den Gliederungsmerkmalen des statischen Bildes bleiben. Sie wurden von der Malerei in die Fotografie übertragen und prägen die Filmgestaltung und Filmwahrnehmung. Die Begrenzung des Bildfeldes strukturiert das Bildfeld, indem es alle Teile zueinander in Beziehung setzt. Kennzeichen dafür ist zunächst, dass das Bild eine *Bildmitte* aufweist. Sie ist, von unserer ungelenkten Wahrnehmung her gesehen, der Punkt, auf den wir automatisch sehen, wenn der Blick nicht durch andere Gestaltungselemente abgelenkt wird. Diese Bildmitte ist nicht die grafische Bildmitte (der Schnittpunkt der Bilddiagonalen), sondern liegt als *optische Mitte* leicht über der wirklichen Bildmitte. Sie ist z.B. daran zu erkennen, dass bei Fotografien oder Gemälden, die mit einem Passepartout gerahmt sind, die Abstände zwischen den Bildkanten und dem Rahmen unten etwas größer sind, das Bild also etwas höher im Rahmen sitzt. Sind die Abstände oben und unten gleich, entsteht der Eindruck, dass das Bild nicht in der Mitte, sondern zu tief sitzt. Auch der Film nutzt die optische Bildmitte aus. Dinge, die in ihr platziert werden, erscheinen ›gut im Bild‹, was außerhalb angeordnet ist, erscheint auch für das Geschehen randständig, wirkt abgedrängt.

Das Bild als *strukturierte Fläche* wird – unabhängig von allen räumlichen Vorstellungen, die es auslöst – durch Gliederungen charakterisiert. Die Gliederung erfolgt auch im Filmbild nach den Regeln der Komposition, wie sie in statischen Bildern Anwendung finden. *Kompositionselemente* sind Linien, Formen, Flächen, Bewegungen.

Dass kräftige *Linienführungen* im Filmbild auch Assoziationen auslösen, hat Joseph V. Mascelli aufgrund von Zuschauerbefragungen beschrieben. Danach stehen u.a. harte Geraden für Männlichkeit und Kraft, kurvige weiche Linien für Weiblichkeit, lange horizontale Linien für Ruhe und Ausgleich, gegeneinander gesetzte diagonale für Konflikt und Aktion (vgl. Mascelli 1965, S. 200f.). Dass solche Zuordnungen von kulturellen Konventionen abhängen, liegt gerade bei den ›weiblichen‹ und ›männlichen‹ Bedeutungen auf der Hand.

Da alles Gezeigte im Film *Formen* besitzt, erhält die Anordnung dieser Formen Gewicht für die Bedeutung des Gesamten. Neben den Formen der abgebildeten Menschen und Gegenstände (Positivformen) spielen auch die Formen der Zwischenräume (als Negativformen) eine Rolle. Eine spannungsvolle Setzung von Positiv- und Negativformen zeichnet die Qualität der Kameraarbeit aus.

Zur Komposition gehört auch das Verhältnis von dunklen und hellen *Flächen*, die Verteilung der Farben im Bild. Große, wenig strukturierte Flächen werden oft gegen vielteilig gegliederte kleine Flächen gesetzt. In Verbindung mit den Formen können solche Kompositionen Stabilität oder Instabilität suggerieren.

Für die Komposition bedeutsam ist auch das Erzeugen von indirekten Kraftfeldern und -linien, die Beziehungen zwischen Menschen und Dingen im Bild herstellen. Häufig lassen sich solche nur durch einzelne herausgestellte Punkte (Gesichter, Hände, bestimmte Gegenstände) in Form von Dreiecken, Kreisen, Ovalen beschreiben, die damit ein ausbalanciertes Kompositionsverhältnis anzeigen (vgl. Mascelli

1965, S. 202). Filmen ist damit eine bestimmte ›innere Geometrie‹ eigen. Daneben gibt es bereits in statischen Bildern *kinetische Kompositionseffekte*, Effekte also, die Bewegungen suggerieren. So werden z.B. schräg durch das Bild verlaufende Linien, die von links unten nach rechts oben weisen, oft als Aufwärtsbewegungen, Linien, die von links oben nach rechts unten zeigen, als Abwärtsbewegungen oder fallende Bewegungen verstanden. Diese Effekte entstehen auch, wenn etwas scheinbar Instabiles, so als sei es in Bewegung, abgebildet wird.

Die Herstellung einer *Balance* zwischen den Bildelementen erfolgt zum einen auf formale Weise, z.B. durch symmetrische oder konzentrische Anordnungen. Häufiger wird jedoch die Balance zwischen unterschiedlich in der Bildfläche angeordneten Formen hergestellt, die sich wie in einem Netz gegenseitig in der Schwebe halten oder die sich als einander stützende Rahmenbildungen aufbauen (vgl. Mascelli 1965, S. 210ff.).

Die Komposition der Formen dient vor allem der *Blicklenkung*, der Hinführung des Zuschauerblickes auf das vom Regisseur bzw. Kameramann für wichtig gehaltene Geschehen. Die Komposition der Bilder gehört zu den wesentlichen Formen visueller Gestaltung, die bei jedem Film, ob bewusst oder unbewusst, eine Rolle spielen. Durch sie werden Atmosphären mitbestimmt, durch ihren Wechsel werden Rhythmen geschaffen (man vergleiche z.B. den Einsatz von Kompositionsformen in der Entscheidungssequenz in »High Noon« (1952), als Gary Cooper sich auf den Show-down vorbereitet.)

Die Ordnung der Dinge im Bild und ihre Bewegung

Die Bildkompositionen, die Darstellungen von Räumen in den Bildern dient in der Regel nicht einem Selbstzweck, sondern dazu, die abgebildeten Menschen in ihrem Verhältnis zur Umgebung zu zeigen, einem Bild-Umraum, der sie bestimmt und prägt. So wie innerhalb des Bildes alle Teile zueinander in Beziehung treten, die Bildhaftigkeit gerade darin besteht, dass hier Beziehungen hergestellt und dargestellt werden, so wird zwischen dem abgebildeten Menschen und den anderen Dingen ein Beziehungsfeld aufgebaut. Häufig beruht die Wirkung einer Einstellung gerade darauf, dass die gezeigte Person auf eigentümliche Weise mit den Formen der Umgebung verschmilzt und dadurch eine intensive visuelle Wirkung erzeugt wird. Aber auch die Nähe und die Entfernung zwischen den abgebildeten Elementen sagt etwas über die Beziehungen der Gegenstände zueinander aus.

Im Gezeigten geht es um die Anordnung der Gegenstände im statischen Bild. In ihr drückt sich die Ordnung der Dinge aus. Michel

Foucault hat diese Ordnung der Dinge im Bild einmal am Beispiel des Bildes »Las Meninas« des spanischen Malers Velasquez beschrieben (Foucault 1980, S. 31ff.). Ich will die Beschreibung hier nicht wiederholen (vgl. auch Alpers 1985, Winkler 1992). Foucault macht an diesem Gemälde einen Aspekt deutlich, der für das Filmbild konstitutiv wird: Wie in ihm Gegenstände, Dinge, Menschen abgebildet werden, wie sie sich selbst zueinander in Beziehung setzen, zeigt nicht nur eine ästhetische Ordnung, sondern immer auch eine soziale, und der Betrachter wird in diese dargestellte Situation miteinbezogen. Auch seinen Standpunkt zum Gezeigten definiert das Bild durch seine Anordnung der Dinge und Personen im Bild mit, obwohl der Standpunkt des Betrachters zum Bild in der Regel durch den realen Abstand zur Leinwand oder zum Bildschirm fixiert ist.

In der statischen Anordnung der Elemente im Bild werden also soziale Verhältnisse sichtbar gemacht, die sich durch die Anordnung formulieren. Nicht erst die Bewegung macht die sozialen Beziehungen deutlich, sondern bereits das Gefüge der Figuren und Gegenstände zueinander. Die Präsentation fordert uns heraus, in der Anordnung des Präsentierten Bedeutung zu sehen: Hierarchien zwischen den Figuren und ihre im Blick geübte Überwindung, soziale Distanz und Nähe, Konfliktkonstellationen, aber auch soziale Einordnung und historische Zuordnung durch Kleidung, Dekor, durch Physiognomie, Haltung des Körpers und Gestus.

Vom Bild zur Bilderfolge

Die Erweiterung des fotografischen Bildes durch die Bewegung im Film führt dazu, dass die in der Fotografie noch deutlich ablesbare Ordnung der Dinge selbst in Bewegung gerät, ständigen Veränderungen unterworfen ist. Die Sukzession der Bilder führt von der Darstellung von bewegten Dingen und Abläufen zum Erzählen als einer organisierten Abfolge von Handlungen.

Am historischen Beispiel lässt sich die Nähe von Zeigen und Erzählen in Bildern ausmachen. In einer Dokumentation der Filme der Brüder Lumière von Martin Loiperdinger (1990) ist zu sehen, wie die Ausdrucksmöglichkeiten des Films erst langsam entdeckt wurden und aus dem *Zeigen* von bewegten Bildern ein *Erzählen* mit bewegten Bildern entstand.

Neben dem Darstellen von realen Vorgängen (Passanten auf der Straße, ankommende Eisenbahnzüge), deren Reiz im Wiedererkennen des Bekannten bestand, tritt das Zeigen von Ereignissen mit großem Schauwert (Kaiserparaden, Schiffstaufen). »Natur im Rohzustand wiederzugeben, wie sie unabhängig von uns existiert«, nennt es Kracauer (1973, S. 45). Die Zeit ist hier als Ablauf einer Bewegung fixiert. Dieser Ablauf ist zunächst ein Modus des Darstellens, des Zeigens – noch nicht des Erzählens. Was fehlt, ist das erzählte Ereignis, die Handlung, die aus einer Abfolge von Vorgängen eine »Geschichte« entstehen lässt (vgl. Lämmert 1955, S. 20).

Gestaltete Abläufe sind bereits in Tänzen zu finden, die besonders häufig im frühen Film gezeigt wurden: Der Mensch ist in Bewegung, der durchaus strukturierte Bewegungsablauf erzählt aber noch nicht. Die Tänzerinnen und Tänzer agieren für die Kamera, für die imaginären Zuschauer. Das Präsentieren des Tanzes geschieht mit Blick der Tanzenden direkt in die Kamera, ist frontal zum Zuschauer ausgerichtet. Dieser wird damit zum Bezugspunkt für diese Präsentation. Der Tanz ist durch die Sukzession der Bewegungen gekennzeichnet, er erschöpft sich aber in seiner Dauer, in seiner Performanz.

Von hier ist es der Weg zu einem Sketch, zu einer Spielhandlung nicht weit: die Auftritte von Personen haben in einem nächsten Schritt eine Interaktion zum Inhalt, die in kausaler Folge andere Interaktionen zwischen den Filmfiguren nach sich ziehen. In der Regel ist die Geschichte dem Publikum bereits bekannt, die Bekanntheit wird durch Titel und Dekor angesprochen. In den kurzen, oft nur 40 Sekunden dauernden Filmen werden aus Literatur und Theater bekannte ›Handlungskerne‹ vorgeführt: Faust und Mephisto streiten sich, Mephisto löst sich in Luft auf. Robespierre tritt auf in großer Pose, unterschreibt ein Papier, wird erschossen. Auf einem Schlachtfeld wird ein Fahnenträger erschossen, ein Offizier eilt hinzu, nimmt die Fahne auf und verteidigt sie mannhaft gegen alle Angreifer. Der heilige Antonius wird durch maskierte Teufel in Versuchung geführt, Antonius fleht zum Himmel, einen Mariengestalt erscheint in den Wolken, der Spuk hat ein Ende, Antonius ist glücklich, usf.

Entscheidend ist die kausale Verknüpfung der gezeigten Handlungen. Auch die Tanzszenen kannten schon Anfang und Ende einer Darbietung, doch die Verknüpfung von Tanzeröffnung, Tanz und Ende des Tanzes erfolgt nicht kausal. Erst indem aus einer Handlung eine andere erfolgt, die eine die andere bedingt, entsteht eine Geschichte. Es sind zwar nur Minigeschichten, die hier als Handlungskerne vorgeführt werden, aber sie bringen zusammen etwas zur Anschauung, was in den einzelnen Bildern nicht gezeigt wird, sondern erst durch den Zusammenhang aller Bilder entsteht: eine Geschichte, einen Witz, eine Pointe.

Es ist mehr als das bloße Zeigen von ›ungestellter Natur‹, wie Kracauer meint. Einbezogen ist das Publikum. Der Film ist auf die Mitwirkung des Zuschauers angewiesen: Er muss die Handlungsabfolge in ihrer Bedeutung entschlüsseln und muss sie mit dem, was er von der Geschichte oder von den auftretenden Figuren weiß, im Kopf neu zusammensetzen. Die Handlung verweist auf etwas, was ihr zugrunde liegt: auf die Geschichte, die erzählt wird, die aber im Film selbst nicht vollständig vorhanden ist.

Dass diese Sichtweise des Publikums auf das im Film Angebotene anfangs durchaus unterschiedlich war, liegt auf der Hand. Heide Schlüpmann hat für die Anfangszeit des Kinos herausgearbeitet, wie das Kino die Präsentation von männlichen und weiblichen Verhaltensweisen in neuer Weise ermöglichte und wie dies von Zuschauern und Zuschauerinnen unterschiedlich gesehen wurde. Sie zeigt auf eindringliche Weise, dass das Kino nicht nur der ›männlichen Selbstinszenierung‹, sondern auch der ›weiblicher Grenzüberschreitung‹ diente (Schlüpmann 1990).

Waren es Anfangs verschiedene Geschichten, die Zuschauerinnen und Zuschauer im gleichen Film erkannten, so schliff sich, wie Joshua Meyrowitz eindringlich darstellte, langfristig gerade durch den Konsum audiovisueller Medienangebote die Geschlechterspezifik ab (Meyrowitz 1987, S. 145ff.). Dennoch bleibt ein grundsätzlicher Rest an Differenz auch heute noch erhalten.

Die filmische Narration benötigte, wie gerade die Analysen des frühen deutschen Kinos von Heide Schlüpmann zeigen, zur Erzählung von Geschichten nicht unbedingt das Wort, die Sprache. Dies ist festzuhalten gegen eine Tendenz, wie sie vor allem im Tonfilm auftrat, das Bild häufig nur als illustrierendes Beiwerk für eine durch Sprache vermittelte Handlung zu nehmen.

2. Kategorien zur Beschreibung des filmischen Bildes

Film, Fernsehen, Video stellen sich dem Betrachter als eine Abfolge von Bildern dar. Wir haben uns daran gewöhnt, dass dieser Bilderfluss wechselnde Ansichten eines Geschehens liefert. Diese wechselnden Ansichten entstehen dadurch, dass die Kamera das Geschehen nicht unentwegt aus einer Position laufend beobachtet, sondern die Beobachtung ständig unterbrochen und verändert wird. Diese Unterbrechungen entstehen dadurch, dass entweder die Kamera gestoppt und von einer anderen Position aus das Geschehen weiter aufnimmt oder dass Bilder einer Aufnahme eines Geschehens geschnitten werden und Bilder einer anderen Aufnahme des gleichen oder eines anderen Geschehens dazwischen geklebt werden. Das, was sich in einem Film zwischen zwei Schnitte befindet, nennen wir eine ›*Einstellung*‹. Diese Einstellung setzt sich aus einzelnen Bildern zusammen, wovon in der Regel 24 pro Sekunde im Film (25 pro Sekunde im Fernsehen) benötigt werden. Ein Film besteht aus einer Kette von Einstellungen.

Als Zuschauer erwarten wir aufgrund der kulturellen Konventionen und jahrzehntelanger filmischer Tradition, dass der Bilderfluss (richtiger: der Fluss der Einstellungen) durch unterschiedliche Einstellungsgrößen und einen ständigen Wechsel der Perspektiven bestimmt wird. Der Verzicht auf den Wechsel wird aufgrund dieser lang eingeprägten Gewohnheiten als störend und die Darstellung als ›nicht filmisch‹ begriffen. Der *ständige Wechsel im Zeigen* bildet eine kulturelle Konvention im Gebrauch der audiovisuellen Medien, die in unserer Wahrnehmung fest verankert ist. Allenfalls in der Schnelligkeit bestehen noch unterschiedliche Varianten; Filme ohne jeden Wechsel des Kamerablicks werden als strapaziös empfunden (z.B. Andy Warhols Filme »Empire« und »Sleep«, die mehrere Stunden lang dasselbe in einer einzigen Einstellung zeigen, aber auch Theatermitschnitte aus einer unveränderten Kameraposition heraus).

Ein Strukturelement in der Beschreibung der Bedingungen des Bildes ist die *perspektivische Abbildung* und die in ihr enthaltene Blickstruktur (der Blick des Betrachters durch das technische Auge der Kamera). Um diesen Aspekt des Blickes und die mit ihm verbundenen Kategorien geht es in diesem Abschnitt.

Der Kamerablick ist dem kinematografischen Bild eingeschrieben, ohne dass die Kamera selbst im Bild anwesend ist. In der Projektion wird dem Zuschauer durch das Bild dieser Blick als sein eigener vorgegeben. Die Verschränkung zwischen der Strukturierung der Zuschauerwahrnehmung durch das Bild und der Annahme des Zuschauers, er blicke auf etwas, was ihm wie eine Realität präsentiert wird, kennzeichnet die audiovisuelle Rezeption.

Dieser Zuschauerblick auf das Geschehen, das der Projektionsapparat auf die Leinwand wirft, und der Kamerablick auf das Geschehen vor der Kamera im Moment der Aufnahme scheinen gleichgesetzt, wenn nicht identisch zu sein. Der Zuschauer sieht, so legt es die Anordnungsstruktur der audiovisuellen Medien nahe, was die Kamera sieht, und was die Kamera zeigt, erscheint nur als Produkt des Zuschauerblicks (vgl. auch Branigan 1984).

Die Phasen der Bearbeitung des Bildes, die zwischen Aufnahme und Projektion liegen, sind in der filmischen Wahrnehmung nicht präsent, sie schaffen nur Modifikationen des Aufgenommenen, die in dem Abbildschein als besondere Eigenschaften des Abgebildeten aufgehen. Sie erscheinen nicht als Eigenschaften des Abbildungsvorgangs – und damit auch nicht als sich dem Wahrnehmungsvorgang im Kino widersetzende Aspekte. Die Suggestion der Realitätsabbildung entsteht dadurch, dass wir als Zuschauer uns in diese Konstruktion der Apparatur zwischen Aufnahme und Projektion hineinbegeben, dass wir durch den Rahmen des Bildes den Eindruck haben, durch ihn hindurch in eine Welt zu schauen, dass sich durch unseren Blick eine Welt erschließt, die die Kamera stellvertretend für uns aufgenommen hat. Das Wissen um die Technik von Aufnahme und Projektion als zwischengeschaltete Apparatur tritt in dem Maße zurück, wie diese Wahrnehmungstäuschung in uns Platz greift.

Der Kamerablick organisiert das Bild, er setzt den Rahmen, wählt den Ausschnitt, der von der Welt gezeigt wird, er bestimmt, was zu sehen ist. Belá Balázs hat deshalb von der »schöpferischen Kamera« gesprochen und in ihrer Arbeit das Formgebende gesehen. *Einstellung* und *Blickwinkel* sind für ihn die konstitutiven Bestandteile, wenn er sagt: »Es sind also die Einstellung und der Blickwinkel, die den Dingen ihre Form geben, und zwar in so hohem Maße, dass zwei unter verschiedenen Blickwinkeln gezeichnete Bilder ein und desselben Gegenstandes einander oft gar nicht ähnlich sind. Das ist das charakteristischste Merkmal des Films. Er *reproduziert* seine Bilder *nicht*, er *produziert* sie. Es ist die ›Art zu sehen‹, des Operateurs, seine künstlerische Schöpfung, der Ausdruck seiner Persönlichkeit, etwas, das nur auf der Leinwand sichtbar wird« (Balázs 1972, S. 37).

Standpunkt, Bildrahmen und Objekt der Abbildung werden also zueinander in ein Verhältnis gesetzt, das Filmbild formuliert damit umgekehrt eine innere Haltung zum Abgebildeten. »Jedes Bild«, so schreibt Balázs, zeigt »nicht nur ein Stück Wirklichkeit, sondern auch einen Standpunkt. Die Einstellung der Kamera verrät auch die innere Einstellung« (ebd., S. 77). Norbert Grob hat diese Überlegung im Anschluss an die Definitionen von Balázs weiter geführt:

»Der Standpunkt der Kamera, fixiert im Koordinatensystem von Bildgröße, Aufnahmewinkel und Beweglichkeitsgrad, legt dann die Tendenz fest und ordnet. Er bündelt die diversen Ebenen im Raum, konkretisiert also die Handlungen in diesem Raum und zugleich die Sicht auf diese Handlungen. Er regelt die Ordnung des Sichtbaren und bringt damit eine Haltung gegenüber dem Sichtbaren zum Ausdruck.« (Grob 1984, S. 144).

Größe der Einstellung als Nähe-Distanz-Relation

Diese Relation zwischen dem Standpunkt und dem Abgebildeten, zwischen dem Zuschauerblick und dem Gezeigten wird in den Kategorien der *Größe der Einstellung* gefasst. Sie definiert sich an der Größe des abgebildeten Menschen im Verhältnis zur Bildgrenze. Es sind Kategorien, die in der Produktion entstanden sind und sich als brauchbar für die Analyse ergeben haben, und die als Kategorien der Wahrnehmung nun in Erscheinung treten, wo sie ursprünglich zur Vereinfachung des Produktionsalltags entwickelt wurden. Sie sind am Spielfilm und mit ihm an der menschlichen Figur als Maßeinheit entwickelt (vgl. auch Mascelli 1965). Da sie graduelle, fließende Übergänge klassifizieren, gibt es variierende Begriffszuordnungen. Auch ist die Begriffsverwendung unterschiedlich, da sich mit dem Wandel der Produktionsweisen auch die Produktionsbegriffe ändern. Die hier verwendeten Begriffe haben sich in der Film- und Fernsehanalyse durchgesetzt (vgl. auch Hickethier 1982a).

Unterschieden werden acht Kategorien:

WEIT (W): Hier wird eine Landschaft so weiträumig gezeigt, dass der Mensch darin verschwindend klein ist. Ein ›extreme long shot‹, so wird eine solche Einstellung im Amerikanischen genannt, wird eingesetzt, um weite Wüsten, Berge, große Ebenen aufzunehmen, oft von einem erhöhten Standpunkt aus, um dem Zuschauer einen Überblick zu verschaffen, ihn in eine Stimmung zu versetzen, ihn auf etwas vorzubereiten.

TOTALE (T): Hier wird ein Handlungsraum bestimmt, in der der Mensch untergeordnet ist. Als ›long shot‹ im Amerikanischen bezeichnet, dient sie dazu, vor Beginn einer Aktion die Szenerie als deren Rahmen zu präsentieren. Der ›long shot‹ soll alle Elemente der Szene zeigen, die wir als Zuschauer kennen und lokalisieren müssen, um der folgenden Aktion folgen zu können.

HALBTOTALE (HT): Hier ist die menschliche Figur von Kopf bis Fuß zu sehen. Diese Einstellung eignet sich für die Darstellung von Menschengruppen sowie körperbetonter Aktionen. Im Amerikanischen sind auch diese Einstellungen ›long shots‹.

AMERIKANISCH (A): Diese Einstellung hat sich aus dem Western heraus entwickelt und zeigt die Figuren so, dass man z.B. in einem Show-down nicht nur das angespannte Gesicht sehen kann, sondern auch, wie die Hand zum Revolver greift, um den entscheidenden Schuss abzugeben. Diese Kategorie wird nicht immer verwendet (vgl. Mascelli 1965, Phillips 1985).

HALBNAH (HN): Als Halbnah bezeichnen wir eine Einstellung die den Menschen von der Hüfte an aufwärts zeigt. Sie ermöglicht noch eine Aussage über die unmittelbare Umgebung, stellt das Situative in den Vordergrund, zeigt vom Menschen zumeist den auf den Oberköper und das Gesicht bezogenen Handlungsraum. Im Amerikanischen heißt sie ›medium shot‹. Sie wird häufig auch bei Figurenkonstellationen eingesetzt und deshalb noch einmal differenziert nach der Zahl der im Bild gezeigten Personen zwischen einem ›two-shot‹ und einem ›three-shot‹. Die ›two-shot‹-Aufnahme zeigt zwei Personen, zumeist im Dialog miteinander, oft Auge in Auge, während die Kamera beide im Profil zeigt. Entsprechend zeigt die ›three-shot‹-Aufnahme drei Personen, weitere Formen sind: ›single shot‹ und ›group shot‹ (vgl. Mascelli 1965, S. 33f.).

NAH (N): Der Mensch wird vom Kopf bis zur Mitte des Oberkörpers gezeigt. Mimische und gestische Elemente stehen im Vordergrund. Solche Einstellungen werden vorzugsweise für das Zeigen von Diskussionen und Gesprächen benutzt. ›Medium close up‹ oder auch ›close shot‹ heißt es im Amerikanischen, was schon den Übergang zur Großaufnahme zeigt (zur Differenz vgl. Mascelli 1965, S. 33, Arijon 1976, S. 16ff.).

GROSS (G) konzentriert den Blick des Zuschauers ganz auf den Kopf des Abgebildeten. Hier wird der mimische Ausdruck hervorgehoben. Damit werden auch intime Regungen der Figur gezeigt, die den Dargestellten charakterisieren und die oft auch die Identifikation des Zuschauers mit der Figur erhöhen sollen. ›Close up‹ werden sie im Amerikanischen genannt, oder auch präziser ›Head and shoulder close up‹.

GANZ GROSS oder DETAIL (D): Vom Gesicht ist nur noch ein Ausschnitt zusehen. Alles konzentriert sich auf den Mund, die Augen, aber auch Gegenstände können auf diese Weise dem Betrachter nahe gebracht werden. Wenn in Schlöndorffs/von Trottas Film »Die verlorene Ehre der Katharina Blum« (1975) die Polizei maskiert im Treppenflur aufmarschiert, um gleich darauf in die Küche der ahnungslosen Katharina Blum zu stürmen, gibt eine Detailaufnahme des entsicherten Revolvers am Klingelknopf das Startsignal zum Einbrechen in die Wohnung. Im Amerikanischen heißen solche Aufnahmen ›choker close up‹.

Was sich hier als Klassifikation darstellt, regelt ein besonderes Verhältnis zwischen Abgebildetem und Zuschauer: die durch den filmischen Raum hergestellte *Nähe* bzw. *Distanz*. Es handelt sich dabei um eine fiktive Nähe, da sich der reale Abstand des Zuschauers zur Leinwand ja nicht wirklich verändert. Es sind Relationen, die im ästhetischen Raum wirksam werden, die das Funktionieren des ›Als ob‹ der Fiktion voraussetzen, das Akzeptieren des Scheins der Abbildung.

Man kann das differenzierte System der Einstellungsgrößen auch vereinfachen, wie es beispielsweise Bernhard Wembers vorgeschlagen hat, der mit drei Kategorien (Totale, Normal und Groß) auskommt, und auch hinter den amerikanischen Kategorien steckt letztlich eine solche Dreiteilung zwischen Long shots, Medium shots und Close ups. Entscheidender als die Einhaltung der Klassifikationsbegriffe in der Analyse, deren Differenziertheit jedoch eine genauere Beschreibung ermöglicht, ist die damit verbundene Formulierung von Nähe und Distanz. Sie wird noch nicht so sehr in der einzelnen Einstellung wirksam, sondern vor allem im Wechsel der Einstellungen innerhalb einer Einstellungsfolge. Durch den Wechsel der Einstellungsgrößen werden wir in unterschiedliche Nähe zum Objekt gesetzt, werden ihm nahegebracht und von ihm entfernt.

Jan Marie Peters hat darauf hingewiesen, dass damit zugleich eine bestimmte Haltung, ein bestimmter Gedanken, ein bestimmtes Gefühl mit der Abbildung des Objekts vermittelt wird. Für die emotionale Steuerung spielt dies eine wesentliche Rolle, aber auch bereits für die einfache Informationsvermittlung.

»Ob wir ein Gesicht in einer Großaufnahme zu sehen bekommen oder als Teil einer Totalaufnahme der betreffenden Person bedeutet einen großen Unterschied. In der Großaufnahme wird unsere Aufmerksamkeit allein auf das Gesicht hingelenkt, in der Totale geht dieser Akzent verloren. Die Form des Bildes zwingt uns, das Dargestellte in dieser Form und unter diesem Gesichtspunkt zu betrachten.« (Peters 1972, S. 173)

Man kann es jedoch auch grundsätzlicher sehen: Der Film bringt uns als Zuschauer dem zu zeigenden Geschehen ständig näher und rückt uns wieder weiter weg, setzt uns damit schon durch das beständige Hin und Her in eine *Wahrnehmungserregung*. Unabhängig, welche Bedeutung der jeweiligen Annäherung oder Distanzierung im Detail der Filmhandlung zukommt, ist dieses Moment des ständigen Wechsels mit seinen Beschleunigungen und Verlangsamungen eine selbstständig wirkende Form der ständigen Aufmerksamkeitserzeugung, der Dynamisierung des Gezeigten und unseres Zuschauens – eine Form, die wir auf einer strukturellen Ebene als stimulierend und erlebnisfördernd empfinden.

Die Nähe zum Abgebildeten ist – dies ist die mediale Voraussetzung – nur mit der Maßgabe der *Parzellierung*, der Reduktion des Abgebildeten im Ausschnitt zu erhalten. Die ganzheitliche Sicht auf die Theaterbühne ist im Kino auf immer verloren. Doch dafür erhält der Zuschauer etwas Anderes: eine wechselnde Ansicht der Menschen, ein ständiges Nahekommen und Fernwerden, das ihn in ein ganz neues Verhältnis zur Welt setzt. In seinem Kopf setzt der Zuschauer aus den verschiedenen unterschiedlich nahen Einstellungen eine für ihn plausible Raumvorstellung zusammen. Diese *filmische Realität* entsteht aus der Synthese und speist sich zum großen Teil aus diesem ständigen Wechsel von Annäherung und Entfernung. Nähe bedeutet Verkleinerung des Ausschnitts und Vergrößerung des Gezeigten. In der alltäglichen, nicht medialen Wahrnehmung bewegt sich der Betrachtende auf das Objekt zu, das dadurch innerhalb unseres Blickfeldes größer wird; die Hervorhebung geschieht also durch sein Tun. Im Film übernimmt diese Arbeit das Medium, d.h., die veränderte Ausschnittsgröße gibt dem Zuschauer vor, dem Gezeigten mehr Aufmerksamkeit zuzuwenden als bei einer anderen Nähe-Relation des Abgebildeten. Nicht der Zuschauer betreibt also primär die Selektion aus der Vielfalt des zu Sehenden, sondern der Film selektiert für ihn, rückt ihm etwas nahe, zwingt ihm damit Aufmerksamkeit ab.

Distanz entsteht durch Vergrößerung des Ausschnitts und Verkleinerung des Gezeigten. Der Zuschauer kann das Geschehen, nicht nur kleinste Ausschnitte zu sehen bekommen. Auch irritieren Bilder eines schnellen Geschehens aus zu großer Nähe die Wahrnehmung, wenn im Bild nur verreißende Bewegungen zu sehen sind, Figuren nur angeschnitten oder unscharf zu sehen sind. Er benötigt zwischendurch immer wieder Überblicke, muss sich räumlich orientieren können. Die Orientierung verschafft die größere Distanz zu einem Objekt, sie gibt auch mehr Informationen über eine Situation. Der Wechsel zwischen Nähe erzeugenden und distanzhaltenden Aufnahmen bildet ein Grundprinzip des Films.

Kameraperspektive

Die Perspektive der Kamera, mit der diese die Figuren bzw. die Objekte der Darstellung erblickt, bestimmt sich zunächst durch ihre Positionierung innerhalb des Handlungsraumes. Dem Zuschauer innerhalb des gesamten Filmgeschehens kommt in der Regel kein durchgängig fixierter Standpunkt zu, er kann tendenziell überall sein, er kann vieles sehen, auch mehr als die handelnden Figuren, da er sie in wechselnden Ansichten erblickt. Die Kamera positioniert ihn in wechselnde Sichtweisen auf das Geschehen.

Diese Perspektiven können auf der horizontalen Ebene unterschiedliche Positionen einnehmen, aber auch in der vertikalen Ebene, also in Positionen, die sich unterhalb oder oberhalb der Geschehensebene und damit der ›Normalsicht‹ befinden.

Als *Normalsicht* gilt die Augenhöhe der handelnden Figuren (›eyelevel angle‹). Das Bild zeigt weder Unter- noch Aufsichten auf die Figuren, auch in den senkrechten Linien des Umfeldes gibt es keine perspektivischen Verkürzungen.

Die *Aufsicht* (Obersicht, Vogelperspektive) gibt einen Blick von einem erhöhten Standpunkt auf das Geschehen, der Zuschauer wird damit erhöht, das Geschehen wirkt dadurch oft ›überschaubar‹. Solche Perspektiven können je nach Kontext der Geschichte auch bedrohliche Blicke nach unten (Klippen, Berge, Hochhäuser) darstellen. Alle Stufungen von der Normalsicht bis zur Aufsicht (›high angle‹) sind möglich, oft werden Perspektiven gewählt, die sich nur wenig über der Normalsicht befinden, um auf diese Weise die gezeigten Figuren im Verhältnis zur Umgebung zu gewichten (sie z.B. als den anderen unterlegen erscheinen zu lassen).

Entsprechendes gilt für die *Untersicht* (Froschperspektive), die das Gezeigte von unten her aufnimmt und es dadurch gegenüber dem Zuschauer erhöht bzw. größer wirken lässt.

Ober- und Untersichten werden im Spielfilm häufig durch die Handlung motiviert, sie geben der Handlung eine besondere Spannung, werden häufig auch musikalisch überhöht. Der Zuschauer hat durch sie oft auch den Eindruck, durch den Raum bewegt zu werden. In Hitchcocks Film »North by Northwest« (»Der unsichtbare Dritte«) (1959) ist ein typisches Beispiel für solche Perspektiven in der Szene zu finden, in der sich Cary Grant und Eva Maria Saint auf dem Mount Rushmore in einer aussichtslosen Lage zwischen Absturz und Befreiung, Tod und Leben befinden. Grant steht oben und hält Eva Maria Saint, die fast schon abgestürzt ist, mit einer Hand und schaut in den Abgrund, während sie, in Hoffnung auf Rettung in letzter Minute, nach oben schaut. Die Situation wird durch die zerklüftete Felslandschaft unterstrichen. Die extremen Unter- und Aufsichten auf die Gesichter der steinernen Präsidenten unterstützen die Dramatik der Situation: Diese Präsidenten stehen gleichzeitig auf einer anderen Bedeutungsebene für die Werte, um die es auch hier in dieser Geschichte geht. Die Perspektive, aus der die Kamera ein Geschehen aufnimmt, interpretiert dieses Geschehen, gibt ihm damit eine Form; der Blick, mit dem es gesehen wird, verleiht ihm eine besondere Spannung.

Bewegungen von Kamera und Objekt

Zu unterscheiden ist zwischen der Bewegung vor der Kamera und der Kamerabewegung. Die Objektbewegungen vor der Kamera können alle Richtungen einnehmen und mit unterschiedlicher Intensität auftreten, auch sind gegenläufige Bewegungen (Figuren bewegen sich in verschiedene Richtungen) möglich, so dass der Eindruck eines strukturierten Durcheinanders entsteht. Die Kamerabewegungen orientieren sich an der Möglichkeit der menschlichen Blickveränderungen. Sie transformieren diese in technische Vorgänge, die dann auch mehr leisten können als nur eine technische Nachbildung menschlicher Blickveränderung.

Beim *Schwenk* (›panning‹) bewegt sich die Kamera bei unverändertem Standpunkt um eine Achse (vertikal, horizontal, diagonal durch den Raum). Er verschiebt den Ausschnitt des Gezeigten und erweitert damit den Bildraum um das bis dahin Nichtgezeigte, aber zum Geschehen Dazugehörende. Er kann den Figuren in ihren Bewegungen folgen, ihnen vorauseilen usw. Schwenkbewegungen können ein Raumsegment abdecken, aber auch in einer Kreisbewegung einen Raum rundum zeigen, sie können auch aus mehreren Kameraaufnahmen zusammengesetzt werden (vgl. Arijon 1976, S. 385ff.).

Die *Kamerafahrt* (›travelling‹) ist die logische Fortsetzung des Schwenks und kann aus verschiedenen Einzelschwenks zusammengesetzt gedacht werden. Bei der Fahrt bewegt sich die Kamera durch den Raum. Sie wird nach den Fortbewegungsmitteln (Dolly, Auto, Hubschrauber, Pferd, Kran) unterschieden und stellt die Transformation der Bewegung des Schauenden im Raum dar: Mit der Fahrt verändern sich alle räumlichen Anordnungen und Sichtweisen. Häufig werden Fahrten benutzt, um parallel zu Figurenbewegungen diese im Bild zu halten, ihnen entgegen zu kommen, sie zu verfolgen oder vor ihnen zurückzuweichen. Der Zuschauer wird hier durch die Kamerafahrt in einen Handlungszusammenhang gesetzt. Häufig sind auch ›intermittierende‹ Fahrten durch Figurenkonstellationen, die die Zuschauer auf diese Weise in eine komplexe Situation einbinden (vgl. Arijon 1976, S. 424ff.). Filmgeschichtlich ist zuerst die Bewegung vor der Kamera zu verzeichnen, erst danach kommt, wenn auch bereits sehr früh, die Bewegung der Kamera selbst hinzu.

In »North by Northwest« (1959) zeigt eine Sequenz Cary Grant auf dem Wege zu einer geheimnisvollen Verabredung: er will Aufklärung über das, was mit ihm geschieht, worin er verwickelt ist. Die Verabredung soll an einer Haltestelle des Überlandbusses stattfinden. Eine Übersichtseinstellung (Weit) zeigt den Bus verschwindend klein. Die Endlosigkeit des Landes wird so markiert. Als Cary Grant ausgestiegen ist, schaut er in verschiedene Richtungen, noch immer ist nichts zu sehen. Der Blick der Kamera wird als sein Blick ausgegeben, dies machen die Zwischensichten auf ihn deutlich, die ihn in die Landschaft starrend zeigen. Sein Blick wird identisch mit dem Zuschauerblick gesetzt. Sein Blick in die verschiedenen Richtungen wird zunächst in starren Einstellungen gezeigt, dann schwenkt die Kamera leicht mit. So wie Cary Grant den Kopf dreht, schwenkt auch die

Kamera den Blick um die Achse ihres Stativs und der Kamerablick sucht den Horizont ab. Als ein Auto vorbeifährt, zieht die Kamera leicht mit, es entsteht der Eindruck, als sehe Grant dem wegfahrenden Auto nach.

Die Spannung der Szene entsteht dadurch, dass in die Statik und Unbewegtheit dieser Situation, in der Cary Grant an dieser Haltestelle in der Weite des Raumes steht, eine starke Objektbewegung (ein anfliegendes Flugzeug) aus der Bildmitte heraus und von oben auf ihn zukommt, und er immer wieder versucht, sich diesen Attacken flüchtend zu entziehen. Schließlich läuft er vor dem Flugzeug davon und in ein Maisfeld hinein: die Kamera verfolgt ihn, parallel zu seiner Laufbewegung geführt, in einer Querfahrt.

Am Ende von Flucht und Verfolgung, bei der Grant seinen Gegner schließlich austricksen kann, kommt es zur Kollision: Grant konnte einen Tankwagen anhalten, der ihn mitnehmen sollte, da stürzt das Flugzeug gegen den Tankwagen und explodiert. Häufig enden solche dramatischen Jagden mit einer Explosion. Die Bewegung entlädt sich also in einer richtungslosen Eruption, die wieder eine statische Situation zum Ergebnis hat.

Bewegungsrichtungen

Das Beispiel zeigt, dass Bewegungen im Film gerichtet sind und Kraftlinien darstellen. Sie zielen auf etwas, geben eine Dynamik, die sich auf einen Punkt richtet. Prinzipiell sind zwar alle Richtungen möglich, doch lassen sich zwei grundsätzliche Richtungsebenen unterscheiden. Sie orientieren sich an der Blickrichtung des Zuschauers, dessen Blickachse, die (zumindest im Ideal) zur Bildebene im rechten Winkel steht.

Handlungen, Aktionen, die *parallel zur Bildfläche* stattfinden, sehen wir als Zuschauer in einem eher distanzierten Verhältnis: Die Bewegung führt an uns vorbei, sie droht uns nicht zu tangieren, sie gerät nicht unsere Nähe. Wenn Cary Grant ins Maisfeld rennt, läuft er parallel zur Bildfläche. Die Kamera fährt mit. Er verändert damit den fiktiven Abstand zum Zuschauer nicht. Der Zuschauer kann seine Anstrengung wie in einem Testfall beobachten, und ihr Erfolg oder Misserfolg tangiert das bestehende Näheverhältnis zwischen uns und ihm nicht.

Zu unterscheiden ist hier noch die Bewegung von links nach rechts und die von rechts nach links. Sie sind kulturell unterschiedlich gewichtet: Da wir in Europa überwiegend von links nach rechts lesen, erscheint diese Richtung, die sogenannte ›Leserichtung‹, als die kulturell dominante. Solche Unterschiede sind aus der Kompositionslehre für stehende Bilder bekannt, wonach Schrägen, die von links nach rechts weisen, als abfallende erscheinen, während Schrägen, die in die andere Richtung weisen, stärker als Bewegungen erscheinen, die gegen etwas anlaufen, die sich als widerständig erweisen. Ob dies so generell auch für das bewegte Bild, den Film auch gilt, wäre erst noch zu untersuchen.

Anders dagegen Handlungen, deren Achse *mit der Blickachse des Zuschauers deckungsgleich* sind. Bewegungen, die aus der Bildmitte in den Vordergrund gehen, haben den Nachteil, dass sich das Bewegungstempo weniger deutlich markiert als bei einer Bewegung parallel zur Bildfläche Dennoch werden sie vom Zuschauer als aggressiver verstanden: sie drängen in seinen Blickraum ein, gehen direkt seine Blickrichtung an, erscheinen damit als eine direkte Bedrohung. Sehr schnell wird hier aus einer großen Distanz eine Nähe hergestellt, eine Nähe, die zu nah wird, so dass der Zuschauer instinktiv abwehrend auf das Näherkommende reagiert. Schon in der Szene in »North by Northwest«, in der der Polizist Cary Grant im Wald niederschlägt, scheint die Faust direkt auf den Zuschauer zuzukommen. Er fühlt sich davon bedroht. Ebenso sind auch die Angriffe des Flugzeuges direkt auf ihn gerichtet, auch hier dringt die Bewegung in den vom Zuschauer errichteten Blickraum ein. *Handlungsachse und Blickachse treffen frontal aufeinander,* der Zuschauer fühlt sich direkt in das Geschehen involviert (Metzger 1953).

Eine solche Konstellation kann es natürlich auch in abgeschwächter Form geben. Der Begriff der Handlungsachsen, den ich hier benutzt habe, umfasst nicht nur Bewegungen der Figuren oder Gegenstände innerhalb der filmischen Realität, sondern auch Richtungen des Verweises, der Ansprache, Blickrichtungen, Gesten und Körperbewegungen. Wenn also die »Tagesschau«-Sprecherin frontal aus dem Bild herausschaut, ihr Blick auf den des Zuschauers trifft, fühlen sich viele Zuschauer direkt angesprochen, trotz aller Konventionen, die dabei abschwächend wirksam sind. Der frontale Blick aus dem Bild heraus wirkt immer noch direkter, mobilisierender, als wenn der Blick der Figur sich parallel zur Bildfläche direkt einer anderen Figur zuwendet. Gerade in nichtfiktionalen Produktionen ist diese Blickrichtung häufig anzutreffen. Die auf diese Weise suggerierte ›direkte‹ Ansprache führt in vielen Fernsehsparten zu unterschiedlichen Strategien der Einbeziehung der Zuschauer, die eine andere, von der Fiktion unterschiedene raumzeitliche Wahrnehmungskonstruktion zur Grundlage haben.

Die Linguistik hat dafür den Begriff der ›Adressierung‹ entwickelt und ihn auch ansatzweise auf visuelle Phänomene bezogen (vgl. überblickhaft Kühn 1995). Der Zuschauer fühlt sich hier direkt angesprochen, auch wenn ihn die »Tagesschau«-Sprecherin gar nicht sehen und meinen kann. Gerade im Bereich der Fiktion ist jedoch der Zuschauer in der Regel nicht der Angesprochene, wohl aber der Gemeinte. Hier wird deshalb von einer ›Mehrfachadressierung‹ gesprochen. Deutlich wird damit – und dies gilt auch für fiktionale Formen – wie unterschiedlich der Zuschauer in ein Bildgeschehen involviert werden kann (vgl. auch Hickethier 2001a).

Wenn bei der Parallelführung von Handlungs- und Kameraachse die Handlungsachse der Figur mit dem Zuschauerblick gleichlaufend, in das Innere des Bildes hineinführt, entsteht der Eindruck, die Figur kommt nicht auf den Zuschauer zu, sondern entfernt sich von ihm. Wenn Cary Grant mit dem Auto auf der Landstraße in die Bildmitte hineinverschwindet, fühlt sich der Zuschauer damit nicht konfrontiert, sondern Grant entschwindet unserem Blick. Nicht zufällig ist es deshalb ein häufig benutzter Filmschluss, dass der Held in den Film hinein verschwindet, er verlässt sein Publikum, legt zwischen den Zuschauern und sich eine größere Distanz, bis er schließlich ganz verschwunden ist.

Die Darstellungskonventionen des Spielfilms erforderten bis in die fünfziger Jahre hinein die *Abgeschlossenheit des fiktionalen Raums* gegenüber der Realität des Zuschauers. Eine direkte Brücke in den Raum der Realität hinein soll vermieden werden, Bezüge durften nur indirekt, motivisch und thematisch gegeben werden. Der filmische Raum als Wahrnehmungsraum hatte abgeschlossen zu bleiben. Um dennoch den Zuschauer in das Geschehen zu involvieren, wurde er nicht frontal angegangen, die Figuren blickten seitlich schräg an der Kamera vorbei. Damit war eine Blick- und Handlungsrichtung auf den Zuschauer hin gegeben, er selbst aber wurde nicht direkt anvisiert, sondern ein Punkt innerhalb des fiktionalen Raums.

Solche Blick- und Handlungsrichtungen finden sich häufig bei Schuss-Gegenschuss-Verfahren, z.B. als in dem schon erwähnten Beispiel von »North by Northwest«. Cary Grant und Eva Maria Saint stehen sich in einer Waldgegend gegenüber, sie erklären sich, kommen sich dabei in ihrer Liebe immer näher und liegen sich schließlich in den Armen. Die Figuren blicken auch in die Zuschauerrichtung, aber immer leicht seitlich daran vorbei, verbleiben also innerhalb des fiktionalen Raums, richten ihre Emotionen nicht direkt an den Zuschauer, so dass sich diese bedrängt fühlen könnten, aber doch so, dass sie mitfühlen.

Mit dieser im klassischen Hollywood-Kino entwickelten Regel hat nachhaltig die Nouvelle Vague mit ihren Filmen, insbesondere Jean-

Luc Godard (zuerst in »Außer Atem«, 1959), gebrochen. Seither zeigt auch der neuere Hollywoodfilm die Protagonisten immer häufiger auch frontal zum Zuschauer blickend, um dadurch den Zuschauer direkter anzusprechen (vgl. z.B. in Quentin Tarantinos »Pulp Fiction«, 1993; oder in Spike Lees »She's Gotta Have It«, 1986). Die ursprünglich als illusionsbrechend eingesetzte direkte Blickansprache des Zuschauers (vgl. auch Bordwell 1997) wurde hier jedoch in Illusionierungskonzepte eingebaut.

Dynamik des Bewegungsflusses

Eine weitere Steigerung entsteht also dadurch, dass Objektbewegungen und Kamerabewegungen kombiniert werden, sich in einem dynamischen Verhältnis zueinander befinden. Aus dieser Synthese können nun ganz neue Bewegungsabläufe komponiert werden. Diese Form der synthetischen Bewegungssteigerung findet sich vor allem in den neueren Filmen in ausgeprägter Weise.

Die Kombination von Schwenk und Fahrt sowie gleichzeitiger Bewegungen der Figuren zielt auf einen möglichst übergangslosen Bewegungsablauf, der durch schnelle Schnitte zusätzlich dynamisiert werden kann. Entscheidend ist die Synthese dieser Bewegungsvorgänge zu einem einzigen Ablauf: Alles dient z.B. der Darstellung einer Verfolgungsjagd, steigert sie in ihrem Ablauf, fügt sich in eine rhythmisch stark gegliederte Abfolge der Bewegungsabläufe. Was vorher bei Hitchcock als Folge einzelner Einstellungen zu sehen war, wird bei neueren Filmen des New Hollywood durch die Kamerabewegung zusammengezogen: der Schwenk als Synthese verschiedener starrer Einstellungen, die Fahrt ebenso, dann auch die Kombination von Schwenk und Fahrt. Hier wird, dies weist schon auf spätere Kapitel voraus, von einer ›inneren Montage‹ gesprochen.

Ziel ist oft die sinnliche Überwältigung des Zuschauers, die Erzeugung des Gefühls, in einen Ablauf direkt einbezogen zu sein. In Steven Spielbergs Film »Duell« (1972) z.B. besteht der ganze Film aus einer einzigen großen Verfolgungsjagd (mit kleinen gliedernden Pausen). Durch eine Kombination von Übersichtseinstellungen der Fahrt (ein Tanklastwagen will einen Pkw vernichten) und Groß- und Nahaufnahmen aus der Innensicht des Pkw, Detailaufnahmen von Autospiegeln, Stoßdämpfern, Reifen und anderen Autodetails und dem raschen Wechsel der Einstellungen entsteht ein starkes Gefühl der Spannung und der Einbezogenheit des Zuschauers.

In Spielbergs Film »Indiana Jones and the Temple of Doom« (1983) kommt es in den ersten Sequenzen zu einer rasanten Bewegungskombination, als Indiana Jones entdeckt hat, dass sie in einem führerlosen und treibstoffleeren Flugzeug auf die nächsten Berge zurasen. In einem Schlauchboot, das sich von selbst aufbläst, als sie damit zu dritt aus dem Flugzeug abspringen, segeln sie dann auf einen Gletscher, auf dem sie abwärts schlittern, um danach weiter durch einen Wald zu rasen, eine Klippe, hundert Meter tief, hinunter in einen schäumenden Fluss fallen, um dann an irgendein Ufer zu treiben. Aus einer Vielzahl von Schnitten und Bewegungsfahrten wird dieser Ablauf so montiert, dass wir den Eindruck haben, unentwegt und atemlos einem einzigen Bewegungsablauf gefolgt zu sein.

Die Entwicklung solcher emotionalen Eindrücke durch kunstvoll ineinandergefügte Abfolgen von Nähe- und Distanzpositionen, der Dynamisierung von Bewegungen und Bewegungsabläufen führt dazu, dass im neueren Hollywoodkino die Strategien der emotionalen Einbeziehung bis zum physisch-psychischen Eindruck des Mitfahrens, Stürzens, Fallens vorangetrieben wurden. Mit dem Begriff der »induzierten Spannung« wird der dabei auch körperlich erlebbare Effekt beschrieben (vgl. Mikunda 1986).

Die Veränderung der Begriffe durch die Technik

Bei der Herstellung der Analogie von Kamerawahrnehmung und Zuschauerwahrnehmung war der Ausgangspunkt, dass die Wahrnehmung der verschiedenen Entfernungen, Perspektiven, der Synthese der Bewegungsabläufe im wesentlichen durch den Wechsel der Einstellungen und durch Veränderungen der Kamerastandorte beim Produzieren erzeugt wird. Der Zuschauer nimmt damit – so die filmische Wahrnehmungskonstruktion – jedes Mal einen neuen Standpunkt zum Geschehen ein.

Die Analogie der Kamerabewegung zur menschlichen Wahrnehmung trägt jedoch nur so weit, als sich daraus die Wirklichkeitsillusion beim Zuschauen speisen kann. Der Kamerablick unterscheidet sich jedoch gegenüber dem Zuschauerblick dadurch, dass er ein technisch produzierter ist und damit auch durch die Entwicklung der Technik bedingten Veränderungen unterworfen bleibt. Im Objektiv wird die Technik manifest: Neben dem Normalobjektiv mit einer Brennweite zwischen 40 und 50 mm wird sehr früh schon mit anderen Brennweiten gearbeitet. *Weitwinkelobjektiv* und *Teleobjektiv* kommen zum Einsatz und verändern Ausschnittgröße und Abbildungsverhältnisse.

Der Einsatz verschiedener Objektive verändert die filmische Abbildung, nicht aber unbedingt auch die filmische Wahrnehmungskonstruktion. Bisher war davon ausgegangen worden, dass aus dem Größenverhältnis des Abgebildeten innerhalb des Bildrahmens auf die Entfernung zum Kamerastandpunkt und damit zum impliziten Zuschauer geschlossen werden konnte. Mit der Variabilität des Objektivs kann nicht mehr unmittelbar aus dem Gezeigten auf den Kamerastandpunkt geschlossen werden, da die Objektive von einem Standpunkt aus von einem Gegenstand ganz unterschiedliche Abbildungen erzeugen. Dennoch hat diese Differenz der Brennweiten nur einen geringen Einfluss auf die filmische Wahrnehmungskonstruktion, weil der Zuschauer von seiner alltäglichen Wahrnehmung, seinem ›unbewaffneten‹ Auge, ausgeht, und sich an den dort gewonnenen Maßstäben auch bei der Filmwahrnehmung hält. Erst in dem Augenblick, wo es bei der Objektivwahl zu deutlich erkennbaren Verzerrungen innerhalb der Abbildung kommt, die von der Wahrnehmungserfahrung des Zuschauers abweichen, also bei Krümmungen der Horizontalen und Vertikalen, bei der Reduktion der perspektivischen Verkürzungen etc. werden sie als ›künstliche‹ oder ›verfremdende‹ Sichtweisen bemerkt, beim ›Fischauge‹ beispielsweise, oder bei der ›extremen Teleaufnahme‹.

Mit der Aufnahmetechnik verändert sich auch der Kamerablick. Die Einführung des Zooms, des die Brennweite beweglich verändernden Objektivs, ist Anfang der siebziger Jahre als eine Verarmung des Kinos bezeichnet worden.

Der *Zoom* kombiniert innerhalb eines Objektivs durch ein bewegliches Linsensystem die Brennweiten verschiedener Objektive. Der Bewegungseindruck entsteht bei einer Zoomaufnahme durch den gleitenden Wechsel von langen Brennweiten mit einer Tele-Wirkung zu kurzen Brennweiten mit einer Weitwinkel-Wirkung. Durch den bruchlosen Übergang verändert sich die Nähe-Distanz-Relation zum Abgebildeten, ohne dass die Kamera real im Raum bewegt wird. Die Entfernung zwischen Kamerastandpunkt und gefilmtem Objekt bleibt unverändert, nur die Proportionen des abgebildeten Raumes verändern sich: seine Tiefe verringert sich (Tele) oder vergrößert sich (Weitwinkel).

Der Zoom bedeutet eine ökonomische Vereinfachung, da nicht mehr Schienen für eine Kamerafahrt verlegt werden müssen. Auch muss keine aufwendige Planung des Fahrtverlaufs erfolgen. »Ökonomisches Volumen« und »filmische Intelligenz«, so der Filmtheoretiker und Filmemacher Hartmut Bitomsky, werden durch den Zoom in geringerem Maße benötigt, der Zoom »simuliert Produktionsbedingungen und -weisen, die er nicht hat; genauer: durch den Zoom täuschen die Produktionsbedingungen vor, mehr herzugeben, als sie tatsächlich tun« (Bitomsky 1972, S. 13).

Bitomsky spricht deshalb auch von »Betrug«, doch erfolgt diese Kritik aus einem gewissen filmischen Purismus heraus, der sich durch nichts rechtfertigt. Er verabsolutiert einen historischen Stand der Produktionsmittel, setzt ihn als eine Position filmischen Reichtums absolut. Seine Kritik resultierte auch aus einem anfangs übermäßigen und nicht immer durch das Filmgeschehen gerechtfertigten Einsatz dieses damals neuen Mittels. Die verstärkte Nutzung des Zooms in den siebziger Jahren hat in der Zwischenzeit nachgelassen. Der Zoom ist heute unangefochten ein filmisches Gestaltungsmittel neben anderen.

Mit den technischen Veränderungen werden auch Kamerablicke möglich, die kaum noch Entsprechungen in der außerfilmischen Realität des Betrachters haben. Sie liegen in der Kombination mehrerer Komponenten: Die Synthese von Schwenk und Zoom, oder Kamerafahrt und Zoom kann dabei *gleichlaufend* sein, d.h. die Bewegungen von Fahrt und Zoom sind gleichlaufend und einander ergänzend. Sie können aber auch *gegenläufig* benutzt werden: bei einer Kamerafahrt auf ein Objekt zu kann gleichzeitig ein Zoom eingesetzt werden, der ein Sich-Entfernen vom Objekt suggeriert (z.B. in Einstellungen in Hitchcocks »Vertigo« (1958), auch in Spielbergs »Jaws« (1975)). Bei genauer Abstimmung der Bewegungen scheint keine Bewegung stattzufinden, wohl aber verändern sich die Proportionsverhältnisse des Gezeigten, so dass der Eindruck einer Veränderung im Sehen (›schreckgeweiteter Blick‹) entsteht.

Deutlich wird damit jedoch, dass sich mit der Veränderung der filmischen Techniken auch der Blick verändert. Mehr und mehr wird er aus seiner dem Zuschauerblick analogen Konstruktion herausgenommen und in neue technische Abbildverhältnisse transformiert. Bei der elektronischen Kamera kommen weitere Veränderungen hinzu, die das filmische Axiom, mit der Kamera eine Fortsetzung des Wahrnehmungsraums des Betrachters im filmischen Bild zu schaffen und die visuellen Wahrnehmungsweisen des Menschen durch die Kamera zu imitieren und zu verlängern, durch die Schaffung immer neuer Aufnahmekonstellationen tendenziell außer Kraft setzen. Die Veränderung des Blicks führt mit dieser weitergehenden Erweiterung zu neuen artifiziellen und rein technisch bedingten Darstellungsweisen.

3. Bildraum, Architektur und Licht

Die schon mit der Komposition angesprochenen Momente der Überlagerung der Formen, der Größendifferenzen im Abgebildeten, der perspektivischen Verkürzungen und der farbräumlichen Wirkung erzeugen zusammen die Illusion eines homogenen Bildraums.

Der ›mechanische‹ Bildraum

Die *räumliche Wirkung im Bild* wird verstärkt durch die in die Kameratechnik eingebaute zentralperspektivische Konstruktion, zum anderen dadurch, dass einige gestalterischen Grundgewissheiten eingehalten werden. Sie können auch durchbrochen werden, haben sich jedoch innerhalb der verbreiteten Filmformen weitgehend durchgesetzt.

Der Filmemacher Klaus Wyborny hat sie als Axiome des narrativen Films beschrieben (Wyborny 1976). Wyborny spricht davon, dass im Filmbild die *Horizontalität* des Horizonts gefordert wird, ebenso die *Vertikalität* der Vertikalen. Abweichungen müssen inhaltlich motiviert werden. Gemeint ist damit, dass auch im Film – wenn es denn nicht besondere inhaltliche Gründe gibt, die eine Abweichung begründen – oben immer oben ist, unten immer unten, dass wir eine Horizontlinie als Waagerechte und eine Senkrechte als Senkrechte zu sehen erwarten. Das heißt, die Gewissheit unserer alltäglichen Raumkonstitution wird im Film bestätigt, setzt sich im filmischen Raum fort und trägt auf diese Weise wesentlich zur Illusionswirkung mit bei. Zu den Konventionen des Normalen gehört auch die *Statik der Stativkamera*, die diese Raumkonstitution unterstreicht. Der Film bedient sich dieser Konventionen in der Regel unreflektiert, Abweichungen (Kameraverkantungen, Verreißen der Kamera, unruhige Kameraführung) erfahren dadurch eine Aufmerksamkeit, als in ihnen Abweichungen von der ›Normalität‹ gesehen werden. Psychisch deformierte Sichtweisen, Traumkonstellationen, überhaupt Ausbrüche und Abweichungen vom Normalen werden auf diese Weise signalisiert. Der Raum wird als Kontinuität und Kohärenz des Abgebildeten stiftende Gewissheit filmisch vorausgesetzt, der Blick damit auf das, was innerhalb dieser Raumkonstituierung geschieht, gelenkt. Gegen diese narrativen Konventionen rebelliert vor allem der experimentelle Film, der auf diese Weise die Materialität des Filmens sichtbar machen will (z.B. in den Filmen von Heinz Emigholz). Aber auch im feministischen Film wird ein Durchbrechen dieser Konventionen (z.B. in den Filmen von Elfi Mikesch) als ein Aufbrechen männlich dominierter Sicht eingesetzt (vgl. auch Mulvey 1976).

Wie gerade auch eine leichte *Verkantung der Kamera*, die damit aus Senkrechten und Waagerechten Schrägen werden lässt, die scheinbare ›Normalität‹ einer Situation in Frage stellen und drohende Gefahren signalisieren kann, lässt sich eindrucksvoll am Film »Der dritte Mann«

(1949) ablesen, in dem mit einem System abwechselnder Verkantungen gearbeitet wird (vgl. Schwab 1979).

Der *zentralperspektivische Punkt*, auf den hin ein Geschehen ausgerichtet ist, steht in Abhängigkeit von der Bildmitte. Liegt er tiefer, haben wir den Eindruck eines hohen, lufterfüllten Raumes, liegt er darüber, entsteht der Eindruck, dass unser Blick stärker auf den Boden gerichtet wird. Mit den Fluchtlinien der zentralperspektivischen Darstellung (und dies gilt natürlich auch für die Zwei- und Mehrfluchtpunktperspektive) wird eine räumliche Wirkung des flächig Abgebildeten erzeugt. Sie entsteht

1.) durch *Größendifferenzen*, wobei das Kleinere so verstanden wird, dass es sich tiefer im Bildraum befindet als das Größere;
2.) durch *Überschneidungen* der abgebildeten Körper, wobei auch hier wiederum die vorderen die hinteren tendenziell überdecken;
3.) durch eine daraus resultierende Gliederung des Abgebildeten in *Vorder- und Hintergrund*, wobei es zwischen diesen Ebenen immer vielfältige Übergänge geben kann.
4.) schließlich kann die Raumwirkung durch eine verstärkende *Farbräumlichkeit* gestützt werden, wobei sich die kräftigen Farben des Vordergrunds von den diffusen, lichten Farben der Ferne abheben.

Räumlichkeit schafft auch die Bewegung von Objekten vor der Kamera, sie lässt den Raum zum Handlungsraum der Figuren, zum Aktionsbereich und Ort des Geschehens werden. Noch stärker raumbildend ist die Bewegung der Kamera, die in die Bildtiefe hineinfährt (*Vorwärtsfahrten*) und damit den Zuschauerblick mitnimmt (deutlich z.B. in den Raumtiefe erzeugenden langen Flügen über amerikanische Landschaften in »Koyaanisqatsi« (1983) von Godfrey Reggio). Derartige Bewegungen der Kamera in den Bildraum hinein können bei entsprechender Geschwindigkeit sogartige Effekte auslösen. Der amerikanische Film der achtziger und neunziger Jahre hat dieses Stilmittel exzessiv eingesetzt, um – in der Nachfolge von Stanley Kubricks »2001: A Space Odyssey« (1968) – superschnelle Fahrten zu erzeugen, sei es im Raumschiff oder Flugzeug, in Bergwerksloren tief unter der Erde (in Spielbergs »Indiana Jones and the Temple of Doom«, 1983) oder in Fahrstühlen, Bussen und U-Bahnen (z.B. in Jan de Bonts »Speed«, 1994). Der dabei erzeugte Achterbahneffekt, der mit der Lust an der Angst spielt, führt immer wieder dazu, dass sich das Publikum bei derartigen Fahrten wie mitgerissen an die Kinosessel klammert. Bei genauer Betrachtung zeigt sich jedoch, dass die größten Bewegungsimaginationen durch eine geschickte Montage von oft wenig rasanten Bewegungsabläufen entstehen. Gerade »Speed« ist dafür ein prägnantes, zugleich auch noch ironisches Beispiel, weil die alle Absperrungen durchbrechende U-Bahn am Ende vor einem Kinoeingang zum Stehen kommt, in dem Kubricks »2001: A Space Odyssey« angekündigt wird.

Weniger ausgeprägt im Film sind *Rückwärtsfahrten*, sie lassen häufig ein Gefühl der Angst entstehen. Eine starke raumbildende Wirkung besitzen auch Querfahrten, bei denen sich ähnlich wie beim Eisenbahnfahren die Tiefenstaffelung des Raums dadurch ergibt, dass die Bewegungen im Vordergrund schneller als die im Hintergrund sind. Hartmut Winkler konstatiert deshalb: »Die große Bedeutung, die die Bewegung für die Raumwahrnehmung hat, erklärt, warum Filme ungleich plastischer wirken als etwa projizierte Photographie« (Winkler 1992, S. 83).

Zur Wirkung des filmischen Raums trägt auch die Ausgestaltung des Raumes selbst bei. Bedeutung stiftend sind Szenerien, in denen das Geschehen stattfindet. Das Ambiente, die gebaute Architektur, steckt die Handlungsfelder der Figuren ab und definiert die Handlungen damit mit. Der Raum liefert aber auch historische Zuordnungen per Anschauung und er gibt ein Verhältnis zur fotografierten Natur.

Als Zuschauer erleben wir im Film Menschen immer innerhalb eines Raumes, den wir dadurch in einer Beziehung zu diesen Figuren sehen. So wie in der Literatur auch die Szenerie die literarischen Gestalten definiert und diese wiederum auch den Raum mitbestimmen, so sind im Spielfilm, im Fernsehspiel und in der Serie die Figuren durch ihren Umraum geprägt und prägen wiederum diesen. Häufig werden auch spezifische Raumsituationen für den seelischen Zustand der Figuren genommen: Um die Trauer von Figuren zu zeigen, werden sie häufig in den Regen gestellt, um den Eindruck einer Begrenztheit des Denkens zu zeigen, werden Figuren in enge Kammern gesetzt, wenn sie sich öffnen, wird der Blick in die Weite gerichtet usf. Gerade auch das Melodram hat sich dieser Chiffren, Raumgestaltungen als Ausdruck von Emotionen einzusetzen, extensiv bedient. Die Filme von Detlef Sierck (Douglas Sirk) bis zu Rainer Werner Fassbinder haben immer wieder durch Türen, Fensterrahmungen und Gardinen, durch Schatten werfende Stores und Jalousien käfigartig wirkende Räume präsentiert, die das seelische Elend ihrer Bewohner symbolisierten.

David Bordwell hat darauf hingewiesen, dass in den Raumkonzepten zwischen dem amerikanischen und dem europäischen Film Unterschiede bestehen: Der amerikanische Film sei stärker auf die *Illusion eines tiefen Handlungsraums* angelegt, während der europäische Film (vor allem der Film der Moderne) eher *flache Bildräume* erzeuge. Häufig stehen die Figuren in Filmen von Ingmar Bergman, Chantal Akerman, Jean-Luc Godard, Fassbinder u.a. auf schmalen, rampenartigen, durch hohe Wände den Blick in die Raumtiefe versperrenden Flächen. Die »*planimetrische Komposition*« solle zumeist den Illusionsraum zerstören und diese Filme seien in dieser Absicht dem Kino der Moderne verpflichtet. Dennoch haben derartige Raumvorstellungen vereinzelt auch Eingang in den Mainstreamfilm gefunden (Bordwell 1997, S.28).

Natur und gebauter Umraum

Der im Film gezeigte Raum wird als Handlungsraum der Figuren verstanden. Selbst dort wo Räume ohne Menschen gezeigt werden, erscheinen sie als potentielle Aktionsräume und Betätigungsfelder, als Projektionen von Vorstellungen und Träumen, stehen, nicht zuletzt durch den betrachtenden Blick des Zuschauers, in Beziehung zum menschlichen Handeln.

Kaum ein Raum der physischen Realität ist dem Film verschlossen. Die Raumdimensionen reichen vom Weltraum (z.B. in Stanley Kubricks »2001: A Space Odyssey«, 1968) als scheinbar grenzenlosem Raum über die verschiedensten Landschaften der Erde bis zur gebauten Architektur der Städte und den Innenräumen von Gebäuden und Wohnungen. Der Science-Fiction-Film macht sogar die Innenwelt des menschlichen Körpers zum Handlungsort. (z.B. »Fantastic Voyage« von Richard Fleischer) Ebenso eröffnet der Film Phantasie- und Traumwelten mit ihren spezifischen Räumlichkeiten. Wie sehr schon in der Frühzeit des Films das Verhältnis von gebautem Filmraum (als Kulisse) und dem aufgenommenem Naturraum künstlerisch thematisiert wurde, macht Brigitte Peucker am Beispiel von Paul Wegeners »Der Student von Prag« (1913) deutlich, als sich in einem Raum plötzlich die Tür mit Blick auf einen echten Birkenwald öffnen lässt und damit einen für die Geschichte nicht unerheblichen Überraschungseffekt auslöst (Peucker 1999, S. 21).

Natur gilt im Film in der Regel und zu Unrecht als ahistorisch. Ein historisches Bewusstsein über die verschiedenen Formen von Landschaft, Wald, Wiesen, Fluss- und Bergszenerien besteht nicht, obwohl es kaum eine Landschaft gibt, in die der Mensch noch nicht eingegriffen hat. Natur ist im Film häufig gekennzeichnet durch das Bedeutungsfeld des Ursprünglichen, Urtümlichen, auch des Mythischen. Wenn der Westerner durch die staubige Landschaft des amerikanischen Westens reitet, dann ist es die Begegnung mit der ›unberührten‹ Natur und damit zugleich mit den Grenzen menschlicher

Existenz. Ebenso gilt der Kampf mit den Bergen und mit dem Wasser als Grenzerfahrung. In Spielbergs »Duell« beispielsweise entfernen sich der PKW und der Truck in ihrer mörderischen Wettfahrt immer weiter von den Stätten der Zivilisation, um schließlich ihren Zweikampf im unwegsamen Gelände auszutragen. Erst auf dem Plateau abseits der Straße kommt es zur letzten Entscheidung, bei der der PKW-Fahrer David Mann über den Goliath des Tankwagens triumphiert, der in die Tiefe stürzt.

Schon Béla Balázs wies daraufhin, dass Natur im Film immer auch *stilisierte Natur* sei, dass »›Natur‹ als neutrale Wirklichkeit« nicht existiere: »Sie ist immer Milieu und Hintergrund einer Szene, deren Stimmung sie tragen, unterstreichen und begleiten muss« (Balázs 1924, S. 98).

Dient Natur nicht als Ort eines Geschehens oder als Hintergrund für die Darstellung menschlicher Beziehungen, wird sie häufig *symbolisch* eingesetzt, erscheint als Ausdruck von Stimmungen, die etwas über Zustände und Befindlichkeiten der Helden sagen soll. In Werner Herzogs Kaspar Hauser-Film »Jeder für sich und Gott gegen alle« (1974) beispielsweise wird das Bild des Helden mit dem Bild wogender grüner Kornfelder verbunden, als Ausdruck der Ungewissheit, des spurenlosen Wirkens in der Zeit.

Häufiger noch als Natur erscheint der *umbaute Raum* im Film. Der architektonische Umraum, der durch Menschen geschaffene Raum, ist im Film immer auch Zeichen für historische und soziale Gegebenheiten. Durch ihn werden Situationen und Handlungsfelder angelegt. Dazu trug die Geschichte der Baukunst selbst bei, die in ihrer historischen Entwicklung auf eine bildhafte Funktion der gebauten Wirklichkeit hinarbeitete. Helmut Färber sieht deshalb eine gradlinige Entwicklung von der Baukunst über den Kinospielfilm zum Fernsehen, weil im Übergang von den architektonischen Bildern zu den audiovisuellen diese sich die Orientierung stiftenden Funktionen der gebauten Räume zu eigen gemacht hätten: »Das Fernsehen hat es von der Baukunst, zumal der Stadtbaukunst übernommen, etwas für alle sichtbar und dauerhaft Vorhandenes zu sein, dadurch den Einzelnen ein Gefühl von Sicherheit und einen Zusammenhang herzustellen, einen Raum, in welchem sie sich orientieren können« (Färber 1977, S. 34).

Architektur im Film lässt sich unterscheiden in die Abbildung der realen, außerfilmischen Architektur und die speziell für den Film hergestellte Filmarchitektur im Studio. Der Einsatz von Nachbauten und schließlich freien Konstruktionen im Atelier erfolgte bereits in der Frühzeit, waren doch dadurch die Aufnahmen genauer zu kalkulieren und unabhängig von Widrigkeiten der Realität aufzunehmen. Im Studio konnten Modelle in unterschiedlichen Größen und für unterschiedliche Zwecke hergestellt und gezielt eingesetzt werden. Die Entwicklung von Tricktechniken und ›special effects‹ hat in solchen Atelierkonstruktionen ihren Ausgangspunkt. Filmarchitektur ist häufig eine Fassadenarchitektur, eine ›Augenblicksarchitektur‹, die allein dem Moment ihrer Fixierung im Filmbild dient, um danach wieder zerstört zu werden oder im Fundus der Produktionsfirma zu landen. Die Entwicklung der Filmarchitektur geht von der gemalten Kulissendekoration der frühen Jahre (artifiziell überhöht beispielsweise in Robert Wienes Film »Das Cabinet des Dr. Caligari« (1920), in dem eine expressive Licht-Schatten-Malerei in Beziehung zu einer expressionistisch gesteigerten Darstellung gesetzt wurde) zur monumentalen plastischen Architektur der Historien- und Ausstattungsfilme Giovanni Pastrones »Cabiria« (1914), Fritz Langs »Nibelungen« (1924) oder Cecille DeMilles »Samson und Delilah« (1949).

Filmarchitektur kann innerhalb des Films als Staffage ein eher dekoratives Moment darstellen, ihr werden aber auch strukturell Rollen innerhalb der Handlung übertragen. Sie vermag es, »dem schlummernden Unterbewusstsein Stimmungen und Gefühle (zu) vermitteln, die alptraumhafte Formen annehmen können« (Weihsmann 1988, S. 12) und sie kann durch Proportionsverschiebungen und Stilisierungen zum ›Mitspieler‹ werden. Dass die Filmarchitektur mit ihrer Neigung zum Monumentalismus wiederum zum Vorbild wurde für Herrschaftsarchitektur, insbesondere in der Zeit des Nationalsozialismus, hat Dieter Bartetzko eindringlich herausgearbeitet (Bartetzko 1985).

Umgekehrt gab es in der Filmgeschichte immer auch die Praxis, Filme in Räumen zu drehen, die außerhalb der Studios vorgefunden wurden. Vor allem der neuere Spielfilm hat durch eine Verbesserung der Aufnahmetechnik (bewegliche und leichte, geräuscharme Kameras mit speziellem Geräuschschutz, hochempfindlicher Film, mobile Lampen für die Beleuchtung) den Weg in die »Realarchitektur« (Weihsmann 1988, S. 15) gefunden. Zu dieser Entwicklung haben die höheren Kosten eines Nachbaus von Architektur im Studio im Vergleich mit der Benutzung realer Bauten beigetragen, aber auch der realistischere Eindruck, den Filme erwecken, die außerhalb der Ateliers entstehen.

Für die Filmwahrnehmung bedeutet die Verlagerung des Spiels in außerfilmische Räume deshalb eine Verstärkung des *Realismuseindrucks*. Die Entwicklung eines realitätsbezogenen Films in den sechziger Jahren ist deshalb in Deutschland eng damit verbunden, dass die Regisseure die Studios verließen und sich ›Motive‹ in der Wirklichkeit suchten. Gleichzeitig hat sich damit aber auch eine entgegengesetzte Entwicklung ergeben: Es hat eine *Fiktionalisierung des außerfilmisch vorgefundenen Raums* stattgefunden. Viele Stadtmotive sind längst aus vielen Filmen bekannt, so dass sich Realität wie in filmischen Einstellungen sehen lässt und bekannte Straßenecken Assoziationen an im Film erlebte Situationen erzeugen.

Architektur als Sujet

Eine thematische Funktion wird der Architektur bereits früh im Film zugewiesen (vgl. dazu Weihsmann 1988). Große Architekturinszenierungen sind schon in der Stummfilmzeit zu finden. Fritz Lang z.B. inszenierte in »Metropolis«, die große *Architektur der Stadt*. Lang war in Amerika gewesen und von der Stadtarchitektur New Yorks, von ihren Wolkenkratzern und tiefen Straßenschluchten, von den Plätzen und bedrohlich wirkenden Industriearchitekturen beeindruckt. Die reale Stadterfahrung mischte sich mit dem Mythos. Die Möglichkeit der Inszenierung von Architektur, wie sie dann in »Metropolis« beispielgebend vorgeführt wurde, unterschied den Film von den anderen Künsten, insbesondere vom Theater: Die Architektur in ihrem monumentalen Charakter gewann ein Eigenleben, die ›Dingwelt‹ selbst trat als Handelnde in Aktion. Stadt erscheint als bedrohliche Vision, als Moloch und Herrschaftsinstrument (vgl. auch Möbius/Vogt 1990).

Nicht nur außerfilmische Architektur wurde nachgebaut, sondern auch ganz neue, bis dahin ungesehene *Phantasie-Architekturen* entstanden und erzeugten eine Überhöhung und Synthetisierung historischer Stile. Architektonische Utopien, imaginäre Architekturen ließen sich auf diese Weise filmisch erzeugen. Sie reichen von den filmischen Visionen der mittelalterlichen Bauhütte, z.B. in Paul Wegeners und Carl Boeses »Golem« (1920) bis hin zu den modernen Endzeitphantasien im Science-Fiction-Film (z.B. in »Blade Runner«, 1982) oder den phantastischen Innenräumen in den Filmen von Peter Greenaway (z.B. in »Der Koch, der Dieb, seine Frau und ihr Liebhaber«, 1989).

In Orson Welles' Film »Citizen Kane« (1941) stellt Kanes Schloss »Xanadu« eine Phantasiearchitektur dar, in der sich die Baustile der ganzen Welt auf gigantomanische Weise mischen und die dadurch zum Symbol für menschliche Hybris wird. In der Eingangssequenz des Films wird in wechselnden Überblendungen dieses Architekturbild erzeugt. Das Gigantische zeigt sich in den zum Monumentalen hin verschobenen Proportionen. Kane und seine zweite Frau Susan werden in riesigen Schlosshallen gezeigt. Vor einem gewaltigen Kamin erscheint Susan, die Puzzles legt, als Zwergin, und als Kane kommt und mit ihr ein Picknick verabreden will, ist der Raum zwischen ihnen durch seine perspektivische Anordnung und eine dramatische Beleuchtung übergroß. Die Bilder des Puzzles – es handelt sich um landschaftliche Idyllen – sind gegen den Palast als steingewordene Herrschaftsarchitektur gesetzt. Zeitsprünge werden durch überblendende Architekturaufnahmen symbolisiert. Als sich Kane in dem weiten Raum in den entfernten Sessel setzt und damit der Abstand zwischen ihnen verdeutlicht wird, gehen die Figuren ganz im Dekor auf. Alles ist Ornament, nichts ist mehr eigenständiges Leben.

Wie ganz anders Stadt inszeniert werden kann, zeigt Woody Allens Film »Manhattan« (1979). Hier wird Stadt durch Aufnahmen des realen New York, durch seine Skyline, seine Wolkenkratzer und Straßen ins Bild gesetzt, es entsteht aus einer Folge disparater Stadtaufnahmen eine Art Übersichtssequenz, von der dann die einzelnen Handlungsgeschehen, die Dialoge und Kontroversen der Figuren ihren Ausgangspunkt nehmen. Die Bilderfolge wird emotional durch die unterlegte Gershwin-Musik aus »Rhapsodie in Blue« aufgeladen, die Bilder sind im Rhythmus der Musik geschnitten. Im Off ist Woody Allen zu hören, der versucht, einen erzählerischen Anfang zu setzen. Indem er mehrfach abbricht, wiederholt, neu beginnt, wird deutlich, dass nicht nur der Erzähler Schwierigkeiten mit sich selbst hat, sondern auch die Stadt ganz eigene Dimensionen aufweist, die eben nicht erzählbar sind.

So wie die Filmarchitektur in einzelnen Phasen der Filmgeschichte um eine *Steigerung der Raumillusion* bemüht war, lassen sich auch Phasen und Auffassungen nachweisen, in denen es darum ging, diesen Raumeindruck zu reduzieren und eher flache Bildwirkungen zu erzeugen. Vor allem im Film der sechziger Jahre finden sich solche Inszenierungsweisen. Figuren agieren oft vor neutralem weißem Hintergrund, wirken wie aus dem Raum gestanzt. Aufgrund der verinnerlichten Konventionen stellt sich jedoch auch bei diesen Bildern ein Raumeindruck her. In tageshellen, oft schmucklosen und dadurch unplastisch wirkenden Räumen agieren die Figuren dann oft wie ausgeschnittene Gestalten und werden damit einem abstrakt und unspezifisch wirkenden Ort zugeordnet (z.B. in Filmen Jean-Luc Godards, oder auch in Peter Zadeks »Ich bin ein Elefant, Madame«, 1968).

Lichtgestaltung

Jede Raumdarstellung ist durch das Licht geprägt. Ohne Licht entsteht keine Plastizität des Gezeigten. Auch für die Darstellung des Menschen im Raum spielt das Licht eine entscheidende Rolle, weil die Beleuchtung unterschiedliche Stimmungen erzeugt und diese als Eigenschaften einer Situation oder auch eines Charakters verstanden werden. Die *Ausleuchtung des Raums* setzt Stimmungen, schafft Atmosphäre. Sie gibt vor, was wir von diesem Raum sehen, sie verändert ihn. Vor die real gebaute Raumarchitektur schiebt sich die Architektur des Lichts. Sie verändert und modifiziert den gebauten und den realen Raum.

In der Filmgeschichte hat sich deshalb früh schon die Gestaltung der Szenen durch gezielten Beleuchtungseinsatz durchgesetzt (vgl. z.B. Kreimeier 1994). Die Lichtsetzung in der Malerei sowie die Beleuchtungstraditionen des Theaters dienten dabei häufig als Vorbild (vgl. Kasten 1990). Im deutschen Stummfilm, aber auch im frühen Hollywoodfilm lassen sich z.B. deutliche Lichtinszenierungen finden, die sich vom *Hell-Dunkel* der holländischen Genremalerei leiten ließen. Nicht zufällig wird vom ›Rembrandt-Licht‹ und von der ›Chiaroscuro-Beleuchtung‹ gesprochen, die sich an der Lichtsetzung in den Bildern Rembrandts und Caravaggios orientierten und damit eine religiöse und mystische Atmosphäre erzeugten (vgl. Baxter 1975).

In Georg W. Pabsts »Die freudlose Gasse« (1925) ist gleich zu Beginn eine Straße zu sehen, schräg ins Bild gesetzt. Einige Einstellungen zeigen einen Schlachtermeister vor einem Laden, wartende Leute, die Fleisch kaufen wollen. Der Schlachtermeister wird als Mensch dargestellt, der die Armut und das Elend der Leute ausnutzt. Die Straße ist in Dunkelheit getaucht. Das Licht ist spärlich, schemenhaft ist eine Häuserecke zu erkennen. Im Vordergrund Leute, die auf der Straße gehen. Die Häuser machen zudem einen altertümlichen, verwahrlosten Eindruck. Die Architektur charakterisiert das Milieu und die Elendssituation. Eine Straßenlampe gibt ein schwaches Licht, beleuchtet ein Plakat, das darunter hängt. Ebenfalls beleuchtet sie noch die Häuserseite davor, obwohl dies technisch eigentlich gar nicht möglich ist. Schräg fällt aus der Gasse das Licht auf die Hauptstraße, diese quasi im rechten Winkel kreuzend. Dadurch entsteht ein schwach erleuchteter Bildmittelpunkt, den Personen durchqueren. Seitenlicht ist bestimmend für den Bildeindruck. Der auf diese Weise nur schwach beleuchtete Metzger gewinnt etwas Dämonisches. In Innenräumen, in dem z.B. eine Frau am Waschtrog steht, ist das Licht spärlich, es fällt im Hintergrund durch ein Fenster schräg auf eine Wand und beleuchtet nur schemenhaft das Geschehen.

Das Etikett ›im Rembrandtstil‹ für eine solche Beleuchtung findet sich für eine Reihe von Filmen der Stummfilmzeit. Das dort besonders gern eingesetzte Seitenlicht aus einer oft unsichtbaren Lichtquelle lässt die Räume plastisch werden, macht sie aber nicht gänzlich sichtbar, sondern erzeugt vor allem unheilvolle, bedrohliche Stimmungen (vgl. auch Eisner 1975, S. 47ff.).

Die Art und Weise, wie das Licht im Film eingesetzt wird, ist abhängig von Epochen und individuellen Handschriften der Regisseure und Kameraleute. Drei unterschiedliche Richtungen lassen sich jedoch verallgemeinernd benennen.

Beim *Normalstil* wird die Szene so ausgeleuchtet, dass alle Details deutlich zu erkennen sind und der Eindruck einer ›gleichmäßigen Ausleuchtung‹ entsteht. Er wird im Film am häufigsten eingesetzt und dort benutzt, wo Handlung und Stimmung »keine Abweichung vom Normalempfinden verlangen« (Kandorfer 1978, S. 281).

Als Abweichungen werden davon der *Low-Key-Stil* und der *High-Key-Stil* unterschieden. »Für den Low-Key-Stil sind ausgedehnte, wenig oder überhaupt nicht durchgezeichnete Schattenflächen charakteristisch« (ebd., S. 282). Dieser Stil eignet sich besonders für die Darstellung dramatischer Situationen, geheimnisvoller Vorgänge, Verbrechen oder psychischer Anspannungen. Mit seinen unterschiedlichen Varianten der schroffen Hell-Dunkel-Konfrontationen oder der abgemilderten Übergänge verbindet sich oft der Eindruck ungeschminkter, harter Realität (vgl. ebd., S. 283ff.). Dieser Beleuchtungsstil findet sich in Filmen in allen Phasen der Filmgeschichte: Im expressionistischen Film, im Kammerspiel- und Straßenfilm der zwanziger Jahre, dann auch im Film Noir und in deutschen Filmen der siebziger und achtziger Jahre, etwa in Fassbinders »Berlin Alexanderplatz« (1979). Nächtlich dunkle Räume, düster bedrohliche Stimmungen, Einsamkeit auf regennassen Straßen werden damit vor allem gezeigt.

Dagegen steht die hell ausgeleuchtete Räumlichkeit des *High-Key-Stils*, in der alles genau und überdeutlich zu erkennen ist. »Helle, lichte Tonwerte« und ein »weitestgehend ausgeglichenes Beleuchtungsniveau« sind kennzeichnend. »Die ideale High-Key-Beleuchtung rührt von einer transparenten, das Licht völlig diffus streuenden Kugel, die das Objekt völlig umgibt. Ein ideales High-Key-Objekt ist ein völlig gleichmäßig mit diffusem Licht ausgeleuchtetes Mädchengesicht von heller Hautfarbe und blondem Haar mit weißer Kleidung vor einem weißen Hintergrund, auf dem die gleiche Beleuchtungsstärke herrscht.« High-Key zeichnet eine »freundliche Grundstimmung aus, die Hoffnung, Zuversicht, Glück und Problemlosigkeit betont« (ebd., S. 286f.). Das Hollywood-Kino der Lustspiele und Screwball-Komödien ist überwiegend auf diese Weise ausgeleuchtet.

Kategorien des Lichts

Der Eindruck von Natürlichkeit und Realitätshaltigkeit ist im Film in der Regel ein Ergebnis genauer Kalkulation und kunstvoll eingesetzter Effekte. Gerade die Verwendung des Lichts macht dies deutlich. Die an Erfahrungen in der Realität gemessene Wahrscheinlichkeit der Beleuchtung trägt viel zur Glaubwürdigkeit des Gezeigten im Film bei. Die Lichtdramaturgie hat deshalb eine Vielzahl von Kategorien für die Lichtführung entwickelt. In der Filmanalyse kommt es weniger darauf an, sie jeweils genau klassifizieren zu können, als darauf, die Effekte zu erkennen und sich der Wirkung in der Erzeugung besonderer Stimmungen bewusst zu werden.

Unterschieden wird zwischen dem ›wirklichen‹ Licht (dem Tages- bzw. Sonnenlicht) und dem Kunstlicht. Der Einsatz von Kunstlicht findet seit den Anfängen der Filmgeschichte seinen Grund im ständigen Wandel des Tageslichts (wechselnder Sonnenstand, Wolkengang), der das Erzielen intendierter fotografischer Effekte oft behindert. Kunstlicht ist dagegen in seinem Einsatz kalkulierbar. Als ›gutes Filmlicht‹ gilt, was dem intendierten Raum und Milieu des Gezeigten und der dramaturgischen Bedeutung der Szene entspricht, das Geschehen betont und alles plastisch sichtbar macht. Das mögliche Licht in einem Raum soll dafür Vorbild sein, also »die Anordnung der Fenster oder sichtbarer Lichtquellen im Bild sollte die klare Verteilung von Licht und Schatten und deren Richtung bestimmen« (Wilkening 1966, S. 186).

Die *Lichtgestaltung* hat eine Vielzahl von Techniken ausdifferenziert und ist zu einer eigenständigen Gestaltungstechnik geworden (vgl. Ritsko 1979). Zu unterscheiden sind *Vorderlicht*, *Gegenlicht* und *Seitenlicht*. Diese Kategorien geben die grundsätzlichen Richtungen vor, aus denen Licht auf ein Geschehen fällt. Das Vorderlicht, das vom Standpunkt der Kamera bzw. von der Kameralinie aus auf das Geschehen fällt, hat den Nachteil, dass alles hell ausgeleuchtet wird und für den Kamerablick keinen Schatten erkennbar macht, so dass Gesicht, Figur und Geschehen in der Regel flach wirken. Ebenso ist das Gegenlicht, das direkt in der Kameraachse auf die Kamera gerichtet ist, nur begrenzt brauchbar, weil es die Kamera selbst blendet. Es wird deshalb zumeist durch einen Gegenstand oder eine Figur verdeckt, deren Umriss dadurch mit einer Korona, einem Lichtkranz erscheint.

Beleuchtungen werden in der Regel schräg zur Kameraachse gesetzt und durch ergänzende Lichtführungen ausgeglichen bzw. aufgefüllt. Wir sprechen deshalb auch von *Hauptlicht* (oder *Führungslicht*) und von *Fülllicht*. Mit Führungslicht ist das Licht bezeichnet, das auf den Handlungsträgern liegt. Das Hauptlicht »stammt im Regelfall von der lichtstärksten Lichtquelle. Gelegentlich ist das auch eine andere Lichtquelle, die aber im Rahmen der jeweiligen Lichtanordnung die höchste Beleuchtungsstärke aufweist. Dem Führungslicht kommt stets grundlegende Bedeutung zu. Es muss normalerweise sowohl in seiner Stärke als auch in seiner Strahlungsrichtung und Ausstrahlungsqualität der im Bild zu erkennenden Lichtquelle entsprechen. Es muss demnach die natürliche Lichtquelle imitieren.« (Kandorfer 1978, S. 289). Mit Fülllicht ist die Ausfüllung von einzelnen dunklen Partien gemeint, die das Ganze zu einer plastischen lichtmodellierten Fläche werden lassen.

Zusätzlich können weitere, individuell gesetzte Akzentlichter kommen (vgl. dazu Kandorfer 1978, S. 289ff.). Am bekanntesten ist das sogenannte Augenlicht, das bei einer sonst dunkel gehaltenen Figur auf die Augen gesetzt wird, um deren Blick als Reaktion deutlich zu machen und um der Figur auf diese Art und Weise eine besondere Lebendigkeit zu geben. Dazu gehören auch bestimmte Beleuchtungseffekte, die eine gezeigte Figur beispielsweise dämonisieren (durch schattenbildende Beleuchtung von unten vorn), verklären (Gegenlicht als Heiligenschein) oder nur als Silhouette erscheinen lassen (vgl. Carroll/Sherriffs 1977, S. 147ff.).

Im Bild kann das Licht zudem motiviert werden, indem die *Lichtquelle* erkennbar gemacht wird: Das Licht fällt also durch ein Fenster oder wird von einer Lampe abgegeben, obwohl es doch im Atelier künstlich hergestellt wird. Sehr viel häufiger ist jedoch, dass es keiner besonderen Motivierung durch die Lichtquelle bedarf. Das Licht erzeugt eine bestimmte Atmosphäre, die Stimmungen des Wohlbefindens oder der Anspannung auslösen, die eine Situation als gefährlich oder friedvoll, als unheilvoll, lebendig oder dynamisch erscheinen lassen. Häufig werden zur Steigerung eines Eindrucks auch pulsierende Lichtquellen eingesetzt: flackernde Kerzen, rotierendes Blaulicht, suchende Lichtkegel usf. Die Szenerien werden in ein bestimmtes Licht gesetzt und diese Beleuchtung wird zur Eigenschaft der Szenerie selbst: Die durch das erzeugte Licht entstandene Atmosphäre wird zum Charakter und zur Eigenschaft des Raums, sie wird nicht als besonderes Gestaltungsmittel wahrgenommen. Diese Verschiebung ist eine von vielen ähnlichen im Film: Durch einen bestimmten Kontext, eine Konstellation wird ein Gegenstand in besonderer Weise gesehen, die Konstellation aber erscheint nicht als eine solche, sondern als Eigenschaft des Abgebildeten, als ein Merkmal seiner Substanz.

Gegenüber den vor allem im Hollywood- und Ufa-Kino perfektionierten Lichtprinzipien sind abweichende Stile entstanden, die sich aus veränderten Produktionsbedingungen herleiten lassen.

Zum einen im *Fernsehfilm*: Da im Fernsehspiel der fünfziger und sechziger Jahre die Aufnahmen nicht mit einer Filmkamera, sondern mit einer elektronischen Kamera erfolgten, die studiogebunden war, und die Aufnahmen aus mehreren, gleichzeitig arbeitenden Kameras am Regiepult per Knopfdruck gemischt wurden (vgl. Kapitel IV.4), konnten bei einem durchgängigen Spiel vor der Kamera die einzelnen Aufnahmen nicht gesondert ›ausgeleuchtet‹ werden. Statt dessen wurde eine einheitliche helle *Grundausleuchtung* etabliert, in der das Spiel stattfand. Sie sorgte für eine erhöhte Glaubwürdigkeit der Lichtsetzung und damit für einen Realismuseindruck. Diese Beleuchtungspraxis setzte sich auch in den filmisch produzierten Fernsehspielen der siebziger Jahre durch. In Peter Zadeks »Ich bin ein Elefant, Madame« (1968), aber auch in zahlreichen anderen Filmen, ist ein dadurch entstehender nüchterner und realitätsorientierter Stil zu beobachten. Damit entfiel auch die mit Licht und Schatten durchmodellierte Gestaltung der Fläche. Oft waren ganze Partien, den natürlichen Lichtverhältnissen entsprechend, grau in grau und wirkten eher trist als emphatisch. Dies war auch gewollt, weil sich das gezeigte damit deutlich gegen die Schönwetter-Genregeschichten des bundesdeutschen Kinos (etwa »Ferien auf Immenhof«, 1957) absetzten. Der Gebrauch dieses realistischen Stils hat zu Unrecht Ende der siebziger Jahre zum Vorwurf der ästhetischen Armut des Fernsehspiels geführt (vgl. Meyer 1977). Im Vergleich mit zeitgleichen Kinospielfilmen zeigt sich statt dessen, dass es sich hier um *epochenspezifische Lichtdramaturgien* handelt, die allgemeinen kulturellen Wertsetzungen folgten. Sie orientierten sich gerade in diesem Fall am Kriterium der Wahrscheinlichkeit der Lichtführung und hatten in der Suche nach einem neuen Realismus-Stil eine neue Lösung gefunden.

Zum anderen im *Musikvideo*: Gegenüber den an der Wahrscheinlichkeit orientierten Lichtsetzungen stehen Lichtführungen, die sich an der Vorstellung vom Film als Traum, etwa im Surrealismus, oder vom Film als einer künstlichen Welt ausrichten. Insbesondere in den künstlichen Bilderwelten der Musikvideos wird häufig kontrastiv mit dem Licht umgegangen, entsteht das ästhetisch Neue aus dem Zusammentreffen divergenter Lichtsetzungen, die miteinander weder durch ein Raumkontinuum noch durch eine inhaltliche Motivierung verbunden sind. Die Lichtstrategien folgen dabei häufig medienästhetischen Binnentraditionen, wie sie sich im Discobereich, der Videokunst oder im Fernsehdesign entwickelt haben, aber auch wie sie im

Experimentellen Film der zwanziger Jahre von Walter Ruttmann bis zu Oskar Fischinger zu finden sind (Gehr 1993).

Narrativer Raum

Filmischer Raum entsteht aus der Addition verschiedener Einstellungen, in denen unterschiedliche Raumsegmente gezeigt werden. Diese einzelnen Einstellung können an ganz verschiedenen Orten genommen werden, entscheidend ist die Wahrscheinlichkeit ihres Zusammenwirkens in der filmischen Verbindung einzelner Einstellungen. Dadurch entsteht ein Raum, der im Grunde künstlich ist und keine Entsprechung in der Realität besitzt, der sich durch die Addition der Raumsegmente, die die einzelnen Einstellungen zeigen, vielfältig ausdehnt, und damit mehr als einen tatsächlich umschreibbaren Raum darstellt.

Solch ein vom Betrachter geleistetes synthetisierendes Zusammensehen von Einstellungen – ein Ergänzen und Schließen vom gezeigten Detail auf das nicht gesehene Ganze – ist für die filmische Raumwahrnehmung konstitutiv. »Die im Filmstreifen aneinandergesetzten Aufnahmen von Körpern und Raumansichten verbinden sich in der Vorführung auf der Leinwand dank der starken wechselseitigen Induktionen zur Bildwirkung eines einheitlichen, optisch zusammenhängenden Raums. Dieser Bildeffekt ist unabhängig von Art und Herkunft der Einstellungen. Er tritt selbst dann ein, wenn die abgebildeten Stücke in der Wirklichkeit keinerlei reale räumliche Beziehung haben« (vgl. Dadek 1968, S. 147ff.).

In seinem Filmregie-Buch schreibt Pudowkin: »Durch das Zusammenfügen der einzelnen Stücke bildet der Regisseur sich seinen eigenen, ganz filmischen Raum. Er vereinigt einzelne Elemente, die vielleicht von ihm an verschiedenen Orten des realen, tatsächlichen Raums auf das Filmband gebannt sind, zu einem filmischen Raum« (Pudowkin 1928, S. 74).

Die Addition der einzelnen Raumsegmente zu einem *räumlichen Kontinuum* transformiert zugleich den gesehenen abgebildeten Raum in einen neuen Raum, der sich vom fotografierten optischen Raum deutlich unterscheidet. Die Filmtheorie hat sich immer wieder mit dem Zustandekommen eines solchen, auch durch Filmschnitt und Einstellungsveränderung nicht unterbrochenen Raumeindrucks beschäftigt. Walter Dadek schrieb dazu: »Die ›allgegenwärtige‹ Kamera ›überwindet den Raum‹ nicht bloß damit, dass sie die Trennung der Entfernungen aufhebt und weit Auseinanderliegendes willkürlich zusammenfügt, sie verändert in der Bildillusion auch die inneren Strukturen des Raumes. Was der Fluss der rasch und abrupt wechselnden Bilder unterschiedlicher Örtlichkeiten und/bzw. Aufnahmedistanzen bewirkt, ist eine Auflösung der natürlichen Raumwahrnehmung bzw. der uns von den klassischen Künsten anerzogenen Raumansichten« (Dadek 1968, S. 150).

Die Abfolge der Teilansichten, der fragmentierten Raumsegmente orientiert sich an der menschlichen Wahrnehmung, die die Totalität der Umwelt ebenfalls nie als gleichzeitig erfasste Totale aufnimmt, sondern in unterschiedlichen Teilansichten, in verschiedenen Blicken auf die Welt. Gerade durch die Multiperspektivität der Kamera und die »multifokale Mobilität der Kamera« konstituiert sich, so Edgar Morin, der Gegenstand erst als Gegenstand: »Nicht nur die Konstanz der Objekte stellen wir immer wieder her, sondern auch die des raumzeitlichen Rahmens« (Morin 1958, S. 140).

Der auf diese Weise entstehende filmische Raum unterscheidet sich wesentlich von dem »›mechanischen‹ Raum, den der Blick der Kamera erzeugt« (Winkler 1992, S. 89). In neueren filmtheoretischen Ansätzen wird dieser Raum als ein diegetischer, narrativer Raum verstanden, ein Raum also, dessen einzelne Segmente sich durch das im Gedächtnis des Betrachters gespeicherte Wahrnehmen der im Film gezeigten und damit »akkumulierten« Raumsegmente zu einem Ganzen zusammenschließen. Stephen Heath hat sich besonders mit der narrativen Raumkonstitution auseinandergesetzt (Heath 1981).

Kennzeichen der narrativen Raumvorstellungen ist, dass sie durch Intentionen eines Erzählers oder Autors bestimmt werden, die die Abfolge der Bildsegmente organisieren und die in der zu erzählenden Geschichte liegen. Von einem *Erzählraum*, einem »story space« wird deshalb auch gesprochen (Branigan 1981). Hartmut Winkler hat die Diskussion um dieses Verständnis eines »narrativen Raums« ausführlich im Zusammenhang der Diskussion um das Mediendispositiv bzw. die Apparatustheorie diskutiert und hervorgehoben, dass dieser narrative Raum als der filmische Raum sehr viele diskontinuierliche Elemente integrieren und in eine Raumkohärenz, also in die Kontinuität eines wahrgenommenen Raums, einbinden kann (Winkler 1992, S. 92).

Dennoch ist gegenüber solchen weitgreifenden Konzepten für die Film- und Fernsehanalyse festzuhalten, dass die Kontinuität der raumzeitlichen Abfolgen im Film auch durch eine Vielzahl in den Filmbildern eingeschriebene Elemente hergestellt und verstärkt wird. Es sind vor allem Verweispartikel (deiktische Elemente), die auf der visuellen Ebene Brückenköpfe in den einzelnen Einstellungen darstellen (Blicke, die aus dem Bild hinausgehen und im folgenden Bild scheinbar erwidert werden; Bewegungsabläufe, die in der nächsten Einstellung eine Fortsetzung finden, usf.). Auf der Tonebene stellen Geräusche, Musik und ein einstellungsübergreifendes Sprechen Verbindungen her. Der narrative Raum weist auch in der Binnenstruktur seiner Bilder bereits eine Vielzahl von Klammern auf, die auf der Ebene der Plausibilität die Herstellung des Kontinuums unterstützen und fördern. Mechanisch abgebildeter und narrativer Raum ergänzen sich in der Regel im Film.

4. Elektronische Bildgewebe

Die Beschreibung des Visuellen orientierte sich in den vorangegangenen Abschnitten am Film, an der filmischen Konstruktion von Raum und Zeit, am filmischen Blick, der sich durch die Kamera konstituiert. Nun ist unverkennbar, dass neben diese auf größtmögliche Illusionsbildung ausgerichtete filmische Praxis sich eine andere Praxis aus der Elektronik heraus entwickelt hat. Nach langen Jahren der Adaption filmischer Bildkonventionen hat sie in den letzten Jahrzehnten neue Formen des Bewegungsbildes hervorgebracht, die auf eine größere Eigenständigkeit drängen und die beginnen, die fotografische und narrative Raumbildung zu destruieren, die Konventionen der Einstellungsverknüpfung zu unterlaufen, und auf Bildmuster setzt, die aus der Collagetechnik der bildenden Kunst stammen. Diese elektronische Bildproduktion hat an Bedeutung gewonnen, hat den in seiner Publikumsreichweite begrenzten Bereich der Videokunst hinter sich gelassen und begonnen, die Fernsehprogramme zu verändern.

Es handelt sich hier um elektronische Bilder und Bilderfolgen, die
a) nicht fotochemisch, sondern elektronisch aufgenommen und gespeichert werden, und
b) nicht analog (durch ein technische Repräsentation ähnlichkeitsdeterminierter Bildstrukturen), sondern digital, also mittels einer Transformation in Zahlencodes, fixiert werden. Die digitale Fixierung erlaubt, das gespeicherte Bild durch Rechenoperationen in den verschiedensten Weisen zu bearbeiten und zu verändern. Aufgelöst wird dadurch der fotografische Modus, der zunächst auch die elektronische Kamera und die Zuschauerwahrnehmung bestimmt. Doch zunächst zur allgemeinen Differenz von Filmbild und Fernsehbild.

Das Fernsehbild

Bei der Aufnahme eines Bildes durch die Filmkamera wird ein fotochemisch beschichtetes Filmband belichtet, das in weiteren Arbeitsprozessen entwickelt und fixiert sowie am Schneidetisch bearbeitet und durch Schnitt und Montage zu einem vollständigen Film zusammengefügt wird. Dabei ist die Reihenfolge der Verbindung der einzelnen Aufnahmen veränderbar.

Bei der *elektronischen Kamera* werden die Lichtimpulse, die vom Objekt aufgenommen werden, in der Kamera bereits in elektrische Impulse umgewandelt und sind – über Kabel – sofort auf einem Bildschirm (Monitor) zu betrachten. Die zeitliche Differenz zwischen Aufnahme, chemischer Entwicklung, Fixierung und Betrachtung, die beim Film besteht, entfällt. Eine Reduktion der Zeitdifferenz zwischen Aufnahme und Wiedergabe besteht auch dann, wenn die elektronischen Bilder im Augenblick der Aufnahme via Sender auf die Bildschirme weit entfernter Zuschauer gebracht werden

Das elektronische Bild kann also ›live‹ (von alive = lebendig) übertragen werden. Diese Schnelligkeit führt dazu, dass sich der schon beim filmischen Bild vorhandene Eindruck des visuellen Dabeiseins noch verstärkt. Das Fernsehbild suggeriert – verstärkt noch durch Hinweise der Sprechenden, dass man ›jetzt‹ und ›hier‹, ›in diesem Augenblick‹ etwas erlebe – das Gefühl der Teilhabe und des Dabeiseins.

Das *live ausgestrahlte Bild* ist wegen der Schnelligkeit der Übertragung nicht im Sinne filmischer Konventionen des Standortwechsels und der Einstellungsfolge bearbeitbar, denn dazu müsste die Zeitgleichheit von Aufnahme und Ausstrahlung außer Kraft gesetzt werden. Hinzugegeben können Bildinformationen, die im Augenblick der Aufnahme eingefügt werden (eingeblendete Schrifttafeln etc.).

Innerhalb des Fernsehens kommt dem Live-Bild eine besondere Bedeutung zu, weil sich über die Liveproduktion eine medienspezifische Eigenart des Fernsehens definieren ließ, die es vom Kinofilm unterscheidet. In seinen Anfängen konnte das Fernsehen elektronische Bilder zudem noch nicht speichern (nur über die Technik der Filmaufzeichnung mit 16mm vom Bildschirm), so dass das Live-Bild zusätzlich aufgewertet wurde. Erst ab 1956/57 ist das *Magnetaufzeichnungsverfahren* (MAZ) einsatzfähig, seit 1958/59 auch in der Bundesrepublik (in der DDR ab 1964) im Gebrauch. Erst seit diesem Zeitpunkt konnten elektronische Bilder auch elektronisch gespeichert und in der Folgezeit auch bearbeitet werden.

Um nun nicht vollständig auf das Prinzip des Einstellungswechsels verzichten zu müssen, entwickelte das Fernsehen das Verfahren, ein

Geschehen (zumeist im Studio) von mehreren (in der Regel drei bis vier) Kameras aufnehmen zu lassen und am Regiepult per Knopfdruck die Sendung auf die verschiedenen, im Regieraum auf Monitoren sichtbaren Bilder der verschiedenen Kameras umzuschalten. Dadurch entstand auf dem Bildschirm der Zuschauer eine Folge von Einstellungen, die dem filmischen Wechsel angenähert war. Dieses Verfahren wird als ›Mischung‹ bezeichnet, weil aus dem laufenden Bilderstrom, den die verschiedenen Kameras erzeugen, eine neue Bilderfolge ›gemischt‹ wird. Diese Bezeichnung, die aus der Magnetaufzeichnungspraxis des Audiobereichs stammt, blieb auch erhalten, als mit der Einführung der Magnetaufzeichnung im Fernsehen die Möglichkeit der Nachbearbeitung entstand.

Die *Live-Mischung* hat den Nachteil, dass sie in der Regel auf einen Handlungsort beschränkt ist und dadurch nur wechselnde Perspektiven ein und desselben Geschehens zeigt. Auch in der Weiterentwicklung der Technik war sie auf ein Studio (bei allerdings wechselnden Kulissen) fixiert. Außenaufnahmen konnten aufgrund des schweren Gewichts der Kamera und der Kabelabhängigkeit der Elektronik kaum durchgeführt werden. Die Filmkamera wurde deshalb bei mobilen Einsätzen weiterhin benötigt und erst mit der Entwicklung mobiler elektronischer Kameras (EB-Kameras seit Beginn der siebziger Jahre) setzte sich auch hier die Elektronik durch. Elektronisch-filmische Mischproduktionen sind deshalb auch möglich.

Die Beweglichkeit des filmischen Ortswechsels hat die elektronische Bildproduktion lange Zeit nicht erreicht, weil die Mischung von Bildern von unterschiedlichen Magnetbändern schwerfälliger war als die Arbeit am Film-Schneidetisch (vgl. Schumm 1989, 1992). Erst in den achtziger und neunziger Jahren haben sich hier radikale Umwälzungen mit der digitalen Speicherung von elektronischen Bildern ergeben.

Aus der anderen Möglichkeit der Zeitgestaltung im Fernsehen hat sich auch eine andere Nutzung des Fernsehbildes ergeben. Die Suggestion von Gleichzeitigkeit und Teilhabe hat zu vielfältigen Strategien der Einbeziehung der Zuschauer geführt. Die frontale Ansprache des Publikums suggeriert einen interaktiven Handlungsraum zum Zuschauer der vor allem in Unterhaltungsshows, Ratgebersendungen, Sportsendungen und in der politischen Berichterstattung vielfältig genutzt wird. Solche Raumkonstruktionen, die sich von denen der Fiktion unterscheiden, weil sie den Zuschauer in anderer Weise einbeziehen, werden als *phatische* Konstruktionen beschrieben (Wulff 1993a).

Die besondere Wertschätzung der Gleichzeitigkeit (Simultaneität) von medialer Aufnahme und Zuschauerwahrnehmung als Besonderheit des Fernsehens hat auch dazu geführt, dass der Live-Charakter von Sendungen häufig nicht mehr wirklich besteht, sondern nur suggeriert bzw. sogar fingiert wird. Der Zuschauer kann in der Regel nicht erkennen, ob eine Show im Augenblick ihrer Präsentation auf dem Bildschirm auch wirklich im Studio stattfindet und aufgenommen wird. Es kann sich auch um einen Aufzeichnung vom Vortag bzw. von vor mehreren Wochen handeln. Diese Vorproduktion (heute zumeist am gleichen Tage) geschieht vor allem deshalb, um mögliche Pannen noch eliminieren (d.h. aus der Aufzeichnung herausschneiden) oder auch unerwünschtes Verhalten von Gästen oder Saalzuschauern von der Ausstrahlung fernhalten zu können.

Dass Live-Sendungen nicht allein aus dem Gezeigten als live erkannt werden können, liegt gerade daran, dass die Aufzeichnung keine mit bloßem Auge erkennbaren Spuren der Bildveränderung hinterlässt, ein Umstand, der in der digitalen Speicherung zum Prinzip geworden ist. Auch Hilfsmittel wie z.B. in die Sendung eingebaute Uhren, die die Zeit zeigen, die bei Aufnahme und Sendung gerade gilt, sind keine wirklichen Indizien für den Live-Charakter einer Sendung, denn sie können gezielt auf den vorgewussten Sendetermin hin präpariert worden sein. Der Rede vom ›Echtzeitmedium‹ Fernsehen ist deshalb nur begrenzt zu trauen. Eine wirkliche Kontrolle der Liveausstrahlung besteht nur darin, dass der Zuschauer aus anderen Medien außerhalb des Fernsehens eine Bestätigung der Aktualität eines Geschehens erhält.

Zahlreiche Fernsehsendungen bestehen heute aus einem Live-MAZ-Film-Mischung, d.h. sie werden in der Regel – etwa bei Magazinsendungen aller Art – durch einen live produzierten Rahmen im Studio mit einem Moderator oder einer Moderatorin zusammengehalten, die dann nach Bedarf vorproduzierte MAZ- oder Filmberichte einspielen lässt und die dann nach ihrem Ende in einem oft nahtlosen Übergang wieder in das Live-Studio zurückführen. Es können auch mehrere Studios (etwa bei Berichten von Auslandskorrespondenten) miteinander zusammengeschaltet werden, wobei auf allen Ebenen vorproduzierte Teile (auch in den Studios kurz zuvor aufgenommene) eingespielt werden können. Auch wenn der Schein von Gleichzeitigkeit und höchster Aktualität erzeugt wird, weiß der Zuschauer nie, was wirklich jetzt in diesem Augenblick gerade anderswo geschieht.

Stanzbilder, elektronische Texturen, Bildgewebe

Kennzeichen der Aufnahme- und Darstellungsweisen durch die filmische Kamera ist das Grundprinzip der *Transparenz*. Die technische

Apparatur, die das Bild erzeugt, ist nicht selbst im Bild, sondern immer außerhalb. Sie vermeidet geradezu jedes Indiz, das auf die Materialität der filmischen Einstellung verweist, also auch z.b. durch das Zeigen einer anderen Kamera oder durch schroff gesetzte Schnitte etc., die das Filmhafte am Film bewusst werden lassen. Der filmische Blick zielt statt dessen darauf, seine eigene Materialität zu verschweigen, um auf diese Weise die Synthese mit dem Zuschauerblick möglichst umstandslos zu erreichen und die Illusion der Teilhabe an einer anderen Wirklichkeit zu erzeugen. Demgegenüber wird in den durch Brüche und Irritationen bestimmten Collagen der elektronischen Bildgewebe die *Materialität* des Audiovisuellen sichtbar ausgestellt, sie wird zum Kennzeichen der neuen »Techno-Ästhetik« (Weibel 1991, S. 205), der neuen »elektronischen Texturen« (Zielinski 1992b, S. 247).

Die von der Fernsehkamera als elektronischer Kamera aufgenommenen Bilder können schon seit Ende der sechziger Jahre durch elektronische Stanztechniken miteinander kombiniert und vermischt werden. Am Anfang der mit der Magnetaufzeichnung operierenden Fernsehtechnik steht die Mischung verschiedener Aufnahmen, bei denen Realaufnahmen von Menschen im Studio, zumeist vor neutralem weißem Hintergrund, mit grafischen Mustern, Schablonen und Masken kombiniert werden, so dass die Kombination die abgebildeten Menschen in einen imaginären künstlichen Raum stellt. Hinzu kommt die Aufteilung des Bildschirms in mehrere unterschiedlich gefüllte Flächen (›split screen‹), sowie die Einfügung von Schrifttafeln (›inserts‹). Die Einführung der Farbe im Fernsehen erlaubte das Ausstanzen von Bildern. Vor einem einheitlichen blauen Hintergrund (›blue screen‹) werden Szenen mit Menschen in Aktion aufgenommen. Das Blau wird in der Bildmischung durch Weiß ersetzt, an dessen Stelle durch technische Farbumwandlung sich dann eine anderes Bild einfügen lässt, so dass sich aus beiden Bildern ein völlig neues ergibt. Als weitere Besonderheit des Fernsehbildes kam das elektronische Einfärben von Bildern in beliebige Farben hinzu (vgl. Freyberger 1971, S. 50ff.).

Die dadurch entstehenden Bilder zeichnen sich durch eine spezifische Künstlichkeit aus. Zum einen entstehen Farbeffekte, wie sie aus der experimentellen Farbfotografie bekannt sind und durch Maskierungen, Filter, Infrarotfilm, Farbumkehrung, Solarisation u.a. erzeugt werden (Time-Life 1972, S.207ff.) und wie sie auch das Vorbild für diese TV-Effekte abgaben. Zum anderen zeichnen sich gerade an den Übergängen zwischen den verschiedenen ineinander gestanzten Aufnahmen Ränder und Kanten ab, die die Differenz der Bildebenen sichtbar werden lassen. Eine der ersten fiktionalen Produktionen, die mit diesen Mitteln im deutschen Fernsehen künstlerisch realisiert wurde, war Peter Zadeks Fernsehspiel »Der Pott« (1971). Zadek setzte alte Postkarten, Aquarelle, Fotos unterschiedlichster Art und quer zu der räumlichen Illusionsbildung ein.

Merkmal der Bilder bei diesen einfachen elektronischen Techniken ist bereits hier, dass die einzelnen, auf diese Weise ineinander collagierten Bildebenen nicht so vollkommen aufeinander abgestimmt sind, dass sich die räumliche Illusion des fotografischen Bildes wirklich herstellt. Es entstehen Verzerrungen in den Proportionen, scharfkonturierte ›grafische‹ Umrisslinien, die das Raumkontinuum irritieren, häufig stellt sich auch der Eindruck ein, als schwebten die Figuren in einem imaginären Raum. Als Stilmittel, um verschiedene Erzählebenen voneinander abzugrenzen, benutzte Eberhard Itzenplitz das Blue-screen-Verfahren in seinem Fernsehspiel »Die neuen Leiden des jungen W.« (1976), in dem Klaus Hoffmann als Edgar Wibeau von Spielszenen tritt, in denen er teilweise selbst wieder spielt, und diese kommentiert. Die Figur des kommentierenden Wibeau wird durch Blue-screen-Aufnahmen eingefügt.

An solchen ästhetischen Eindrücken knüpfte die elektronische Weiterentwicklung an, die die Videotechniken mit der digitalen Computergrafik, der Paintbox und anderen elektronischen Bilderzeugungsverfahren verknüpft. Zum einen wurde die Technik des Mischens und des bildinternen Collagierens und Montierens verfeinert, um die Illusion des kohärenten Bildes wieder herzustellen, zum anderen wurden die Brüche im Bild verstärkt, so dass die Homogenität des kinematografischen Bildes schwand und statt dessen der Eindruck mehrerer bewegter Bilder innerhalb eines einzigen entstand: eine bewegte Collage, bei der alle Bildebenen ein Eigenleben führen und miteinander in Beziehung treten. Von einer elektronischen Leinwand und einer elektronischen Bühne sprach deshalb schon Anfang der neunziger Jahre Jürgen Claus, und seine Entlehnung der Beschreibungsbegriffe zeigt bereits, wie wenig es bereits eine ausgebaute Begriffssprache gibt (Claus 1991). Hinzwischen haben die Ansätze zugenommen, das Grenzgebiet zwischen Film und Computer genauer zu fassen (vgl. z.B. Hoberg 1999).

Die Digitalisierung der Speicherung erlaubt nun eine Bildveränderung, die alle bisherigen Formen der Bildbearbeitung übertrifft und die auch nicht mehr mit dem noch Anfang der siebziger Jahre von Roland Freyberger verwendeten Begriff des Trickbildes zu fassen ist. Bilder können ›umgeblättert‹ werden, so dass das Bild spiegelverkehrt auf der Rückseite des umgeblätterten Bildes erscheint. Bildteile können durch den Bildraum hereinschweben, sich drehen, kippen und beliebige Formate annehmen. Die Bildformate lassen sich beliebig verändern, Rhythmen von Bildfolgen neu strukturieren, bis in die einzelnen Bildpunkte hinein können Veränderungen vorgenommen werden. Diese vor allem im Fernsehdesign der Senderkennzeichen, Pausenfilme und Erkennungstitel der Sendungen eingesetzten Formen, finden in den Musikvideos eine weitere Steigerung.

Statt eines filmischen Raums entsteht nun häufig eine Bildcollage, die, noch dazu durch schnelle Schnitte in Einstellungslängen von oft unter einer Sekunde Dauer zerlegt, durch ein System von Überlagerungen, Schichtungen und Bilddurchdringungen gekennzeichnet sind. Siegfried Zielinski hat deshalb vom ›elektronischen Text‹ gesprochen (Zielinski 1992b). Sinnvoller ist es, die ursprüngliche Bedeutung des Begriffs ›Text‹ zu verwenden und vom ›Bildgewebe‹ zu sprechen, um so die von den üblichen kinematografischen Bildern abweichenden Schichtungs- und Durchdringungsverfahren zu erfassen (vgl. auch Adolph 1994).

Diese so erzeugten elektronischen Bilder erzeugen kein visuelles Wahrnehmungskontinuum, sondern überschütten den Betrachter mit einer Bilderfülle, die er nur noch als schnelle assoziationsstiftende Abfolge wahrnehmen kann. Das Entstehen einer nicht durch Tiefenwirkung und Raumillusion, sondern durch Oberflächenorganisation und Reizkombination bestimmte audiovisuelle Gestaltung ist weder ein Randphänomen eines auf ›Verpackung‹ des Programms ausgerichteten Fernsehdesigns noch Modeerscheinung einer Musikszene. Hier liegen die Ansätze für eine grundsätzliche Veränderung des audiovisuellen Erzählens und Darstellens.

Jörg Adolph hat in einer Analyse vorgeschlagen, solche audiovisuellen Bildgewebe durch eine Einzelbildschaltung des Videorecorders zu entziffern und zu »demontieren«. Am U 2-Musikvideo »Even better than the real thing« (1991) hat er dieses Verfahren erprobt und dabei latente Bildinhalte herausgearbeitet, die bei den schnellen Schnittfolgen ohne eine »analytische« Verlangsamung vom »unbewaffneten Auge« des Zuschauers kaum noch vollständig wahrzunehmen sind (Adolph 1994).

Auch wenn der Betrachter sich bemüht, unterstützt durch die unterlegte einfach strukturierte Musik, in den Bildcollagen ein rudimentäres filmisches Raum-Zeit-Kontinuum zu entdecken, erschließt sich die Struktur erst in einer »De-Montage« (Adolph). Zunächst rätselhaft erscheinende Bilder- und Wortfolgen verlieren ihren kryptischen Charakter und lassen sich als ›banale‹ und kausal strukturierte Sinnzusammenhänge entschlüsseln. An dem mittels Videorecorder aus dem rasanten Bewegungsfluss zum Stehen gebrachten Einzelbild eines solchen elektronischen Gewebes greifen auch die Beschreibungskategorien der Film- und Fernsehanalyse.

V. Zur Analyse des Auditiven

Vernachlässigt wird in der Analyse des Audiovisuellen zumeist der Ton, die Akustik, allgemeiner: das Auditive. Die Ursachen dafür sind unterschiedlicher Art. Zum einen liegt es daran, dass in der *menschlichen Wahrnehmung* das Sehen (videre – video) eine sehr viel größere Rolle spielt als das Hören (audere – audio). Zu 80 Prozent, heißt es, sei das Sehen an der menschlichen Wahrnehmung der Welt beteiligt, nur zu 20 Prozent das Hören. Sprache tritt z.B. nicht nur als gesprochene Sprache hervor, sondern ist auch als geschriebener, grafischer Text vorhanden, wird also durch das Auge wahrgenommen. Gleichwohl gilt für Film und Fernsehen ein Satz von James Monaco: »Im Idealfall ist der Ton ebenso wichtig wie das Bild« (Monaco 1980, S. 111).

Zum anderen ist es ein *künstlerisches Wertungsproblem*. In der allgemeinen Diskussion der AV-Medien wird der visuellen Gestaltung mehr Gewicht beigemessen als der auditiven. Zum dritten ist es schließlich ein *wissenschaftsmethodisches Problem*. Die Film- und Fernsehanalyse hat sich bislang mit dem Ton im Film weniger ausführlich als mit dem Bild beschäftigt, weil die methodischen Probleme der Bildanalyse als schwieriger empfunden wurden und deshalb eine intensivere Auseinandersetzung gefordert haben.

1. Ton

Wie das Sehen einen visuellen Wahrnehmungsraum eröffnet, schafft das Hören einen akustischen. Geräusch, Musik, Sprache werden mit Positionen in unserem Wahrnehmungsraum verbunden, werden beim Hören lokalisiert. Auch die akustischen Informationen des Films und des Fernsehens lassen deshalb einen *Hörraum* entstehen. Dieser Hörraum, von der Radioästhetik her bereits bekannt (vgl. Knilli 1961, S. 23ff.; Schäfer 1991), ergänzt den visuellen Raum, den das Bild in der Audiovision erzeugt und verbindet sich mit ihm zu einer Einheit. Es gibt sogar die Meinung, dass erst der Ton das bewegte Bild zur Entstehung einer räumlichen Illusion verhelfe. Ein Fehlen des Tons im Film wie im Fernsehen schafft bei der Wahrnehmung Irritationen und lässt den audiovisuellen Wahrnehmungsraum als unvollständig erscheinen.

Auch der Stummfilm war deshalb nie wirklich ohne Ton, sondern wurde durch Musik begleitet und zum Teil von einem Kinoconferencier oder Kinoerzähler kommentiert (vgl. Birett 1970, S. 5, Schmidt 1982, S. 12). Erst mit der Einführung des ›sprechenden Films‹, des Tonfilms, Ende der zwanziger Jahre etablierte sich auch die Bezeichnung ›Stummfilm‹. Der Ton war also beim ›Stummfilm‹ keine Eigenschaft des Films, sondern des Kinos. Der Beruf des Filmmusikers, der im Kino die Filmvorführung zumeist auf dem Piano begleitete, bildete in den zwanziger Jahren einen selbständigen Berufszweig, auch wurden für künstlerisch anspruchsvolle Filme eigens Filmmusiken komponiert. Seit Anfang des Jahrhunderts gab es bereits Versuche, Bild und Ton auch mechanisch zu kombinieren bzw. fest miteinander zu verbinden, beispielsweise in den Tonbildern, kurzen Filmstreifen, die zu einzelnen Schallplattenaufnahmen gedreht wurden (vgl. Jossé 1984).

Die Synchronität von Bild und Ton war lange das Hauptproblem bei der Entstehung des Tonfilms, weil im Gegensatz zur Aufnahme einzelner Bilder Ton kontinuierlich aufgenommen und fixiert werden muss. Erst mit der Entwicklung des Lichttons (hier wird der Filmrand mit einer Zackenspur belichtet, die die Toninformationen enthält und die über eine lichtempfindliche Zelle in der Projektion wieder in Töne umgesetzt wird), vor allem aber mit der Einführung des Magnettons (im Film Anfang der fünfziger Jahre) war der lippensynchrone Ton möglich geworden (vgl. Jossé 1984). Dieses Verfahren wird auch als Pilotton bezeichnet und hat im Fernsehen in den fünfziger Jahren dazu geführt, dass sehr früh filmische Außenreportagen durchgeführt werden konnten (vgl. Heller/Zimmermann 1995).

Nach Siegfried Kracauer können Bild und Ton in mehreren grundsätzlichen Kombinationen auftreten. Er unterscheidet zwischen *synchronen* und *asynchronen* Verbindungen, die parallel und kontrapunktisch gestaltet sein können. Parallel meint die Bild- und Tonverwendungen, bei denen sich Informationen über einen Sachverhalt ergänzen, kontrapunktisch meint, dass Ton und Bild im Widerspruch zueinander stehen; Synchron meint, dass die Lautquelle (auch der Sprecher) im Bild zu sehen sind, der Sprecher also ›on‹ spricht (von ›on the screen‹- auf der Leinwand); asynchron dagegen, dass die Lautquelle nicht im Bild zu sehen ist, der Sprecher also im ›off‹ (von ›off the screen‹ – hinter der Leinwand) spricht (Kracauer 1973, S. 165ff.).

Drei Ebenen des audiovisuellen Tons sind zu unterscheiden: Die *Geräusche*, die *Musik* und die *Sprache*. Als eine übergreifende Ebene stellen sich die *Verbindungen von Wort und Bild* dar, die in den audiovisuellen Medien zwangsläufig eine zentrale Stellung zwischen den

Mitteilungsebenen einnehmen und die im Übergang zum Darstellen und Erzählen argumentative Funktionen ausüben.

Geräusche

Ein tonloses Geschehen wirkt unvollständig, unwirklich, wie tot. Ein ständiges, leicht unregelmäßiges *Hintergrundgeräusch* signalisiert uns dagegen Lebendigkeit, auch den vom Hörenden aufrechterhaltenen Kontakt mit der Welt. Im Film wird deshalb eine sogenannte ›Atmo‹ erzeugt, eine akustische Atmosphäre, die den Wirklichkeitseindruck des Visuellen wesentlich steigert. Sie ist auch anwesend, wenn sonst nichts zu hören ist und eine ›spannungsgeladene Stille‹ beabsichtigt ist. Hören ist auch ein Warnsinn: Wir reagieren sensibel auf bestimmte Geräusche, mit denen wir Gefahren und Bedrohungen assoziieren (vgl. Liedtke 1985, S. 28f.). Abrupt und laut einsetzende Geräusche im Film erzeugen deshalb oft schockartigen Wirkungen. Geräusche müssen nicht immer Lärm bedeuten, auch wenn heute vielfach Lärm das differenzierte Hören und Erkennen von Geräuschen verdrängt (vgl. Holbein 1991).

In der Anfangszeit des Tonfilms wurden einige Filme nur teilweise, vor allem in den Sprech- und Musikpassagen, vertont, die restlichen Teile blieben tonlos. Beim heutige Betrachten fallen solche ›Tonlücken‹ deutlich auf, sie werden als technische Fehler oder als ästhetische Unzulänglichkeiten bemerkt.

In der *Verstärkung des Wirklichkeitseindrucks* des Bildes können Geräusche im Bild lokalisierbar (synchron) sein, d.h. sie sind bei einem visuellen Vorgang, den wir in unserer Erfahrung mit bestimmten Geräuschen verbinden, zu hören. Sie können aber auch außerhalb des Bildraums (asynchron) angesiedelt sein, wenn sie für den Zuschauer (und Hörer) im Kontext des Gezeigten eingeordnet werden können. Häufig ist auch ein Übergang vom asynchronen zum synchronen Geräuscheinsatz zu finden: Wir hören zunächst ein Geräusch, das im Bild noch nicht zu orten ist und sind verunsichert, dann wird durch eine Kamerabewegung oder andere Bildveränderungen die Lautquelle sichtbar, so dass das Geräusch vom Zuschauer eingeordnet werden kann.

Die Fähigkeit des Menschen, Geräusche bestimmten Bedeutungen zuzuordnen, ist nur gering ausgeprägt. Schon eine Geräuschquelle eindeutig zu identifizieren, ist nicht immer einfach. Dies hat dazu geführt, dass viele Geräusche synthetisch hergestellt werden. Wir verbinden Geräusche mit *Vorstellungen* von dem, wie etwas akustisch sich darstellt, so dass ein in der Badewanne erzeugtes Wasserplätschern glaubwürdiger nach einem Rauschen des Amazonas klingen kann als das am Amazonas selbst aufgenommene Geräusch (vgl. Kopetzky 1990). Geräusche werden deshalb nicht einfach aufgenommen, sondern erzeugt. Um den akustischen Eindruck vom Amazonas zu erzeugen, mischte Kopetzky beispielsweise zur Aufnahme eines Wasserfalls ein Geräusch des Fliessens hinzu, tropische Vogelstimmen, knarrende Planken, Geräusche eines Hafens. »Dadurch wurde das Geräusch spezifischer und begann zu erzählen« (ebd.). Es liegt auf der Hand, dass die so erzeugten Geräusche ihr Material nicht unbedingt vom Amazonas zu beziehen brauchten, sondern aus aufgenommenen Geräuschen aus ganz anderen Regionen sicht zusammensetzen konnten. Die Nähe einer solchen Mischung zur Bildmontage ist offenkundig.

Stehen Geräusche im Widerspruch zum visuellen Wahrnehmungsraum, gewinnen sie fast immer *symbolischen Charakter*. Wenn z.B. im Fernsehfilm »Verlorene Landschaft« (1992) von Andreas Kleinert am Anfang des Films in einer Liebesszene im Bett plötzlich ein lautes Motorengeräusch zu hören ist, kündigt sich auf diese Weise eine Bedrohung der privaten Situation an; sie wird für den Zuschauer dadurch lokalisierbar, dass die Figuren plötzlich nach oben sehen und damit einen Verweis auf den Ort der Geräuschquelle im fiktionalen Raum geben. Für den Zuschauer wird damit erkennbar, dass es sich um Flugzeuglärm handeln muss. Häufiger noch sind Naturgeräusche, die mit Beziehungskonstellationen zwischen den Figuren parallelgeführt werden (Vogelgezwitscher, zirpende Zikaden bei Verliebtheit, Gewittersituation, Sturm bei Konflikten usf.). Sie können jedoch oft als unangemessen erscheinen und dadurch unfreiwillig komisch wirken.

Das Kriterium der Angemessenheit hat sich mit wachsender Medienerfahrung der Zuschauer verändert, die Zuschauer sind sensibler für überzeichnete Geräusche und vor allem für den *Einsatz von Effektgeräuschen* geworden. Die im deutschen Kriminalfilm der sechziger Jahre beliebten, aus dem Hörspiel kommenden Krimi-Effekte der knarrenden Türen, vom Wind aufgeschlagenen Fenster, der Hilfeschreie in der Nacht erzeugen heute nicht mehr das beabsichtigte Gruseln, sondern nur noch Belustigung. Sie werden als Geräuschstereotypen identifiziert.

Aufgrund ihres Kontinuität-stiftenden Charakters dienen Geräusche im Film häufig auch als *verbindende Klammern* zwischen disparaten Bildern, die auf diese Weise als zusammengehörig ausgewiesen werden. Ebenso werden sie als Überleitungen verwendet, um eine nächste Handlungseinheit anzukündigen, indem sie dessen Geräuschebene bereits den letzten Bildern der vorangehenden Einstellung unterlegen.

Musik

Musik tritt als eine selbstständige Mitteilungsebene (Soundtrack) zu den Bildern, die Bedeutungen akzentuieren kann. Sie kann das visuell Gezeigte mit *emotionalen Qualitäten* versehen und in spezifischer Weise interpretieren. Sie kann dabei sowohl synchron (die Musikquelle ist im Bild zu sehen) als auch asynchron (die Quelle der Musik bleibt unsichtbar) eingesetzt werden. Kracauer spricht bei synchron eingesetzter Musik auch von »aktueller Musik« (Kracauer 1973, S. 199ff.). Häufiger ist im Film jedoch die asynchron eingesetzte Musik, die für den Zuschauer oft nicht bewusst das Geschehen prägt.

Für den Musikeinsatz gilt, ähnlich den Merkmalen der Bildverwendung, dass sich bestimmte Konventionen zur *Unterstützung des Realismuseindrucks* herausgebildet haben. Das Normale und Alltägliche wird zumeist mit tonaler Musik versehen, für das aus der Normalität Heraustretende mit seinen Irritationen und Wahrnehmungsverzerrungen werden häufig »die Verstörungen der modernen Musiksprache zur Chiffre von Wahnwelten (umgemünzt)« (de la Motte/Emons 1980, S. 148).

Hans-Christian Schmidt hat von einer »Rahmung« gesprochen, die das Geschehen im Bild durch die Musik erfährt; die Musik verhält sich zum Gezeigten in einer Art Figur-Grund-Beziehung. Sie wird zum »stimulierenden Hintergrund«, »der die Wahrnehmung des Bildgeschehens schärft« (Schmidt 1982, S. 107).

Akzentuierung durch musikalische Betonung bedeutet für den Zuschauer eine emotionale Einbeziehung. Musik verstärkt in der Regel bereits im filmischen Geschehen angelegte Stimmungen. Sie wirkt häufig besonders dort, wo sie in ihrer Eigenständigkeit nicht bemerkt wird, sondern sich in das filmische Geschehen einschmiegt und ihm dadurch zugleich einen besonderen Akzent gibt. Die durch die Musik erzeugte Emotion erscheint dann wieder, wie schon bei anderen Elementen der filmischen Gestaltung, als Eigenschaft des Geschehens, nicht als ein selbstständiges Objekt der Wahrnehmung. Die im Zuschauer geweckten Emotionen verbinden sich mit Bildern, die für die eher diffusen Emotionen visuelle Anknüpfungspunkte bieten (vgl. auch de la Motte/Emons 1980, S. 212). Auf die oft unterschwellige, nicht bewusste Wahrnehmung der Filmmusik weisen Praktiker wie Theoretiker hin, wenn sie die These vertreten, dass Filmmusik besonders dort wirksam sei, wo sie sich diskret im Hintergrund halte und sie ›nicht gehört‹ werde. Dagegen steht, dass auch die Konventionen des Musikeinsatzes sich historisch verändern und gerade die achtziger Jahre zu einem verstärkten Einsatz aufwendiger und groß herausgestellter Musik im Kinofilm geführt haben. Die im Film entwickelten Konventionen des Musikeinsatzes finden sich auch in den fiktionalen Fernsehfilmen wieder (vgl. Well 1976). Zwar hat es gerade im Fernsehspiel und Fernsehfilm mit dem Konzept kritischer Realitätsdarstellung auch Phasen eines reduzierten Musikeinsatzes (bis zum vollständigen Verzicht auf jede Musik) gegeben, doch zeigt sich bei genauerer Betrachtung älterer Fernsehspiele, dass damit ein wichtiges Aussagemittel ungenutzt blieb.

Als Kennzeichen »guter Filmmusik« gilt nach Hans-Christian Schmidt:

– Filmmusik habe sich gegenüber einer auf Autonomie insistierenden Musik in ihrem Zusammenhang mit Bild, Sprache und anderen Darstellungsmitteln in ihren Funktion als »›Grund‹ für die Bild-›Figuren‹« zu bescheiden.
– Sie habe in ihrem Ausdruck so deutlich zu sein, dass sich der Zuschauer über sie emotional beteiligen könne.
– Sie habe in ihrer »thematischen Gebärde griffig« zu sein.
– Sie habe sich »mit wenigen Worten verständlich zu machen«.
– Sie bediene sich des gewachsenen Fundus an musikalischen Stilen, Gattungen und Genres und kopiere diese ungeniert (Schmidt 1982, S. 108).

Helga de la Motte und Hans Emons haben verschiedene Formen des musikalischen Einsatzes im Film herausgearbeitet:

1. *Imitative Beschreibung* von natürlichen und zivilisatorischen Schallquellen, vor allem musikalischen Umsetzungen von Wetter und Witterungen (Brandungsdonner, Gewitter, Regen), von Bewegungsvorgängen (Rudertakt von Galeeren, Rhythmus der Maschinen, Eisenbahnfahren) (De la Motte/Emons 1980, S. 115ff.). Viele Vorbilder dazu stammen aus der Programmmusik des 19. Jahrhunderts, die bereits Bilder, Stimmungen, Situationen musikalisch »beschrieb«.

2. *Erzeugung musikalischer Tableaus* zur Charakterisierung von Landschaften, die häufig statisch wirken und oft das bereits im Bild Gezeigte verdoppeln. Adorno/Eisler haben diese Praxis als »Waldweben mit Flötenmelodie« kritisiert, weil es hier um den Einsatz von Stereotypen geht, die relativ fest mit der Bedeutung von Natur und Idyllik verbunden sind (ebd., S. 120ff.).

3. *Zuordnung nationaler und regionaler Zugehörigkeiten* durch Einsatz von Folklore, nationalen Musiktraditionen und Nationalhymnen sowie »schauplatztypischen Klangfarben« durch den stereotypen Einsatz von »Stimmungsinstrumenten« (z.B. der Zither in »Der dritte Mann«, 1949). Dabei kommt es oft weniger auf ein korrektes Zitieren

der musikalischen Besonderheiten einer Region an, sondern mehr darauf, dass bei den Zuschauern vorhandene Vorstellungen und Klischees bedient werden (z.B. die Musette für Paris).

4. *Genrecharakterisierung*: Musikalische Kennzeichnungen sind auch stark von einzelnen Genres geprägt und können ihrerseits Genres prägen (z.B. im Science Fiction durch den Einsatz elektronischer Musik). Einzelne Genres neigen zur musikalischen Typisierung stärker als andere. Der Krimi ist z.B. durch einen bestimmten spannungstreibenden Musikeinsatz ebenso gekennzeichnet wie der Western. Ob dazu auch der gesellschaftliche Schichten und Klassen differenzierende Musikgebrauch (z.B. Leierkastenmusik vs. Hot Jazz) zählt, wie de la Motte/Emons behaupten (ebd., S. 138), mag jedoch bezweifelt werden.

Wesentliches Merkmal der Musik im Film ist ihre *Funktionalisierung*, die sich auch in der Stereotypisierung einzelner Phrasen und Motive ausdrücken. Auf den Zusammenhang zwischen musikalischen Mustern (patterns) und körpersprachlichen Ausdrucksformen haben de la Motte/Emons hingewiesen. Sie beschreiben sie als »physiognomische Ausdrucksmuster«, zu denen sie das Streichertremolo, die Affektwerte der Klangfarbe und die »Lage im Tonraum« zählen (ebd., S. 140).

Auf der »Registratur der Gefühle« wird zur *Evokation von Zuschauergefühlen* mit einer Reihe von standardisierten musikalischen Formen gespielt:

– Drohende Gefahr, Angst oder Katastrophen werden durch Ostinati, chromatisch sich verschiebende Figuren, dissonante Intervalle, »unerbittlich gleichmäßigen ›beat‹«, Crescendi oder koloristische »Alarm-Instrumente« erzeugt (ebd., S. 140ff.)
– Stimmungen glücklicher Erfülltheit, Liebesszenen werden häufig mit Streichmusik (der »Chor der Violinen«) unterlegt.
– Visionen, Halluzinationen, Träume werden häufig musikalisch verstärkt, indem Instrumente mit »sphärisch hallendem Timbre« (Harfen, Triangel, Glockenspiel, Klavier), »unscharfe« musikalische Figuren, Verwischungen und andere Möglichkeiten, durch Musik Verunsicherung zu erzeugen, gewählt werden (ebd., S. 150ff.).

Unterschieden wird zwischen der Art und Weise des Musikeinsatzes. Oft lassen sich die *Titelmusik*, der *Titelsong* und eine *Schlussmusik* (Finale) abgrenzen. Die Titelmusik hat oft den Charakter einer spektakelhaften Eröffnung, eines Opening, einer gerade im Hollywood-Film oft verwendeten bildunabhängigen Ouvertüre, die den Zuschauer emotional in das Geschehen hineinziehen soll. Ähnlich funktionierte früher auch der Verleihvorspann mit großer symphonischer Eröffnung.

Die Titelmusik kann aber auch zu einer gesonderten, spektakulären Filmszene ausgebaut werden (z.b. in »Cabaret« von Bob Fosse oder in Spielbergs »Indiana Jones and the Temple of Doom«, 1983). Gegenüber der klassischen Hollywood-Ouvertüre ist im europäischen Film häufiger nur ein Titelsong anzutreffen, der, wie de la Motte/ Emons anmerken, »bereits mit dem Blick auf seine Zweitverwertung in der Schallplattenindustrie komponiert« ist. Das Finale ist weniger deutlich ausgeprägt, häufig werden Motive der Titelmusik wieder aufgenommen und variiert (ebd., S. 153ff.).

Abweichende Entwicklungen lassen sich mit den Titelmusiken im Fernsehen beobachten, da zahlreiche musikalische Eröffnungen nicht mehr nur auf eine Einzelsendung hinweisen, sondern auf einen Reihentitel, und damit in besonderer Weise auf die Wiedererkennbarkeit durch den Zuschauer setzen. Unterscheiden lassen sich signalhafte Eröffnungsmusiken in der Tradition der Fanfare (z.b. bei den Nachrichtensendungen) oder die ouvertürenhaften Anfangsmusiken in den Serienfilmen sowie die Programm-Musiken für Sendeplätze wie die, allerdings inzwischen seltener zu hörende, Eurovisionsmusik oder die Ankündigungen von Sportübertragungen (z.B. die jeweilige Musik der Olympiade) (vgl. auch Schmidt 1976, S. 315ff.).

Die *aktuelle Musik* (synchron eingesetzt) ist in ihren Formen und in ihren Erscheinungsweisen höchst unterschiedlich. Sie wird in stärkerem Maße durch das Filmgeschehen bestimmt und ist oft strategisch mit dem Handeln einzelner Figuren verknüpft. Eines der eindringlichsten Beispiele findet sich in »Casablanca« (1943), als in Ricks Café der Streit zwischen der »Marseillaise« und der »Wacht am Rhein« ausgetragen wird. In Helmut Käutners im letzten Kriegsjahr hergestelltem, aber erst nach Kriegsende gezeigtem Film »Unter den Brücken« (1945/50) wird die Musik zum wehmütigen Indiz für ein privates Glück, ähnlich auch den nächtlichen Geräuschen von Wasser, Schilf, knarrenden Planken und Tauen auf dem Flusskahn, die Carl Raddatz lautmalerisch gegenüber Hannelore Schroth nachahmt und die zum Symbol einer neuen Liebe und zum Ausdruck einer sich ankündigenden ›Ästhetik der Stunde Null‹ wird. Synchron eingeführte Musik kann jedoch auch immer wieder in folgenden Sequenzen asynchron fortgeführt werden und stützt sich dann auf ihre bereits erfolgte visuelle Lokalisierung.

Musik als *leitmotivische Verklammerung* dient dazu, eine Figur zu begleiten, die einzelnen Phasen der Entwicklung musikalisch in Variationen und Verfremdungen des Motivs anzudeuten und auf einen nahen Konfliktaustrag hinzuweisen. Exemplarisch kann dafür Fred Zinnemanns Film »High Noon« (1952) stehen, in dem im Titelsong bereits das Leitmotiv präsentiert wird und dann in der Folge immer wieder abgespielt wird, wenn der Sheriff Bill Kane (Gary Cooper) auf seinem Weg zum entscheidenden Kampf eine weitere Station durchschritten hat.

Die Betonung des funktionellen Charakters der Filmmusik durch die Musikwissenschaft, die der Abgrenzung gegenüber einer sich autonom verstehenden ›eigentlichen‹ Musik dient, hat jedoch nicht verhindert, dass zahlreiche Filmmusiken auf Schallplatten, Musikkassetten oder CDs erhältlich sind und auch ihr Publikum außerhalb des Filmerlebnisses finden.

2. Sprache im Film

Die Wirksamkeit des Bildes wird ergänzt und relativiert durch die hinzutretende Sprache in ihren verschiedenen Dimensionen von der *Schrift im Bild* (Inserts) und zwischen den Bildern (Zwischentitel) bis zur *gesprochenen Sprache* im Tonfilm. Sprache und Bild ergänzen sich im filmischen Darstellen und Erzählen.

Von allen Verständigungsmitteln, die den Menschen zur Verfügung stehen, stellt die Sprache das differenzierteste dar. Wortschatz (Lexikon), Regeln der Verknüpfung (Grammatik) sind relativ weit entfaltet und festgelegt, so dass wir eine breite Skala differenzierender Mitteilungen machen können. Da es sich hier um ein symbolisches Zeichensystem handelt, kann durch die Sprache im Film auch vermittelt werden, was sich nicht durch direktes Verweisen auf die reale Umgebung des Menschen zeigen lässt und was nicht visuell darstellbar ist. Joachim Paech differenziert bei der Betrachtung von Sprache im Film zwischen »Vor-Schriften, In-Schriften und Nach-Schriften« (Paech 1994), Jürgen Kasten zwischen »visuellem Sprechen und akustischem Sprechen« (Kasten 1994).

In dem Maße, wie sich der Film komplexeren Themen und Erzählweisen zuwandte, wurde über das Darstellen von Vorgängen und Geschehensabläufen hinaus die Einbeziehung von Sprache unumgänglich. Im Stummfilm bedeutet dies eine Einbeziehung der Schrift, des geschriebenen Wortes in der Form von sogenannten Zwischentiteln. Vorgeschichte, erzählerische Abkürzungen, zusätzliche, für den Handlungsgang notwendige Informationen werden als Texttafeln zwischen die Bilder gesetzt. In Paul Lindaus und Max Macks Film »Der Andere« von 1913 wird die zum Verständnis des Films notwendige Textstelle über die Persönlichkeitsspaltung als Zitat aus einem Buch von Hyppolyte Taine, einem um die Jahrhundertwende vielgelesenen Autor, eingebaut. Es ist das Dr. Jekyll-und-Mr. Hide-Problem, das die Hauptperson des Films, ein von Albert Bassermann gespielter Rechtsanwalt, erst als Blödsinn abtut, dann aber an sich selbst erfährt. Der Film zeigt den Rechtsanwalt bei der Lektüre eines Buches, auf das ihn bei einer Abendgesellschaft Freunde hinweisen und in einem nächsten Bild sehen wir eine abgefilmte Buchseite mit dem Zitat. Die Szene lokalisiert also den Text und seine Lektüre im Geschehen.

Daneben gibt es auch andere Formen des Texteinbaus. Wenn der Rechtsanwalt die junge Frau fragt, warum sie denn nicht mehr abends Klavier spiele, und sie ihm antwortet, wird der zwischen ihnen stattfindende *Dialog* in Form von Zwischentiteln zwischen die Einstellungen gesetzt. Das nicht hörbare, gesprochene Wort wird durch eine Verschriftlichung vermittelt. Dazu wird der Fluss des visuellen Geschehens angehalten, der Zuschauer wechselt quasi die Mitteilungsebene und liest, was die Figuren, die wir eben sprechen sahen, gesagt haben.

Neben der schriftlichen Abbildung des Dialogs und im Film direkt lokalisierter Texte lassen sich weitere Formen unterscheiden:

1. Szenentitel, die ankündigen, wo wir uns genau befinden;
2. Zwischentexte, die die erzählte Zeit raffen (z.B. der Verweis auf ein zwischen den Szenen liegendes halbes Jahr);
3. Interpretationen von dem, was wir zu sehen bekommen (wenn es z.B. über den Bewusstseinszustand des Rechtsanwaltes im Zwischentitel heißt: »Im Dämmerzustand. Die Folgen des Ritts« und wir dann die Verwandlung des Rechtsanwaltes in ein kriminelles Wesen zu sehen bekommen);
4. Paraphrasierungen von dem, was im Bild zu sehen ist (wenn vom Sekretär gesagt wird, er entdecke Veränderungen in seinem Rock, und er im Bild gerade einen Riss im Ärmel untersucht).

Solche Zwischentexte nehmen die Position des Redenden außerhalb des visuellen Geschehens ein; sie lassen sich als *Kommentare* zum visuellen Geschehen zusammenfassen.

Deutlich wird der Ersatzcharakter der Zwischentitel, die das gesprochene Wort zumeist nur vertreten. Da Film nie wirklich stummer Film war, ist das Spiel der Figuren im Film – von wenigen Ausnahmen abgesehen – deshalb auch nie Pantomime gewesen. Das stumme Zeigen der Welt bedeutete, dass die Sprache wie die Geräusche nicht zu hören waren, obwohl man sah, dass gesprochen wurde und dass offenbar auch Geräusche entstanden. Der Filmtheoretiker Jurij M. Lotman sagt dazu, auch schon auf den stummen Film bezogen, aber über ihn hinausgehend und den Film allgemein meinend, dass das Wort »nicht ein fakultatives, zusätzliches Merkmal der filmischen Erzählweise, sondern ein obligatorischer Bestandteil« sei (Lotman 1977, S. 60). Der Film drängt aufgrund des Realitätsanscheins des fotografischen Bildes, aufgrund des Realitätseindrucks der Darstellung auf eine Vervollständigung durch eine akustische Begleitung der optischen Informationen.

Als grundlegende Unterscheidungen finden sich die Differenzierung zwischen *on* und *off* und zwischen dem *Dialog* der Figuren und dem *Kommentar*, wobei diese Kommentarebene sehr verschieden sein und alle Formen, wie sie bei den Zwischentiteln des Stummfilms bereits angesprochen worden waren, ebenfalls umfassen kann. Kommentare sind auch nicht unbedingt immer im Off gesprochen, sondern auch die abgebildeten Figuren können kommentieren. Sie können im Bild mit unbewegtem Gesicht zu sehen sein, und ihre Stimme ist zu hören, so dass sich der Eindruck einstellt, wir belauschten sie bei ihren Gedanken (innerer Monolog). Umgekehrt können auch Dialoge im Off zu hören sein, so dass der Eindruck entsteht, als hörten wir einem Gespräch von nicht anwesenden Personen zu.

Der Tonfilm bietet das *gesprochene Wort* parallel zum gezeigten Bild, so dass die Bilder der Geschehensdarstellung nicht mehr durch ein Schriftbild unterbrochen werden müssen, sondern die Sprache als akustische Begleitung der optischen Informationen erscheint und der Fluss der Bilder beständig gehalten werden kann. Die filmische Darstellung kann damit auch schneller werden. Zwar hat es vorher vereinzelt Versuche gegeben, Stummfilme ohne Zwischentitel zu drehen, doch blieb auch hier die Notwendigkeit der Sprache bestehen, sie war in diesem Fall ein »Negativ-Kunstmittel«, weil ihr Fehlen vom Zuschauer bemerkt wurde (Lotman 1977, S. 60).

Damit verschwand das *geschriebene Wort* nicht gänzlich aus dem Film. Im Film erscheinen weiterhin, integriert in die visuelle Abbildung von Geschehen, Texte der verschiedensten Art, die zum einen zum Umraum gehören (Werbearchitektur, Wegweiser, Beschriftungen an Gegenständen etc.), oder Schriftinserts, die nun bewusst den Bilderfluss unterbrechen sollen und damit eine Möglichkeit des Anhaltens und Distanzierens erlauben. In den Filmen von Egon Monk beispielsweise (»Mauern«, 1963, »Anfrage«, 1963) werden Zitate in Schriftinserts eingeblendet, die im Sinne der epischen Stilmittel Brechts im Theater den Zuschauer zur Reflektion des Gezeigten anhalten sollen. Ähnlich finden sich auch in den Filmen von Jean-Luc

Godard in den sechziger Jahren häufig Schriftinserts, die eine zusätzliche Mitteilungsebene zum Spiel darstellen.

Der Einsatz von Schrifttafeln ist heute nicht mehr an ein episierendes Konzept im Sinne Brechts gebunden. In Volker Schlöndorffs und Margarethe Trottas Film »Die verlorene Ehre der Katharina Blum« (1975) werden die einzelne Tage und Stationen des Geschehens durch Schrifttafeln angekündigt. Auch werden in anderen Filmen häufig Motti eingeblendet, oder auch historisierende Voraberklärungen. Schriftelemente allgemeiner Art finden sich natürlich auch in jedem Anfang eines Films, indem der Titel genannt wird, ebenso wie bei einem Buchimpressum, die Urheber und weitere Produktionsdetails.

Im Fernsehprogramm schließlich ist die Schrift ein wichtiger Informationsträger und nimmt einen großen Raum ein. In grafischen Ankündigungen und Schaubildern, Titeln und Abspännen, Inserts in Features, Shows, Nachrichtensendungen sind sie ein vollständiger, auch von der gesprochenen Sprache abgelöster Bedeutungsträger. Bei Programmverschiebungen und brandaktuellen Ereignissen können Laufbänder auch unabhängig von jedem inhaltlichen Bezug alle Sendungen überlagern und damit fiktionale Konstruktionen durchbrechen und Filmwirkungen aufheben. Die filmische Praxis des kommentierenden und gliedernden Zwischentitels hat Alexander Kluge in den neunziger Jahren in seinen Fernsehmagazinen (»Ten to Eleven«, »News & Stories« u.a.) weiterentwickelt und systematisch ausgebaut.

In Dieter Meichsners und Rolf Hädrichs Fontane-Verfilmung »Der Stechlin« (1974) heißt es zu Beginn in einem Insert: »Die Geschichte handelt von den Toten, die sich nicht wehren können, um so mehr haben sie Anspruch auf Gerechtigkeit.« Eine Rechtfertigung also, ein Zurechtrücken von Sachverhalten, die in der Vergangenheit offenbar falsch dargestellt worden sind, so lässt das Motto vermuten, ohne dass wir zu diesem Zeitpunkt des Films bereits Genaueres erfahren.

Die eigentliche Einführung in die Geschichte erfolgt in diesem Film auf einer zweiten sprachlichen Ebene, durch den gesprochenen Text. Die ersten Bilder in Meichsner/Hädrichs »Stechlin« zeigen weite Landschaften, einen See, einen Mann am Ufer eines Sees sitzend, Reiter, die über weite Wiesen reiten, offenbar Militär des 19. Jahrhunderts, den Silhouetten der Reiter nach zu urteilen. Die Bilder geben in langen Fahrten und Einstellungen eine harmonische Atmosphäre vor, die Beschaulichkeit wird durch eine symphonische Musik unterstrichen. Der Off-Sprecher gibt eine Ortsbeschreibung und eine Einführung in die Personen und die Geschichte. Von Wortwahl und Wortstellung her ist der Text als ein literarischer Text zu erkennen, die

Sprechweise unterstreicht diesen Charakter. Der Text lässt sich als ein Zitat aus Fontanes Roman identifizieren. Die Kamera, die den Reitern folgt und sie schließlich überholt, kommt nach einigen weiteren Landschaftseinstellungen vor einem Schloss an. Ein Diener eilt auf einen alten Mann zu. Der Off-Sprecher verstummt und in einem Dialog zwischen den gezeigten Figuren erfährt der Zuschauer von einem Telegramm, das die Ankunft des »jungen Herrn Rittmeisters« und seiner Freunde mitteilt.

Gesprochene Sprache und schriftlicher Text einerseits und das Bild andererseits treten in ein Wechselspiel zueinander, Sprache und Bild gehen eine Einheit ein: Das Bild, das auf einer sinnlich-anschaulichen Ebene Gefühle, Assoziationen, Stimmungen erzeugt, wird durch die Sprache konkretisiert, zugespitzt, präzisiert. Das Visuelle wird gedeutet, in einen spezifischen Zusammenhang gebracht, so dass das Bildliche auch handlungsfähig gemacht wird. Umgekehrt ist das Bild die sinnliche Unterfütterung des Wortes.

Das gesprochene Wort ist nicht nur durch den Text bestimmt, sondern auch durch den *Charakter der Stimme* und die *Sprechweise*, die zusätzliche Informationen mitteilt und auch Deutungen des Textes anbietet. So sagt die Stimme etwas über Alter und Geschlecht des Sprechenden aus und kann auf diese Weise das Gesagte interpretieren (wenn z.B. eine Kinderstimme eine Szene kommentiert, erscheint das Gesagte in einem anderen Licht als bei einer Erwachsenenstimme), kann durch einen sprachlichen Akzent die Zugehörigkeit des Sprechenden zu einem Kulturkreis erkennbar machen. Sie kann durch die Sprechweise eine Haltung zum Text ausdrücken (Ironie), kann eine emotionale Färbung geben (Pathos, Wut, Trauer, heitere Beschwingtheit).

Die Synthese von Bild, Wort, Geräusch und Musik dient der Steigerung des Realitätseindrucks. Dies gilt für den Film auch dort, wo er versucht, die verschiedenen Mitteilungsebenen auseinander zu halten und gegeneinander abzusetzen, wie z.B. in Godards »La Chinoise« (1967). Sprache ist Teil der filmischen Realität durch die Dialoge und die Bemalung der Wände mit Sprüchen, sie ist als gesprochener Off-Kommentar und als Schrift in der Form von Zwischentiteln und Untertiteln vorhanden, – in der hier deutsch untertitelten Version. Auf die Frage »Ein Wort, was ist das?« erfolgt später die Antwort »Ein Wort ist das, was schweigt«. Für den Film als Medium gilt dieser Satz jedoch nicht. Zu hören ist in Godards Film eine Stimme aus einem Radio, es wird viel im Off gesprochen und es geht immer auch um die Macht des Wortes.

Der Einsatz solcher technischen Sprachvermittler als Quellen mit ihren spezifischen Veränderungen des Sprechens stellt eine seit den sechziger Jahren häufig benutzte zusätzliche Differenzierung der Sprach- (und auch der Musik-)verwendung dar. So ließe sich ein Genre von Radiofilmen zusammenstellen, in denen das Radio als dramaturgisches Mittel benutzt wird, ähnlich wie auch das Telefon verwendet wird (Wulff 1991). Die Tonquelle ist zwar im Bild lokalisierbar, aber nicht wirklich synchron, sondern für die fiktionale Situation der Figuren asynchron, im Off. An einer Stelle in »La Chinoise« werden die roten Mao-Bibeln in ein Regal geräumt. Zuvor ist als Zwischentitel »Der Imperialismus« rot zu sehen. Das eine könnte eine ironische Kommentierung des anderen sein, doch war dies ursprünglich nicht so gemeint.

3. Wort-Bild-Verbindungen

Neben den Kategorien des On- und des Off-Sprechens und den Dimensionen des Dialogs und des Kommentars, die als grundlegende Unterscheidungen zu fassen sind, lassen sich weitere, komplexere Verknüpfungen feststellen, die im Bereich der Wort-Bild-Beziehungen angesprochen werden.

Reinhold Rauh hat diese Verbindungen danach klassifiziert, ob sich eine räumliche und zeitliche Zuordnung zwischen Wort und Bild feststellen lassen.

a) Beim ›on‹ lassen sich Wort und Bild einander zeitlich wie räumlich zuordnen,
b) beim ›off‹ können Wort und Bild zeitlich, aber nicht räumlich zugeordnet sein (eine nicht im visualisierten Raum befindliche Person ist zu hören).
c) Es kann (sehr viel seltener) eine räumliche Zuordnung ohne zeitlichen Bezug bestehen z.B. wenn die Schallquelle im Bild zu sehen ist, aber der Ton dem Bild (zum Beispiel beim Sprechen den Lippenbewegungen ›nachhinkt‹.
d) Und es kann ein Nebeneinander von Wort und Bild geben, ohne dass sie einander räumlich und zeitlich zuzuordnen sind (wenn ein Erzähler im Off bereits den Fortgang eines Geschehens ohne visuelle Entsprechung zusammenrafft (Rauh 1987, S. 67ff.).

In der qualitativen Beeinflussung von Wort und Bild hat Rauh vier Grundformen unterschieden, die miteinander verbunden sind: Potenzierung, Modifikation, Parallelität und Divergenz. Die *Potenzierung* meint die gegenseitige Steigerung, indem sich beide Aussageebenen ergänzen und damit ein größeres Ganzes ergeben. *Modifikation* bedeutet eine gegenseitige Einschränkung, weil das Bild Aspekte erhält, die zum Wort im Widerspruch stehen und damit eine Einschränkung in der Bedeutung des Wortes und auch des Bildes erzeugen. *Parallelität* meint, dass das Wort nicht mehr an Informationen liefert als das Bild schon bietet, dass also von einer Verdoppelung gesprochen werden kann. Von *Divergenz* wird gesprochen, wenn das Wort Informationen liefert, die dem Gezeigten nicht einen Bezug zum Bild herstellen, aber als dazugehörig empfunden werden und deshalb oft nur im übertragenen, metaphorischen Sinn zugeordnet werden können (Rauh 1987, S. 75ff.). Die klassifikatorischen Variationen, die unter semiotischen Aspekten noch weiter zu einer Taxonomie der Zuordnungen getrieben werden können (vgl. ebd., S. 89ff.), zeigen die Vielfalt der Beziehungen zwischen Wort und Bild im Film auf, die sich aus den unterschiedlichen Sprechhaltungen in der alltäglichen Kommunikation und in der erzählerischen Weltvermittlung ergeben.

Eine Reihe von Wort-Bild-Verbindungen sind deshalb auch immer wieder mit rhetorischen Figuren bezeichnet worden, so dass sich auf diese Weise eine *audiovisuelle Rhetorik* herausgebildet hat (Kaemmerling 1971, Knilli/Reiss 1971). Hier sind vor allem die Zeigewörter und Zeigebilder sowie die Wort-Bild-Tropen interessant. Solche deiktischen Elemente (von deixis – zeigen) werden in der audiovisuellen Kommunikation häufig verwendet. Zu unterscheiden sind

1.) *Zeigewörter*: Sie können sprachlich auf etwas im Bild hinweisen (demonstratio ad picturam); sich auf das Publikum beziehen und es direkt ansprechen (demonstratio coram publico); sich auf etwas beziehen, was nur zu hören, aber nicht zu sehen ist (demonstratio ad aures); auf etwas, was nur in der Vorstellung der Figuren angesiedelt ist (demonstratio am Phantasma) und sich auf Formen beziehen, die im Kontext des Gezeigten bereits auftauchten (anaphorische Deixis). (Knilli/Reiss 1971, S. 81ff.).

2.) *Zeigebilder* verweisen im Bild (z.B. durch Blicke und Gesten) auf etwas anderes, das im Bild zu sehen ist (demonstratio ad picturam) oder beim Zuschauer angesiedelt ist (coram publico) oder auf etwas, was nur zu hören ist (ad aures). Die Zeigebilder am Phantasma sind solche, die auf etwas verweisen, was bereits in anderen Einstellungen zu sehen war oder was in den folgenden Einstellungen erst noch gezeigt wird und auf das durch Blicke, Gesten, Bewegungen hingewiesen wird. Solche deiktischen Konstruktionen sind im Film häufig anzutreffen. Sie tragen dazu bei, dass Bilderfolgen als Wahrnehmungskontinuum erscheinen und der Erzählgang erhalten bleibt. Sie sind auch für die Zuschaueransprache von Bedeutung, wie schon im

Abschnitt über die Handlungs- und Kameraachsen und dem Problem der ›Adressierung‹ angesprochen wurde.

3.) Als *Wort-Bild-Tropen* werden uneigentliche, bildliche Ausdrücke verstanden, die das Gemeinte nicht direkt ansprechen, sondern indirekt. Ob etwas indirekt oder direkt gemeint ist, entscheidet der Kontext der einzelnen Einstellungen. Die *Synekdoche* bezeichnet ein Wort-Bild-Verhältnis, bei dem zumeist ein Teil für ein Ganzes steht (das Bild eines Passanten wird als stellvertretend gesetzt für ›die Deutschen‹ insgesamt), ein solches pars-pro-toto-Verhältnis kann auch allegorischen Charakter haben, wenn eine Person z.B. mit einem politischen System personifiziert wird oder mit ›der‹ Gewalt. Bei der *Metonymie* wird ein Begriff durch einen anderen ersetzt, der mit dem ersetzten in realer Beziehung steht (der zerbrochene Spiegel, durch den eine Figur schaut, steht für ihre psychische Spaltung). Ebenso kann die *Metapher* als ein reduzierter Vergleich verstanden werden, bei der ein Detail ein anderes ersetzt. (Wenn z.B. ein klingelnder Wecker zu sehen ist und vom Hahn, der morgens kräht, gesprochen wird). Metapher und Metonymie überschneiden sich, so wie auch insgesamt das uneigentliche Zeigen und Sprechen noch vielfältiger ist (vgl. zu anderen tropischen Wendungen Knilli/Reiss 1971, S. 101).

VI. Zur Analyse des Narrativen

Das filmische und televisuelle Erzählen und Darstellen bezieht sich auf einen breiten kulturellen Kontext der Vermittlung von Welt, auf eine Form von Sinnstiftung und Sinnvermittlung durch die besondere Art der Organisation der Welt im Akt des Erzählens. Häufig wird auch mit dem Textbegriff operiert (vgl. z.B. Jurga 1999). Dabei wird vom Begriff der Textur und des Gewebes ausgegangen, im Sinne Max Webers z.B. von der Kultur als einem Bedeutungsgewebe (vgl. Geertz 1983, S.9). Zumeist wird dann jedoch in der genaueren Bestimmung des medialen Textes auf eine semiotische und sprachliche Struktur eingegangen (vgl. Winter 1992, S.22). Hier wird im weiteren von dem Begriff des Erzählens ausgegangen, weil sich im Sinne der Film- und Fernsehanalyse weiter differenzieren lässt.

1. Erzählen und Darstellen

Zeigen ist eine grundsätzliche Dimension des Visuellen wie des Auditiven. Welt präsentiert sich den Sinnen, oder umgekehrt: die von ihnen aufgenommenen Impulse werden entschlüsselt und zu einem Bild von der Welt zusammengefügt. Das *Erzählen* ist in seinen Dimensionen der Weltdarstellung und -vermittlung übergreifender, weil es das Gezeigte in Zusammenhänge stellt, Strukturen aufzeigt, die hinter dem Präsentierten bestehen und dieses bestimmen, weil es zwischen dem einzeln Wahrnehmbaren kausale Beziehungen stiftet und damit Geschichten entstehen lässt. Auch hier gilt die Umkehrung, dass in diesem Prozess der, dem erzählt wird, aus dem Gesehenen und Gehörten selbst Bedeutungen erzeugt, Verbindungen herstellt und Geschichten erkennt. David Bordwell hat auf die aktive Mitarbeit des Betrachters im Prozess des filmischen Erzählens hingewiesen (Bordwell 1985, S. 29ff.) und damit für den Film beschrieben, was in anderen Medien als die aktive Rolle des Lesers oder des Rezipienten in kommunikativen Prozessen allgemein herausgestellt wird (vgl. Jauß 1971; Teichert 1973). Nicht *der Film* vermittelt Bedeutung, sondern *der Zuschauer* erkennt aufgrund bestimmter Bedingungen in ihm Bedeutungen.

Erzählen ist nicht nur eine spezifische literarische Tradition, sondern allgemeiner zu fassen. Es ist auch nicht auf die mündliche oder schriftliche Form der Sprache beschränkt. Erzählt werden kann ebenso durch Bilder, Gesten, Bewegungen oder durch die Kombination von Sprache, Bild, Bewegungen etc. Dies lässt die audiovisuellen Medien insgesamt zu erzählenden Medien werden, in denen nicht nur mit der Sprache, sondern mit allen Ausdrucksformen und vor allem durch ihr wechselseitiges Aufeinanderbezogensein Bedeutungen im Erzählprozess vermittelt bzw. durch die Zuschauer erzeugt werden. (Vgl. zur historischen Auseinandersetzung um das filmische Erzählen auch Heller 1985, Paech 1988). Dies bedeutet, dass auch nicht-fiktionale Formen im Fernsehen unter dem Begriff des Erzählens gefasst werden können. So lässt sich z.b. die tägliche Abfolge von Nachrichtensendungen als Stiftung eines großen Erzählzusammenhangs verstehen, in dem über einzelne Themen (z.b. über den Bosnien- und Kosovo-Krieg, über die Rentenreform oder BSE) in fortlaufenden Erzählungen von Nachrichtensendung zu Nachrichtensendung verhandelt wird. Wendet man erzähltechnische Begriffe dann zur Beschreibung von Nachrichtensendungen an, ergeben sich aufschlussreiche Beobachtungen (vgl. Hickethier 1997).

Erzählen bedeutet, einen eigenen, gestalteten (d.h. ästhetisch strukturierten) *Kosmos* zu schaffen, etwas durch Anfang und Ende als in sich *Geschlossenes* zu begrenzen und zu strukturieren. Dass innerhalb der Fiktion beispielsweise alle Teile, alle Geschehnisse, alle Formen sich aufeinander beziehen, sich aus diesem Zusammenhang die Funktionalität des jeweils einzelnen Elements erklärt und damit auch einen *Sinn* erhält, ist eine der Grundvoraussetzungen jeden Erzählens. Deshalb gewinnen *Anfang und Ende* für den Werkcharakter eine zentrale Bedeutung, deshalb sind sie für das Erzählen als Schaffung eines fiktionalen Raums zentral. In jedem Anfang ist immer auch schon das Ende mit vorweggenommen, wird auf ein Ende hin erzählt. Umgekehrt ist in jedem Ende auch der Verweis auf den Anfang noch vorhanden. Daraus erklärt sich auch das Unbehagen, das uns befällt, wenn wir auf Geschichten stoßen, die kein Ende haben, weil die Sinnstiftung hier nicht zu einem Abschluss gekommen ist.

»Das allgemeinste Aufbauprinzip, das die Erzählkunst mit jeder Sprachkundgebung zunächst teilt«, so schrieb schon 1955 Eberhard Lämmert in seinem grundlegenden Werk über die *Bauformen des Erzählens*, »ist das Prinzip der Sukzession, in der sie allein dargeboten und auch aufgenommen werden kann. Das mähliche ›Werden‹ charakterisiert deshalb das Sprachkunstwerk als Ganzes wie auch seine konkreten Einzelformen in einem viel eigentlicheren Sinne als das

Ganze und die Teile eines Bild-Kunstwerkes.« (Lämmert 1955, S. 19ff.)

Einem solchen erzähltheoretischen Ansatz gegenüber hat Alan Casty den Film als eine dramatische Kunst definiert, weil dem Film eine Gegenwärtigkeit im Zeigen eigen sei, die ihn mit dem Theater verbinde, dieses in seiner Wirksamkeit sogar noch übertreffe (Casty 1971, S. 1ff. und S. 12ff.). Diese *Gegenwärtigkeit* ist jedoch ein Charakteristikum der Rezeption, das für jede Form ästhetischer Wahrnehmung zutrifft (auch für die Lektüre von Literatur und die Betrachtung von Bildern), andererseits sind in der Strukturierung des Gezeigten auch andere Zeitdimensionen möglich, die den Film vom Theater unterscheiden. Die technisch bedingten audiovisuellen Medien können in komplexerer Weise Raum und Zeit variieren und kombinieren sowie über diese audiovisuellen Raum-Zeit-Gefüge historische Zeiten und Räume vergegenwärtigen und mögliche zukünftige als Projektionen aus der Gegenwart heraus in dieser Gegenwart wiederum wirksam werden lassen. Diese Eigenschaft der *Vergegenwärtigung* ist aber auch eine erzählerische Qualität.

Schon in der Bemerkung Lämmerts zur Sukzession als konstituierendem Moment des Erzählens war dieses abgegrenzt worden gegenüber dem Bild, in dem die Zeit eine geringere Rolle spielt. Ist für die Erzählung die Sukzession, das Nacheinander des Erzählten bestimmend, so ist es im Bild das Nebeneinander des Gezeigten. Jedem Bild ist eine nicht-narrative Struktur zu eigen, die sich aus der nicht-linearen Anordnung der Zeichen des Bildes und aus dem besonderen, technisch konstruierten Abbildungsverhältnis ergeben. Gegenüber der *Zeit* als Ordnungsfaktor tritt der *Ort*, neben die Erzählung die Darstellung, die Zur-Schau-Stellung.

Narration, als umfassender Begriff des Erzählens verstanden, umfasst nach David Bordwell zwei verschiedene Möglichkeiten: die *diegetische* und die *mimetische Narration*. Diese Unterteilung geht zurück auf die aristotelische Unterscheidung zwischen

a) dem Zeigen eines Geschehens in einer dramatischen Handlung, die als Nachahmung, als Imitation (Mimesis) verstanden wird, in der der Autor durch die Figuren spricht, und

b) dem Erzählen einer Handlung durch einen Erzähler, wobei immer deutlich ist, dass der Erzähler selbst spricht und er nicht den Eindruck erweckt, dass die Figuren sprechen (Bordwell 1985, S. 3ff.).

Mit dem Mimetischen in diesem Verständnis sind Drama und Theater angesprochen, mit dem Diegetischen das Erzählen im engeren Sinne, bei dem ein Geschehen nicht vor den Augen des Betrachters gezeigt wird, sondern durch die Worte des Erzählers in der Vorstellung der Zuhörenden entsteht. Film, Fernsehen und Video verbinden die diegetische und die mimetische Narration: Sie erzählen, indem sie zeigen, und sie erzählen durch Sprechen über etwas, was sie nicht zeigen. Dadurch ist die Möglichkeit ästhetischer ›Überschüsse‹ in beiden Richtungen gegeben: Im Präsentativen sind ›sinnliche‹ Momente enthalten, die als visuelle und akustische Reize sich nur im Schauen und Hören erfüllen, ohne erzählerische Funktion zu gewinnen, umgekehrt kann durch das Erzählen vermittelt werden, was nicht zeigbar und hörbar ist.

Story, Fabel, Thema

Erzählen meint die Verarbeitung, die Gestaltung, auch die Erfindung eines Geschehens durch den Erzähler. Rudolf Kersting hat das Erzählen von Geschichten eine »elementare Haltung« genannt, »eine Verarbeitungsweise gesellschaftlicher Realität durch phantasiereiche menschliche Eigenbewegungen und ihre Veröffentlichung«. (Kersting 1989, S. 243).

Was erzählt wird, lässt sich in unterschiedlichen Dimensionen der Ausführlichkeit einerseits und der Verknappung und Verdichtung andererseits fassen. In dieser Form der Formulierung liegt bereits eine Form der Bedeutungsproduktion, da durch sie, sei es durch den Autor oder durch den Betrachter, einem filmischen Geschehen Bedeutung zugewiesen wird (vgl. auch Bordwell 1989, S. 1ff.). Zu unterscheiden sind:

a) Die *Story*: Hier werden relativ ausführlich die Situation und Zeit, in der eine Geschichte spielt, beschrieben, die Konstellation der Figuren dargestellt, werden die Figuren charakterisiert, die Entwicklung der Geschichte mit ihren Konflikten und deren Lösung dargestellt. Nacherzählungen und Inhaltsangaben, wie sie Film- und Fernsehanalysen häufig enthalten, sind zumeist Storybeschreibungen. David Bordwell führt hier noch den Begriff des Sujets (»syuzet«) ein, bei dem die Ereignisse der Geschichte in der Anordnung dargestellt werden, wie sie der Film präsentiert, im Sinne der ›Muster der Story‹ (Bordwell 1985, S.50). Diese Terminologie wird hier nicht verwendet, weil im deutschen Sprachgebrauch ›Sujet‹ in der Regel anders, im Sinne des Themas oder des Gegenstands verwendet wird. Eine ausführliche Diskussion des Problems findet sich bei Jens Eder (1999).

b) Die *Fabel* verdichtet das in der Story Erzählte auf die wesentlichen Momente, gibt das zentrale Schema der Geschichte wieder, das, was sich hinter allen Details erkennen lässt. Mit der Fabel wird die Geschichte des Films, in der Regel die kausalchronologisch geordnete

Ereignisabfolge, bezeichnet. Sie wird vom Zuschauer in der Regel im Verlauf der Filmbetrachtung hergestellt (Bordwell spricht hier von »fabula«, Bordwell 1985, S. 48). Ziel der Formulierung der Fabel ist es, hinter den einzelnen Figuren- und Handlungskonstruktionen Bedeutungsschichten sichtbar zu machen, die in den Grundmustern enthalten sind (vgl. auch Boggs 1985, S. 29ff.).

Die Fabel von Zinnemanns Film »High Noon« (1952) lässt sich etwa folgendermaßen beschreiben: Der Sheriff einer mittelamerikanischen Stadt gibt sein Amt zurück und heiratet. Da kündigt sich die Rückkehr eines Gangsters und seiner Kumpane an, die sich am Sheriff rächen und die Stadt mit Gewalt beherrschen wollen. In der Entscheidung zwischen privatem Glück und einer Verpflichtung der Allgemeinheit gegenüber nimmt er den Kampf auf, auch als kaum einer der Bürger ihn dabei unterstützt. Er besiegt die Gangster und verlässt mit seiner Frau, die sich nach anfänglicher Weigerung in der Stunde der Not zu ihm bekennt und ihn unterstützt, die Stadt.

Das Schema dieser Geschichte entstammt dem Geschichtenrepertoire des Westerns, ist also vor dem Horizont der Erzählmuster eines Genres zu sehen. Es geht um die Auseinandersetzung des Einzelnen (hier des ehemaligen Sheriffs) mit den Bürgern der Stadt (als der Umwelt), den Gangstern (als der aktuellen Bedrohung), seiner Frau und mit sich selbst.

Die Fabel wird häufig auch im Zusammenhang mit dem Mythos gesehen, wobei sich der Begriff des Mythos auf eine enge Definition in der aristotelischen Poetik bezieht. Wenn heute vom Mythos gesprochen wird, ist damit jedoch eine überzeitliche Geschichte gemeint, die Grundbedingungen des menschlichen Lebens thematisiert (vgl. Schneider 1992). Ein solcher Mythos kann durch die Fabel eines Films nicht selbst formuliert werden, sondern diese setzt dessen Kenntnis voraus. Der Western als Genre bezieht sich auf den amerikanischen Mythos von der Selbstverwirklichung durch die Eroberung der Natur, der Grenzerfahrung durch Grenzüberschreitung (vgl. Rieupeyrout 1953).

c) Das *Thema* bedeutet eine weitere Reduktion des Filmgeschehens. Es beschreibt den grundsätzlichen Konflikt, um den es geht, die »Grundfrage des Films«, wie es die Anweisungsliteratur zum Drehbuchschreiben nennt, das allgemeine philosophische Problem, das sich im Film formuliert (Hant 1992, S. 24ff.). Brecht hat einmal gesagt, man müsse von jeder Szene, aber auch von jedem Drama insgesamt in einem Satz sagen können, worum es geht, was das zentrale Anliegen sei. Diese Reduktion eines Handlungsgeschehens auf ein Thema wird dann häufig so formuliert, dass es nicht mehr in Begriffen der Story, sondern allgemeiner formuliert wird.

In »High Noon« (1952) ist es die Frage nach Recht und Ordnung, und wie sich der einzelne dazu stellt, ob er bereit ist, dafür sich einzusetzen und notfalls das Letzte (sein Leben) zu geben, oder ob er sich davor drückt. Ein Mann muss seinen Mann stehen, so ließe sich die Botschaft dieses Filmes formulieren. Ein solches Thema verweist immer auch auf den Kontext der Entstehungszeit des Films, in der sich für solche Themen ein Horizont findet, auf den sich das Thema bezieht. Bei »High Noon« also die Situation des Kalten Krieges in den fünfziger Jahren, in der die Kampfbereitschaft gegen das Böse unter den politischen Konstellationen des Ost-West-Konfliktes neu gefordert war.

Das Thema, das der Betrachter im Film erkennt, korrespondiert mit der ›Idee‹, die zumeist am Anfang der Entstehung eines Filmes steht, bzw. mit dem Anliegen. Joseph M. Boggs nennt dieses Anliegen ›Thema‹ und unterscheidet Typen von Anliegen und sieht sie in der Herausstellung eines emotionalen Effekts, eines Charakters, eines Stils, eine Idee oder einer Fabel (Boggs 1985, S. 11ff.). Die Vermischung der Idee als der beim Urheber vorhandenen Intention und ›Urzelle‹ des Films und dem, was der Zuschauer als zentrales Problem im Film erkennt, ist jedoch problematisch. Die Idee im Sinne der Absicht eines Autors muss nicht identisch sein mit dem im Film schließlich vom Betrachter erkannten Thema. Der Betrachter kann den Film auf einen anderen Erfahrungshorizont beziehen als es die Urheber taten. Damit können ihm andere Aspekte des Films gewichtiger werden und das Filmgeschehen in einem anderen Licht erscheinen lassen. Die Formulierung eines Themas im Prozess der Analyse macht deshalb immer auch die Spannung zwischen der historischen Situation der Entstehung des Films und der aktuellen Situation des Betrachters deutlich.

Bedeutungsschichten

Einige Erzähltheorien gehen von einem *Schichtenmodell des Erzählens* aus, wobei die Begriffe, mit denen die einzelnen Ebenen gekennzeichnet werden, unterschiedlich, oft auch im Widerspruch zueinander verwendet werden. Ein solches Schichtenmodell gilt auch für das filmische Erzählen. Karlheinz Stierle geht von drei Ebenen aus, wobei der von Stierle verwendete Begriff des Geschehens von dem in dieser Einführung benutzten, stärker am realisierten Film orientierten Geschehensbegriff abweicht. Stierle sieht die folgenden Ebenen:

a) Der *Text einer Geschichte*, wie er sich konkret vorfindet und durch die Perspektive eines Erzählers und eine sprachliche Realisierung auszeichnet, bezieht sich

b) auf eine, auf einer tieferen Ebene angesiedelte *Geschichte*, die sich durch die zeitliche Organisation (mit Anfang und Ende) eines Geschehens unterscheidet von

c) der Ebene des *Geschehens* (das die Ereignisse enthält, aber diese noch nicht in einen Deutungszusammenhang bringt) und der *Konzepte* (die als Erzähl- und Darstellungsmuster zeitenthoben gedacht werden) (Stierle 1976).

Eine Geschichte setzt also ein Geschehen voraus, und die Geschichte eignet sich dieses Geschehen dadurch in spezifischer Weise an, dass sie es mit Erzählkonzepten verbindet. »Das Geschehen ist noch ein unartikulierter Bereich, der erst durch die Organisation der Geschichte seine spezifische Form erhält« (ebd., S. 212). Die Geschichte ordnet unter der Benutzung von Konzepten, wie das Geschehen zu fassen ist (als Mord, Unfall, Krieg etc.), Momente des Geschehens »auf einer Achse der Narration«: »Die Geschichte erzählt, was die Differenz von Anfangspunkt zu Endpunkt bewirkt hat, und erklärt damit ihr Zustandekommen« (ebd., S. 216f.). Sie wird nun durch einen Erzähler und in einer spezifischen Gestalt realisiert. Dieser *Text einer Geschichte* wird durch die Möglichkeiten des Erzählers, seine Intentionen und Spielräume im Verfügen über die Geschichte bestimmt sowie durch die sprachliche und mediale Realisierung (vgl. Ludwig 1982, S. 65ff.).

Ein solches Modell der Schichtung hat sich vor allem in der Diskussion von *Literaturverfilmungen* bewährt, weil sich damit verschiedene mediale »Texte einer Geschichte« auf eine gemeinsame Basis hin untersuchen lassen (also zum Beispiel ein Roman als eine sprachliche Realisierung der Geschichte – ein ›Text der Geschichte‹ – und die Verfilmung des Romans als ein anderer ›Text der Geschichte‹) bzw. die medialen Adaptionen einer Geschichte (wie z.B. »Romeo und Julia« im Drama, Roman, Hörspiel und Film) in eine Stellung als verschiedene Versionen einer Geschichte nebeneinander stellt, ohne dass es zu einem Vergleich zwischen ›Original‹ und ›Verfilmung‹ mit dem zwangsläufigen Ergebnis kommen muss, dass das *Original* als das Ursprüngliche immer besser als die *Ver*filmung (als eine Art Ausgabe zweiter Hand) ist (vgl. Schneider 1980).

Denotation und Konnotation

Die Formen des Beschreibens des Erzählten (Story, Fabel, Thema) bestimmen sich einerseits als Stufen der Reduktion, andererseits als Formen der Verallgemeinerung. Sie verweisen auf die Schichtung von Bedeutungen im Erzählten.

Film, Fernsehen und Video sind nicht nur dadurch gekennzeichnet, dass sie mediale Wahrnehmungsräume erzeugen, sondern auch dadurch, dass sie als *Zeichenprozesse* zu verstehen sind. Die audiovisuellen Medien sind als Sprache zu verstehen, ohne selbst eine zu sein. So sind bei den *audiovisuellen Zeichen* die Grundmerkmale jedes Zeichens, die Bestandteile des *Signifikanten* (des Bezeichnenden) und des *Signifikaten* (des Bezeichneten) zu erkennen. Der Signifikant ist die Ansammlung von Buchstaben und Lauten, ist eine grafische Verteilung von Formen, die wir als Zeichen erkennen, weil sie auf etwas verweisen, was damit dargestellt werden soll. Der Signifikant ist z.B. die Buchstabenfolge ›B-a-u-m‹, die auf das Bezeichnete, die Sinneinheit ›Baum‹ in unserem Bewusstsein, verweist. Mit ihr verbinden wir wiederum ganz unterschiedliche Phänomene in der Wirklichkeit, die von einer dicken tausendjährigen Eiche über den Apfelbaum im Garten bis zum aufgezogenen Setzling in der Baumschule reichen.

Unterschieden wird in der Beziehung zwischen dem Verhältnis des Zeichens zu den Phänomenen der Realität, für die es steht, als *ikonisch, symbolisch* und *indexikalisch*. Als indexikalisch wird z.B. das Zeichen des Thermometers für die Temperatur verstanden, als symbolisch alle sprachlichen Zeichen, als ikonisch alle analog abbildenden Darstellungen wie z.B. die Fotografie. Das analoge Zeichen bestimmt sich durch eine Ähnlichkeitsbeziehung zwischen dem Zeichen und dem, für das es steht. Bei einer symbolischen Relation besteht keine Ähnlichkeitsbeziehung. In Film und Fernsehen werden vor allem die ikonischen und die symbolischen Zeichen wichtig.

Ein Zeichen ist also ein *Stellvertreter*. Kommunikation bedient sich der Zeichen, um sich über etwas, was im Kommunikationsvorgang selbst nicht anwesend ist, zu verständigen. Zum Zeichen kann im Kommunikationsprozess alles werden, was nicht sich selbst meint, sondern für etwas anderes steht. So kann im Bild die *Architektur* für ein bestimmtes Herrschaftsverhältnis stehen, kann die *Kleidung* einer Figur auf den Stand, dem sie angehört, verweisen, auf bestimmte Tätigkeiten (Berufskleidung), kann die *Frisur* für die Zugehörigkeit zu einem Milieu stehen, usf. Als Zeichen sind auch *Mimik* und *Gestik* von Menschen zu verstehen, die *Musik*, die *Farbe* etc. Die Zeichentheorie spricht hier von kulturellen *Codes*, die sich gegenüber der Sprache dadurch auszeichnen, dass sie über keine festgeschriebene Grammatik verfügen und die Bedeutungseinheiten nicht in einem Lexikon festgeschrieben sind (vgl. Eco 1972, Bentele 1981). In den audiovisuellen Medien sind neben dem Bild und dem Ton verschiedene Codes wirksam, die zur Bedeutungsproduktion beitragen. Über ihre Wirksamkeit entscheidet der Kontext, in dem sie in Film und Fernsehen in Erscheinung treten.

Im Entstehen von Bedeutungen sind zwei Ebenen zu unterscheiden: die *Denotation* und die *Konnotation*. Roland Barthes hat in den *Mythen des Alltags* die Differenz an einem Beispiel beschreiben: Zu sehen ist ein Titelblatt des »Paris Match«, auf dem ein Afrikaner in französischer Uniform vor dem Eiffelturm steht. Diese Beschreibung erfasst die denotative Bedeutung. Gesehen werden kann dieses Bild aber auch als Ausdruck des französischen Kolonialismus. Eine solche konnotative Bedeutung ist also eine im weiteren Sinne, die das Bild in einen größeren Rahmen einbezieht. Gerade für Film und Fernsehen spielen derartige konnotative Bedeutungen eine wesentliche Rolle, weil damit die ikonischen Zeichen der Bilder auch auf einer Ebene der symbolischen Verwendung gesehen werden können. Mit Konnotation ist keine subjektiv beliebige Bedeutungsassoziation gemeint, sondern eine Bedeutung, die im kulturellen Kontext fest verankert ist.

Wenn z.B. in Michael Curtiz' Film »Casablanca« (1943) zu Beginn des Film eine Razzia stattfindet, ein verhafteter Flüchtling entflieht und unter dem Wandbild eines Militärs erschossen wird, wenn dann seine verschlossene Hand geöffnet wird und sich darin ein Foto mit einem Kreuz findet und dann die Kamera auf einen Torbogen schwenkt, auf dem ›Liberté, Fraternité, Egalité‹ steht, dann muss der Zuschauer die Zeichen entschlüsseln, lesen können, um das Geschehen zu verstehen. Aus der Denotation der Zeichen erschließt sich der Sinn nicht unmittelbar. Er muss erkennen, dass das Bild des Militärs den General Pétain zeigt, der während des Zweiten Weltkrieges, wo der Film spielt, dem französische Vichy-Regime vorstand und mit der deutschen Besatzungsmacht kollaborierte. Er muss wissen, dass das Kreuz auf dem Foto in der Hand des Erschossenen das Lothringer Kreuz zeigt, das ein Zeichen der Résistance, also des Widerstands war, und dass die Inschrift auf dem Torbogen an die Prinzipien der Französischen Revolution, also der Demokratie erinnert, und dass all dies entwertet wird, weil durch dieses Tor die Flüchtlinge im Auftrag der Gestapo abgeführt werden. In diesem Bedeutungsgefüge bekommt das Gezeigte dann eine ganz neue Bedeutung, über die bloße Verfolgungsaktion hinaus.

Interpretation von Filmen und Fernsehsendungen zielen über die Beschreibung des Denotativen gerade darauf, solche ›zusätzlichen‹, im Film und in einer Fernsehsendung angelegten Bedeutungen zu erschließen und bewusst zu machen. Damit wird das Gesehene immer über das einzelne Produkt hinaus auf einen kulturellen Kontext hin interpretiert, in dem die konnotativen Bedeutungen eine Funktion erfüllen.

Gestaltete Abfolge

André Bazin definierte die Bedeutung des Erzählens für den Film folgendermaßen: »Wie im Roman lässt sich die einen Film kennzeichnende Ästhetik vor allem über die Technik der Erzählung entdecken. Film bedeutet die Vorführung einer Folge von Fragmenten aus einer vorgestellten Realität auf einer rechteckigen Fläche mit festgelegten Proportionen; Anordnung und Dauer des Gezeigten machen dessen ›Sinn‹ aus« (Bazin 1977, S. 146). Auch Bazin bezieht sich auf die Realität, betont das Ausschnitthafte, das der Film aus ihr vorführt, und bringt den zeitlichen Aspekt ins Spiel: ›Anordnung‹ und ›Dauer‹ sind bei ihm Faktoren.

Die Organisation des Geschehens in der Zeit meint jedoch nicht einfach nur den planen Ablauf eines Geschehens innerhalb eines zeitlichen Rahmens, sondern meint, dass die Zeit des Dargestellten (*erzählte Zeit*) und der Darstellung (*Erzählzeit*) nicht deckungsgleich sein müssen, sondern verändert werden können, dass ihr Verhältnis gestaltet wird. Die Erzählzeit kann gegenüber dem Erzählten gerafft und gedehnt werden, in der Regel zeigt der Film das zu Erzählende nur in *Ausschnitten* und mit *Auslassungen*. Die Geschichte, die einem Film zugrunde liegt, geht nicht im Gezeigten auf, sondern umfasst auch Nichtgezeigtes. Im Film ermöglichen dies Schnitt und Montage. Sie verkürzen Vorgänge des Außerfilmischen, komprimieren sie in Einstellungsfolgen, zeigen wechselnde Ansichten eines Geschehens, die der Zuschauer zu einer Einheit verbindet. Das Ausgelassene wird durch die Erzählung übersprungen und ist als Übersprungenes dennoch in der Erzählung vorhanden.

Zwei Kennzeichen bestimmen das audiovisuelle Erzählen grundlegend:

a) *Das Prinzip des Wechsels.* Die Auflösung eines Geschehens in verschiedene Einstellungen, in denen sich die Erzählpositionen zum Gezeigten formulieren, erfordert einen beständigen Wechsel der Bilder. Veränderungen bestimmen die Struktur des Erzählens auch in der Handlungsentwicklung, im Ton, der Musik. Weil die Audiovision von der Bewegung der Bilder lebt, muss sie diese Bewegungen als ständige Wechsel auch gestalten.

b) *Das Prinzip der Kohärenz.* Auch wenn ständig gewechselt wird, um die Aufmerksamkeit des Betrachters zu halten, muss zwischen allen Teilen ein Zusammenhang hergestellt werden, der die Teile als Bestandteile einer Einheit erscheinen lässt. So wie die Bedeutungen sich aus dem Kontext, in dem die einzelnen bedeutungstragenden Elemente auftreten, bestimmen, so müssen sich die Teile einer audiovisuellen

Einheit zu dieser Einheit erkennbar zusammenfügen. Kohärenz zeichnet eine Bilderfolge als filmischen ›Text‹ aus. Sie kann auf unterschiedliche Weise erzielt werden, durch einstellungsinterne Verweise, die Einstellungen miteinander in Beziehung setzen, durch einstellungsübergreifende Elemente (wie z.B. die Musik) und nicht zuletzt durch den erkennbaren Sinnzusammenhang, eine vom Zuschauer im Gezeigten erkannte Geschichte, eine Erzählform, ein Thema etc.

Erzählen bedeutet deshalb, eine *sinnhafte, phantasiegeleitete Organisation von Ausschnitten des Geschehens* herzustellen und damit Sinn zu stiften, *Anfang* und *Ende* eines Geschehens zu bestimmen und dabei im Anfang immer auch schon das Ende mitzubedenken. Sinnstiftung besteht gerade darin, dass Anfang und Ende in einen Bezug zueinander gesetzt werden, und dass die einzelnen Elemente in ein beziehungsreiches Gefüge eingeordnet werden, in dem alle Teile des Erzählten in einem Beziehungsgeflecht untereinander sich befinden (vgl. Klotz 1964). Anfang, Mitte und Ende konstituieren eine Geschichte, darauf insistiert auch immer wieder die normative Ästhetik des Drehbuchschreibens (Field 1987, S. 12ff.). Wie innerhalb dieses noch sehr allgemein gespannten Rahmens, der einzelne Produkte voneinander abgrenzt und ein Werk als geschlossenes konstituiert, das zu Erzählende gestaltet wird, lässt sich auf drei Ebenen beschreiben:

1. Die Ebene des Erzählens im Darstellen, des Dramatischen, die Ebene der *Dramaturgie* des Films, die sich im wesentlichen auf die Handlung, das Geschehen vor der Kamera bezieht.
2. Die Ebene des *Erzählens* im Film als eine Ebene, die mit einem Erzähler, der Erzählperspektive, dem Standpunkt, der Kameraästhetik zu tun hat.
3. Die Ebene der *Montage*, den Schnitt, die sich auf die filmische Aneinanderfügung von Erzählteilen, von Einstellungen bezieht, in der der Film sein Geschehen noch einmal neu organisiert.

Diese Ebenen lassen sich zueinander in Beziehung setzen: Von der *Dramaturgie*, als der aus der Tradition des Theaters kommenden Organisation des dramatischen Spiels, die damit auch stärker dem Geschehen vor der Kamera verhaftet ist, über die *der Kamera eingeschriebenen Formen des Erzählens* hin zur *Montage* und zum Schnitt, die am weitesten von dem Geschehen vor der Kamera wegführen und zu denen die Besonderheit der *elektronischen Mischung* gehört.

2. Dramaturgie

Wenn von ›Dramaturgie‹ die Rede ist, wird zumeist dreierlei gemeint: Dramaturgie als Tätigkeit auf der Ebene der Film- und Fernsehproduktion (der Dramaturg als Redakteur oder Producer), Dramaturgie auf der Ebene des Produkts als Handlungsstruktur des Films und Dramaturgie auf der Ebene der Rezeption und Reflexion als Theorie, in der also das Wissen um die Gestaltungsformen versammelt ist, also als analytische Kategorie (vgl. auch Eder 1999, S.9). Dramaturgie wird hier im Sinne der letzten beiden Definitionen, also als Beschreibungskategorie der Handlungsstruktur und als Theoriemodell verwendet (zur Dramaturgie als Berufsfeld in ihren aktuellen Veränderungen vgl. Hickethier 1999a, 2000b).

Filmhandlung lässt sich als *dramatisches Geschehen* fassen: Als Auftreten von Figuren, als Handlung zwischen ihnen (Interaktion) innerhalb eines begrenzten Spielfeldes, innerhalb eines Raumes, geprägt durch Konflikt und dessen Lösung. Die Konflikthaftigkeit des Geschehens wird gerade in den Dramaturgie des populären Films als essentiell herausgestellt (vgl. Eder 1999, S.36ff.). Es liegt nahe, dieser Betonung des Konflikts (vgl. auch Howard/Mabley 1996) eine kulturspezifische Form des filmischen Erzählens zu sehen. D.h. Filme aus anderen Kulturen als dem amerikanisch-europäischen Kulturkreis können auch anderen Handlungsmustern und -schemata folgen.

Als strukturierende Form bietet die Dramaturgie die Einteilung eines Geschehens in einzelne Szenen, diese zusammenfassend in Akten an, organisiert nach dem Stoff selbst, aber auch nach den technischen Realisationsmöglichkeiten. Ein neuer Handlungsort bedeutet auch zumindest eine neue Szene, selbst wenn die Figuren dieselben bleiben. Im Film wird hier in der Regel von einer ›Sequenz‹ gesprochen, weil sie im Gegensatz zum Geschehen auf der Bühne zeitlich unterschiedlich strukturiert sein kann. Die Einteilung in Sequenzen geht im Prinzip von der Wahrnehmungslogik aus, dass zwischen den Auftritten der Figuren an verschiedenen Orten auch eine Bewegung der Figuren zwischen den beiden Lokalitäten stattgefunden haben und deshalb also Zeit vergangen sein muss.

Handlung stellt sich damit als eine Kette von Ereignissen dar, die in Ausschnitten präsentiert werden, die wiederum wesentliche Momente des Geschehens zeigen. Diese Kette komprimiert damit das Geschehen und bietet den Zuschauern eine Essenz, eine verdichtete Form des Geschehens. Komprimierung meint dabei, das nur gezeigt werden soll, was für die Geschichte wichtig ist. Weil dieses Prinzip in der Filmpraxis unter der Maßgabe der Zeitknappheit der Darstellung zur Regel und damit zur Konvention geworden ist, bedeutet dies umgekehrt, dass der Zuschauer alles, was gezeigt wird, in der Regel als wichtig für den Konflikt und dessen Lösung nimmt.

Dramaturgie bedeutet nun im emphatischen Sinne eine Anlage des Geschehens, die uns als Zuschauer in eine Anspannung setzt, uns mitgehen lässt mit dem, was gezeigt wird (vgl. auch Rabenalt 1999). In der Theaterentwicklung – und hier wurde die Dramaturgie als Theorie des Dramas und der Stofforganisation im dramatischen Geschehen immer wieder diskutiert – haben sich nun verschiedene dramaturgische Modelle entwickelt.

Geschlossene und offene Form

Das *traditionelle Modell von Dramaturgie* leitet sich von der antiken Dramentheorie her und reicht über die Aufklärung bis in die Gegenwart. Man könnte es auch als eine Dramaturgie der *geschlossenen Form* verstehen (vgl. Klotz 1962). Sie zielt auf eine im wesentlichen emotional bedingte Wirkung beim Zuschauer ab, setzt auf Einfühlung durch den Zuschauer. Die geschlossene Form setzt auf Dominanz des Aufbaus von dramatischen Texten und Filmen, der Tektonik in der Handlungskonstruktion, der Figurenkonstellationen. Sie liebt symmetrische Anlagen, das Zurückführen eines Geschehens zu seinem Ausgangspunkt, eine Ähnlichkeit oder gar Wiederholung von Anfangs- und Endbildern.

Die Dramaturgien des Hollywood-Films vor allem der dreißiger bis fünfziger Jahre folgen diesem Modell (vgl. Boorstin 1990, Cook 1981) ebenso wie die Dramaturgie des Ufa-Films im Dritten Reich (vgl. Kreimeier 1992, S. 300ff.). In den normativen Ästhetiken des Drehbuchschreibens (Field 1987, Hant 1992) sind sie als Regelwerk ausgeschrieben. Doch die Tatsache, dass heute das amerikanische Kino weltweit dominiert und amerikanische Drehbuch-Ratgeber die aristotelische Dramaturgie propagieren, heißt nicht, wie Peter Rabenalt betont hat, dass Hollywood »im Besitz der sicheren Regeln für den Erfolg wäre«. Von den jährlich etwa 16.000 Drehbüchern würden nur ca. 120 bis 130 auch wirklich verfilmt (Rabenalt 1999, S.10f.)

Als Gegenbegriff steht die *offene Form*, die sich zunächst nur als Negation zur Geschlossenheit definiert und deshalb eine Vielfalt von verschiedenen Formen umfasst (vgl. Asmuth 1980, S. 48ff.). Mit Offenheit ist eine Unabgeschlossenheit und Ungelöstheit gemeint, die sich einerseits auf die Bauform eines Stückes und auf die Abrundung einer Figurenkonstellation des Filmes, andererseits auf den Sinn beziehen kann (vgl. auch Pfister 1977, S. 138ff.). Auch hier gibt es ›gebaute‹ Konstruktionen, doch sind sie in der Regel nicht symmetrisch, Rundungen werden nicht angestrebt, statt dessen gibt es eine progressive Struktur, werden häufig episodische Abfolgen, oft auch a-chronologische Folgen gewählt.

Dazu gehören Filme und Fernsehspiele, die sich an die Dramaturgie des epischen Theaters anlehnen, und die auf die kognitive Wirkungsabsicht setzen wie z.b. die Fernsehfilme von Egon Monk in den sechziger Jahren, Otto Jägersberg, Peter Zadek und anderen in den siebziger Jahren. Offene Formen sind in Film und Fernsehen in ungleich größerem Umfang durch die Entwicklung der *Serie* vorhanden, wobei die einzelnen Folgen auf Fortsetzung hin angelegt, also offen sind, gleichzeitig aber in der einzelnen Folge selbst wiederum in der Regel zu einem Abschluss in der Bauform, der Figureninteraktion und des vom Publikum erfahrenen Sinns gekommen sind. Hier wird deshalb auch von einer *doppelten Struktur* oder einer doppelten Dramaturgie gesprochen (die Abgeschlossenheit der einzelnen Folge steht in Korrespondenz mit der Unabgeschlossenheit der Serie als Ganzem). Sehr viel unabgeschlossener auf der Ebene des vermittelten Geschehens sind die nichtfiktionalen Formen des Fernsehens, wie z.B. die Nachrichtensendung, Ratgeberreihen, aktuelle Berichte etc., die jedoch in ihren Bauformen zumeist festen Schemata folgen und deshalb selbst wieder eine eigene Form gefunden haben.

›Offene‹ und ›geschlossene‹ Form bieten sich für die Beschreibung der Produktgestaltung als Kategorienpaar an, müssen jedoch wegen der Vielfalt der damit verbindbaren Möglichkeiten in dem, was damit gefasst werden soll, genau bestimmt werden.

Anfang und Ende

Dramaturgie setzt auf die schon erwähnten sinnstiftenden Elemente der Geschehensstrukturierung: auf Anfang und Ende, auf eine Durchführung dazwischen, die Höhepunkte kennt und Wendepunkte in der Entwicklung: Steigerungen einerseits, Schürzungen des Knotens, aber auch Peripetien, die das schon erkennbare Ende aufhalten, scheinbar alles wieder umkehren, um desto dramatischer dann das Ende hereinbrechen zu lassen.

Die Einheiten des Geschehens, die Szenen und Akte lassen sich dabei nach einem Schema beschreiben und festhalten:

Der *Anfang* ist als *Exposition* der Figuren und der Situation, notwendig, um uns als Zuschauer an die Geschichte heranzuführen, uns vertraut zu machen mit den Figuren, mit einer Situation, mit einem Konflikt. Der Anfang als Beginn des Films enthält eine Eröffnung, ein

›*Opening*‹, das den Zuschauer zunächst erst einmal beeindrucken, faszinieren und sein Interesse auf das, was dann kommt, wecken soll. Und er enthält auch die Vorgeschichte (›set-up‹), hier wird das Wissen vermittelt, das notwendig ist, um die Figuren in ihrer Situation zu verstehen, um die Konstellationen zwischen ihnen zu begreifen, all das, was der Zuschauer wissen muss, um dem Geschehen, das dann stattfindet, folgen zu können. Der Anfang hat die Dramentheorie als poetisches Problem immer wieder beschäftigt (vgl. Bickert 1969), weil in ihm der Grundstein für die folgende Darstellung gelegt, der Zuschauer bei seinen Erwartungen ›abgeholt‹ und fasziniert werden muss. Hier werden die Dimensionen des dramatischen Geschehens angelegt.

Die Filmhandlung kann auch gleich in medias res gehen und sofort beginnen, die Vermittlung der Vorgeschichte kann damit auch später erfolgen (nachgereichte Exposition), sie ist nicht notwendigerweise an die Exposition der Figuren gebunden und kann sukzessive innerhalb des Handlungsgeschehens oder auch in einer komprimierten Form eingebracht werden. Eine ›verzögerte Informationsvergabe‹ hat dies Manfred Pfister genannt (Pfister 1977, S. 67ff.). Sie kommt vor allem in neueren Filmen vor, bei denen der Betrachter schnell in das Geschehen hineingezogen werden soll.

Nach der Exposition wird dann der *Konflikt* vorbereitet, es gibt erste Wendepunkte, die uns auf diesen Konflikt zusteuern lassen, die den Knoten der Handlungslinien schürzen, also diese miteinander verbinden. Es wird Spannung erzeugt, weil etwas in Bewegung kommt. In der Hollywood-Dramaturgie wird dieser Punkt *Wendepunkt* (›point of attack‹) genannt, der jedoch nicht immer gleich erkannt werden muss, weil er oft eher unauffällig innerhalb eines Geschehens angelegt ist und weil sich dessen für die Geschichte ausschlaggebende, sie grundlegend verändernde Bedeutung erst im Nachhinein erschließt. Dabei sind die Wege der Spannungserzeugung im Film durchaus unterschiedlich, dem Einfallsreichtum der Autoren und Regisseure selbst ist keine Grenze gesetzt. Die Hollywood-Dramaturgie hat versucht, die Bestimmung dieses Wendepunktes zu formalisieren, doch ist ihr dies nicht hinreichend gelungen (vgl. Eder 1999, S.60ff.). Der Wendepunkt in der Handlung und im Handeln der Hauptfigur sollte, so hat es Eder dargestellt, im optimalen Fall auch zur zentralen Frage des Zuschauers werden bzw. diese zum Inhalt haben (ebd., S.63). Doch es bleibt fraglich, wenn Zuschauer Filme unterschiedlich rezipieren können, ob diese Relation von Figurenhandlung und Zuschauerinteresse auch immer eindeutig miteinander verknüpft werden können.

Der Handlungsverlauf eines Films – er wird häufig auch als Aus- oder *Durchführung* beschrieben – wird durch Verzögerungen, die den absehbaren Fall oder das glückliche Ende hinausschieben, bestimmt; sie sind in der Regel spannungssteigernd. Die Steigerungen können unterschiedlich angelegt sein, sie können eine *kognitive* Steigerung bedeuten (die ausgelösten Gedanken werden interessanter, Fragen relevanter etc.), eine emotionale Steigerung (die Intensität der Emotionen wächst) oder eine sinnliche Steigerung darstellen (Eder 1999, S. 92). Steigerungen entstehen zumeist handlungslogisch dadurch, dass für die Protagonisten die Wahlmöglichkeiten in ihrem Verhalten sukzessive reduziert werden.

Für die Gestaltung ist jedoch vor allem entscheidend, dass eine Geschichte zwar unterschiedlich erzählt werden kann, dass sie aber Eigenschaften besitzen muss, die sie für einen solchen dramaturgischen Aufbau prädestiniert. Noch die beste dramaturgische Konstruktion nützt wenig, wenn sie sich mit dem zu erzählenden Stoff nicht zu einer Einheit verbindet und die Konstruktion hinter dem zu Erzählenden unsichtbar wird.

Auf der Ebene der Dramaturgie wird der Konflikt zu einem *Höhepunkt* getrieben. Auch ist zu unterscheiden zwischen einem kausalen Höhepunkt (als Ergebnis einer Ereignisfolge, die dadurch abgeschlossen wird) als *inhaltlicher* Höhepunkt, auf dem die antagonistischen Positionen zu einem Austrag kommen und der zumeist auch einen *kognitiven* Höhepunkt darstellt, auf einem *emotionalen* Höhepunkt (mit der stärksten Intensität der evozierten Gefühle des Zuschauers) und einem *sinnlichen (visceralen)* Höhepunkt, der durch Wahrnehmungserregungen (induktive Spannung, Körperreaktionen, Schwindelgefühle) (Eder 1999, S.93f.).

Ein Höhepunkt ist z.B. – von der Spannung und dem Grad des Involviertseins des Zuschauers in das Geschehen her gesehen – erreicht, wenn es zwischen den Kontrahenten zu einer Auseinandersetzung kommt (formalisiert besteht eine solche Konfrontation beispielsweise beim Western im *Show down*, in dem sich die Helden auf der leeren Straße in der Westernstadt gegenüberstehen und den Revolver ziehen). Der Konflikt wird damit einer Lösung zugeführt, so dass die Geschichte zu einem Schluss kommt. In den klassischen Theorien der Dramaturgie ist der Höhepunkt jedoch durchaus nicht unbedingt der Augenblick der höchstens Spannungserzeugung, sondern der, auf dem z.B. ein besonderer Zustand des Glücks der Figuren erreicht wird. Hier lassen sich in den verschiedenen Dramaturgie-Konzepten unterschiedliche Auffassungen finden.

Die Theorie des klassischen Dramas gibt einen tragischen *Schluss* vor, das Buch über die Komödie aus der Poetik Aristoteles' ist – wie auch alle Kenner von Umberto Ecos »Der Name der Rose« (1986) wissen – nicht erhalten. Nicht immer muss ein Schluss tragisch oder glücklich sein. Entscheidend ist, wie und womit der Zuschauer entlassen wird. Die dramatische Fallhöhe in der Geschichte wird häufig verbunden mit der Macht der emotionalen Anspannung, von der eine als kathartisch empfundene Wirkung im Zuschauer angenommen wird. Ist das Ende so, dass der Zuschauer alle Konflikte im Film gelöst findet, ist er tendenziell mit der Welt versöhnt. Der Film stellt damit keine weiterführenden Fragen, die in der Realität des Zuschauers zu beantworten sind. Die geschlossene Form schließt den Film gegenüber dem Zuschauer ab, die offene verlangt ihm eine weitere Beschäftigung mit dem ungelöst gebliebenen Konflikt bzw. Problem ab. Das verbindet das geschlossene Drama und den Mainstreamfilm. Anders als das Drama endet der populäre Film mit einem ›Happy End‹ (Eder 1999, S.112).

In der Dramentheorie hat insbesondere die Version von Gustav Freytag den *Höhepunkt* in der Mitte des Dramas gesehen (Freytag 1992). Ursache war dafür vor allem ein konstruktionstheoretisches Argument, dass eine symmetrische Anlage des dramatischen Aufbaus im Sinne einer Tektonik, eines gebauten Gefüges, erreicht werden sollte. Im Film, vor allem in den Mainstream-Filmen, die der populären Dramaturgie zugerechnet werden, verschiebt sich der Höhepunkt jedoch an das Ende des Films, im Sinne der Steigerung in die Nähe des Schlusses (Eder 1999, S.66ff.).

Ein anderes Modell der Dramaturgie hat Christopher Vogeler (1998) entwickelt, wobei sich sein Modell durchaus mit dem aus der klassischen Dramaturgie kommenden Modell verbinden lässt. Vogeler bezieht sich auf Joseph Campbells Buch *The Hero with a Thousand Faces* (1949). Dort wurde die These entwickelt, dass alle großen Geschichten der Menschheit letztlich einem einzigen Schema folgen, das aus einer Reise eines Helden durch zwölf Stationen besteht. Alle Geschichten ließen sich letztlich auf dieses Schema zurückführen, da es letztlich mythischen Ursprungs sei. Vogeler hat aus diesem als universell angenommenem Modell ein Anweisungsbuch für Drehbuchautoren gemacht (Vogeler 1998). Das Konzept kann hier nur angedeutet werden: Der Held wird von einem Herold zum Abenteuer aufgefordert, wird von einem Mentor unterstützt und trifft bei seiner abenteuerlichen Reise (Vorbild: das Abenteuer, die Aventiure) auf einen Schwellenhüter, der ihm den Zugang zu einem Geheimnis verwehrt. Er wird von einer Schattenfigur, einem Gegenspieler, herausgefordert, den er besiegt. Als weitere Figuren gibt es den Gestaltwandler, der ihn in Zweifel stürzt, und den Trickster, der den Helden begleitet und oft komische Aspekte einbringt.

Die Stationen der Reise des Helden (die als Dramaturgie von Episoden zu denken ist, aber auch in einer Handlungsführung nach aristotelischem Muster enthalten sein kann) sind:
Ausgang ist (1.) die gewohnte Welt, aus der Held stammt. Er erhält (2.) einen Ruf zum Abenteuer; der (3.) meist mit einer Weigerung des Helden beantwortet wird. Der Held begegnet (4.) einem Mentor, der ihn berät und zur Reise rät. Die Reise beginnt, und es findet (5.) ein Überschreiten der ersten Schwelle statt, hinter der es kein Zurück mehr gibt. Nun ereignen sich (6.) Bewährungsproben, der Held trifft auf Verbündete und Feinde. Er dringt dann (7.) zur tiefsten Höhle vor, in der er auf den Gegner trifft; dort kommt es (8.) zur entscheidenden Prüfung in der Konfrontation und Überwindung des Gegners. Der Held wird (9.) belohnt (indem er z.B. das Schwert ergreift, den Schatz oder das Elixier raubt). Er macht sich (10.) auf den Rückweg; dabei kommt es zur Auferstehung des Helden (11.), da er durch das Abenteuer zu einer neuen Persönlichkeit gereift ist. Danach findet (12.) eine Rückkehr mit dem Elixier statt (Vogeler 1998).

Über den Kinofilm sind solche und andere Dramaturgie-Rezepte auch zum Fernsehfilm gekommen (vgl. Hickethier 2000b). Sicherlich lassen sich zahlreiche filmische Geschichten auf ein solches Schema beziehen, doch ist zu bezweifeln, ob damit wirklich *alle* ›guten‹ Filme, wie behauptet wird, zu erfassen sind. Ganz sicher gilt eine solche Dramaturgie nur für den Mainstreamfilm. Doch schon die großen Filme des europäischen Kinos lassen sich damit nicht erklären. Filme von Kluge, Godard, Fellini, Bergman verweigern sich einer solchen Dramaturgie.

Figurenkonstellationen

Das Geschehen wird in der Fiktion durch *Personen* (lat. persona – Maske des Schauspielers) bzw. *Figuren* (lat. figura – Gestalt) entwickelt und ausgetragen. Ebenso wird auch vom *Charakter* gesprochen und damit eher eine individualisierbare Gestalt im Spiel gemeint, während der Begriff des *Typus* dem Vertreter einer größeren Gruppierung vorbehalten bleibt, der weniger Individualität zeigt, sondern mehr die für eine Gruppe als bezeichnend geltenden Merkmale aufweist. Im Folgenden ist von Figuren die Rede, weil damit deutlicher wird, dass sie Geschöpfe eines Autors bzw. Regisseurs sind (vgl. Asmuth 1980, S. 90ff.).

Die Figuren bilden ein Geflecht, eine *Konstellation*, in der sie durch ihre Ausstattung an *Eigenschaften* und Handlungsmöglichkeiten gegeneinander gesetzt sind. Diese Konstellation ist nicht statisch, sondern verändert sich dynamisch im Laufe des Films. Diese Figurenkonstellation ist in der Regel so angelegt, dass durch die Charakteristika der Figuren ein Tableau verschiedener Verhaltensdimensionen aufgezeigt und damit die Handelnden gegeneinander abgesetzt werden, und in dem die Figuren die wichtigsten Dimensionen des in der Geschichte zum Austrag gebrachten Konflikts verkörpern. Unterscheidbar sind äußere Konflikte in der Interaktion zwischen den Figuren und innere Konflikte einer Figur mit sich selbst.

In der Unterscheidung zwischen *Haupt- und Nebenfiguren* lassen sich innerhalb eines Figurenensembles häufig symmetrische Konstellationen finden, zwischen denen dann ähnliche Konflikte oder Teile des zentralen Konflikts ausgetragen werden. Aus der Komödienliteratur ist die Herr-Diener-Konstellation bekannt, die auch in zahlreichen Spielfilmen wiederzufinden ist. Der Konflikt des Helden bzw. der Heldin wird auf einer untergeordneten Ebene, z.B. der der Diener oder der einfachen Leute, in komischer Weise variiert.

In der Dramatik gibt es, aus der Antike kommend, vor allem im 18. und 19. Jahrhundert, eine *Typologie der Figuren*, die durch ihre festgelegte Ausstattung an Verhaltensweisen beim Publikum bekannt und damit vertraut waren. Diese Rollenfächer (z.B. die jugendlichen Liebhaber und Liebhaberinnen, der Heldenvater und die Heldenmutter, die komischen Alten), haben sich zwar im 19. Jahrhundert aufgelöst (Diebold 1913, Doerry 1925), dennoch prägen sie die Charakterisierung der Figuren bis in die heutige Dramatik. Im Film bildete sich eine ähnliche Typologie heraus, die zu mehr oder weniger festen Verhaltensmustern führte, die sich historisch jedoch wandelten. Neben der ›Jungfrau‹, der ›Femme fatale‹, der ›Mondänen‹, dem ›Vamp‹, der ›guten Kameradin‹, dem ›Pin-up-girl‹ und der ›Nymphe‹ sieht Enno Patalas in der Kinogeschichte beispielsweise den ›Mann der Tat‹, den ›Komischen‹, den ›Fremden‹, den ›Hartgesottenen‹, den ›Jungen von nebenan‹, den ›Verlorenen‹ und den ›Rebellen ohne Sache‹ am Werk (Patalas 1963, ähnlich auch Heinzelmeier/Schulz/Witte 1980, 1982). Solche Typologien verloren jedoch in den sechziger Jahren nicht zuletzt unter dem Einfluss des Fernsehens an Bedeutung. Zwar lassen sich auch im Fernsehen unterschiedliche Darstellertypen und ›Fernsehpersönlichkeiten‹ feststellen, doch sind vergleichbare Typologien wie in der Kinoliteratur noch nicht entwickelt.

Die Konstellationen der Figuren werden auch durch die *Zahl der Protagonisten* geprägt, mit der auch ein Aktionsgefüge abgesteckt wird:

a) Die *Geschichte des einzelnen Helden oder der Heldin*, die sich zu bewähren hat im Kampf mit der Umwelt, den anderen (der Einzelne und die Masse) oder mit sich selbst, und in dessen Auseinandersetzung die anderen Figuren nur Stichwortgeber und Auslöser für neue Konstellationen sind. Beliebt sind auch Ein-Personen-Stücke, in denen in der Form des inneren Monologs aus einer spezifischen Sicht, oft des Alters, ein Leben resümiert wird oder Bilanz gezogen wird. Vor allem im Fernsehspiel ist diese Form entwickelt (z.B. Franz Xaver Kroetz: »Schöne Aussichten«, 1975, Fred Denger: »Langusten«, 1963) in der dann auch prominente Darsteller ihr Können zeigen können.
b) Der *Beziehungskonflikt zwischen zwei Personen*: eine Geschichte der Liebe oder der Trennung, eine Geschichte einer Ehe oder anderer schicksalhaft aneinander gebundener Personen.
c) Beziehungskonflikte kann es auch als *Dreiecksgeschichte* geben, in der in eine existente Beziehung ein Dritter oder eine Dritte einbricht. Ebenso ist auch
d) in einem *Vier-Personenkonflikt* das Prinzip des Beziehungskonflikts nach dem Muster der ›Wahlverwandtschaften‹ möglich.

Figurenkonstellationen werden auch dadurch bestimmt, wie die einzelnen Figuren im Geschehen involviert sind: Sie können als aktiv Handelnde oder als passiv Erleidende erscheinen. Zumeist ist die Art und Weise des Eingreifens oder Erduldens nicht statisch, sondern es lassen sich darüber Entwicklungsprozesse der Figuren formulieren: z.B. die Emanzipation des Helden oder der Heldin aus Zwangsverhältnissen, indem er oder sie aktiv wird und sich selbst befreit.

3. Erzählstrategien

Im Gegensatz zu den dramaturgischen Ansätzen gehen erzähltheoretische Konzepte, wenn sie nicht wie bei Bordwell auch dramaturgische Aspekte als Teil der filmischen Narration begreifen (Bordwell 1985) und diese deshalb als Teil der Erzählstrategien des Films zu verstehen sind, weniger vom ganzen Filmgeschehen aus, sondern von der Art und Weise, wie ein Geschehen mit kameraästhetischen Mitteln dargestellt wird. Die erzähltheoretischen Überlegungen setzen also bei den kinematografischen Strukturen an, gehen davon aus, dass der Zuschauer ein Geschehen immer durch das Kameraauge gesehen erzählt bekommt (vgl. auch Bach 1997).

Die *Perspektive* der Kamera ist zunächst ähnlich der Perspektive eines Sprechenden: Ein Sprecher artikuliert sich, und in diese Artikulation geht immer auch die Situation, seine Position, sein Standpunkt mit ein. Weil alles, was die Kamera zeigt, aus einer Perspektive aufgenommen ist, formuliert die Kameraperspektive das Erzählkonzept. Es ist zugleich ein Konzept des Beobachtens. Der Erzählstandpunkt, der *point of view*, gehört dazu und ist in jeder filmischen Einstellung eingeschrieben. Denn das allgemeine Erzählerprinzip der Kamera beinhaltet umgekehrt auch, dass sie einen Blick darstellt, der einen Blickenden voraussetzt.

Point of view und Erzählsituation

Für den Erzähler im fiktionalen Film lassen sich im wesentlichen drei Konzepte zu unterscheiden:

a) *Der auktoriale Erzähler.* Das literarische Erzählen kennt den auktorialen Erzähler. Er wird auch als *allwissender* Erzähler verstanden, weil er das zu Erzählende selbst anordnet, gleichzeitig Distanz zum Erzählten hält und damit Übersicht bewahrt, der über die Möglichkeit der *Außenperspektive* verfügt, also der Auswahl des zu Zeigenden und der »Festlegung der Raffungsintensitäten von einem Fluchtpunkt her, der außerhalb der Figuren und des erzählten Geschehens liegt« (Schwarze 1982, S. 95), sowie über eine *Innenperspektive*, die über die Gefühle der Figuren, ihre Motive, Absichten und Reflexionen sowie über ihr Denken Auskunft geben kann. Während die Innenperspektive häufiger durch den Off-Sprecher wahrgenommen wird, aber durch Einschübe einzelner Einstellungen und Sequenzen (Träume, Visionen, innere Bilder), wird die Außenperspektive stärker von der erzählenden Kamera und dem Schnitt (bzw. der Montage) wahrgenommen und seltener vom Off-Sprecher.

In die Organisation des Blicks und der Blickfolge ist nicht nur im fiktionalen Film, sondern auch in vielen anderen audiovisuellen Formen ein Wissen um die gesamte Erzählung bzw. der Darstellung enthalten. Mit dem Wissen um die Gesamtheit der Geschichte entwickelt der Erzähler seine erzählerischen Strategien. Erkennbar ist das daran, dass im Spielfilm die Kamera oft weiß, was die Figuren, die sie wahrnimmt, tun werden. Dazu gehört auch, dass die Erzählposition innerhalb eines Geschehensvorgangs wechselt und dabei das Geschehen aus wechselnden Ansichten aufgenommen wird. Das Erzählen ist auf diese Weise in die Kamerahaltung und über sie in den Ablauf des Geschehens integriert.

Dennoch muss zwischen der Erzählperspektive der Kamera und dem auktorialen Erzähler unterschieden werden. Zwar besitzt die Kamera auktoriale Züge, jedoch nicht im gleichen Maße wie ein literarischer Erzähler, der auch in das Innere der Figuren blicken kann. Die Kamera ist in der Regel an die fotografisch aufnehmbare Außenwelt gebunden. Der Weg in das Innere bedarf zusätzlicher Konstruktionen, etwa der Konstruktion eines Traums, eines weltabgewandten inneren Monologs etc. Außerdem kann neben die Kamera auch ein Off-Erzähler treten, der sich auktorial verhalten kann.

b) *Der Ich-Erzähler und die subjektive Kamera.* Der Ich-Erzähler in der Literatur erzählt das Geschehen, an dem er als Handelnder beteiligt ist, aus einer subjektiven Sicht, die eine *begrenztere Perspektive* auf die Geschichte als die des auktorialen Erzählers aufweist. Die Außenperspektive ist auf das durch eine Figur Erlebte beschränkt, die Innenperspektive auf die der Figur, die die Rolle des Erzählers übernommen hat, zugleich aber selbst in das Geschehen involviert ist.

Bei der Darstellung subjektiver Sichtweisen sind die Möglichkeiten des Films begrenzt, weil im Kamerablick durch seine durch den technischen Apparat bedingte Tendenz zum Realitätsschein das Gezeigte dazu drängt, als Realität wahrgenommen zu werden. Die Kamera muss deshalb dem Zuschauer durch Abweichungen von der gewohnten Form des Kamerablicks deutlich machen, dass der Blick der einer direkt in das Geschehen involvierten Figur ist. Dies geschieht z.B. durch die Differenz zwischen der Kamera, die auf einem Stativ fixiert ist und durch die Ruhe ihrer Bilder oder die Gleichförmigkeit der Bewegungen den Eindruck von normaler filmischer Realitätssicht vermittelt. Wird auf alle technischen Mittel der Ruhigstellung des Blicks durch Stativ, Dolly etc. verzichtet, so dass die Kamera auf der Schulter getragen wird und die Lauf- oder Gehbewegungen als Verzerrungen des gewohnt ruhigen Bildes aufnimmt, sich Reißschwenks, Unschärfen, Verwacklungen leistet, erscheint der Blick individuell gefärbt. Wir sprechen dann von einer *subjektiven Kamera.*

Zusätzlich bedarf es jedoch häufig noch der Off-Stimme, die die Subjektivität des spezifischen Blicks durch einen Ich-Kommentar stärkt. Möglich sind jedoch auch Kombinationen zwischen objektivierender und subjektiver Erzählhaltung auf den Ebenen des Kamerablicks und der Off-Stimme. So kann auch bei einem objektivierenden, Distanz haltenden Kamerablick eine Subjektivität der Erzählposition im off vermittelt werden, umgekehrt kann auch bei einer subjektiven verreißenden Kamera ein distanzierter auktorialer Off-Erzähler hinzutreten, wobei jedoch in der Synthese auch der Eindruck einer subjektiven Erzählposition entstehen kann, die aus größter innerer Distanz sich zu dem im Bild gezeigten subjektiven Handeln verhält.

Es ist auch möglich, ganze Passagen, die aus einer auktorialen Haltung heraus visuell wie auditiv organisiert sind, vorab oder im Nachhinein zu *subjektiven Sichtweisen* zu erklären. In Akira Kurosawas Film »Rashomon« (1950) beispielsweise werden vier Varianten ein und desselben Geschehens gezeigt, die sich als unterschiedliche Geschichten und Versionen der daran Beteiligten erweisen. Ebenso ist auch der mehrteilige Fernsehfilm »Tod eines Schülers« (1981) von Robert Stromberger und Claus Peter Witt als Folge unterschiedlicher Sichtweisen desselben Vorgangs organisiert. Jede der Sichtweisen bietet eine neue ›Lesart‹ der Geschichte an und fügt neue Aspekte zum bis dahin Gezeigten hinzu. Am Ende hat der Zuschauer aus allen Sichtweisen mehr erfahren als jeder der daran Beteiligten, ist also selbst zum ›allwissenden‹ Zuschauer geworden, doch bleibt ihm die letzte Gewissheit vorenthalten.

c) *Die Position der identifikatorischen Nähe.* Deutlich ist bereits bei der Unterscheidung zwischen auktorialem und subjektivem (Ich-) Erzähler geworden, dass im Film die Trennlinien nicht scharf zu ziehen sind, sondern dass Vermischungen möglich sind, die die erzählerische Potenz des Mediums steigern.

Die auktoriale Position kann partiell zurückgenommen werden, so dass der Zuschauer nur die begrenzte Sichtweise einer am Geschehen beteiligten Figur hat. Durch die auf diese Weise erfolgte unterschiedliche Informationsvergabe an den Zuschauer kann eine Spannungssteigerung erreicht werden. Durch spezielle Kamerabewegungen kann der Eindruck erzeugt werden, als sei der Zuschauer selbst in ein Geschehen involviert und gleichzeitig eine Position einnimmt, die auch eine der handelnden Figuren sei. In Peter Lilienthals frühem Fernsehfilm »Stück für Stück« (1962) ist eine Szene zu sehen, in der ein Junge durch ein Fenster in eine Küche einsteigt. Die Kamera nimmt die Position des Jungen ein und fährt suchend über Details der ärmlichen Kücheneinrichtung, stöbert im Portemonnaie, sieht in den Küchenschrank, nimmt also hier die Position eines subjektiven Standpunkts ein. Danach fährt sie in einem 360-Grad-Schwenk die Küche ab und der Zuschauer sieht jetzt auch den Jungen in einer Ecke auf einem Stuhl hocken und ein Brot essen: die Kamera ist in eine auktoriale Position zurückgekehrt, hat aber die identifikatorische Nähe zum Jungen, die vorher aufgebaut worden war, noch bewahrt.

Ausgehend von einem ganz anderen narratologischen Kategoriensystem, wie es Gérard Genette entwickelt hat (1994), sind seit einigen Jahren auch Ansätze entwickelt worden, die filmische Erzählung mit unterschiedlichen Begriffen Genettes zu fassen (vgl. Black 1986, Burgoyne 1990, auch Bach 1997, Schlicker 1997). Dabei spielt die Kategorie der ›Stimme‹ als narrativer Instanz eine Rolle und wird unter dem Aspekt des ›voice-over‹ auch im Film diskutiert (Black 1986) oder im Film ein ›unpersönlicher Erzähler‹ als ein »impersonal narrator« gesehen (Burgoyne 1990). Für die umfassende Beschreibung filmischer Narration haben sich diese Ansätze jedoch bislang noch wenig ergiebig gezeigt.

Erzählzeit und erzählte Zeit

Zum Erzählen gehört die Gestaltung der *Zeit*. Zeit nehmen wir im Alltag als linear auf dem *Zeitpfeil* (von der Vergangenheit in die Zukunft) angeordnet und *vorwärts* gerichtet wahr; rückwärts, in umgekehrter Zeitrichtung, können wir grundsätzlich nicht wahrnehmen. Der Film, der Bewegungen reproduzierbar macht, kann allerdings rückwärts ablaufen, so dass die Zeitrichtung scheinbar umgekehrt wird: Dies erzeugt in der Regel eher komische, weil gegen die Wahrnehmungslogik und gegen die Kausalität gerichtete Effekte. Im Film werden gelegentlich Szenen rückwärts, ›gegen die Zeit‹ gerichtet eingesetzt, doch geschieht dies selten. Zumeist werden damit Wunschvorstellungen der Figuren dargestellt. René Perraudin zeigt z.B. in »Vorwärts« (1990) eine Welt, in der sich die Menschen rückwärts bewegen, rückwärts sprechen, alles rückwärts geschieht, nur einer (gespielt von Udo Samel) bewegt sich als Außenseiter vorwärts. Der Film ist umgekehrt aufgenommen: alles bewegt sich vorwärts, nur Samel spielte Rückwärtsbewegungen. Aber gerade dieser Film demonstriert gerade in seinen Merkwürdigkeiten, die sich aus der doppelten Verschränkung ergeben, deutlich die Bindung des Erzählens an den Zeitpfeil, denn die Abfolge der Handlung mit Anfang und Ende bleibt weiterhin vorwärts gerichtet.

Den audiovisuellen Medien ist eine präsentische Grundform eigen, die sie vom rein sprachlichen Erzählen unterscheidet. Die Gegenwart der Wahrnehmung durch den Zuschauer ist auch Gegenwart der Figuren. Zwar kann die Audiovision durch *Beschleunigung* (›fast motion‹) und *Verlangsamung* (›slow motion‹) auch die Zeit der Darstellung verändern, doch wird dadurch der Realitätseindruck stark gemindert, so dass diese Form immer nur in Ausnahmesituationen eingesetzt wird. Beschleunigungen (es werden bei der Aufnahme die Bewegungen mit einer geringeren Bildzahl pro Sekunde, z.B.16/s, gedreht als in der Projektion gezeigt, z.B. 24/s) erwecken dabei häufig den Eindruck des Komischen (Slapstick-Effekt), Verlangsamungen (es werden umgekehrt mehr Bilder pro Sekunde gedreht als nachher gezeigt) erscheinen als ein Anhalten der Zeit, als Ausdruck einer veränderten psychischen Situation der Filmfiguren, häufig in Situationen der Angst, des Erschreckens, des Todes eingesetzt. Zur Darstellung bestimmter Effekte können jedoch auch noch extremere Differenzen ausgenutzt werden, z.B. um den Aufprall einer Pistolenkugel in *Zeitlupe* zu zeigen, oder um das Ziehen der Wolken im Film zu beschleunigen (z.B. in den Filmen »Die Patriotin«, 1979, oder »Die Macht der Gefühle«, 1983, von Alexander Kluge).

Zeitraffung und Zeitdehnung

Zeitraffung und Zeitdehnung werden deshalb auf andere Weise vermittelt. Die *Raffung* der erzählten Zeit geschieht vor allem durch Auslassen der für unwichtig gehaltenen Teile des Geschehens. Die Form der Auslassung muss durch den Kontext erzählerisch plausibel erscheinen oder durch formale Mittel eine Brücke über die Auslassung hergestellt werden.

In Orson Welles' »Citizen Kane« (1941) werden Jahre der Kindheit und Jugend dadurch übersprungen, dass der vom Rechtsanwalt Thatcher zur Erziehung übernommene junge Kane vor dem Weihnachtsbaum steht und vor ihm der Anwalt, der ihm ein frohes Weihnachtsfest wünscht. Der Glückwunsch wird vom Off-Sprecher fortgesetzt und das Bild zeigt uns, dass ein sichtlich gealterter Thatcher den Glückwunsch an den in der Ferne weilenden, inzwischen erwachsenen Kane richtet. Ähnlich werden auch die Jahre der Ehe Kanes mit Emily dadurch gerafft, dass immer die gleiche Szene am Frühstückstisch zu sehen ist, nur durch kleine Reißschwenks getrennt. Von Einstellung zu Einstellung altern sie mehr und es mehren sich die Zeichen ihrer Entfremdung. Als Brücke dient die immergleiche Position der Figuren.

Die wohl größte Zeitraffung findet sich in Stanley Kubricks »2001: A Space Odyssey« (1968), wo die Sequenz mit der Affenhorde der grauen Vorzeit damit endet, dass der Affe, der gerade den Anführer der anderen Horde mit einem Knochen erschlagen hat, diesen Knochen in die Luft wirft, wo dieser mehrfach herumwirbelt. Nach einem Schnitt (›match cut‹) zeigt das Bild eine ähnlich wirbelnde Raumstation und der Zuschauer befindet sich nun weit in der Zukunft des Jahres 2001.

Es bedarf jedoch nicht immer eines gegenständlichen Motivs. Das Prinzip der Überbrückung solcher Auslassungen ist die Gleichheit oder Ähnlichkeit von Bildelementen in den zu verbindenden Einstellungen. Der Film kann jedoch auch darauf verzichten und auf das inhaltliche Mitgehen des Betrachters vertrauen. Ein solches elliptisches Erzählen wird vor allem im Autorenfilm gepflegt.

In Axel Cortis Film »Herrenjahre« (1983) ist zu sehen, wie die Hauptfigur des Films, ein Mann im mittleren Alter, nachts aufwacht und neben ihm liegt unbewegt seine krebskranke Frau. Er beugt sich zu ihr hinüber, springt auf, sie ist nur schwach beleuchtet im Profil zu sehen. Ein nächstes Bild zeigt bereits die Trauergäste beim Leichenschmaus. Die Totenfeier, das Begräbnis, die Trauer der Verwandten wird übersprungen, weil diese Ereignisse für die Schilderung unerheblich sind. Dem Film geht es nicht um die Frau, sondern darum, dass die Hauptfigur durch die Umstände schließlich dazu gezwungen wird, sein Leben endlich selbst in die Hand zu nehmen und sich bewusst für etwas zu entscheiden.

Kaum ein Film kommt ohne Zeitraffungen aus. Sie bilden das wesentliche Moment der Komprimierung des zu erzählenden und der Konzentration der Darstellung. Der zu erzählende Zeitraum ist in der Regel größer als die Erzähldauer einer Filmhandlung.

Zeitdehnungen sind insgesamt seltener zu finden und werden vor allem in psychischen Extremsituationen der Figuren eingesetzt. Zum einen können innerhalb eines in der filmischen Gegenwart vorgegebenen Zeitrahmens (z.B. durch das Zeigen einer Uhr oder eines Bewegungsvorgangs, der für den Betrachter überschaubar ist) Handlungen und Situationen eingeschoben werden, die einen deutlich größeren Zeitraum umfassen. Zum anderen können Bewegungen bis zum Stillstand verlangsamt werden, so dass in dieser Zeit auf der Ebene des Tons ein psychischer Zustand eines Augenblicks vermittelt werden kann, dessen Darstellung aber eben länger als einen Augenblick dauert.

In Spielbergs »Empire of the Sun« (1987) wird der Angriff tieffliegender amerikanischer Jagdflieger auf einen japanischen Flugplatz im Zweiten Weltkrieg gezeigt. Der kriegsgefangene Junge Jim steht auf einem Hausdach und zeigt seine Begeisterung, als plötzlich ein Jagdflieger in Zeitlupe an ihm vorbeifliegt und ihm zuwinkt. Die Zeitlupe dient hier der Markierung dieser Szene als Vision des Jungen.

Vorgreifen und Rückwenden

Wesentliche Formen der Zeitveränderungen sind das Vorgreifen, die Rückwendung und die Gleichzeitigkeit paralleler Handlungen. Weitere Formen sind die des Versetzens in eine andere Zeit (die Vergegenwärtigung des Vergangenen und des Zukünftigen) durch Ausstattung, Szenerie und Handlungssituierung.

a) *Rückwendungen und Rückblende:* In der Gegenwart einer Geschichte können Erzähler und Figuren Ereignisse, die vor der erzählten Gegenwart liegen, auf verschiedene Weise in die Gegenwart einbringen. Es ist ein im Film besonders wichtiges Mittel des Erzählens. Zum einen können Off-Erzähler und die Figuren von vorzeitigen Ereignissen verbal berichten und damit ihre Gegenwart anreichern bzw. handlungsrelevantes Wissen einbringen. Vor allem in Expositionen ist dies eine häufig geübte Praxis. Zum anderen besteht die Möglichkeit des visuellen Einbringens vorzeitiger Ereignisse. Diese Form kann in einzelnen eingeschobenen Einstellungen geschehen oder in der Form von selbstständigen Sequenzen. Diese Form des Rückwendens wird *Rückblende* (›flash back‹) genannt. Noch bis in die sechziger Jahre hinein verlangte die Filmkonvention, dass diese zeitlichen Sprünge für den Betrachter deutlich von der filmischen Gegenwart abgesetzt zu sein hatten. Dazu bediente man sich in der Regel der *Blende*, die, gegenüber dem sonst angewandten Schnitt zwischen den Einstellungen, durch einen weichen und länger sichtbaren Übergang dem Betrachter einen solchen grundsätzlichen *Wechsel der zeitlichen Erzählebenen* signalisierte. Häufig gibt es im Film der dreißiger und vierziger Jahre noch zusätzliche verbale Ankündigungen und musikalische Kennzeichnungen. Ebenso wurde das Ende der Rückblende durch eine ähnliche Übergangsmarkierung angekündigt. Diese Form der Markierungen hat sich filmgeschichtlich immer stärker reduziert. Der Film kann inzwischen voraussetzen, dass die Zuschauer Verschiebungen in den Zeitebenen sehr schnell auch ohne derartige Markierungen erkennen.

Innerhalb der Rückblende folgt die Darstellung selbst wiederum einer *vorwärtsschreitenden* Chronologie der Ereignisse. Die Rückblende hat damit letztlich nur den zeitlichen Beginn des Erzählens rückwärts versetzt, um dann wieder vorwärtsschreitend zu erzählen und irgendwann innerhalb der Vorzeit der Filmhandlung die Rückblende zu beenden oder den Punkt der filmischen Gegenwart zu erreichen. Ein *rückwärtsschreitendes Erzählen* ist (bislang) noch nicht realisierbar.

In Sergio Leones »Es war einmal in Amerika« (1984) gibt es eine Rückblende, in der der Held in einer Opiumhöhle einen Rausch erlebt. Die Rückblende wird von einem aufdringlichen, den verschiedenen Einstellungen fortgesetzt unterlegten Telefonschrillen zusammengehalten. Der Held erinnert er sich rückblickend daran, wie er, Jahrzehnte zuvor in der Zeit der Gangsterkriege, miterlebt, wie die ermordeten Freunde von der Polizei abtransportiert werden, danach, wie sie auf einem Fest davor noch leben und er in dieser Situation in einen

Nebenraum geht, um zu telefonieren. Das Telefon klingelt bei einem Polizisten. Damit endet die Rückblende und sie legt durch das zunächst nur im Off vermittelte und schließlich im On konkretisierte Telefongeräusch nahe, dass er die Freunde verraten hat. Obwohl hier ein stufenweises Rückwärtserzählen erprobt wird, sind die Zeitphasen auf den einzelnen Stufen selbst wiederum chronologisch vorwärtsschreitend erzählt.

Orson Welles' »Citizen Kane« (1941) besteht unter anderem aus einer Vielzahl von Rückblicken, in denen sich einzelne Figuren an Kane erinnern und dabei subjektive Ansichten vom Zeitungsmogul liefern. Diese Rückblenden werden durch langsame Überblendungen eingeleitet, in denen der sich Erinnernde noch eine Zeitlang im Bild zu sehen ist, während die zurückliegende Episode sichtbar wird.

In Ingmar Bergmans »Wilde Erdbeeren« (1957) erinnert sich der alte Vater, als er das Sommerhaus besucht, an seine Jugend. In einer Rückblende sieht er die Jugendfreundin und bald auch sich selbst unter den Bäumen bei den wilden Erdbeeren. Mehrere Brücken signalisieren dem Zuschauer, dass er jetzt in eine Zeit entführt wird, die vor der filmischen Gegenwart liegt. Der Dialog wird abgelöst durch eine Off-Stimme, mit der er sich zu erinnern beginnt. Die Erdbeeren bilden dafür den Auslöser, sie spielen in der erinnerten Szene ebenfalls eine Rolle und schließlich wird sein Blick einen Moment lang starr, als sehe er jetzt nach innen, und vor seinem inneren Auge erscheint die Szene. Er spricht seine Jugendfreundin an, doch sie scheint ihn nicht zu hören: in den Bereich der Erinnerungen kann man nicht mehr verändernd eingreifen.

Mit der wachsenden Filmerfahrung des Publikums konnte die Verwendung solcher die Rückblende markierenden Stilmittel reduziert bzw. ganz auf sie verzichtet werden. In den neunziger Jahren sind die Markierungen nur noch kurz. Im Fernsehfilm »Taxi nach Rathenow« (1991) von Krystian Martinek und Neidhardt Riedel besucht eine ältere Frau aus dem westlichen Berlin nach Jahrzehnten zum ersten Mal wieder das Haus ihrer Kindheit in der nun wieder zugänglichen DDR. Sie steht vor dem Haus und die Szene verfärbt sich zu einem braungetönten Bild: Statt eines Autos fährt ein alter Pferdewagen vorbei, und dort wo sie eben noch stand, wird ein kleines Mädchen in altertümlicher Kleidung zur Schule geschickt. Die Rückblende in ihre Kindheit endet damit, dass die bräunliche Verfärbung der üblichen Buntheit weicht und wieder Inge Meysel als Westberliner Rentnerin zu sehen ist.

Ähnlich ersetzt auch Andreas Kleinert in seinem Film »Verlorene Landschaft« (1991) den *Wechsel zwischen Farbaufnahmen und Schwarz-*

weißaufnahmen als Mittel ein, um die Differenz zwischen Vergangenheit und Gegenwart, zwischen aktuellem Handeln und Erinnerung sichtbar zu machen. Im Fernsehepos »Die zweite Heimat« (1993) von Edgar Reitz wird dieses Mittel beispielsweise virtuos als erzählerischer Ebenenwechsel eingesetzt.

Der freiere Umgang mit den Gestaltungsmitteln Farbe und Schwarzweiß, den vor allem der neuere Fernsehfilm pflegt, dient dazu, verschiedene Realitätsebenen im Erzählen anzudeuten, weil gegenwärtig noch mit Schwarzweiß eine dokumentarische Realitätswiedergabe assoziiert und mit der Farbe der Eindruck einer aktuellen Wirklichkeitsillusion des Gezeigten verbunden wird.

Gegenüber diesen Formen des Rückgreifens und des Wechsels der Zeiten im filmischen Erzählen besteht noch die im Film breit genutzte Möglichkeit der Vergegenwärtigung historischen Geschehens, bei der der Film den Zuschauer in eine vergangene Zeit hineinversetzt. Hier haben sich im Kino und Fernsehen spezifische Genres (im Kino der *Historienfilm* bzw. im Englischen der *Heritagefilm* und im Fernsehen das *Dokumentarspiel*) herausgebildet, in denen sich einzelne Stilmittel zur Vermittlung des Zeitsprungs ausgeprägt haben (vgl. Rother 1990a; Koebner 1973; Delling 1976). Durch Szenerie, Requisiten und Kostüme wird die Zeit des Geschehens signalisiert und dann wiederum in aller Regel chronologisch erzählt.

b) *Zeitliche Vorgriffe*: Ebenso sind auch Vorgriffe denkbar, in denen aus der Gegenwart einer Filmhandlung in eine zukünftige Situation gesprungen wird. Sie sind jedoch relativ selten. Während die Rückblende unserer Fähigkeit, sich zu erinnern, entspricht, ist die Möglichkeit, in die Zukunft zu schauen, als etwas Irreales oder doch zumindest Spekulatives gekennzeichnet. Sie hat deshalb auch im Film oft den Charakter eines Traumes oder einer Vision, die in ähnlicher Weise wie die Rückblende als ein Wechsel der Zeitebenen markiert wird (z.B. in Nicolas Roegs »Wenn die Gondeln Trauer tragen«, 1974).

In Axel Cortis »Der junge Freud« (1976) tritt der junge Freud manchmal vor die Szene und erklärt sie einem unsichtbaren Interviewer gegenüber oder beantwortet eine Frage zur Bewertung der Situation. Dabei verweist die Figur des kommentierenden Freud dann oft auf die Zukunft, er erklärt, dass sich in dieser Situation noch nicht diese oder jene Entdeckung ankündige, sondern diese erst 15 Jahre später erfolge. Die Figur weiß also mehr über ihr gesamtes Leben als sie lebensgeschichtlich zu diesem Zeitpunkt wissen dürfte. Sie verfügt damit über ihre Zukunft, macht sie damit schon in der Gegenwart der Filmhandlung präsent.

Cortis Einsatz solcher Formen stammt aus der Tradition des Dokumentarspiels, wie es sich seit Mitte der sechziger Jahre im Fernsehen entwickelt hat. Im fiktionalen *Interviewdokumentarismus* befragt ein aus den aktuellen Sendungen bekannter Reporter die Figuren der Vergangenheit (z.b. Rudolf Rohlinger in Dieter Meichsners Fernsehfilm »Novemberverbrecher« von 1969), und stellt dabei in seinen Fragen nicht immer nur historisch angemessene Fragen, sondern richtet aus der Gegenwart Fragen an die Vergangenheit, die die Figuren dann oft auch im Wissen um das, was zwischen der historischen Zeit des Dokumentarspiels und der Gegenwart des Zuschauers stattgefunden hat, beantworteten (vgl. auch Koebner 1973, Hickethier 1980).

Auch im erzählerischen Vorgreifen auf die Zukunft gibt es die Ausweitung einer zeitlichen Erzählebene zum Filmgenre: in der Science Fiction. Das Filmgeschehen wird in einen Zeitraum in die Zukunft verlegt, die dem Zuschauer durch Filmarchitektur, Requisiten und diverse Hinweise auf die Zeit, in der die Geschichte spielen soll, signalisiert wird. Wird im Geschehen ein Zeitsprung zum Thema, benutzt der Film häufig das Motiv der Zeitmaschine, mit der dann ein Wechsel der Figuren in den Zeitzonen begründet wird. Der Sprung von der filmischen Gegenwart in die Vergangenheit und in die Zukunft wird so problemlos möglich (z.B. in den drei Filmen »Zurück in die Zukunft«, 1985ff.).

Gegenwart und Gleichzeitigkeit

Das Präsens der Darstellung ist eine Film und Fernsehen grundlegend bestimmende Form der Zeit, die auch bei anderen darstellenden Medien wie dem Theater angewandt wird. Im Fernsehen kommt durch die Möglichkeit des Live-Übertragens noch die Möglichkeit der Steigerung des Gegenwärtigen quasi als ein ›Echtzeiterlebnis‹ hinzu, wie es neuere Medientheoretiker formulieren.

a) *Gleichzeitigkeit paralleler Handlungen*: Eine wesentliche Form der Zeitgestaltung ist die Fähigkeit des Films, Dinge, die nacheinander erzählt werden, als gleichzeitig geschehende erscheinen zu lassen. Eisenstein hat mit Blick auf Charles Dickens' Roman »Geschichte zweier Städte« darauf verwiesen, dass diese Form der Parallelisierung auch in der Literatur und bereits vor dem Film existent ist (Eisenstein 1946). Die *Parallelmontage*, in der die Einstellungen aus zwei Handlungssträngen nacheinander im Wechsel montiert werden, erzeugt den Eindruck der Gleichzeitigkeit von Handlungen. Sie zielt auf ein Zusammentreffen der beiden Stränge in einem Punkt und ist gerade durch diese Finalität spannungserzeugend. Ihre inhaltliche Ausformung findet sie in der Verfolgungsjagd, einem im Film besonders häufig verwendeten Erzählmuster.

Die Parallelmontage korrespondiert über das Motiv von Jagd und Verfolgung mit anderen Erzählmustern, die den Film besonders geprägt haben, oder richtiger: die im Film ihre optimale mediale Darbietungsform gefunden haben. Die Verfolgungsjagd z.B. hat in der Autojagd (vor allem im amerikanischen Film) zu einer spezifischen, sich von der Geschichte oft verselbständigenden Gestalt gefunden, die aber auch zu Grundmustern für ganze Filmhandlungen wurde (z.B. in Filmen wie »Bullitt«, 1968, von Peter Yates oder »Duell«, 1972, von Steven Spielberg). Sie hat im Kriminalfilm, sowohl im Detektiv- wie im Polizeikrimi eine auch breit sich differenzierende Ausgestaltung auf Handlungsebenen und Figurencharakterisierungen erfahren.

Die Parallelmontage verkörpert in der Erzählform eine Besonderheit der audiovisuellen Medien: den Eindruck zu erzeugen, *an mehreren Orten gleichzeitig zu sein* und vieles komprimiert zu erleben.

Das Zusammenbinden verschiedener Handlungsstränge in der Parallelmontage impliziert nicht nur eine Gleichzeitigkeit des Geschehens, sondern weckt den Eindruck, dass die so montierten Handlungen in einer inneren Verbindung zueinander stehen. Sie sind deshalb auch vom Handlungsverlauf her nicht wirklich parallel angeordnet, sondern laufen auf einen *gemeinsamen Schnittpunkt* zu (als Form der Kollision oder der Ergänzung). Mit dieser Konvention kann wiederum gespielt werden.

In »Das Schweigen der Lämmer« (1990) ist gegen Ende des Films ein großes Polizeiaufgebot zu sehen, das ein Haus umzingelt. Ein farbiger Polizist, als Lieferant getarnt, klingelt an der Tür. Im Umschnitt sehen wir eine Glocke martialisch klingeln. Der dem Zuschauer bereits bekannte Täter kleidet sich an und geht zur Tür. Wieder ein Schnitt. Die Polizei bricht in das Haus ein. In dem Augenblick sehen wir den Täter die Tür öffnen und hinter der Tür steht die allein agierende Polizistin. In der nächsten Einstellung ist die Polizeitruppe zu sehen, die das Haus gestürmt hat, durch ein leeres Haus laufen, es ist niemand darin. Die Parallelmontage suggeriert, es bestehe ein Zusammenhang zwischen zwei Bewegungen, die im Klingeln und Türöffnen zusammentreffen, in Wirklichkeit finden jedoch zwei Mal zwei Bewegungen aufeinander zu, zwar zeitgleich, aber an weit voneinander getrennten Orten statt. Die Polizeitruppe hat ihren Täter verfehlt, die einsame Polizistin am anderen Ort ist in höchster Gefahr, weil sie allein dem Täter gegenübersteht. Es wird also zunächst eine Konvention eingesetzt und im Zuschauer eine entsprechende Gewissheit aufgebaut, um sie danach als falsch vorzuführen und damit die Spannung weiter zu steigern.

c) *Gegenwärtigkeit durch Gleichzeitigkeit in der Live-Produktion.* Als Erweiterung der durch die Audiovision gestärkten Illusion des Gegenwärtigen stellt sich die Potenzierung des Erlebens des Gegenwärtigen im Fernsehen durch die Möglichkeit der Live-Übertragung dar. In der Fiktion fand das Live-Prinzip seine Form im Live-Fernsehspiel, das im Fernsehen bis Ende der fünfziger Jahre üblich war. Dass das Spiel einer fiktionalen Handlung, das der Zuschauer auf dem Bildschirm sieht, in diesem Augenblick gerade in einem weit entfernten Studio entstand, hatte nur selten erzählerische Konsequenzen. Es war eine vom Zuschauer *gewusste* Besonderheit des Spiels, so wie es im 19. Jahrhundert Romankonvention war, dem Leser zu versichern, der Roman sei eine auf Tatsachen fußende Darstellung, sei ein authentischer Bericht. Die beim Live-Spiel mögliche Chance, durch Telefonanrufe bei den produzierenden und sendenden Fernsehanstalten das Spiel zu beeinflussen, wurde nur in der allerersten Phase des bundesdeutschen Fernsehens in sogenannten Mitmach-Krimis genutzt (vgl. Hickethier 1980, S. 260f.), dann jedoch nicht mehr. Mit der Einführung der elektronischen Aufzeichnung (MAZ) verschwand deshalb das Live-Spiel bis auf wenige experimentelle Ansätze in den siebziger Jahren restlos.

Live-Produktionen mit ihrer gesteigerten Gegenwärtigkeit haben sich deshalb vor allem in anderen Programmformen gehalten, in denen der Ausgang offen ist bzw. das Geschehen ungeplant verläuft. Bei Sportsendungen (regelhaftes Spiel, aber Offenheit über den Sieger), bei Unterhaltungssendungen (Spielshows, Quizsendungen) und bei Diskussions- und Ratgebersendungen etc. kann die Live-Produktion das Moment der Gegenwärtigkeit für den Zuschauer sinnvoll einbringen.

Das Moment der Gegenwärtigkeit im Spiel wurde dennoch weiter diskutiert. Dass sich im Verlauf der Fernsehgeschichte immer neue Formen der Erzeugung bzw. Suggestion von Gleichzeitigkeit entwickelt haben, zeigt die Bedeutung der Gestaltung von Gegenwärtigkeit für das Zuschauen ist. Fünf Möglichkeiten der *Gleichzeitigkeit als Form der Gegenwart im Spiel* haben sich dabei bisher herausgestellt:

1) Die *fiktive Gegenwart*, eine Sonderform des Präsentischen in der filmischen und televisuellen Vermittlung. Sie betont, dass das, was gezeigt wird, gerade in diesem Moment des Zeigens auch geschieht. Helmuth O. Berg hat diese Form »fiktive Gegenwart« genannt (Berg 1972, S. 106ff.) und damit auf Erzählmittel verwiesen, die diese Gegenwart dem Zuschauer suggerieren (direkte Adressierung des Publikums und Bezugnahme auf den Zeitpunkt der Sendung, Vermittlung des Scheins von Gleichzeitigkeit des Spielgeschehens und der Rezepti-

onszeit durch Uhren und andere Zeit signalisierende Mittel). Die auf diese Weise erzeugte Gleichzeitigkeit nennt Berg gegenüber der technisch hergestellten eine »ästhetische Gleichzeitigkeit« (Berg 1972, S. 108). Fernsehspiele und Fernsehfilme, die diese fiktive Gegenwart als Stilmittel ausnutzen, sind vor allem in den sechziger und siebziger Jahren zu finden. Wolfgang Menges »Millionenspiel« (1970), in der eine fiktive Unterhaltungsshow auf Leben und Tod gezeigt wird, hat dieses Mittel genutzt. In den neunziger Jahren hat Michael Seyfrieds Fernsehfilm »Private Life Show« (1995) diese Form noch einmal aufgenommen. Das Publikum konnte den Eindruck gewinnen, bei einer live stattfindenden Talkshow zuzuschauen, bei der schließlich der Befragte den Showmaster (Burkhard Driest) ermordete. Es handelte sich um einen (vorproduzierten) Fernsehfilm, bei dem die der Live-Eindruck ästhetisch inszeniert worden war.

2) Gleichzeitigkeit wird auch vermittelt durch ein *tatsächlich live produziertes Spiel, das aktuelle Themen des Tages aufgreift* und sich dazu mehr oder weniger improvisatorisch und spielerisch verhält. In den siebziger Jahren produzierte das ZDF eine Reihe von live hergestellten Fernsehspielen, die sich in dieser Weise improvisierend auf aktuelle Gegenwart einließen. Daraus entwickelte Peter Bauhaus das Konzept des *simultanen Fernsehspiels*, in dem dem Zuschauer die Möglichkeit des Eingreifens gegeben sein sollte (Bauhaus 1975). Werner Waldmann hat diese Möglichkeit als »Interaktives Fernsehspiel« bezeichnet (Waldmann 1977, S. 164ff.), doch bleibt ebenso wie beim simultanen Fernsehspiel das Potential ungenutzt. In den Beispielen für das »interaktive Fernsehspiel« findet sich eine konventionelle fiktionale Erzählform kombiniert mit einer Studiodiskussion, (Beispiel: »Stationen«, Fernsehproduktion des ZDF 1973) in der über dramaturgische Entscheidungen diskutiert und vorbereitete Varianten eingespielt werden können.

3) *Virtuelle Parallelmontage*: Eine dritte Variante ganz anderer Art lieferte ein Fernsehspiel, das gleichzeitig im ARD- und im ZDF-Programm (Oliver Hirschbiegel: »Mörderische Entscheidung« 1991) ausgestrahlt wurde, und dabei auf beiden Kanälen unterschiedliche Teile des Geschehens zeigte. Anfang und Ende sowie einzelne Sequenzen in der Mitte waren jeweils einheitlich, zwischen ihnen teilte sich das Geschehen in parallel geführte Handlungen auf. Der Zuschauer konnte sich mit seiner Fernbedienung nach eigener Entscheidung in die einzelnen Handlungsstränge einschalten und auf diese Weise virtuell eine Parallelmontage erzeugen. Diese Form setzt jedoch die bildgenaue gleichzeitige Ausstrahlung voraus, um in den gemeinsamen Teilen im gleichen Geschehen zu sein.

4) Eine weitere Form der erzeugten ästhetischen Gleichzeitigkeit stellen die Langzeitserien wie z.b. »Lindenstraße« (1986ff.) dar, in der das wöchentliche Geschehen einer Haus- und Straßen-Folge komprimiert wird, wobei aber der Eindruck erzeugt wird, dass der *Fortgang des Geschehens parallel zum realen Zeitverlauf des Zuschaueralltags* geschieht. Wenn nach einer Woche die nächste Folge gezeigt wird, ist auch eine Woche im Geschehen der Figuren vergangen. Die Erzählform ist deshalb die tradierte Form des Zeit raffenden Erzählens, bei dem noch dazu mehrere Handlungsstränge parallel erzählt werden, wobei durch Verweise (Jahreszeiten, Einbau aktueller Ereignisse, wie z.B. Wahlen etc., in den Fiktionsablauf) ein übergeordneter Zusammenhang zur Gegenwärtigkeit des Betrachtens hergestellt wird. Dieser Eindruck wird von Zeit zu Zeit durch geschickte Inszenierungen zusätzlich verstärkt, wenn beispielsweise in der (sonntagabends) gezeigten Serienfolge eine Figur (z.B. Benny Beimer) eine politische Aktion einer Umweltgruppe, die hier im Fiktionsrahmen eindeutig als fiktional ausgewiesen ist, ankündigt, und am nächsten Morgen (montags) vor der dem Haus des Bundesumweltministers tatsächlich eine solche Umweltaktion stattfindet und über diese wiederum in der aktuellen Medienberichterstattung berichtet wird. Dennoch bleibt auch die Fiktion als gesonderter filmischer bzw. televisueller Raum-Zeit-Zusammenhang gewahrt. In der Seriendiskussion hat sich deshalb der Begriff der »parallelen Welt«, die hier für den Zuschauer erzeugt werde, durchgesetzt (vgl. auch Giesenfeld 1994).

5) Eine neue Form ist mit der Weitereinwicklung der täglich ausgestrahlten Serie, der ›daily soap‹, durch ihre Transformation in das sogenannte ›Reality‹-Format entstanden. Hier werden jetzt die Protagonisten einer zumeist auf 100 Folgen angelegten Sendung (z.B. »Big Brother«, 2000) in ein von Kameras permanent beobachtetes, abgeschlossenes System, einen Bungalow-artigen Container, zusammengesperrt. Deren Interaktionen werden aufgezeichnet und nach Prinzipien der Serienmontage zusammengeschnitten, so dass der Zuschauer am Abend in einer Stunde das komprimierte Erleben der Gruppe an diesem Tag zu sehen bekommt. Hier wird die Gleichzeitigkeit dadurch gesteigert, dass der Zuschauer die Möglichkeit besitzt, einzelne der Bewohner hinauszuwählen und somit einen Sieger zu küren, der am Ende einen großen Geldpreis gewinnt. Fiktionsform und Showdramaturgie sind hier miteinander zu einer neuen Form verbunden (vgl. Weber 2000).

4. Montage und Mischung

Schnitt und Montage gehören seit den zwanziger Jahren zu den filmspezifischen Mitteln. Zwar findet der Schnitt schon vorher Anwendung und seine Möglichkeiten werden bereits vor dem Ersten Weltkrieg erkundet, in der filmästhetischen Debatte gewinnt er jedoch erst in den zwanziger Jahren, genauer: mit den Filmen von Eisenstein, Pudovkin und Vertov, an Bedeutung. Deutlich ist dies an den filmtheoretischen Schriften von Belá Balázs abzulesen. Ist in seinem ersten Buch von 1924 *Der sichtbare Mensch* von der Montage noch kaum die Rede, so wird sie, nachdem in Europa 1926 die ersten großen Filme Eisensteins, vor allem »Panzerkreuzer Potemkin«(1925/26), zu sehen waren, in seinem Buch *Der Geist des Films* 1930 zum zentralen Merkmal für die filmische Narration.

Montage ist ein handwerklicher Begriff der Filmpraxis. Zwei Aspekte treffen in der Montage zusammen: zum einen die Aufnahmen, die aus unterschiedlichen Positionen aufgenommen wurden (›découpage‹), zum anderen die Auswahl, zeitliche Begrenzung der Einstellungen und das Arrangement der Einstellungen (›editing‹), um den Eindruck eines Flusses (›continuity‹) zu erzeugen (vgl. Beller 1993). Meint der Schnitt (›cutting‹) die Begrenzung einer Einstellung, in dem ganz konkret der belichtete Film geschnitten und damit die Länge einer Einstellung festgelegt wird, verbindet die Montage (›editing‹) verschiedene Einstellungen miteinander, indem die Schnittstellen verschiedener Einstellungen zusammengeklebt werden.

Joachim Paech hat im Kontext seines historisch argumentierenden Buches *Literatur und Film* auf die narrativen Aspekte der Montage hingewiesen und vor allem drei Bedeutungsdimensionen einer »filmischen Schreibweise« hervorgehoben:

– Mimesis einer montageförmig erlebten Realität,
– Konstruktion von Bedeutungen aus der Reihung oder dem Zusammenprall von Elementen zu einem neuen Zusammenhang,
– Dekonstruktion bestehender Zusammenhänge und ihre Auflösung in Elemente, die in ihrer Heterogenität erhalten bleiben und in einer offenen textuellen Struktur variable Verbindungen eingehen« (Paech 1988, S. 129).

In der filmgeschichtlichen Diskussion wurde vor allem der konstruktive, synthetisierende Aspekt der Montage immer wieder hervorgehoben, während der dekonstruktive Aspekt erst in den letzten Jahren betont wird.

Montage der Einstellungen

Die Montage kann unterschiedliche Ansichten eines Objektes, aber auch Ansichten verschiedener Objekte miteinander verbinden, sie kann dadurch im Zuschauer Bedeutungen evozieren, die im tatsächlich Abgebildeten *keine* Entsprechung haben. Zwischen den in den Einstellungen gezeigten Sachverhalten bildet der Betrachter in seinem Bewusstsein eine Brücke, stellt zwischen dem, was nacheinander in den beiden Einstellungen zu sehen ist, einen Zusammenhang her.

Montage ist, so der Filmtheoretiker und -regisseur Vsevolod Pudovkin in seinem 1926 erschienenen Buch über *Filmskript und Filmregie*, die »Kunst, einzelne, gesondert aufgenommene Einstellungen so miteinander zu verknüpfen, dass der Zuschauer im Ergebnis den Eindruck einer geschlossenen, ununterbrochenen, sich fortsetzenden Bewegung gewinnt« (Pudovkin 1983, S. 330). Die Montage bildet als eine *produktive* Form der zeitlichen Gestaltung filmischer und televisueller Abläufe das Kernstück der filmischen Narration.

Nicht bei jeder Montage entsteht zwangsläufig eine Bedeutung. Um sie zu erzeugen, muss so montiert werden, dass die montierten Aufnahmen etwas miteinander zu tun haben. Es muss also in den Einstellungen etwas geben, was sich in Beziehung setzen lässt: ein Bewegungsvorgang, eine Ähnlichkeit der Gegenstände, eine Identität der Figuren, eine sich ergänzende Handlung, eine ideelle Verbindung. Dieses Inbeziehungsetzen bildet den eigentlichen Erzählvorgang, durch ihn wird aus den verschiedenen Bereichen des Abbildbaren eine neue ästhetische Form geschaffen, wird eine neue (filmische) Realität erzeugt. Die produktive Kraft der Montage hat Pudovkin in einem kleinen Beispiel einer Filmsequenz von Lev Kuleshov erläutert, die dieser 1920 drehte:

»1. (Einstellung) Ein junger Mann geht von links nach rechts. 2. Eine Frau geht von rechts nach links. 3. Sie begegnen sich und drücken einander die Hand. Der junge Mann macht eine Handbewegung. 4. Es wird ein großes weißes Gebäude mit einer breiten Treppe gezeigt. 5. Der junge Mann und die Dame gehen die breite Treppe hinauf« (ebd. S. 231).

Pudovkin schreibt weiter: »Die einzelnen Einstellungen wurden in der angegebenen Reihenfolge zusammengeklebt und projiziert. Der Zuschauer empfand die einzelnen Einstellungen als eine durchgehende Handlung. Zwei junge Menschen treffen sich und der eine lädt zum Besuch in ein nahegelegenes Haus ein. Beide betreten das Haus. – Die Einstellungen wurden folgendermaßen aufgenommen: Der junge Mann wurde in der Nähe des GUM aufgenommen, die junge

Dame in der Nähe des Gogoldenkmals, der Händedruck in der Nähe des Bolschoi-Theaters, die Einstellung des weißen Hauses stammte aus einem amerikanischen Film (es war der Sitz des amerikanischen Präsidenten), und der Gang beider auf der Treppe wurde in der Nähe der Erlöserkirche aufgenommen.« Der Zuschauer hatte die Einstellungsfolge als einen ganzheitlichen Vorgang aufgenommen, aus den Einstellungen wurde »ein in Wirklichkeit nicht existenter filmischer Raum geschaffen« (ebd., S. 231).

Voraussetzung für das Funktionieren dieses Beispiels war jedoch, dass offenbar in den Einstellungen nichts war, was dieses Zusammenziehen von Aufnahmen von verschiedenen Orten irritierte. Zum einen bildeten die Figuren durch ihr Aussehen und Verhalten eine einstellungsübergreifende Klammer, zum anderen waren die Bilder der verschiedenen Lokalitäten, in denen sie agierten, so gewählt, dass das Gezeigte verallgemeinerbar war. Nur dadurch ließ sich aus den differenten Aufnahmen ein neuer filmischer Raum herstellen. Der Betrachter musste die Aufnahmen und das in ihnen Gezeigte als Elemente einer Geschichte (z.B. eines Rendezvous) identifizieren können, er musste dafür über die kulturelle Kenntnis solcher Handlungsmuster verfügen.

Montage der Sequenzen

Die Montage als organisierende Kraft des im Film Erzählten wird auch wichtig für die größeren Einheiten im Film. Diese Einheiten werden nach dem englischen und französischen Begriff ›sequence‹ (für Folge) *Sequenzen* genannt (Möller-Naß 1986, S. 167ff.). Sie ergeben sich in ihren Abgrenzungen letztlich aus dem Erzähl- und Darstellungskontext, bestimmen sich inhaltlich. Als »Handlungseinheiten« (Kurowski 1972, S. 134) sind sie zum einen auf das Geschehen vor der Kamera bezogen, zum anderen auf einen über Zeit und Raum hinweggehenden Montagevorgang (Möller-Naß 1986, S. 172ff.). Jurij M. Lotman hat die Sequenz als eine »innere Einheit« innerhalb des Filmgeschehens definiert, die »nach beiden Richtungen durch Strukturpausen gekennzeichnet ist« (Lotman 1977, S. 109). An der Vielfalt der Definitionen ist zu erkennen, dass die Sequenzbildung als filmisches Gliederungsmittel mehrere Faktoren umfasst und weniger eindeutig als die Einstellungsbestimmung ist.

Die Sequenz wird in dieser Einführung als *Einheit im Geschehen* verstanden, die sich deutlich von anderen abhebt (Strukturpausen) und sich durch einen erkennbaren *Handlungszusammenhang* bestimmen lässt. Die klassische, vom Drama her bekannte Normvorstellung der Einheit von Ort, Zeit und Figurenhandlungen muss nicht unbedingt gegeben sein. Die Einheitlichkeit des Handlungsortes muss nicht gegeben sein, eine Handlung kann sich über mehrere Orte hinweg erstrecken; die Kontinuität der agierenden Figuren kann sich auf eine Figur beschränken und innerhalb einer Sequenz können Figuren auf- und abtreten. Die Handlungszeit kann ebenfalls unterschiedlich organisiert sein. Entscheidend ist der vom Betrachter erkannte Zusammenhang, der sich begründbar innerhalb der fortlaufenden Einstellungsabfolge eingrenzen lässt. Sequenzen im Film zu bestimmen, dient vor allem dem Erkennen von Strukturen, die den gesamten Film, die Fernsehsendung oder auch das Video gliedern.

Christian Metz hat für die *Formen filmischer Sequenzen* anhand der Betrachtung eines Films (»Adieu Philippine«) eine Typologie der Sequenzformen entwickelt (Metz 1973, S. 198ff.). Sie ist nicht unwidersprochen geblieben (Möller-Naß 1986, S. 164ff.). Entscheidend ist, dass Metz in der filmischen Gliederung mehrere *sequenzbildende Prinzipien* erkennt, die sich durch die unterschiedliche Zeitverwendung definieren:

a) die Unterscheidung zwischen *autonomen Segmenten*, die aus nur einer Einstellung bestehen, und *Syntagmen*, also Einheiten, die aus mehreren Einstellungen bestehen, die Metz abweichend vom sonst verbreiteten Sprachgebrauch nicht Sequenzen, sondern Syntagmen nennt;

b) die Unterscheidung zwischen *chronologisch* gegliederten Einheiten (in denen sich eine zeitliche Abfolge erkennen lässt) und *a-chronologisch* gegliederten Einheiten (in denen eine zeitliche Struktur nicht erkennbar ist);

c) die Unterscheidung zwischen *deskriptiven* Einheiten (in denen die Motive in den Einstellungen in einem Verhältnis der Gleichzeitigkeit zueinander stehen) und *narrativen* Einheiten (alle anderen chronologischen Einheiten, in denen die Abfolge der Bilder auch einer Abfolge des Geschehens entspricht);

d) die Unterscheidung zwischen *linear narrativen* (in denen ein einheitlicher Handlungszusammenhang existiert) und *alternierten* Einheiten (in denen zwei oder mehrere Handlungen, die nebeneinander spielen, miteinander verbunden werden);

e) die Unterscheidung zwischen *Szene, gewöhnlicher Sequenz* und *Episodensequenz*. Während die Szene durch keine Auslassung gekennzeichnet ist, also eine zeitliche Einheit des Geschehens wiedergibt, ist die gewöhnliche Sequenz durch Auslassungen bestimmt. Von dieser unterscheidet sich die Episodensequenz dadurch, dass in ihr die Auslassungen deutlicher organisiert sind, so dass das Gezeigte in Episoden zerlegt erscheint, die in sich besonders geformt sind. Es ist erkennbar, dass hier Abgrenzungsschwierigkeiten bestehen (vgl. zur Kritik Möller-Naß 1986, S. 192ff.).

Metz' Typologie der größeren Einheiten gilt als eine ›klassische‹ Form der Unterscheidung, so dass es seit ihrer Publikation kaum neuere Versuche zur Bestimmung der Sequenzen gegeben hat. Deutlich ist jedoch auch, dass mit wenigen Grundformen ein Hauptteil der Sequenzen zu erfassen ist. Vor allem durch die gewöhnliche Sequenz, die Szene, die Episodensequenz und die autonomen Einstellungen wird die Mehrzahl der Filme bestimmt.

Wegen ihrer Allgemeinheit lassen sich jedoch mit der Typologie in aller Regel kaum die erzählerischen Besonderheiten der einzelnen Montageformen, wie sie in Filmen konkret vorhanden sind, erfassen. Sinnvoller erscheint es deshalb für die Analyse, von *historischen Formen des Montierens* auszugehen, wie sie beispielsweise Karel Reisz und Gavin Millar beschreiben. Zwar ist der von Reisz/Millar vorgelegte Versuch insgesamt unsystematisch, weil er auf sehr verschiedenen Ebenen wie der der Gattungen (Dokumentarfilm), der Genres (Actionfilm), der Darstellung (Dialog) und einzelner historischer Filmformen (Autorenfilm) Beschreibungen vorlegt, aber er lädt in seiner Offenheit zur eigenen analytischen Auseinandersetzung mit Filmen ein (Reisz/Millar 1988).

Dramaturgie, Erzählen und Montage als Einheit

Filmische und televisuelle Narration sind durch die Verbindung von Dramaturgie, Erzählstrategien und Montage zu beschreiben. Sie bedienen sich *aller* Mitteilungsebenen des Films, die in der Herstellung von Bedeutungen unterschiedlich dominant werden können. Sie aktivieren diese in oft raschem Wechsel und stellen Korrespondenzen zwischen den verschiedenen Ebenen her, vom Dramaturgischen auf der Ebene der Figuren und ihrer Handlungen, in den Konstellationen und Konflikten zu den Dingen der Umgebung, von der Ebene der Sprache zu der des Bildes, von der der Blickkonstruktionen zur Musik usf.

Eine verbale Mitteilung wird z.B. durch einen Blick abwehrend kommentiert, die Musik signalisiert Erregung und macht damit die emotionale Dimension von Mitteilung und Kommentar deutlich, und ein Schnitt auf eine Ansicht von tosender Brandung kann dem Zuschauer einen heraufziehenden Streit signalisieren. Anschließend wird auf der Dialogebene der Streit ausgetragen.

In der Verwendung der Montage haben sich in der Filmgeschichte unterschiedliche *Konventionen* herausgebildet, die sich teilweise überschneiden. Es sind zunächst filmische Konventionen, sie werden dann aber auch mit dem Fernsehen modifiziert auf die elektronische Bildproduktion übertragen (vgl. zur technischen Differenz zwischen filmischer und elektronischer Produktion Kapitel IV.4). Zwei zentrale Differenzen lassen sich in der Montagepraxis hervorheben: das Prinzip der *Transparenz* und das der *Materialität*.

Die Vorstellung, dass der Film wie ein Transparent wirke, durch das der Betrachter in eine andere Welt schaue, führt dazu, dass beim Montieren der Einstellungen alles unterlassen wird, was dem Betrachter die Montage bewusst werden lässt. Am reinsten findet sich diese Auffassung in den Regeln des *Unsichtbaren Schnitts* im Hollywood-Film der dreißiger bis fünfziger Jahre verkörpert. Die Betonung der Materialität des Films (und dann später auch der Elektronik) hebt umgekehrt genau diese Bedingungen des Mediums hervor, versucht immer im Bewusstsein des Betrachters zu halten, dass er Film sehe und nicht an einem medialen Wirklichkeitsersatz teilhabe. Montagekonventionen, die an dieser Vorstellung anknüpfen, finden sich zuerst im russischen Revolutionsfilm der zwanziger Jahre und später im europäischen Autorenkino seit den fünfziger Jahren.

Das Bewusstsein der *Materialität* des filmischen Erzählens korrespondiert mit *Kunstkonzepten der Moderne*, die in der Literatur, der bildenden Kunst, der Musik und dem Theater vergleichbare Auffassungen vertreten. Die *Transparenzauffassung*, die auf eine gesteigerte Wirklichkeitsillusion des Films abzielt, ist dagegen, wenn man eine grobe Zuordnung wagt, eher mit den realistischen und illusionistischen Kunstauffassungen des 19. Jahrhunderts im Zusammenhang zu sehen und wird vor allem in den Konzepten des populären Films, des Mainstreamfilms und des Unterhaltungskinos vertreten.

Der unsichtbare Schnitt

Als eine historische, heute gleichwohl in vielen Produkten noch wirksame Montageform hat sich im amerikanischen Film die Konventionen des ›unsichtbaren Schnitts‹ herausgebildet. Sie sichern die Verständlichkeit des Gezeigten, in dem sie erzähl- und darstellungsökonomisch Sachverhalte schnell ›auf den Punkt bringen‹, das Wechselspiel der Einstellungen nach wiedererkennbaren Mustern organisieren und den Zuschauer in das Geschehen einbeziehen. Sie sind sowohl den Machern als auch den Zuschauern *vertraut*, auch wenn sie nicht *bewusst* sein müssen. Sie erscheinen heute so selbstverständlich und als dem Film ›naturhaft‹ zugehörig, dass sie als artifizielle, regelhaft angewendete Formen kaum noch bewusst sind. Sie werden aus amerikanischer Perspektive auch als ›classical narration‹ bzw. ›classical style‹ (Bordwell 1985, S.156ff.) bezeichnet.

a) Mit den Regeln der *Unsichtbarkeit des Schnitts* ist nicht gemeint, dass es keinen Schnitt geben soll, sondern dass der Schnitt vom Zuschauer möglichst nicht bewusst wahrgenommen werden soll. Dieser soll den Eindruck gewinnen, durch den Film hindurch wie *durch ein Transparent in eine andere Wirklichkeit* zu schauen. Um diesen Eindruck zu erzeugen, prallen die unterschiedlichen Einstellungsgrößen nie kontrastiv aufeinander, sondern werden in der Abfolge miteinander vermittelt, so als nähere sich der Zuschauer einem Geschehen an.

Die Montage bemüht sich um einen ›fließenden‹ Übergang (›continuity‹). Der Aufbau einer Szene erfolgt deshalb z.B. durch mehrere Einstellungen, die den Wahrnehmungsbewegungen eines Menschen angenähert sind. Zunächst wird mit einer Totalen oder einer Halbtotalen eine *Übersichtseinstellung* (›Establishing shot‹) gezeigt, die den Handlungsort zeigt und welche Requisiten handlungsrelevant sind. Danach folgt eine Einstellung, die den Zuschauer näher an die Figuren und ihre Handlungen heranführt (HN), an die sich Nah- und Großaufnahmen einzelner Figuren anschließen und die die Auseinandersetzung zwischen ihnen zeigen. Nach mehreren Nah- oder Großeinstellungen, die die Figuren jeweils einzeln oder in Teilgruppen ohne viel Umraum ins Bild bringen, wird zumeist wieder eine Übersichtseinstellung (›Reestablishing shot‹) montiert, damit der Zuschauer sich erneut im filmischen Raum orientieren kann.

Nun kann aber im Film gerade die Irritation der Zuschauerwahrnehmung ein Ziel der Darstellung sein. In einem solchen Fall wird mit diesen Konventionen bewusst gebrochen, indem z.B. auf eine Übersichtseinstellung *verzichtet* wird und der Zuschauer zunächst mit einzelnen Detail- oder Großaufnahmen eines Geschehens konfrontiert wird. Da der Film über sein Geschehen zu Beginn keine Übersicht gibt, erzeugt er Unsicherheit und Anspannung im Zuschauer, weil dieser sich verstärkt bemühen muss, die unübersichtlichen Bilder zu einem Ganzen zusammenzufügen. Erst aus der Addition mehrerer Großeinstellungen, die sich danach zu Nah-, Halbnah- und Halbtotaleinstellungen ausweiten, wird die Situation des Geschehens geklärt. Steven Spielberg hat dieses Prinzip z.B. in seinem Spielfilm »Jaws« (»Der weiße Hai«) (1975) in den Strandszenen eingesetzt und damit die Spannung im Zuschauer auf ein drohendes Auftauchen des weißen Hais wachgehalten.

b) Weiterhin hat die Einstellungsverknüpfung so zu geschehen, dass die *Illusion des ununterbrochenen Geschehensflusses* nicht gestört wird, so dass der Zuschauer den Eindruck des Dabeiseins gewinnt. Die Einstellungsverknüpfung motiviert sich deshalb aus der Psychologie des Geschehens; krasse Wechsel und harte Brüche werden vermieden bzw. müssen, wenn sie Verwendung finden, durch das Geschehen oder die innere Verfassung der Figuren begründet zu werden. Zu vermeiden ist alles, was den Anschluss zwischen zwei Einstellungen irritiert (›jump cut‹, Achsensprung, nicht inhaltlich motivierte Bewegungswechsel, Verreißen der Kamera etc.).

Dialoge werden z.B. im *Schuss-Gegenschuss*-Verfahren aufgenommen: Die miteinander sprechenden Figuren sind jeweils einzeln *abwechselnd in Nah- oder Großeinstellungen* zu sehen. Sie werden frontal ins Bild gesetzt (meist so, dass sie schräg an der Kamera vorbei schauen), so dass der Zuschauer durch den Wechsel ihrer Aufnahmen den Eindruck gewinnt, er stehe in unmittelbarer Nähe zu den Dialogpartnern (seitlich hinter ihnen, wenn noch der Rücken oder die Schulter des Dialogpartners zu sehen ist) oder zwischen ihnen (wenn nur die Gesichter gezeigt werden).

In Alfred Hitchcocks »North by Northwest« (1959) treffen sich nach einigen vorangegangenen Begegnungen Eve Kendall (Eva Maria Saint) und Roger Thornhill (Cary Grant) im Wald zu einer Aussprache: sie offenbart ihm, der durch eine Verwechslung ungewollt in eine Auseinandersetzung zwischen die Spionagedienste der Großmächte geraten ist, dass sie keine Spionin ist, sondern eine in das feindliche Netz eingeschleuste amerikanische Agentin. Die Sequenz beginnt mit einer Totalen als Übersichtseinstellung. Beide Figuren stehen im Bild sich gegenüber, jeweils am äußeren Bildrand, die leere Bildmitte macht die innere Distanz zwischen ihnen deutlich. Dann gehen sie, in abwechselnden Halbtotal-Einstellungen, aufeinander zu und stehen sich in einer Halbnah-Einstellung gegenüber. Die Kamera schaut ihnen jeweils von der Seite aus zu, steht etwas näher an Cary Grant als an Eva Maria Saint und hält damit auch die Position des Zuschauers deutlich stärker an Grant. Der Zuschauer sieht, wie sich beide näher kommen, der Dialog deutet eine innere Annäherung der beiden an. Beide werden nun in einer Schuss-Gegenschuss-Folge gezeigt. Die Nähe der Kamera wechselt in eine Nah-, fast in eine Großeinstellung (bei der Kussszene). Die Figuren sind sich ganz nah gekommen, und der Zuschauer nimmt jetzt teil an ihrer Intimität.

Der Zuschauer wird also in die Nähe der beiden sprechenden Figuren geführt. Er sieht jedes Mal in das Gesicht des gerade Sprechenden. Dies wird nicht immer konsequent eingehalten, sondern häufig sehen wir auch, während der eine noch spricht, bereits das Gesicht des anderen. Wir erhalten damit also nicht nur die Information des gerade Sprechenden, sondern auch gleich die Reaktion des Angesprochenen auf diese Information. Der Zuschauer wird in verschiedene Positionen zu diesen beiden Sprechenden geführt. Beide stehen sich unbewegt gegenüber. Der Zuschauer bewegt sich um beide herum. Er sieht das Geschehen jeweils aus einer Position hinter einem der beiden Gesprächspartner. Dabei wird jedes Mal die Blickhöhe desjenigen eingenommen, über dessen Schulter er zum anderen hinsieht. Das heißt, die Kamera rückt ihn deutlich in die Nähe der jeweiligen Position. Der Zuschauer steht damit außerhalb des Gesprächs, er selbst ist nicht angesprochen, ist quasi ein unsichtbarer Beobachter, der von den Betroffenen gar nicht wahrgenommen wird, sich aber trotzdem in ihrer Nähe befindet.

An einem Beispiel aus »Casablanca« (1943) von Michael Curtiz lässt sich zeigen, wie mächtig solche Konventionen sind. Die Szene spielt im Büro von Rick's Café; der Präfekt sucht Rick auf, um ihn wegen der Pässe unter Druck zu setzen, die er bei Rick zu Recht vermutet. Wieder haben wir es zunächst mit einer Übersichtseinstellung zu tun. Beide treten aus der Tiefe des Raums nach vorn, als träten sie an eine Bühnenrampe mit Blick hin zum Zuschauer. (Rick) Humphrey Bogart durchschreitet den Raum. Er leitet mit seinen Bewegungen zugleich die Vorbereitung des Gesprächs ein. Der Präfekt setzt sich auf eine Couch, die an der Wand steht, Rick sitzt ihm gegenüber. Der Präfekt, der auf seine Unabhängigkeit pocht, möchte ihn mit seinem Wissen unter Druck setzen. Aber Rick ist schon durch seine leicht erhöhte Sitzposition und seine physische Präsenz optisch der Überlegene, so dass die Worte des Präfekten unwichtig erscheinen. Damit die Kamera aus der Perspektive des Präfekten zu Rick leicht nach oben schauen und damit Ricks Überlegenheit visuell vermitteln kann, wird der Zuschauer in eine Position gebracht, die in einem ›mechanischen‹ Filmraum nicht möglich ist. Er sitzt nämlich mit der Kamera hinter dem Präfekten, der sich aber an eine Wand lehnt. Eine solche Blickkonstellation wird im Film problemlos akzeptiert. Entscheidend ist nicht der ›mechanisch‹ richtige, der ›Realraum‹, sondern allein der durch den Film erzeugte ›narrative Raum‹. Der Zuschauer gerät durch die Kameraposition in die Situation eines Betrachters, der von einem allwissenden Erzähler zu den verschiedensten, auch wahrnehmungstheoretisch unmöglichen Positionen gebracht wird, um ein Geschehen zu erleben.

Das Schuss-Gegenschuss-Prinzip kann vielfältig variiert werden. So müssen sich die Figuren nicht unbedingt frontal (›face to face‹) gegenüberstehen, sondern können in vielfältigen Positionen zueinander gesetzt sein. Sie können seitlich nebeneinander, gestaffelt hintereinander oder auch mit den Rücken gegeneinander stehen, auch kann die Distanz der beiden Kameras, die die Dialogpartner von verschiedenen Seiten aufnehmen, unterschiedlich groß sein und eine unterschiedliche, der Höhe der Köpfe angenäherte Position einnehmen. Hier zeigen sich auch die Grenzen der Konventionen dieser ›classical narration‹. In Rainer Werner Fassbinders Film »Katzelmacher« (1969) sitzen oder stehen die Figuren häufig nebeneinander, frontal, mit Blick direkt in Richtung Kamera, und sprechen miteinander. Durch eine solche Positionierung wird ein bestimmter Ausdruck erzeugt, eine Gefühlskälte und Beziehungslosigkeit, die zwischen den Figuren herrscht. Deutlich weicht damit eine solche Inszenierungspraxis von der des ›Unsichtbaren Schnitts‹ ab.

Entscheidend ist immer, dass die räumliche *Plausibilität* des Kamerablicks als Markierung der Position eines zuschauenden Dritten gewahrt bleibt (vgl. auch Arijon 1976, S. 50ff.). Die Position der Figuren zueinander und die Stellung der Kamera zu ihnen kann auf diese Weise die innere Haltung der Figuren zueinander unterstreichen, kann aber auch kontrapunktisch eingesetzt werden und dadurch eine Modifikation des Dialogs durch das Bild bewirken.

c) *Bewegungseindeutigkeit*: Aus dem Gebot der Wahrnehmungsplausibilität entsteht eine weitere Konvention. Innerhalb der Einstellungsfolge eines Vorgangs ist die Platzierung der Kamera in den verschiedenen Einstellungen nicht beliebig, sondern hat einer gemeinsamen *Bewegungsrichtung* zu folgen. Sie darf dabei aber nicht die Handlungsachse zwischen den Redenden überspringen (*verbotener Achsensprung*). Der Zuschauer wird also nicht mitten durch die dramatische Auseinandersetzung der Figuren hindurchgeführt, weil dadurch die Position des unbemerkten Beobachtens unglaubwürdig wäre.

Nun kann es aus bestimmten Erzählgründen für die Kamera notwendig sein, auch im einfachen narrativen Film die Handlungsachse zu überqueren. In diesem Fall bedarf es Zwischenbilder, die den Betrachter deutlich in Übergangssituationen (also direkt auf der Handlungsachse innerhalb eines Geschehens) zeigen. Solche Einstellungsfolgen werden vor allem bei komplexen Situationen angewandt, wenn innerhalb einer Gruppe die Gesprächssituationen wechseln und sich damit auch die Handlungsachsen verschieben. Auch hier wieder gilt das Grundprinzip, dass die Plausibilität des Gezeigten innerhalb der gegebenen Raumkonstellation für den Zuschauer gewahrt bleiben muss.

d) Dazu gehört, dass sich zum Beispiel Figuren *nicht seitlich aus dem Bild hinausbewegen*, sondern entweder in der Bildmitte verbleiben oder durch eine räumliche Gegebenheit (Tür etc.) innerhalb des sichtbaren Bildraums verschwinden. Die Begrenztheit des Bildausschnittes – und dass um ihn herum etwas ist, was nicht gezeigt wird – soll so wenig wie möglich bewusst werden.

e) *Der erblickte Blick*: Als eine andere Variante der begleitenden Sicht des Zuschauers auf die Figuren stellt sich im neueren Film die Beobachtung der Beobachtung dar, bei der der Zuschauer mit dem Blick eines der Handelnden in Beziehung gesetzt wird. Der Zuschauer wird in die Nähe einer der handelnden Figuren gesetzt, soll quasi mit den Augen der Figur auf das Geschehen blicken. Dies kann natürlich auch eine grundsätzliche Erzählhaltung des Films sein, bei der sich der Zuschauer mit einer Figur identifiziert und aus seiner Sicht bzw. in großer Nähe zu ihm ein Geschehen erlebt.

In »Moritz lieber Moritz« (1977) von Hark Bohm ist am Anfang des Films zu sehen, wie die titelgebende Figur im Baum sitzt und das Geschehen verfolgt. Entscheidend ist hier, dass der Blick aus dem Baum heraus auf zwei unterschiedliche Geschehen erfolgt, nämlich zum einen auf ein Fenster, in das er hineinschaut, und zum anderen auf eine Frau, die durch den Park kommt, und dass dieser Blick auf die unterschiedlichen Situationen jedes Mal als sein Blick ausgegeben wird. Diese Identifikation der Sicht mit dem blickenden Jungen im Baum erfolgt durch einen einfachen Wechsel der Bildfolgen. Das heißt, wir sehen das, *was* er sieht, und wir sehen im Anschluss ihn, *wie* er sieht. Durch diese Abfolge der Bilder setzen wir beide ineins, gehen davon aus, dass dies sein Blick ist.

In der Regel erfolgt eine solche Darstellung des Blicks mit *ruhigen Bildern*, d.h. die Figur spricht in solchen Einstellungen nicht, und der Zuschauer wird durch den Blick auf das oft unbewegte Gesicht auf eine ›innere‹ Reaktion der Figur verwiesen. Diese Reaktion ist nicht wirklich zu sehen, sondern der Zuschauer erschließt sie durch den Akt des teilnehmenden Hineinversetzens aus dem Kontext der Einstellungen.

Dieser identifikatorische, die Handlungsfigur begleitende Blick wird besonders häufig in Filmen eingesetzt, bei denen es sich um kindliche oder jugendliche Helden handelt. Hier soll die andere Sichtweise auf die Welt durch den Verweis auf den Blick und auf den Blickenden motiviert werden. Was bisher bekannt und vertraut schien, wird dadurch, dass es als etwas ›Gesehenes‹ gezeigt wird, auch vom Zuschauer in neuer Weise gesehen und von ihm miterlebt. Wir versetzen uns in die Rolle eines naiv Blickenden, eines ganz neu auf die Welt Schauenden.

Die hier beschriebenen Grundprinzipien des ›Unsichtbaren Schnitts‹ gelten nicht nur für das Hollywood-Kino, sondern auch für den Mainstreamfilm in anderen Filmkulturen. Auch der deutsche Ufa-Film bediente sich z.b. in der Mehrzahl seiner Unterhaltungsproduktionen ähnlicher Darstellungskonventionen. Vor allem nach dem Zweiten Weltkrieg hat sich diese Montagepraxis auch in den fiktionalen Formen des Fernsehens, vor allem in den Serien, im unterhaltenden Fernsehfilm und in den TV-Movies durchgesetzt. Besonders durch diese heute schon fast alltägliche Darstellungspraxis ist der Eindruck entstanden, dass diese Schnitt- und Montagepraxis die ›natürliche‹ des Films sei.

Der unsichtbare Schnitt als filmischer Realismus?

Ziel dieser filmischen Konventionen ist es, den Fluss der Bilder möglichst so zu gestalten, dass der Zuschauer ihn als ›lebensechte Dynamik‹ empfindet und den Eindruck von miterlebter Realität gewinnt, der Film also eine *Wirklichkeitsillusion* entstehen lässt. Was die Kamera aufnimmt, soll als ›wahre Kontinuität des Wirklichen‹ erscheinen, wie es Siegfried Kracauer in seiner Filmtheorie formuliert. Sowohl Kracauer als auch André Bazin sahen in diesem Konzept des unsichtbaren Schnitts das *Prinzip des filmischen Realismus.*

Wenn die Filmtheoretiker Bazin und Kracauer sich gegen die Montage als Erzählprinzip aussprechen, setzen sie sich vom Montagebegriff ab, wie ihn der russische Revolutionsfilm entwickelt hatte. »Montage, im Sinne eines kämpferischen Moments filmischer Formgebung ist in diesem Regelkanon der Montage gar nicht gefragt: die Organisation der Bilder folgt Harmonievorstellungen, will als Nicht-Eingriff, natürliches Geschehen in Erscheinung treten. Filmtheoretisch ist daraus eine kämpferische Anti-Montage-Theorie hervorgegangen: Kontinuum, Fluss, Natur, Leben, Realismus, Mise-en-scène sind ihre Stichworte« (Kersting 1989, S. 262).

Die Erzählweise des unsichtbaren Schnitts setzt konsequenterweise auf die Darstellung *vor* der Kamera und damit auch auf die Formen der Dramaturgie, die eher *traditionell* erzählen, weil hier die Wirklichkeitsillusion am stärksten gegeben scheint. Die Apparatur hinter dem Schein verschwinden zu lassen, ist Zielsetzung des Hollywoodkinos. Der Schein, dass hier ein Film »wie von selbst« funktioniert und seine Geschichte erzählt, ist sein Grundprinzip (vgl. auch Rother 1990b, S. 34).

Kritik an dieser Montagepraxis ist seit den sechziger Jahren vor allem vom Autorenkino und von der feministischen Filmtheorie geübt worden. Mit dieser Kritik verbindet sich immer auch ein anderer Realitätsbegriff und ein anderes Realismusverständnis. Das traditionelle

›Erzählkino‹, so die Kritik etwa von Laura Mulvey, kultiviere gerade durch die Erzählstrukturen des Hollywoodkinos patriarchalische Strukturen. Indem der Film »so genau wie möglich die ›natürlichen‹ Bedingungen menschlicher Wahrnehmung« reproduziere, schaffe er für den »männlichen Protagonisten« eine »Bühne von räumlicher Illusion, in der er den Blick artikuliert und Schöpfer der Handlung ist«. Die Frau werde in dieser Konstellation zum Objekt männlicher Schaulust (Mulvey 1980, S. 39). Eine der Forderungen von Laura Mulvey und des daran anknüpfenden feministischen Films war deshalb, die »Konventionen des narrativen Films« zu negieren und aufzubrechen (Mulvey 1980, S. 45). Damit war jedoch nicht die Narration generell gemeint, sondern nur die spezifische Ästhetik des unsichtbaren Schnitts und der gängigen Hollywood-Praxis.

Filme von Maya Deren, Chantal Akerman, Margarete Duras, Elfi Mikesch lassen sich als Versuche sehen, solche Konventionsbrüche zu realisieren. Sie destruieren die filmische Illusionsbildung, sind aber trotzdem narrativ. Verwandt sind sie darin dem Autorenfilm (als einem zumeist auch männlichen Kino) und dem experimentellen Film, die sich beide ähnlich gegen die Konventionen des herrschenden narrativen Praxis des Kinos gewandt haben.

›Realismus‹ (im Sinne eines ›realistischen‹ Films) ist also nicht etwas, was mit einem spezifischen Inhalt des Films verbunden ist, sondern was sich durch die Darstellungs-, Narrations- und Montagekonventionen ergibt, in denen seine filmische Darbietung verbindet. Wenn diese Konventionen dem Zuschauer als so selbstverständlich erscheinen, dass er sie als solche nicht mehr bemerkt, erscheint auch das mit ihnen gezeigte als ›realistisch‹. Da mit dem Begriff des Realismus jedoch zumeist ›Übereinstimmung mit der vorfilmischen Realität‹ oder ›Authentizität‹ gemeint ist, kann Realitätshaltigkeit nicht an den Darstellungskonventionen, sondern nur durch eine Überprüfung des Dargestellten an außerfilmischen Informationen erfolgen.

Montage als Kollision

Im Grunde greifen der feministische Film, der Autoren- und der experimentelle Film auch auf Montageformen zurück, wie sie der russische Revolutionsfilm entwickelte, gegen den sich Bazin und Kracauer gewandt hatten. Deren Schnitt- und Montageverständnis richtete sich gegen eine Montage, wie sie Eisenstein beispielsweise in »Panzerkreuzer Potemkin« (1925/26), insbesondere in der berühmten ›Treppenszene‹, einsetzt, in der das zaristische Militär, die Hafentreppe von Odessa herabschreitend, auf Frauen, Kinder und alte Männer schießt und schließlich als Antwort darauf die Kanonen des Panzerkreuzers die Residenz der Machthaber zerschlagen. In der Kritik von Bazin und Kracauer spielte auch die Abwehr bestimmter weltanschaulicher Positionen eine Rolle, hatten doch die Theoretiker des russischen Revolutionsfilms ihr Montagekonzept auch mit politischen Vorstellungen verbunden. Insbesondere in der europäischen Filmentwicklung war die Montage immer mit den Konzepten der künstlerischen Avantgarde-Bewegungen und ihren Vorstellungen von Montage und Collage als einer die alten Illusionskonzepte aufbrechenden und ein neues Bewusstsein schaffenden Form verstanden worden.

Eisenstein hat sich in theoretischen Abhandlungen mehrfach zur Montage geäußert und dabei unterschiedliche theoretische Entwürfe vorgelegt. Montage stellte für ihn ein ›intellektuelles‹ Potential dar. Der Zuschauer sehe, so seine Vorstellungen, die Einstellungen in einem Zusammenhang, so dass sich für ihn im Zusammenprall, in der *Kollision der Einstellungen* eine Einheit aus den verschiedenen Einstellungen ergebe. Eisenstein betrachtet die Einstellungen dabei als eine Art von Zeichen, deren Fügung einen neuen Sinn produziert. In der Praxis finden sich solche Montagen, die sich an der Form des Ideogramms orientieren, in seinen Filmen jedoch selten.

Häufig verwendet Eisenstein dagegen Montageprinzipien, die sich an musikalischen Formen orientieren. So unterscheidet er zwischen einer *metrischen Montage*, bei denen die einzelnen Teile im gleichen (›mechanischen‹) Takt aneinandergefügt sind, und einer *rhythmischen Montage*, wie sie sich in der Treppenszene im »Panzerkreuzer Potemkin« mit ihrem dem visuellen Geschehen angepassten und dieses steigernden Rhythmus der Darstellung zeigt. Weitere Formen sind für Eisenstein die *tonale Montage* und die *Oberton-Montage*, die komplexer gedacht sind und bei denen er nach musikalischen Prinzipien aus dem emotionalen Klang der Bilder eine Fügung der Einstellungen erzeugt, die diesen Gesamtklang verstärken (vgl. Tudor 1973, S. 27ff. Bordwell 1993, S.184).

Montage des Autorenfilms

Der eher autoren- als genreorientierte europäische Film hat seine Montageprinzipien nicht in dem Maße wie der amerikanische Film verregelt und standardisiert, sondern stärker die Betonung unterschiedlicher Formen im Sinne von ›Autorenkonzepten‹ verstanden. Das Kino der Regisseure Fritz Lang, Georg Wilhelm Pabst und Friedrich Wilhelm Murnau, um einige deutsche Regisseure der zwanziger Jahre zu nennen, war sehr unterschiedlich in der Form der Bildfügung und Einstellungsmontage. Die sich hier ausbildende Montagepraxis im *Kino der Autoren* (vgl. Koebner 1990) will anders als das Hollywood-Kino nicht unsichtbar bleiben, sondern versteht sich als ein strukturierendes, eingreifendes Moment des Erzählens und Darstellens.

Das stärker auf den ›auteur‹ setzende Kino der französischen Nouvelle Vague formulierte sein Montageverständnis teilweise im bewussten Gegensatz zu den herrschenden Konventionen. Die Filmregisseure der Nouvelle Vague sehen das Montieren nicht primär durch eine konventionelle »Logik von Raum und Zeit« bestimmt, sondern durch die »Logik der Gedankengänge«: »sprunghaft, assoziativ, bruchstückhaft, unvollendet, ungewöhnliche Verbindungen schaffend« wird sie gekennzeichnet (Reisz/Millar 1988, S. 218). Eingesetzt werden deshalb gerade solche Formen, die im Hollywood-Kino als *Regelverstöße* galten und die immer wieder mit der Besonderheit des Films als Erzählmittel spielten.

In François Truffauts »La Nuit Américaine« (»Eine amerikanische Nacht«) (1972) ist ein städtischer Platz zu sehen. Aus einem Metro-Eingang kommt ein junger Mann, überquert im Verkehrsgetümmel den Platz, trifft auf der anderen Seite des Platzes auf einen älteren Mann und versetzt ihm eine Ohrfeige.

In diesem Augenblick ertönt im Off ein »Stopp« und die Kamera fährt zurück in eine Weiteinstellung. Der Zuschauer sieht, dass diese Szene in einem Filmatelier spielt, ein Kamerateam diese Szene gedreht hat und nun alles unterbrochen wird. Der Regisseur (es ist Truffaut selbst) gibt neue Anweisungen und nach einigen weiteren Zwischenszenen wird die gleiche Szene noch einmal gespielt, jetzt im Off durch Kommandos der Regie begleitet. Die zunächst als ›Realität‹ aufgetretene Handlung erweist sich nun als inszenierte Realität auf einer zweiten Ebene. Der Zuschauer wird sich schlagartig bewusst, dass das, was er jetzt für die erste Realitätsebene hält, natürlich auch inszeniert und gestellt ist. Die Wirklichkeitsillusion ist zerbrochen und das Spiel zwischen den verschiedenen Ebenen wird zum *erzählerischen Konzept* des gesamten Films.

Noch radikaler gebraucht Jean-Luc Godard die im Hollywoodfilm verpönten Stilmittel, wie z.B. den ›jump cut‹, indem er unzusammenhängende Passagen einer durchgehenden Handlung hintereinander schneidet (»A bout de souffle« – »Außer Atem«, 1959). Systematisch reduziert Godard in seinen weiteren Filmen illusionsstiftende Mittel des Films. Der Film wird wie ein Text gestaltet, mit abrupten Brüchen, langen Zitaten, Kapitelüberschriften, reflexiven Passagen. Godard setzt auch lange Einstellungen ein, bewegt in manchen Sequenzen (z.B. in »Vivre Sa Vie« – »Die Geschichte der Nana S.«, 1962) die Kamera überhaupt nicht und zwingt auf diese Weise den Zuschauer, sich mit den eigenen filmischen Wahrnehmungsformen auseinander zu setzen.

Im deutschen Film hat vor allem Alexander Kluge die Form der Montage weiter entwickelt (vgl. Scherer 2000) und dabei die *Assoziation* zum Organisationsprinzip erklärt und thematische Formen der Montage entwickelt. Vor allem in Filmen wie »Die Patriotin« (1979) und »Die Macht der Gefühle« (1983) zeigen eine eigene ›thematisch‹ orientierte Form der Einstellungsverknüpfung, die jenseits der von Godard entwickelten Formen eine eigene Autorenhandschrift erkennen lassen. Die »Logik von Raum und Zeit« als Versuch, im Kontinuum einer eigenen filmischen Wirklichkeit zu stiften, wird aufgegeben, statt dessen das *Prinzip einer erzählerischen Argumentation* eingeführt, die auch die Unterscheidung zwischen fiktional und dokumentarisch überspielt. Kluge hat sein Verfahren dann auch auf andere Formen, wie z.B. Fernsehmagazine, angewendet (vgl. Uecker 2000).

Die Montageprinzipien des Autorenfilms zielen gerade nicht darauf, ein neues Regelwerk zu etablieren, sondern die vorhandenen zu zerbrechen und im Sinne einer filmischen Ausdrucksvielfalt alles möglich zu machen, um die Ideen und Geschichten eines Filmregisseurs zur Wirkung kommen zu lassen. Weil sich diese Prinzipien häufig von dem sich als ›state of art‹ verstehenden (und von der amerikanischen Filmtheorie als dieses ausgegebenen) Mainstreamkino absetzten, wird der Autorenfilm häufig nur in dieser Negation gesehen. Das Konzept insbesondere des europäischen Autorenfilms setzt dagegen nicht auf Standard und Regelwerk, sondern auf Vielfalt und Differenz der unterschiedlichen Montage- und Erzählformen des Films, und es hält diese Vielfalt als den eigentlichen und zu erhaltenden bzw. wiederzugewinnenden ›state of art‹.

Montagestile – Filmstile

Filmanalyse hat nicht zuletzt die epochen- und autorenspezifischen Erzähl- und Darstellungsweisen zu beschreiben und in ihren Strukturen transparent zu machen. Norbert Grob hat beispielhaft Blickkonstruktionen in einer Analyse der Filme von Wim Wenders herausgearbeitet (Grob 1984), zu zahlreichen anderen Regisseuren liegen inzwischen Studien zu ihren Montageprinzipien vor.

Dabei wird zunehmend der Begriff des *Stils* reaktiviert. Dieser Begriff wurde zuerst beim expressionistischen Film angewendet (Eisner 1975, dazu auch Kasten 1990), wobei der Stil-Begriff sich dadurch auszeichnete, dass er nicht filmspezifisch eingegrenzt war, sondern als Epochenkennzeichen galt. Dabei wird er nicht nur zum Markenartikel (Kasten 2000), sondern lässt sich eben auch als *filmästhetische Konstellation* begreifen und für die Analyse verwenden. Als Stil wird dabei ein zumeist historisch eingrenzbarer Set von Mustern auf – im Idealfall – allen Ebenen der Filmgestaltung verstanden, die zusammen ein wiedererkennbares Erscheinungsbild ausbilden. Der Stil ist dabei nicht gattungs- oder genrespezifisch begrenzt, ist in der Regel auch nicht nur bei einem einzigen Regisseur zu finden, sondern lässt sich als Kategorie verstehen, die eine eigene Gruppe von Filmen definiert. Dabei ist der Stilbegriff eher unscharf, weil nicht definiert ist, welche Merkmale dazu notwendig sind, um einen wiederkehrenden Set von Gestaltungsmitteln als Stil zu kennzeichnen. So lässt sich z.B. der ›Film Noir‹ als Stil bezeichnen, weil er als »Genre eigentlich keins ist«, aber innerhalb des Genres ›Kriminalfilm‹ eine eigenständige Gruppe von Filmen beschreibbar macht (Werner 1985, S.7).

David Bordwell spricht z.B. wenn er auf die Differenz von amerikanischen und europäischen Filmen zu sprechen kommt, von stilistischen Trends (Bordwell 1997, S.18). Für die Stilanalyse sieht er die Notwendigkeit, technischen Bedingungen der Filmproduktion, ästhetische Konzepte und individuelle Gestaltungskonzepte zusammen zu sehen und die Herausbildung von filmischen Stilmitteln (er macht dies am Beispiel der planimetrischen Einstellungen fest) quer zu Autorenoeuvres, Filmgenres und -gattungen zu untersuchen (ebd.). Zusammen mit Kristin Thomson hat Bordwell Stil als ein formales System bezeichnet, das zumindest die Aspekte der Mise-en-scène, der kinematographischen Gestaltung, der Montage und des Sounds umfasst (Bordwell/Thomson 1993, S.333ff.). Man könnte, folgt man Bordwell/Thomson, den Filmstil – der sich immer auf den Film als ganzen bezieht – auch als ein ästhetisches Konzept bzw. als eine rhetorische Form des Films verstehen. Entscheidend ist, dass mit dem Stilbegriff die Suche nach den gestalterischen Eigenheiten eines Films organisiert werden kann, die sich jedoch immer nur im Vergleich mit anderen Filmen als stilistische Merkmale einer Gruppe von Filmen herausarbeiten lassen und in Beziehung zu setzen sind mit den Funktionen, die sie für das Dargestellte haben.

Bildmischung – Transparenz des Televisuellen

Das *elektronisch produzierende Fernsehen*, das bis etwa 1959 nur die Live-Produktion und den Einsatz von Filmen kennt, adaptiert das erzählende Prinzip des filmischen Einstellungswechsels durch die *gleich-*

zeitige Aufnahme eines Geschehens durch mehrere Kameras, zwischen deren Bildern dann per Schaltung im Regieraum hin- und hergeschaltet wird. Die auf diese Weise auf dem Zuschauerbildschirm zustande kommende *Mischung* stellt im Grunde die Simulation einer Montage dar. Die Drei- oder Vier-Kamera-Produktion enthält zwar den Wechsel der Einstellungen mit unterschiedlicher Nähe und Distanz zum Geschehen, kennt aber in der Regel keine zeitlichen Auslassungen, weil sie an das durchgehende Spiel im Studio gebunden ist. Die zeitliche Raffung muss also durch eine zeitliche Raffung im Spiel vor der Kamera, nicht durch die Arbeit von Schnitt und Montage erzeugt werden. Mit der Einführung der elektronischen Aufzeichnung (Magnetaufzeichnung) blieben die televisuellen Erzählweisen erhalten, weil die Studiobindung erhalten blieb. Weil jetzt aber wie im Film in einzelnen Abschnitten aufgezeichnet wurde (szenen- oder sequenzweise bzw. wie beim Film in einer ›Takes‹) kam nun die Möglichkeit der zeitlich raffenden Bildmischung hinzu.

Die *Bildmischung* hat in ihrer studiogebundenen Produktionsweise eine Orientierung an theatralen Darstellungsweisen (›Fernsehtheater‹) und in der Organisierung der Bilder eine Orientierung an Schnittregeln des im Studio produzierten Kinospielfilms zur Folge. Die filmischen Formen der continuity-Montage setzten sich auch hier, wenn auch vielfältig gebrochen durch Eigenheiten der Regisseure, langfristig als Standard durch. Das Kino des unsichtbaren Schnitts gab das naheliegende Vorbild für diese elektronische Praxis ab.

Die *Studiofixierung* (zusammen mit der geringen Bildgröße des Bildschirms und der häuslichen Empfangssituation) führte – anders als im Kinospielfilm – zu einer Bevorzugung von Innenräumen, von eher intimen Handlungsräumen, zu einer, wie es in den sechziger Jahren ironisch hieß, ›Wohnküchendramaturgie‹ sowie zu Montageformen, die stärker von der Rede der Figuren und aktionsarmen Bilderfolgen bestimmt waren.

Die Weiterentwicklung der MAZ-Technik führte dazu, dass man das Magnetband immer besser ›schneiden‹ konnte, wobei der Schnitt kein echter Schnitt war. Ging man bei der Montage des Films diesem direkt mit Schere und Klebstoff auf den Leib, so bedeutet das Montieren bei der Magnetaufzeichnung immer nur ein Umkopieren von einem Band auf ein anderes, die Bänder selbst werden nicht zerschnitten (Schumm 1989, 1992).

In der Fernsehentwicklung setzte sich eine Tendenz zu längeren Einstellungen, zu weniger komplizierten Verknüpfungen von Einstellungen und zu einer Orientierung an vertrauten Konventionen des Erzählens durch. Viele Fernsehfilmregisseure haben sich außerdem immer wieder für den Film als Trägermaterial entschieden. Im Fernsehspiel wurde in den siebziger Jahren die filmische Produktionsweise vorherrschend, deshalb wird heute auch nicht mehr vom Fernsehspiel, sondern vom Fernsehfilm gesprochen. Diese Fernsehfilmproduktionen unterscheiden sich nur noch dadurch vom Kinofilm, dass sie primär für das Fernsehen und nicht für das Kino produziert worden sind.

Fernsehtechnik ist als elektronische Produktionstechnik letztlich identisch mit der Videotechnik, die zu eigenen Formen der Bildfügung gefunden hat. Joachim Paech hat anhand der Videoproduktionen von Jean Luc Godard auf die Form der Bildmontagen mit Zwischenbildern und im Splitscreen-Verfahren aufmerksam gemacht. In »Ici et Ailleurs« (1970/75) werden Überblendungen von einem Bild zu einem anderen durch ein drittes Bild mit einem Hebel (›wipe‹) erzeugt. Bei diesem ›wiping‹ wird »der Spielraum der Montage zum Bildraum«: »Das neue, weil elektronische Bild ermöglicht, dass die beiden vorausgehenden in ihm aufgehoben ›erscheinen‹« (Paech 1993, S.244).

Die Digitalisierung der Kino- und Fernsehproduktion führte dazu; dass Schnitt und Montage heute digital organisiert werden und dabei nicht nur sehr viel schneller Bilderfolgen (Bildkaskaden) erzeugt werden können, sondern auch unterschiedlichste Bildmotive gesamplet werden können, so dass – etwa in den Musikvideos – rasante Bildgewitter erzeugt werden können (vgl. Adolph 1994). Kennzeichen der digitalen Formen der Bildmischung ist eine mehrfache Schichtung und gegenseitige Durchdringung der Bilder, so dass immer komplexere ›Bildgewebe‹ entstehen (vgl. Kap. IV,4.).

Die Materialität elektronischer Bilder

Dass die elektronische Technik zu neuen und eigenen Formen fähig ist, zeigte sich bereits Ende der sechziger/Anfang der siebziger Jahre, als man begann, neue Möglichkeiten der elektronischen Aufnahme- und Speichertechnik zu entwickeln. Die neuen Möglichkeiten der elektronischen Bilder lagen weniger in der Montage und Mischung der aneinanderzureihenden Einstellungen, sondern darin, dass *innerhalb* der Bilder Veränderungen vorgenommen werden konnten. Es begann zunächst damit, dass man verschiedene Bildsequenzen ineinander montieren konnte, indem man eine Szene vor einer blauen Leinwand (›blue screen‹) aufnahm, dann diese Farbe aus der Skala der Farben eliminierte, so dass an Stelle des blauen Hintergrunds nun ein elektronisch hinzu gemischtes, ›eingestanztes‹ Bild als Hintergrund auf dem Bildschirm sichtbar wurde. Der für diese *Stanzverfahren* typische harte Rand, der die eingestanzten Figuren umgibt und sie deutlich – wie ausgeschnitten – vom Hintergrund abhebt, macht solche Mischungen auch heute noch erkennbar.

Drei Einsatzgebiete beschrieb Roland Freyberger schon für den Anfang der siebziger Jahre:

1.) Die *Herauslösung der Figuren aus der Umgebung*, in der sie aufgenommen wurden und ihre Einmontierung in andere Umgebungen, ohne dass sie sich in diesen je befunden hätten; möglich wurde auch, die Umgebung ganz zugunsten eines einheitlich gefärbten Umfeldes wegzunehmen.

2.) Die *Veränderung der Struktur der Bildauflösung*: Solarisation, körnige Oberflächenstruktur, Einmontierung anderer Strukturen. Die Materialität des Abgebildeten wird dadurch verändert.

3.) *Die Veränderung der Farbe durch Einfärben der Bilder*, durch das farbige Hervorheben einzelner Bildelemente (Freyberger 1971).

Ein Beispiel bietet dafür das Fernsehspiel »Der Pott« (1971) von Peter Zadek nach dem Theaterstück »Der Preispokal« von Sean O'Casey. Durch die elektronischen Veränderungen (dazu gehört auch die zum Teil grelle Einfärbung der Bilder) entsteht eine spektakelhafte Darstellung, die ständig in neue Situationen umbricht und die einzelnen Sequenzen in einen nur assoziativen Zusammenhang stellt. Dadurch kommt ein comic-hafter Eindruck zustande. Die elliptischen Verkürzungen zielen auf eine bewusste Wahrnehmung der Brüche und Dissonanzen, die Materialität der elektronischen Bilder stellt sich als eine eigenständige Erlebnisqualität in den Vordergrund.

Ein weiteres Beispiel ist das Video »Steps« (1987) von Zbigniew Rybczynski. Ausgangspunkt ist die Treppensequenz in Eisensteins »Panzerkreuzer Potemkin« (1925/26), die bei Rybczynski als Touristenattraktion von einer Schar amerikanischer Touristen besucht wird. Diese steigen, elektronisch eingestanzt, in grellbunter Kleidung zwischen den schwarzweißen, sich bewegenden Filmfiguren hindurch. Der Reiz dieser Montage besteht darin, dass die eingestanzten Bilder so genau eingepasst sind, dass Bewegungen der Touristen zwischen den Filmfiguren möglich werden und eine eigentümlich bizarre Handlungswelt entsteht (vgl. auch Zielinski 1991).

Mit der *Digitalisierung der Magnetaufzeichnung* haben sich in den achtziger Jahre weitere Formen der Bildbearbeitung entwickelt. Kennzeichen ist, dass es weniger darum ging, neue Großformen in der erzählerischen Organisation zu erfinden, sondern mehr die Form der Bildfügung neu zu erproben. Bilder werden nicht mehr aneinandergefügt, sondern erzeugen *aus sich heraus* neue Bilder (vgl. auch Perincioli/Rentmeister 1990). In den ersten Realisierungen Anfang der neunziger Jahre entstanden häufig neue Bilder durch ein puzzleartiges und spiralförmiges Herausdrehen aus der Bildmitte, sie durchsetzten mosaikartig das bestehende Bild, drehten sich vom Bildrand ins Bild. Motive verselbständigten sich plötzlich entgegen jeder Bewegungswahrscheinlichkeit. Beliebt waren anfangs auch Bildwechsel, bei denen das Vorhandene ›umgeblättert‹ wird, so als sei es auf einem durchsichtigen Blatt Papier. Der Betrachter sieht beim Blättern das alte Bild von der Rückseite, sich weg bewegend, auf der frei werdenden Fläche darunter wird das nächste Bild sichtbar. Inzwischen sind die Bildfügungen sehr viel komplexer geworden. Unterschiedliche Rahmungen werden eingefügt und durch neue Bildmotive überlagert. Es entsteht als grundsätzlich neue Richtung der Bildfügung ein Über- und Untereinander, eine ›Bildschichtung‹, die sich mit der Bildfügung im zeitlichen Nacheinander verbindet.

Diese Formen des Stanzens der Bilder *ineinander*, die im Laufe der Jahre verfeinert und durch die Möglichkeiten der elektronischen Bildbearbeitung heute so realisiert werden können, dass keine harten Brüche im Bild mehr erkennbar sind, verweisen auf einen Bereich anderer Möglichkeiten, die bereits im Film angelegt sind und deren Möglichkeiten die Elektronik explosionsartig gesteigert hat: die innere Montage.

Innere Montage

Im Film ist mit ›innerer Montage‹ zum einen der Einsatz der *Schärfentiefe* gemeint, mit der tiefe Raumschichten überall gleich scharf abgebildet werden können, und die so einen schweifenden Blick des Betrachters erlauben, der sich an unterschiedlichen Teilen des Bildes festmachen kann. Zum anderen wird mit diesem Begriff die Kombination von Fahrt, Schwenk, Zoom innerhalb einer Einstellung bezeichnet.

Die *Elektronik* fügt diesen Formen weitere hinzu, bzw. entfaltet die Möglichkeiten der inneren Montageformen erst richtig, indem nun *innerhalb eines Kontinuums eines Bildraums beliebig viele Dinge und Figuren eingestanzt* werden können. Umgekehrt sind sich bewegende Figuren vor wechselnden Hintergründen in beliebiger Folge montierbar. Kennzeichen dieser neuen Montagen ist, dass es zu *Disproportionen* in Größenverhältnissen, perspektivischen Darstellungen etc. kommt und dadurch ein *ins Irreale verschobener Raum* entsteht. Die Prinzipien der Wahrnehmungswahrscheinlichkeit sind außer Kraft gesetzt, es entsteht ein durch und durch artifizieller Raum.

Das Anwendungsgebiet dieser elektronischen Möglichkeiten ist im Fernsehen heute weitgehend noch auf Titeleien, Moderationen, Senderlogos, Jugendsendungen und Game Shows beschränkt. Im Videobereich und in der Videokunst, aber auch im Bereich der Videoclips und der längeren *Musikvideos* wird damit weiter experimentiert. Kennzeichen ist die Tendenz zur *Schichtung der Bilder übereinander* auf der Blickachse des Betrachters, bei der sich die Bilder in Teilen überlagern und durchdringen. Neben elektronischen Möglichkeiten werden klassische Formen des Filmtricks (durch Einzelbildschaltung hergestellten Legetrick, Zeichentrick etc.) eingesetzt. Insgesamt ist eine Auflösung des fotografischen Bildes mit seinen spezifischen Raum- und Zeitdeterminanten und eine Vermischung mit graphischen Mitteln zu beobachten. *Artifizielle Räume* entstehen auf diese Weise bei den Trailern, Programm- und Sendungstiteln, z.B. bei dem Musikprogramm MTV, oder auch bei VOX, die an die *Collagen* der Bildenden Kunst erinnern.

Im Bereich der Musikvideos werden solche *graphischen Transformationen und collageartigen Fraktionierungen* von Raum und Zeit weiter entwickelt. Bei allen visuellen Destruktionen, die in der Regel jedoch im Auditiven von einer konventionellen Rock- und Popmusik zusammengehalten werden, lassen sich oft narrative Elemente in den stark elliptischen Konstruktionen der Musikvideos finden. Ein aus dem MTV-Angebot von 1992 herausgegriffenes Beispiel zeigt dies.

Der Beginn von Univox (»Vienna«) zeigt einen klassischen Anfang mit einer Beziehungskonstellation: eine Frau läuft auf die Kamera zu, danach kommt ein Mann, dem wiederum folgen drei Männer, wobei hier schon nicht ganz klar ist, ob dieser eine Mann nicht zu den dreien gehört. Dann gibt es eine Szene, in der die Frau einem jungen Mann Geld zusteckt, der sie daraufhin auf ein Fest begleitet. Die Frau fühlt sich verfolgt. Bilder von Männern mit Vogelspinnen und Vogelfüßen im Gesicht, mit offenen Wunden wie bei Vampiren, Getuschel. Schließlich flieht sie eine Treppe hinunter. Dort hält sie der dicke Mann auf, der zuvor mit seinen Begleitern auf dem Fest verschwörerisch geredet hatte. Sie erschießt daraufhin ihren Begleiter, der ihr auf der Treppe gefolgt ist. Am Schluss gehen die drei Männer wieder ins Bild hinein, kehren uns den Rücken zu. Die Geschichte ist zu Ende. Die Bedeutung der Geschichte bleibt weitgehend im Dunkeln, aber sie besitzt – von der Kohärenz ihrer Teile, also der Verbindung der Teile untereinander – alle Anzeichen einer narrativen Form.

Die Musikvideos zeigen, dass sich die Montageregeln lockern, größere Lücken zugelassen werden und sich damit ein neues Montageverständnis und andere Erzählkonzepte etablieren. Die Anschlussstücke in den Einstellungen müssen bei diesen Montageformen nicht immer eindeutig sein, es reicht schon die Aneinanderreihung, so dass der

Zuschauer versucht, sie mit seinem Wissen an Erzählmustern in Einklang zu bringen.

Während also gerade in den Musikvideos neue, offenere Formen des visuellen Erzählens entstehen, ist das Erzählen im Programmmedium Fernsehen inzwischen weitgehend von den elektronischen zu den filmischen Produktionsmitteln abgewandert. Die neue Einheit bildet die Digitalität. Wenn in den Spielfilmen digitale Produktionstechniken eingesetzt werden, dann dienen sie in der Regel der Nachbearbeitung (›post production‹), um Filme zu optimieren. Doch filmisch-elektronische Mischformen, wie sie beispielsweise Peter Greenaway in seinem Kinospielfilm »Prospero's Books« (1991) eingesetzt hat, sind nicht mehr die Ausnahme, sondern nehmen als digital-elektronisch-filmische Produktionen (z.B. der DVD-Videofilm »The Last Cowboy« von Nomad (Petra Epperlein/Michael Tucker) zu.

Die Veränderungen im Bereich der Bildmontagen zielen zum einen auf eine *Auflösung der kontinuierlichen Bildräume* ab,

1.) durch *Beschleunigung der Schnittfrequenzen*, so dass ein Stakkato kürzester Einstellungen entsteht,
2.) durch ein *assoziatives Anspielen von konventionalisierten Bildern*, die wiedererkannt werden und deshalb in elliptischen Konstruktionen eingesetzt werden können,
3.) durch eine *Aufsplitterung, eine Graphisierung der Abläufe und Formen*, und
4.) durch *collageartige Schichtungen* von Bildelementen.

Zum anderen werden neue Zusammenhänge und neue Illusionsmöglichkeiten geschaffen. Dabei wird mit dem Motiv des Films im Film bzw. den unterschiedlichen Realitätsebenen im Film gearbeitet, wobei die Figuren nicht immer wissen, in welcher Ebene sie sich befinden und ob dies die Wirklichkeit ist oder nur ihre Vorstellungswelt oder die anderer, die unterschiedliche Wirklichkeiten organisieren. Häufig wird auf Fernsehwelten angespielt (z.B. Peter Weirs Film »Truman Show«, 1998, in dem ein Mann in einer Studiowelt aufgewachsen ist und diese für eine reale Welt hält, während sein Leben als Daily Soap in einer anderen Welt gezeigt wird). Oder auf den Computer, der unterschiedliche Welten stiftet (z.B. in Andy and Larry Wachowskis Film »Matrix« (2000), in dem die Figuren sich unterschiedliche Ebenen im Computer darstellen und Keanu Reeves als Neo die Welt retten will.) Mit diesen neuen Formen geht es auch um ein neues mediales Erzählen, bei dem immer stärker nichtlineare Formen (zunächst durch Zerbrechen der tradierten Dramaturgien) in den Vordergrund treten. Das

Ziel ist ein interaktives Erzählen (›multilineares storytelling‹), wie es mit digitalen Speichern möglich ist.

Die Möglichkeiten sind noch nicht ausgeschöpft, die Digitalität wird noch andere Formen ermöglichen. Hatte die kinematografische Form des Erzählens sich in die menschlichen Wahrnehmungsweisen eingeschmiegt und diese in Technik transformiert, gab sie sich also als eine instrumentelle Verlängerung der menschlichen Organe, vor allem des Auges und des Ohrs, und entwickelte sich gerade dadurch zu einer umfassenden Form der menschlichen Verständigung, so organisiert die Digitalität die Bilder nun nach anderen, apparativen, durch die Technik determinierten Formen und weist zur menschlichen Wahrnehmung nur noch wenig Bezüge auf. Ob sie damit auch eine neue Wahrnehmung formen kann, bleibt abzuwarten.

Montage im postklassischen Hollywood-Film

Der amerikanische Film der neunziger Jahre hat zu neuen Formen der Montage geführt, die sich vor allem dadurch kennzeichnen, dass sie unter dem Aspekt der Attraktionssteigerung und des Spektakelhaften alle Montageformen, die die Filmgeschichte entwickelt hat, zur Reizakkumulation nutzen. Basis ist das dramaturgische Konzept des klassischen Hollywoodkonzepts, das als Dramaturgie des populären Films Handlungsorientierung, Aktionsbetontheit, Konfliktorientierung und Primat eines ›happy endings‹ herausstellt (vgl. Eder 1999). Diese neuen Formen haben sich etabliert, ohne dass auf das traditionelle Erzählkino verzichtet werden würde. Es besteht – wenn auch in modifizierter Form – weiter. David Bordwell spricht sogar von einer »Rückkehr des klassischen Hollywood-Kinos« (vgl. Bordwell 1997).

Zunehmend wird in den postklassischen (häufig auch als ›postmodern‹ bezeichneten Ansätzen die Linearität der Handlungsabfolge aufgehoben und dem Zuschauer entweder ein scheinbares Nebeneinander von Sequenzen oder aber auch ein puzzleartiges Versetzen von Sequenzen geboten (z.B. in »Pulp Fiction«, 1993). Weil die traditionelle Form von Exposition-Steigerung-Höhepunkt-Wendepunkt-Lösung den Zuschauern nachhaltig bekannt ist, kann diese im Sinne der zusätzlichen Attraktionssteigerung und erhöhten Aufmerksamkeitsgewinnung in oft überraschender Weise variiert werden. Dabei werden auch derartige Erzählmuster im außeramerikanischen Mainstream-Kino verwendet (etwa im Hongkong-Film, z.B. in den Filmen von Wong Kar Wai).

In den Filmen des populären postklassischen Kinos können jetzt die Zeiträume des Geschehens ausgedehnt oder verkürzt werden, entscheidend ist in der Montage der Sequenzen und Einstellungen eine radikale Verkürzung und dadurch der Eindruck von Beschleunigung. Da bei den Zuschauern aufgrund ihres extensiven Filmkonsums die Kenntnis filmischer Erzählmuster vorausgesetzt werden kann, bedarf es nicht mehr der ausführlichen Etablierung von Situationen in establishing shots und einer einstellungsweisen Annäherung an das Geschehen, sondern es wird in kurzen Einstellungen ein Geschehen charakterisiert, um sofort zum nächsten Geschehen zu eilen. Die Präsentation von Kurzformen von Handlungen in oft abruptem Wechsel (›short cut-Dramaturgie‹) hat ihre Ursache auch in den Serien und Musikvideos, die ähnliche Verdichtungen als gängige Erzählmuster etabliert haben. Prototyp war Robert Altmans Film »Short Cuts« (1993), in dem in kurzen Episoden über 20 Personen und ihre Geschichten in L.A. gezeigt werden.

Ähnlich wie die klassischen Zeitnormen werden auch andere Formen der traditionellen Einstellungsorganisation außer Kraft gesetzt und Formen, die vor allem der europäische Autorenfilm entwickelt hat, integriert: die direkte frontale Zuschaueransprache, die Verkürzung der Raumtiefe durch planimetrische Bilder usf.

Überhaupt sind die Abgrenzungen zwischen den großen Filmkonzepten in Bewegung geraten, denn diese neuen Formen filmischen Erzählens werden zunehmend auch von europäischen Filmemachern eingesetzt (vgl. z.B. Tom Tykwers »Lola rennt«, 1998, oder Andreas Dresens »Nachtgestalten«,1998) und weisen dabei wiederum autorenspezifische Besonderheiten auf, die insgesamt vermuten lassen, dass sich die Sprache des Films gegenwärtig – vor dem Hintergrund von Fernsehen, Musikvideo und Computervisualität – neu definiert (vgl. Töteberg 1999).

VII. Schauspielen und Darstellen in Film und Fernsehen

1. Die Präsenz des Darstellers

Die Präsentation des Abgebildeten produziert Bedeutung, die nicht in der Narration aufgeht. Die Macht des Zeigens besitzt als eine Form von Herrschaft eine lange Tradition, die sich in der Entfaltung repräsentativer Bilder, gebauter Räume und Blickanordnungen ebenso nachweisen lässt wie in der Tradition des Protestes dagegen, den Bilderstürmen und Abbildungsverboten (vgl. Warnke 1973). Bilder beeinflussen das Handeln, provozieren unabhängig vom Wort Einschätzungen, die nachhaltig wirken, gerade weil sie sprachlich nicht völlig auflösbar sind. Vor-Urteile, Emotionen, Affekte werden wesentlich stärker durch Bilder als durch Sprache geprägt. Die Macht der Bilder entwickelt Suggestion und Faszination und kann diese andererseits auch in einer, dem Sprachlichen nur selten zugänglichen Weise destruieren.

Dem Visuellen schrieb Belá Balázs die Funktion zu, eine neue Kultur zu schaffen. Im Film zeige, so formulierte er in seiner »physiognomischen« Filmtheorie, die Welt ihr Gesicht, und in der Darstellung des Menschen finde das neue Medium seine eigentliche Bestimmung. Durch den Film sah er einen kulturellen Entwicklungsschritt »vom abstrakten Geist zum Körper« und zu einer neuen körperlichen Ausdrucksfähigkeit getan, die international sei (Balázs 1924, S. 30ff.).

Eine Erfahrung beim Betrachten von Filmen ist immer wieder, dass man beim Zuschauen plötzlich von einem Gesicht, der Gestalt einer Person so fasziniert ist, dass man nicht mehr dem Gang der Handlung folgt: Das Geschehen setzt für einen Augenblick aus. Mit dem Begriff der *Aura*, des Charismas, der Ausstrahlung wird dieses Phänomen umschrieben, das durch körperliche Präsenz einerseits und durch Faszination bei den Betrachtern andererseits entsteht. Dieses Fasziniertsein findet sich bereits vor dem Entstehen des Films. Es erfährt um die Jahrhundertwende, als der Film entsteht, seine besondere Ausprägung. In Schauspielerkritiken jener Zeit gibt es prägnante, oft metaphorische Beschreibungen der Sinnlichkeit des schauspielerischen Ausdrucks, wenn z.B. der Theaterkritiker Hermann Bahr von dem »nervös zuckenden, jeder aufflatternden Regung nachhuschenden Gesicht« des damals prominenten Schauspielers Josef Kainz schwärmt, von »den ungeduldig bebenden Händen eines verwöhnten und enttäuschten Prinzen, mit dem plötzlich grell losstürzenden, aber gleich wieder ermüdet, befremdet, gelangweilt sich verhüllenden Blick« (Bahr 1908, S. 78). Es war der Versuch, diesen »Mythos des Schauspielers« (Meyhöfer 1986) als eine auf der Bühne flüchtige Erscheinung durch eine emphatische Beschreibung festzuhalten, was dann der Film in ganz anderer und immer wieder neu erlebbarer Weise durch das Bild sehr viel besser vermochte.

Dass mit diesem medialen Verzicht auf reale körperliche Präsenz auch die Aura verloren gehe, hat Walter Benjamin angenommen und vermutet, dass diese durch den kulturindustriell erzeugten filmischen Glamour ersetzt werde (Benjamin 1963). Doch es ist nicht nur der gezielt erzeugte Glanz des Filmstars, der Faszination erzeugt, sondern die audiovisuelle Präsenz, die unabhängig vom Starwesen den Betrachter beeindruckt. In der Lust am Schauen steckt auch ein erotisches Moment, das durch Film und Fernsehen herausgestellt werden kann, das aber auch latent in vielen Formen Sympathie und Antipathie für eine Figur steuert und die Dimensionen der Identifikation mitbestimmt.

2. Produktion und Rezeption

Die Besonderheiten des audiovisuellen Spielens und Darstellens werden in den Filmtheorien (Balázs 1924, Stepun 1932, Kracauer 1973) vor dem Hintergrund des theatralen Darstellens erörtert. Sie werden vor allem als *Unterschiede in der Produktion* verhandelt (vgl. Hickethier 1999b).

Auf der Bühne ist das Spiel vor dem real anwesenden Zuschauer ganzheitlich. Der Schauspieler spielt das Stück von Anfang bis Ende durch, dabei entwickelt sich die Geschichte, er baut die Figur auf, chronologisch fortschreitend in raumzeitlicher Einheit mit dem Zuschauer.

Bei der filmischen Produktion spielt der Schauspieler vor der Kamera dagegen nur kleine Szenen oder Einstellungen (›takes‹). Fast immer werden sie nicht in der Reihenfolge, in der sie der Zuschauer sehen wird, sondern in einer anderen (*diskontinuierliche Produktion*) aufgenommen, die von außen gesetzten Kriterien unterliegt: Terminzwänge, ökonomische Faktoren, begrenzte Studionutzung usf. Die filmische Darstellung als Gesamtes, als Sinneinheit entsteht erst nach dem Abdrehen des Films am Schneidetisch, in aller Regel ohne den

Schauspieler. Die aufgenommenen Bilder vom Spielen sind ein beliebig kürzbares und verschieden montierbares Material, ihre Bedeutung ist durch die Verbindung mit anderen Bildern veränderbar. Erst durch Schnitt und Montage des Films am Schneidetisch bekommt die vor der Kamera gespielte Szene ihren ganz spezifischen und letztlich gültigen Ausdruck. Nicht der Schauspieler selbst bestimmt damit bis zuletzt über die durch ihn vermittelten Bedeutungen, sondern andere; die letztendliche Formung des Ausdrucks geschieht, ohne dass er Einfluss darauf nehmen kann. Der künstlerische Ausdruck, im Theater immer mit der körperlichen Gegenwart des Darstellers verbunden, löst sich im Film von diesem ab (*Ablösung des körperlichen Ausdrucks*).

Zur Parzellierung und diskontinuierlichen Produktion des Spielens im Film kommt die *Reduktion der ganzheitlichen Erscheinung des Schauspielers* auf spezifische Teile seines Körpers und auf spezielle Qualitäten im Filmbild. Die Kamera, auf die hin der Schauspieler pointiert spielt, verlangt oft nur Aus- und Anschnitte, mimische und gestische Details, während der Rest des Körpers für diese Aufnahme nicht gebraucht wird. Die Großeinstellung beispielsweise interessiert sich nur für den mimischen Ausdruck, nicht für den ganzen Schauspieler, sie verstärkt und vergrößert den mimischen Ausdruck in einer gegenüber dem Theater ganz neuen Weise. Sie gibt dem Zucken eines Mundwinkels, der hochgezogenen Augenbraue und vor allem dem Blick selbst eine der Bewegung des ganzen Körpers gleiche Bedeutung, ja, durch die Vergrößerung des Mimischen oder Gestischen, das in der Alltagswahrnehmung als unbewusst artikuliert gilt, verleiht sie der dabei transportierten Bedeutung eine stärkere Eindringlichkeit als dem gesprochenen Wort.

Das Spielen verändert sich damit in seiner Substanz. Der Schauspieler muss unter wechselnden Rahmenbedingungen seinen ganzheitlich verstandenen Körperausdruck auf die Produktion spezifischer Bewegungsdetails reduzieren und seine gesamte Intensität in die Gestaltung dieser Details konzentrieren. Damit erhält der Begriff der *Parzellierung* nicht nur eine zeitliche, auf das Stück und seine darzustellende Geschichte bezogene, sondern auch eine auf die Gestaltungsweise insgesamt ausgerichtete Dimension. Denn die gesamte Rollenfigur mit ihrem Bedeutungsfeld wird nun aus einer Fülle einzelner Teilbewegungen erstellt. Diese werden durch ihre ausschnitthafte Aufnahme und ihre – im Verhältnis zum Schauspieler als Menschen – unterschiedliche Vergrößerung im Fluss der Bilder akzentuiert und durch die Montage mit anderen Einstellungen in völlig neue, schauspielerunabhängige Bedeutungszusammenhänge gebracht.

Dass diese prinzipiellen Produktionsunterschiede zwischen dem filmischen und dem theatralen Schauspielen (vgl. auch Hickethier 1982b; 1992) für den Schauspieler von Bedeutung sind, liegt auf der Hand: Sie verändern sein Verhältnis zur Rolle, zum eigenen Körper, zum Darstellen selbst.

Welche Bedeutung haben sie aber für den Zuschauer? Die Annahme früherer Jahrzehnte, der Filmschauspieler spiele im Film weniger intensiv, weil er immer nur in kleinen Teilen und in einer a-chronologischen Reihenfolge darstelle, erwies sich als irrig. Am Schneidetisch, in der Montage und Mischung werden die Bilder zusammengesetzt; die Figur und mit ihr der Schauspieler in seiner Verkörperung der Rolle entfaltet sich danach mit dem Gang der Geschichte. Der Zuschauer wird in der filmischen Präsentation des Gezeigten in ganz anderer Weise durch die Auslassungen und das Nichtzeigen an der Herstellung der Bedeutung beteiligt, zudem wird der Wahrnehmungsraum zwischen Schauspieler und Zuschauer durch den filmischen Wechsel von Nähe und Ferne, der Perspektiven und Positionen zum Gezeigten akzentuiert und das Spiel des Schauspielers rhythmisiert.

Eine auf das Schauspielen bezogene Analyse des Films, die weniger den Produktionsvorgang als vielmehr die Rezeption und die Wirkungen, die das Spielen und Darstellen auf den Zuschauer hat, in den Blick nimmt, muss sich verstärkt um eine Hermeneutik des Schauspielens bemühen und die schauspielerische Handlung im Rahmen des Filmgeschehens interpretieren (vgl. Hickethier 1999c, S.7ff., auch Koebner 1998, Marschall/Grob 2000).

Diese Gestaltung des Schauspielens wird dabei zum einen narrativ durch das Geschehen und die Interaktionen, zu denen es zwischen den Figuren kommt, geprägt (›acting‹) , zum anderen durch die visuelle Erscheinung, die von der zweidimensional vermittelten Körperlichkeit des abgebildeten Menschen bestimmt wird (›performance‹). Mit dem Begriff des Performativen, der schauspielerischen *Performanz,* wird eine Analysekategorie vorgeschlagen, mit der die nichtnarrative zeitliche Präsenz des Darstellers in ihrer nicht-diskursiven Sinnlichkeit gefasst werden kann (vgl. Hickethier 2000c).

Unterspielen

Das Grundproblem aller Darstellung liegt in der *Glaubwürdigkeit* der Darstellung. Indem der Film die gestische und mimische Ausdrucksweise des Schauspielers, die ursprünglich auf ein Spiel auf der großen Bühne ausgerichtet war, durch Nah- und Großaufnahmen hervorhebt und durch die Projektion im Kino vergrößert, wirkt vieles, was sich der theatralen Darstellungsmittel bedient, übertrieben und damit unglaubwürdig. Die Darstellungsstile und Spielweisen mussten sich also im historischen Prozess unter den neuen medialen Bedingungen ändern und den Erzähl- und Darstellungsweisen des Films anpassen. Dies geschah vor allem dadurch, dass der mimische und gestische Ausdruck reduziert wurde. Diese Veränderung der Darstellungsstile wird als ein *Unterspielen* bezeichnet.

Der Begriff stammt aus dem naturalistischen Theater am Ausgang des 19. Jahrhunderts und setzte damit das naturalistische Darstellen deutlich vom pathetischen Darstellungsstil der Hoftheater ab. Über das Theater kam der Begriff zum Film. Er meint eine Reduzierung des Nach-Außen-Sichtbarmachens der Emotionen, der mimischen und gestischen Bewegungen, die eine innere Erregung vermitteln wollen. Er zielt auf eine Angemessenheit des Ausdrucks im vergrößernden Filmbild, so dass dieser wieder den Erwartungen des an seiner Alltagswahrnehmung orientierten Betrachters entspricht.

Immer wieder lässt sich z.B. in den Filmkritiken und dann auch in den Filmtheorien die Forderung finden, der Schauspieler müsse im Film seinen Ausdruck reduzieren, er spiele zu ›theatralisch‹. Gerade bei der Darstellung großer Emotionen wurde und wird die Rücknahme des bewegten Ausdrucks bis zur Bewegungslosigkeit erwartet. Das unbewegte Gesicht, das angesichts einer katastrophischen Situation oder eines Ereignisses wie versteinert wirkt, wird zum Ausdrucksideal. Es gilt als ›Landschaft der Seele‹, in der sich die Gefühle unmittelbar auszudrücken scheinen. Der Zuschauer indes projiziert, beeinflusst durch den narrativen Kontext des Filmgeschehens, in das unbewegte Gesicht das, was er selbst zu fühlen glaubt, dadurch erscheint ihm der Ausdruck echt, wirklich und ergreifend.

3. Darstellungsstile im Film

Die Durchsetzung des Ideals des unterspielten Ausdrucks ist nun nicht etwas, was sich linear in der Filmgeschichte als sukzessiver Rückgang der groß ausgestellten Gestik und Mimik nachweisen ließe. Es verbindet sich mit *epochenspezifischen und genrespezifischen Merkmalen des Darstellens* und wird immer dann gefordert, wenn Realismus, Alltagsorientierung und Naturalismus in der Darstellung angestrebt werden.

So entwickelte beispielsweise der expressionistische Film eine von der allgemeinen Tendenz zum naturalistischen Darstellen abweichende

Spielweise, in der die innere Gespanntheit der Figuren durch rhythmisierte Bewegungen ausgedrückt wird. Ein ›Schwingen‹ der Darsteller, ein Akzentuieren ihrer körperlichen Gestik durch Synkopen in den Bewegungsabläufen findet sich z.B. bei der Darstellung des Dr. Caligari durch Werner Krauss (»Das Cabinett des Dr. Caligari«, 1920) oder in einer anderen Weise als Verspanntheit bei Ernst Deutsch in »Von morgens bis Mitternacht« (1920) (vgl. auch Kasten 1990). Der Kritiker Herbert Jhering sah das Prinzip filmischer Schauspielkunst in der »Spannung des Ausdrucks«: »Alles innere Geschehen« müsse »restlos in Körperintensität« übersetzt werden, der Schauspieler habe den Rhythmus des Filmes aufzunehmen und seinen Bewegungen fortzuführen (Jhering 1920, S. 387ff.).

Körperintensität meinte die Ausgestaltung der Präsenz des Darstellers im Bild. Jhering wandte sich in seiner für den stummen Film entwickelten Schauspielästhetik gegen das gestische und mimische ›Erzählen‹, wie er es bei Henny Porten sah, die über einen festen Kanon von bedeutungstragenden Posen (Haare raufen, Hände ringen, der seufzende Blick nach oben) verfügte und ihn beständig einsetzte (vgl. auch Hickethier 1986). Das Spiel müsse so intensiv sein, so Jhering, dass der Körper die »Suggestion der Sprache« hervorrufe (dass man einen Schrei zu hören glaubt, wenn jemand im Stummfilm schreit), auch müsse so gespielt werden, dass man nationale »Körperdialekte« erkenne, also »spezifisch österreichische, spezifisch wienerische Bewegungen« von anderen, z.B. preußischen, unterscheiden könne (Jhering 1920, S. 389). Deutlich sind Jherings schauspielästhetischen Konzepte am Theater orientiert und dies entsprach auch der schauspielerischen Praxis im Film der Zeit (vgl. auch Haucke 1979, Gersch 1980, Schumacher 1981).

Im Gegensatz dazu steht das Darstellen in Filmen, das Ende der zwanziger Jahre der Ästhetik der Neuen Sachlichkeit verpflichtet ist. Im Film »Menschen am Sonntag« von Robert Siodmak, Fred Zinnemann und Billy Wilder wird das extrem ernüchterte, unterspielte Darstellen vertreten, sind auch die Darsteller keine Schauspieler, sondern Laien, die mehr oder weniger nur sich selbst darstellen. Keine angespannten Bewegungen, kein Kalkül der schauspielerischen Verwandlung greift hier, der Maßstab ist der Alltagsrealismus, und es zählt die körperliche Präsenz der Darsteller und die erzählerische Kraft von Kamera und Montage. Keine großen Gesten, auch keine innere Dramatik.

Unterschieden wird deshalb in den zwanziger Jahren deutlich zwischen dem *Schauspieler* als dem zumeist vom Theater kommenden professionellen Verkörperer verschiedenster Rollen und dem *Darsteller* (bei Balázs 1930 der »Naturspieler«), der eine prägnante Figur verkörpert und in der Regel nicht aus der Schauspielzunft stammt. Das ›unverfälschte‹ Gesicht sollte im Film nicht durch einen Menschen gegeben werden, der sich in eine Rolle *hineinversetzt*, sondern der diese Figur selbst *lebt*. Dahinter stand die bedenkenswerte Überlegung, dass Lebensweise und Erfahrungen eines Menschen auch seine Körperhaltung, seine Bewegungen, seine Mimik prägen, und dass z.B. ein Landarbeiter kaum überzeugend durch einen nur in der Stadt lebenden Schauspieler verkörpert werden könne.

Dennoch blieb der Einsatz von Laiendarstellern begrenzt, weil, wie die Praxis zeigte, diese die »seelischen Fortentwicklungen einer komplizierten dramatischen Handlung« in der Regel nicht überzeugend gestalten konnten (Balázs 1930). Speziell im deutschsprachigen Bereich kam es deshalb auch nicht zur Herausbildung spezifischer Filmschauspieler, sondern die Schauspieler arbeiten heute noch in der Regel für alle Medien vom Theater bis zu Film und Fernsehen.

Bei aller Differenziertheit der Darstellungsstile stellten sich jedoch einige Grundprinzipien des filmischen Darstellens heraus:

1. Nicht Extensität (also ausladende Gesten, übertriebene Mimik), sondern Intensität der Gestaltung ist anzustreben.
2. Der Schauspieler muss die Ambivalenzen ausbalancieren: Er muss gezielt auf die Kamera hin produzieren und darstellen, ohne dabei den Schein der unbeobachteten Natur, des selbsttätigen Spiels zu vernachlässigen.
3. Er muss gezielt einzelne Körperaktionen auf die Kamera hin ausrichten und das Spiel muss dennoch als ein ganzheitliches wirken.
4. Das Spiel wird in einzelnen Teilen aufgenommen und muss dennoch im Endergebnis den Fluss eines Gesamtverlaufs darstellen.

Der Wechsel vom Stummfilm zum Tonfilm änderte an diesen Prinzipien wenig, das bis dahin *sprachersetzende* Spiel (was jedoch nicht Pantomime meint) wurde jedoch nun wieder zu einem *sprachbegleitenden* Darstellen, die Sprache übernahm im Film einen zentralen, bedeutungstragenden Part.

Darsteller und Rolle

Auch im Tonfilm bilden sich epochentypische Darstellungsstile heraus. Sie sind mit bestimmten Produktionszusammenhängen verbunden (Ufa-Stil) oder mit spezifischen Filmkonzepten (etwa im Autorenfilm Alexander Kluges). Sie definieren sich häufig über das *Verhältnis von Darsteller und Rolle* und wie sich der Darsteller die Rolle zu eigen macht.

Ihr vorgeschaltet ist das Problem der *Rollenbesetzung* (›Casting‹). Zwar kann ein Drehbuch bereits direkt auf eine Darstellerin oder einen Darsteller zugeschnitten, ihr oder ihm ›auf den Leib geschrieben‹ sein, und in diesem Fall stellt die Besetzung kein besonderes Problem dar. Doch in vielen Fällen stellt die Auswahl eines Schauspielers bereits durch Habitus und Physiognomie eine erste Interpretation einer Rolle dar. Dies ist in der Filmanalyse ein relativ schwierig zu behandelndes Problem, denn in der Regel ist das Drehbuch ja nicht bekannt und der Betrachter sieht Rolle und Darsteller gleich in einer Einheit. Ob eine Rolle nicht besser mit einem anderen Schauspieler besetzt worden wäre, ob der Held besser blond als schwarzhaarig, eher schlank als korpulent auszusehen habe, lässt sich vom Betrachter nur schwer beantworten. Welche Bedeutung die körperliche Erscheinungsweise für das Rollenverständnis dennoch spielt, zeigt ein Beispiel aus einem anderen Bereich: In Inszenierungen von Shakespeares »Sommernachtstraum« wird der Kobold Puck in der Regel mit einem Kind besetzt, so z.B. auch in Max Reinhardts Verfilmung von 1935, in der Mickey Rooney als Junge den Puck spielt. In Hans Neuenfels' Inszenierung des Stückes (Berlin 1993) hat er die Rolle mit dem 88jährigen Bernhard Minetti besetzt. Dadurch gewinnen die Täuschungen des Puck einen anderen Charakter, das Stück erfährt eine ganz andere Deutung. Wie prägend gerade filmische Rollenverkörperungen oft sein können, zeigt sich beispielsweise auch bei Gustav Ucickys Verfilmung von Kleists »Der zerbrochene Krug« (1937) mit Emil Jannings als Dorfrichter Adam von 1937. Diese Verkörperung des Dorfrichters als eine korpulente, ungeschlachte Figur ist in der Folgezeit richtungsweisend für die Sichtweise dieser Figur und für viele Besetzungen geworden: Die filmische Gestalt von Jannings war so sehr mit der literarischen Figur verschmolzen, dass man sich nur eine ähnliche Realisierung vorstellen konnte, bis dann in den achtziger Jahren auch der Dorfrichter als hagerer Mann gegeben wurde.

Die Besetzung als ein Problem der Rollenveränderung wird gerade auch bei Filmserien mit wechselnden Besetzungen der Heldenfigur (z.B. die James-Bond-Filme) deutlich. Bei immer wieder neu gestalteten literarischen Helden (z.B. die vielen Tarzan-Verkörperungen) wird sichtbar, wie sich auch historisch Rollenverständnisse und Sichtweisen einer Figur ändern und Figuren in der Filmgeschichte eine ganz unterschiedliche Gestalt annehmen können (für Tarzan vgl. Essoe 1973).

Schauspieler geben andererseits einer literarischen Figur eine unverwechselbare Physiognomie, so dass Rolle und Darsteller zu einer für den Zuschauer oft unaufhebbaren Einheit werden. Gerade bei den populären Serienfiguren (Marie Luise Marjan als »Lindenstraßen«-Mutter Beimer, Klausjürgen Wussow als »Schwarzwaldklinik«-Arzt Dr.

Brinkmann, Manfred Krug als »Tatort«-Kommissar Stoever) entsteht diese Einheit, so dass viele Schauspieler in ihrem Alltag als Rollenfigur angesprochen werden und sie oft Schwierigkeiten haben, mit ihrer Serienpopularität noch andere Rollen zu erhalten.

Schauspieler gewinnen, je länger sie arbeiten, eine *Rollenbiographie*, d.h. das Wissen der Zuschauer um die Figuren, die sie in anderen Filmen bereits verkörpert haben, kann die Wahrnehmung und Beurteilung ihres Spiels beeinflussen: Der Betrachter sieht im Darsteller dann nicht nur die jeweilige Figur in diesem einzelnen Film, sondern es gehen aus seiner Erinnerung an andere Rollenrealisationen durch den Schauspieler Momente aus diesen anderen Filmen mit in die Betrachtung ein. Gerade für bekannte Schauspieler trifft dies zu, Götz George haftet noch lange nachdem er aufgehört hat den »Tatort«-Kommissar Szymanski zu spielen, immer noch das Image dieser Figur an (vgl. Wenzel 2000, S.175ff.).

Das Verhältnis von Darsteller und Rolle lässt sich in drei Grundformen unterteilen, die sich an unterschiedlichen *Rollen-Aneignungstheorien* orientieren. Damit sind Schauspielertheorien von Stanislawski über Brecht bis zu Lee Strasberg gemeint (vgl. Simhandl 1985, 1990; Brecht 1970, Ritter 1986; Strasberg 1992). Diese wurden vor allem für das Theater entwickelt, haben aber auch das Schauspielen im Film nachhaltig beeinflusst:

a) Größtmögliches Hineinversetzen in eine Rolle mit dem Ziel, den *Schein einer unauflöslichen Identität von Rolle und Darsteller* zu erzeugen. Das vor allem vom russischen Theaterpädagogen Konstantin S. Stanislawski entwickelte »System« der Rollenaneignung, das mehr ein Konglomerat von Theorieentwürfen, Beschreibungen und Anweisungen darstellt, zielt darauf, einen Eindruck von »Lebensechtheit« zu erzeugen, indem sich der Schauspieler durch vielfältige Techniken, die Situation, in der er eine Rolle zu spielen hat, imaginiert und versucht, diese im Spiel auf eine »seelisch-geistige« Weise zu »erleben« und sich entsprechend zu verhalten. Ziel ist die Verschmelzung von Rolle und Darsteller (Simhandl 1985, S. 15ff.).

Im Film finden wir solche Darstellungskonzepte auf einer eher naturwüchsigen Weise im amerikanischen Kino der dreißiger bis fünfziger Jahre wieder, in der auch auf andere Weise auf eine nahtlose Verschmelzung von *Filmerscheinung und Schauspieler* Wert gelegt wurde. Der *Filmstar* als ein auch durch die Filmindustrie als *Markenartikel* herausgestellter Faktor, sollte auch in seinem Privatleben möglichst dem Bild entsprechen, das durch seine Rollen im Publikumsbewusstsein fest verankert war. Das Starsystem setzte auf eine Identitätssuggestion (vgl. Dyer 1979).

Eine Erneuerung der nachahmenden (›mimetischen‹) Form der Rollenaneignung fand in den USA seit den fünfziger Jahren durch Lee Strasberg mit seinem ›Actor's Studio‹ statt, in dem er seine von Stanislawski abgeleitete »Method« erprobte (Carnicke 1999). Zahlreiche Darsteller, wie z.B. Marlon Brando und James Dean, haben dieses Studio durchlaufen und mit ihrer Arbeit den neueren amerikanischen Film geprägt. Auch hier geht es um die Imagination einer Situation, ein Sichhineinversetzen, durch das der Ausdruck dann wie von selbst, auf jeden Fall nicht als gezielt erzeugte mimische oder gestische Bewegung erfolgt (Strasberg 1992, Schauspielhaus Bochum 1979).

b) Vom Stanislawski-Konzept der darstellerischen Nachahmung durch Einfühlen setzte sich Brechts *Konzept des sozialen Gestus* ab. Brecht wollte kein illusionssteigerndes Hineinversetzen, kein Spiel als Wirklichkeitsersatz, keine täuschende Nachahmung, sondern ein Spiel, bei dem der Betrachter sich bewusst bleibt, einem Spiel beizuwohnen. Der Schauspieler sollte deshalb immer seine Rolle so vorführen, dass dabei sichtbar wurde, hier wird eine Rolle ›ausgestellt‹, dem Betrachter zu Test- und Beobachtungszwecken vorgesetzt, und nicht um sich dadurch der Illusion einer anderen Welt hinzugeben.

Dieses Ausstellen einer Rolle wird als »gestisches Prinzip« verstanden (Ritter 1986). Der Betrachter sollte auf die Grundbedeutung einer Situation, eines Verhaltens gelenkt werden. Diese Gesamthaltung wird als *Gestus* im Gegensatz zur einzelnen *Geste* verstanden. Der Betrachter soll sich bewusst machen, was er an sozialer Situation sieht und wie die gezeigten Verhaltensweisen zu bewerten sind. Die Betonung von sozial typischen Verhaltensweisen, von Formen, die auf die zugrundeliegende Mechanik einer gesellschaftlichen Situation verweisen, soll vor allem den Zuschauer zu einer rationalen Bewertung des Gezeigten bringen.

Im Film finden sich solche Darstellungsweisen vor allem in Produktionen, die auf didaktische Weise aufklären und das Bewusstsein der Zuschauer verändern wollen. Besonders der Fernsehfilm der sechziger Jahre erprobte solche Darstellungsweisen, z.B. in den Filmen von Egon Monk. Auch Jean-Luc Godard und Alexander Kluge entwickelten andere, anti-illusionistische Formen.

Eine veränderte Variante, die auf Aufhebung der illusionserzeugenden Darstellungsweisen zielt, findet sich im *experimentellen Film*, wenn in ihm Schauspielerinnen eher in kalter Exstase als in heißer, sich verzehrender Sehnsucht gezeigt werden. Insbesondere im *feministischen Film* ist der Versuch, andere Darstellungsweisen zu entwickeln zu beobachten. In Filmen von Ulrike Ottinger (»Bildnis einer Trinkerin«, 1979, »Freak Orlando«, 1980) wird das Spielen in symbolischen

Handlungen oft rätselhaft bleibender Bedeutung aufgelöst, bei Jutta Brückner in ausgestellten Tanzfiguren (»Ein Blick und die Liebe bricht aus«, 1986), bei Elfi Mikesch in isoliert gezeigten und verrätselten Darstellungsfragmenten (»Macumba«, 1981, und »Marocain«, 1989). Ein solches Distanz haltendes Spiel, das auch eine bewusstere Mitarbeit des Betrachters erfordert, stößt jedoch häufig auf emotionale Barrieren beim Zuschauer.

c) Einen dritten Weg neben höchstmöglicher Identität und mitgespielter Differenz von Rolle und Darstellung ist die Form der *Beteiligung der Darsteller* bei der Ausformulierung der Dialoge und Entwicklung der Szenen. Der Schauspieler wird hier zum Mitautor, indem er sich in eine Situation hineinversetzt und Dialoge, Verhaltensweisen selbst ausgestaltet (vgl. auch Brauerhoch 1993). Bei vielen Filmen von Alexander Kluge wurde auf diese Weise gearbeitet. Die Improvisation dient der Findung einer optimalen Form, nicht aber unbedingt der Erzielung einer größtmöglichen Identität von Rolle und Darsteller. Die Darstellung der Frauenfiguren in Kluge-Filmen durch Hannelore Hoger zeigt z.B., wie auch hier ein distanzierendes Spiel im Sinne des gestischen Prinzips möglich ist.

Sichtbarmachen des Unsichtbaren

Die Verkörperung einer Rolle durch einen Schauspieler meint nicht nur, die literarische Figur durch körperliche Präsenz ›aufzufüllen‹, sie ›zum Leben zu erwecken‹, sondern auch zusätzliche Bedeutungsebenen zu dem verbal Vermittelten hinzuzufügen.

Aus den Untersuchungen *alltagssprachlicher nonverbaler Kommunikation* ist bekannt, dass der Mensch über zahlreiche Formen verfügt, durch gestischen und mimischen Ausdruck bewusst wie unbewusst eine innere Haltung zu vermitteln, die auch konträr zu einer gleichzeitigen verbalen Äußerung stehen kann. Dass jemand bei der Antwort auf eine Frage in einer besonderen Gesprächssituation im Gesicht rot wird, kann zum Beispiel dazu führen, dass die sprachliche Äußerung für eine Unwahrheit gehalten wird. Körperliche Ausdrucksweisen gelten als zumeist unbewusst sich ereignende und nicht vom Verstand gesteuerte und werden deshalb für wahrer und echter gehalten. Diese mögliche Differenz von körperlichem und sprachlichem Ausdruck wird im Spielfilm häufig eingesetzt, um Ambivalenzen, Mehrdeutigkeiten, aber auch Bedeutungsverschiebungen und mehrschichtige Beziehungsstrukturen darzustellen. Der körperliche Ausdruck wird hier gezielt eingesetzt, soll aber zugleich den Schein des Echten und Spontanen erwecken.

Die Lehre der *Physiognomik* hat sich seit dem 18. Jahrhundert mit dem körperlichen Ausdruck beschäftigt (Engel 1785, Lavater 1802, Porta 1931, Michel 1990) und in einzelnen körperlichen Merkmalen eine innere Verfassung abgelesen. Auch wenn diese Lehre wissenschaftlicher Überprüfung nicht standhält, prägt sie unterschwellig noch heute das audiovisuelle Darstellen. Der jugendliche Held erzeugt z.B. oft durch die Schönheit seiner Gestalt den Eindruck, er besitze auch eine edle Gesinnung, und dem Verbrecher sind seine üble Absicht und seine Bösartigkeit ins dämonisch verzerrte Gesicht eingeschrieben. Auch in der Lehre von der *Ausdrucksdeutung* wurde immer wieder versucht, die ›Gebärdensprache‹ zu entschlüsseln und zu systematisieren (Strehle 1935). Vor allem im Kontext der *Interaktionstheorien* (Goffman 1959) hat die Interpretation der Körpersprache eine neue Zuwendung erfahren (Birdwhistell 1971, Walbott 1982, Scherer/Wallbott 1979) und ist bis in die populäre Sachbuchliteratur vorgedrungen. Danach gibt es spezifische Körperhaltungen, die im Alltag Dominanz und Unterordnung, Herausforderung und Abwehr, aber auch geschlechtsspezifisches Auftreten signalisieren (Fast 1979, Kloehn 1982).

Alle Versuche einer Klassifikation von Ausdrucksweisen und ihre Anwendung auf *ästhetische Strukturen* im darstellenden Spiel zu entwickeln, scheitern jedoch daran, dass es eine systematisch angelegte Ausdrucksweise nicht gibt und dass das, was im alltäglichen Verhalten durch den Körperausdruck zumeist ohne verstandesmäßige Beeinflussung entsteht, beim Schauspielen bewusst eingesetzt und artifiziell überhöht wird.

Für die Film- und Fernsehanalyse ist entscheidend, dass im körperlichen Ausdruck, im gestischen und mimischen Spiel Dialoge unterlaufen und konterkariert werden, dass diese durch Mimik und Gestik als symbolische Überhöhungen erfahren oder auch als Unwahrheiten dekuvriert werden können.

Erst das Zusammenspiel von körperlichem Ausdruck und sprachlicher Bedeutung, von körperlicher Präsenz und Kamerablick macht das Bedeutungsspektrum im Film sichtbar.

James Naremore schlägt deshalb vor, zu unterscheiden: zwischen dem sozialen Bezug zwischen den Darstellern und dem Publikum; den rhetorischen Konventionen, die das Darstellen bestimmen und deren Kenntnis beim Betrachter für das Verstehen notwendig ist; den Ausdruckstechniken, also der Gestik; Mimik, der Stimme, zu denen Naremore auch Geschlecht, Alter, ethnische Zugehörigkeit und die soziale Schicht zählt sowie die Logik der darstellerischen Kohärenz, die die vielen Einzeldarstellungen in den Einstellungen als ein dargestelltes Kontinuum erscheinen lässt, und schließlich das Spiel selbst (Mise-en-scène), zu dem er Kleidung, das Schminken und die Requisiten des Spiels rechnet (Naremore 1990, S. 3ff.).

Gilt die Notwendigkeit der Zusammenschau von Körperausdruck und sprachlichem Handeln, Physiognomie und Kamerablick generell für jedes Darstellen in Film und Fernsehen, so zeigt sich gerade bei *Filmstars* (vgl. Lowry/Korte 2000), dass ihre Wirkung häufig nicht nur durch das vordergründig zur Schau Gestellte, sondern oft mehr durch das hintergründig im körperlichen Verhalten Artikulierte bestimmt wird. Die Wirkung populärer Filmstars beispielsweise des nationalsozialistischen Kinos lässt sich teilweise dadurch erklären. Filmstars wie Hans Albers oder Heinz Rühmann haben in ihren Rollen nicht nur das vorgegebene Rollenschema der harten, militärisch gedrillten oder der pflichtbewussten, opferbereiten Mannsgestalten ausgefüllt, sondern ließen darunter oft ein gegensätzliches Muster durchscheinen und entsprachen damit den heimlichen Bedürfnissen vieler Zuschauer.

Hans Albers stellte in der Zeit aufkommender nationalistischer Ideologie und martialischer Männlichkeit den Typus des »Hoppla, jetzt komme ich« dar, einen Kerl, der zupackt, zuschlägt, der weiß, was er will, und sich nimmt, was er haben möchte. Doch daneben zeigt er sich auch als ein anderer, der eher gutmütig, weich und empfindsam ist. Damit verkörperte er gerade auch das Nichtsoldatische.

Dem körperlichen Ausdruck kann auf diese Weise eine *subversive Kraft* zukommen, die die ideologischen Botschaften einer Rolle völlig destruiert. In einer solchen Ambivalenz begründet sich oft die Popularität von Darstellern.

Gerade bei ihnen findet sich auch eine Verkörperung von bestimmten *zeittypischen Lebenshaltungen*, von kulturell verbreiteten *Sehnsüchten* und *Wünschen*, von Eigenschaften, die in einer bestimmten Mischung, in einer bestimmten Form ihrer Erscheinungsweise bei einem Darsteller zur Natur geworden sind. Im Betrachten kann deshalb auch ein *Wiedererkennen* eigener psychischer Dispositionen enthalten sein, die zu einer Vorliebe des Betrachters für einen bestimmten Schauspieler führt.

Siegfried Kracauer hat betont, dass sich in Filmen, aber auch in den Startypen, die kollektive Mentalität einer Nation wiederspiegelt (Kracauer 1979). Daran haben andere angeknüpft, etwa Enno Patalas, der von der Verkörperung der »unterbewussten Strebungen der Kollektivseele« sprach (Patalas 1967). Im Präsentierten, in der Physiognomie, im körperlichen Erscheinungsbild verbinden sich Zeiteinstellung, Lebenshaltung und Glückserwartung, die die Zuschauer selbst häufig gar nicht explizit formulieren können. Sie werden durch die Person des Schauspielers bzw. Stars verkörpert und damit im Film einsetzbar und artikulierbar. Der Star bietet eine sinnliche Gestaltwerdung mentaler Eigenschaften des Publikums. Er braucht deshalb die Wiederkehr in ähnlichen Rollen, damit über die Wiederholung das Publikum mit ihm vertraut wird.

Thomas Koebner hat gegen Kracauer eingewandt, man müsse auf die Differenz von Publikum und Bevölkerung insistieren. Auch gebe es nicht ›die‹ Verkörperung eines Zeitgeistes, sondern es träten immer mehrere »Allegorien, Metaphern und Sinnbilder gleichzeitig« nebeneinander auf (Koebner 1997, S.15). Koebner spricht deshalb auch von *Idolen*, in denen es um das »Sichtbarwerden verschwommener, halb amorpher Identifikationsideen« und um die »absichtsvolle Konstruktion von Sinnbildern, Vorbildern, Ebenbildern« geht. Idole sind »Inkarnationen von Werten in ihrer Zeit« (ebd., S.18f.).

Koebners Ansatz zielt auf die Untersuchung, was einzelne Schauspieler jeweils an Haltungen und Werten verkörpern, und er versucht, diese durch die Interpretation explizit zu machen. Stärker auf den Aspekt der Popularität bzw. Beliebtheit als Bedingungsfaktoren eines erfolgreichen bzw. populären Films konzentriert sich die Star-Forschung, die den Star als ein medienübergreifendes Prinzip und System zu verstehen sucht und damit den besonderen Momenten nachgeht, die zur Bindung von Aufmerksamkeit im Publikum führen (Faulstich/Korte 1997).

Film- und Fernsehanalyse hat sich gerade mit der Analyse solcher Ambivalenzen und körperlichen Aussagen im darstellerischen Spiel zu entschlüsseln. Dem Nichtgesagten, aber körperlich Ausgedrückten nachzuspüren, sich der Sinnlichkeit von visueller Präsenz auszusetzen dem geheimnisvoll Verborgenen nachzuspüren sollte eine Herausforderung an die Analyse darstellen (vgl. auch Zucker 1990).

4. Darstellen im Fernsehen

Das Fernsehen stellt den Schauspieler von seiner Produktion her im Vergleich zum Kinospielfilm vor keine grundlegend neue Aufgabe, wohl aber lassen sich einige Modifikationen erkennen. Die *Parzellierung* des ganzheitlichen Ausdrucks, die *Reduktion der Körperlichkeit* des Spielers im technisch Vermittelten, die *diskontinuierliche Produktionsweise* bestimmen auch hier das Spiel. Dieses vergegenständlicht sich unabhängig vom Schauspieler im Informationsträger und ist damit beliebig oft reproduzier- und bearbeitbar.

Eine Eigenschaft der technischen Produktion (›Technisierung‹) des Darstellens tritt, anders als beim Film, beim Fernsehen erst später hinzu: die diskontinuierliche Produktion. Da nach der Einführung des Programmfernsehens (1935) der technisch bearbeitbare Speicher, die Magnetaufzeichnung erst ab 1958 im bundesdeutschen Fernsehen zur Verfügung steht, wurde also im Fernsehspiel anfangs live gespielt, damit chronologisch und ganzheitlich wie im Theater, allerdings mit dem Ergebnis eines dem Film ähnlichen zweidimensionalen Bildes. Diese Liveproduktion wird anfangs von Theoretikern als Errungenschaft gefeiert, weil sie den Schauspieler wieder näher an die ganzheitliche theatrale Produktionsweise heranbrachte (vgl. Eckert 1952), doch wurde mit der Entwicklung des Fernsehens zum Massenmedium das Live-Spielen in der Praxis zunehmend als Belastung empfunden. Im Studio fehlte zum einen die Rückkoppelung mit dem Publikum (wie sie im Theater besteht und eine interaktive Sicherheit bietet). Zum anderen wuchs mit der Ausbreitung des Fernsehens das Wissen um ein Millionenpublikum, das fern vom Studio an den Bildschirmen das Spiel beobachtete und jeden Fehler durch die Großaufnahme bemerkte, und wurde zu einem besonderen psychischen Druck für den Schauspieler.

Die Aufzeichnung und damit die diskontinuierliche Produktion setzte sich deshalb mit der Einführung der Magnetaufzeichnungstechnik rasch durch, weil damit auch das Spiel, wie es der Zuschauer zu sehen bekam, perfektioniert werden konnte. Pannen und Patzer ließen sich wie beim Film durch Schnitt und Montage bzw. eine wiederholte Aufnahme eliminieren. Lange Zeit blieb jedoch noch nach der Etablierung der MAZ die Tendenz zu langen durchgespielten Einheiten erhalten, weil diese der Produktionsökonomie entgegenkamen. Die Entwicklung der MAZ und später dann der Übergang zum Film (der erste Fernsehfilm wurde im Fernsehen der Bundesrepublik 1957 produziert und gesendet) führte jedoch langfristig zur Durchsetzung filmästhetischer Prinzipien.

Anfangs pflegte das Fernsehen einen betont langsamen Darstellungsstil, weil die schwerfällige elektronische Kamera als »menschlicher« galt (vgl. Schwitzke 1952, S. 12f.), doch setzte sich auch im deutschen Fernsehen seit den sechziger Jahren ein beschleunigtes, durch viele Schnitte bestimmtes Erzählen durch. Mit der Einführung amerikanischer Serien und Kinospielfilme im Programm veränderten sich die Sehgewohnheiten und Erwartungshaltungen der Zuschauer und damit auch das televisuelle Darstellen. Heute wird – gerade in Fernsehserien und noch stärker in den Daily Soaps – eher ein schnelles stereotypisiertes Spiel angeboten, von dem sich differenzierende filmische Darstellungen im Fernsehfilm (als Einzelproduktion) absetzen (z.B. in Edgar Reitz' »Zweite Heimat«, 1993).

Dennoch sind die Fernsehspiele der fünfziger und sechziger Jahre wegen ihren langsamen Ästhetik nicht grundsätzlich ablehnen, sie stellen, wie auch der deutsche Kinofilm jener Jahre, einen künstlerischen Ausdruck der Zeit dar, noch dazu wo sich das Fernsehspiel um anspruchsvollere Inhalte und einen kritischen Blick auf die deutsche Realität bemühte (vgl. Hickethier 1980, Wiebel 1999).

Kennzeichen des Spielens im Fernsehen ist zunächst aufgrund der Kleinheit des Bildschirms und der Nähe zum Betrachter ein weiteres *Reduzieren der mimischen und gestischen Ausdrucksmittel*. Wieder wird, wie schon beim Film, die Forderung gestellt, nicht zu spielen, sondern ›einfach nur zu sein‹, nicht darstellen, sondern alles zurücknehmen, was nach Verstellung aussehen könnte (Tschirn 1952, Teutsch 1952).

Deutlich lässt sich an erhaltenen frühen Fernsehspielen ein Hang zur kleinen Gestik, zum Sprechen nach Innen, zur Sparsamkeit im mimischen Ausdruck feststellen. Die ›leisen‹ Schauspieler waren deshalb gefragt: Peter Lühr in »Unruhige Nacht« (1955) von Franz Peter Wirth nach Albrecht Goes beispielsweise, oder auch, ganz anders, Matthias Wieman in Thornton Wilders »Unsere kleine Stadt« (1954) in der Regie von Harald Braun.

Das Darstellen im deutschen Fernsehspiel blieb jedoch lange Zeit aufgrund der Studiofixiertheit dem engen Ort verhaftet. Die Welt der Fernsehfiguren erschien nur als eine von Innenräumen zu sein, so wie es auch der Mentalität der Bundesrepublik in den fünfziger Jahren entsprach. Darin unterschied sich die Fiktion lange Zeit von der Information im Programm, die sich nach außen gewandt gab (vgl. Hickethier 1998).

Mit der größeren Nähe des Zuschauers zum Gezeigten, dem täglich wechselnden Programmangebot und vor allem der Mischung von nichtfiktionaler und fiktionaler Darstellung trat der *Alltagsdarsteller* in den Vordergrund: Fernsehschauspieler wie Hartmut Reck, Ernst Jacobi oder Gerd Baltus, Inge Meysel, Eva Bumbry oder Vera Frydtberg waren nur »um Nuancen vom bloß Durchschnittlichen entfernt« (Theater heute 1966).

Parallel zur Alltagsorientierung des Darstellens im Fernsehen fand ein Niedergang des Starwesens statt. Auch im Kino verlor der Star seine Bedeutung. Ihm fehlte im Fernsehen die notwendige Umgebung, hier war alles eng, und die ›Wohnküchendramaturgie‹ vieler Fernsehspiele der sechziger Jahre förderte nicht das Entstehen einer Gloriole und ließ aus den Darstellern keine Idole werden.

Die Annäherung des Darstellens an eine Alltagswahrscheinlichkeit drückt sich in der Wahl der Besetzungen aus, im körperlichen Agieren der Darsteller, im emotionalen Ausdruck, in der Sprechweise. Der ZDF-Fernsehspielleiter Gerd Prager prognostizierte 1970, »dass Berufsschauspieler sich mehr und mehr mit Laiendarstellern den Erfolg zu teilen haben werden« (Prager 1970). Doch ähnlich wie bei der Forderung nach dem »Naturspieler« in den zwanziger Jahren setzte sich bis auf wenige Ausnahmen (z.B. Cleo Kretschmer in den Filmen Klaus Lemkes) aufgrund der mangelnden Professionalität der Laiendarsteller auch diesmal die Forderung nicht durch.

Die Anpassung des Fernsehdarstellens an Alltagskonventionen bedeutet nicht, dass tatsächlich so gesprochen wird wie im Alltag, sondern dass das Darstellen mit unseren *Vorstellungen vom Alltäglichen und Natürlichen* korrespondiert. Diese Vorstellungen sind Konventionen, selbst wiederum durch das Darstellen in den Medien geprägt, aber auch durch das, was wir als ›normale‹ Umgangsweise im Alltag habitualisiert haben. Diese Konventionen des Alltags gehen in das Darstellen mit ein, sie können jedoch auch immer wieder durchbrochen werden, um abweichendes Verhalten vorzuführen, oder – bei geringfügigen Verletzungen der Konvention – Eigenheit und Individualität einer Figur auszudrücken. Verhaltensweisen sind zudem altersspezifisch modifiziert, es gibt *generationsbezogene Verhaltensstile*, die immer wieder bewusst eingesetzt werden.

Als besondere Form des Darstellens hat sich das *Schauspielen in langlaufenden Serien* herausgestellt. Indem die Serien ihr Geschehen parallel zur Zeit der Zuschauer anlegen, erlebt der Zuschauer die Figuren über Jahre hinweg in regelmäßigen Zeitabschnitten immer wieder. Dramatische Ausbrüche sind hier noch alltagsnäher gestaltet, das Spielen ist noch weiter in seiner Ausdrucksvielfalt reduziert. Da häufig unbekannte Darsteller zum Einsatz kommen, ist die schauspielerische Gestaltung oft minimal (z.B. In der RTL-Serie »Gute Zeiten, schlechte Zeiten«, 1992ff.). Gleichwohl wird von vielen, vor allem jüngeren Zuschauern gerade das Unbeholfene und teilweise Linkische mancher Darsteller als besonders realitätsnah und deshalb glaubwürdig eingeschätzt. Eine weitere Veränderung im televisuellen Darstellen hat die Hybridform (Mischung von Serie und Show) von »Big Brother« (2000) erbracht, als hier die in der Versuchsanordnung des Wohncontainers zusammengesperrten Mitwirkenden scheinbar nur sich selbst darzustellen haben und sich deshalb selbst inszenieren müssen.

Von entscheidender Bedeutung ist bei den über Jahre laufenden Serien und Daily Soaps der Zeitaspekt. Der Zuschauer sieht, wie aus den Kindern Erwachsene werden, Jugendliche Familien gründen usf. Die Zuschauer konnten bei der »Lindenstraße« z.B. miterleben, wie Benny Beimer erwachsen wurde und erleben es bei seinem kleinen Bruder Klausi wieder, ohne dass es dazu einer erzählerischen Raffung wie im Film bedurfte. Wenn dann die Serie auf einem einheitlichen Altersniveau gehalten werden soll, wie z.B. bei »Gute Zeiten, schlechte Zeiten«, müssen deshalb die Darsteller in Abständen immer wieder ausgetauscht werden.

Die Bildschirmpersönlichkeit

Fernsehprominenz entwickelt sich erst dort, wo dem Publikum die Möglichkeit zu einem wiederholten und häufigen Kontakt mit den Darstellern auf dem Bildschirm gegeben wird. Sie findet sich deshalb in der Regel nicht beim einzelnen Fernsehfilm, sondern in anderen Programmbereichen. Zu unterscheiden sind a) genuine *Fernsehstars*, die erst durch das Medium zum Star wurden, und b) *Bildschirmpersönlichkeiten*, die ihre Prominenz außerhalb des Fernsehens erworben haben.

Einer der großen deutschen Fernsehstars war Karl-Heinz Köpcke, langjähriger Nachrichtensprecher der »Tagesschau«. Er war fast täglich auf dem Bildschirm, immer in gleichbleibender Erscheinungsweise und freundlicher Art, und an ihm lassen sich auch die besonderen *Darstellerqualitäten des Fernsehens* festhalten: Es war die Unauffälligkeit, das ›Normale‹, das ihn auszeichnete: Als »Neutrum im Nadelstreif« wurde er ironisiert und in einem Nachruf nach seinem Tode war zu lesen: »Er war so, wie wir Deutschen uns selber gerne sehen, und er sich selber wohl auch gerne sah: tüchtig und tugendsam, dabei aber immer weltläufiger werdend im Wechsel von Adenauer zu Kohl, vom Wiederaufbau zum Yuppie-Lifestyle.« (Geldner 1991). Vergleichbare Fernsehstars sind heute Ulrich Wickert oder Sabine Christiansen, die ihre Popularität aus der Präsenz in den Tagesthemen gewonnen haben und sie dann auch außerhalb des Fernsehens einsetzen können. Daneben steigen auch Sport- oder Unterhaltungsmoderatoren, wie z.B. Thomas Gottschalk oder Günter Jauch, zu Fernsehstars auf (vgl. Strobel/Faulstich 1998).

Im fiktionalen Bereich haben eine ähnliche Popularität nur die Kommissare der langlaufenden deutschen Krimiserien (z.B. Horst Tappert in »Derrick«, Erik Ode in »Der Kommissar«, Götz George und Manfred Krug im »Tatort«) erreicht (vgl. Hickethier 1985).

Es sind also die *Nachrichtensprecher*, die *Moderatoren*, die *Ansager*, die zu den Fernsehstars werden, in denen sich ein Publikum wiedererkennt. Die Moderatoren in den Fernsehmagazinen werden dadurch, dass sie durch ihre Moderation helfen, das Gezeigte einzuordnen, zu zentralen Instanzen der Weltvermittlung des Fernsehens. Vielen Zuschauern erscheint oft, dass sie die ›Sache selbst seien‹. Die Tendenz zur *Personifizierung* wird dadurch unterstützt, dass die Moderatoren vereinzelt auch höhere Funktionen in den Fernsehanstalten einnehmen. Sie stellen zudem durch den Blick in die Kamera (und damit zum Zuschauer) einen direkten, oft appellativ genutzten Bezug zum Betrachter her (direkte Adressierung), sorgen durch sprachliche Prägnanz, stilsicheres Auftreten und perfektes Outfit für eine Aura der Unangreifbarkeit. Durch die Benutzung eines Teleprompters – eine laufende Schrifttafel, von der der Moderator den Text abliest und die vor der Kamera steht, so dass er scheinbar in die Kamera hineinschaut – entsteht der Eindruck eines »scheinbar so unfehlbar-detailreichen Gedächtnisses und einer stets spontan-natürlich wirkenden Redewandtheit und -sicherheit« (Kammann 1989, S. 166). Die Folge ist, dass der Moderator wie hier z.B. der ehemalige »Tagesthemen«-Moderator Hanns Joachim Friederichs auch schon als »Mr. Fernsehen« angesprochen wurde.

Der Moderator oder auch der Nachrichtensprecher dient als ›Anchorman‹: Er stellt eine direkte Verbindung zu den Zuschauern her und gewinnt darüber seine Popularität. Diese nutzt er wiederum aus, um die Zuschauer noch besser an das Programm zu binden (vgl. auch Schumacher 1988, S. 129ff.).

Zu diesen Fernsehstars gehören auch die *Showmaster* der Unterhaltungssendungen, von Hans Joachim Kulenkampff bis Thomas Gottschalk. Sie agieren in den von ihnen selbst gesteckten Rahmen der Sendungen selbstbestimmt, souverän, spielen damit den Zuschauern einmal mehr vor, dass sie das Leben individuell und eigenständig gestalten können. Als Moderatoren organisieren sie einen Ausschnitt von Welt, in dem auf ihr Kommando alles hört, sie scheinen auch die Herren der Wünsche der Zuschauer zu sein (vgl. auch Hallenberger/ Foltin 1990).

Gegen den vom Filmwissenschaftler Enno Patalas 1967 beklagten Verfall des Kinostars und »die Ausdehnung des Begriffs ›Star‹ auf andere Bereiche als den des Films« (Patalas 1967, S. 157) hat jedoch das Fernsehen mit dem Serienstar eine neue und ganz andere Form des Starwesens gesetzt (vgl. Strobel/Faulstich 1998).

Der Politdarsteller

Zu den Bildschirmpersönlichkeiten gehören vor allem Politiker, Sportler und andere Personen, die ihre Prominenz außerhalb des Fernsehens fundieren und das Medium zur Bestätigung und Verstärkung ihrer schon vorhandenen Prominenz benutzen. Die Dominanz des Fernsehens als Öffentlichkeit schaffendes Medium hat dazu geführt, dass es gezielt für die Erzeugung von Bekanntheit genutzt wird (Öffentlichkeitsarbeit), so dass die Scheidung von Fernsehstar und Bildschirmpersönlichkeit unscharf geworden sind. Auch die Politiker sind heute im Grunde ›Fernsehstars‹, weil sie ihre Bekanntheit in nicht unwesentlichem Maße dem Fernsehen verdanken.

Politiker werden als Bildschirmpersönlichkeiten vom Betrachter auf unterschiedliche Weise wahrgenommen: a) als Vermittler spezifischer politischer und kultureller Inhalte, b) als ›Darsteller‹ mit einer besonderen körperlichen Präsenz, indem ihre Gestik, Mimik, ihre Physiognomie und ihre Kleidung beurteilt wird. Meist werden bei der letzten Betrachtungsweise die vermittelten inhaltlichen Aussagen vernachlässigt (oft werden in einem solchen Fall auch keine formuliert, so dass sich der Blick des Betrachters an der Krawatte festmacht). Umgekehrt erwartet der Zuschauer jedoch auch von den Vermittlern politischer oder kultureller Inhalte eine gewisse optische und akustische Präsenz, gefordert wird eine ›telegene‹ Erscheinung. Dabei bleiben derartige Korrespondenzen ambivalent, die Glaubwürdigkeit ist nicht vollständig planbar, wie die Irritation über das Outfit einiger Politiker (Bundeskanzler Schröder 1998 in einem teuren Brioni-Anzug) gezeigt hat.

Joshua Meyrowitz hat die langfristige Wirkung des Fernsehens darin gesehen, dass es bislang abgeschottete Lebensbereiche den von ihnen Ausgeschlossenen zugänglich macht: a) Kindern wird die Erwachsenenwelt vorgeführt, was zur Entgrenzung der Kindheit als einem abgeschlossenen Erfahrungsbereich geführt hat; b) geschlechtsspezifische Abgrenzungen (Männerwelt/Frauenwelt) werden aufgehoben, was die emanzipativen Bewegungen förderte; und c) der Bereich der Politik wird den Bürgern näher gebracht, so dass ein Abbau der Autoritätsgläubigkeit stattfand. Der Autoritätsverlust der Politik durch das Fernsehen, so Meyrowitz, werde dadurch erzeugt, dass das Fernsehen Politiker aus oft ungewohnten, auch eher privaten Sichtweisen zeige, wie aus den Kulissen einer Seitenbühne heraus und in unvorteilhaften Haltungen (Meyrowitz 1987).

All diesen Tendenzen, vor allem im Bereich des politischen Autoritätsabbaus, wird jedoch auch durch gezielte Strategien entgegengearbeitet. Politiker stilisieren sich zu *telegenen Persönlichkeiten*, indem sie ihr Äußeres verändern, Ereignisse zur Schaffung von Nachrichten über sich nutzen, sich gezielt ›in Szene‹ setzen und Auftritte strategisch planen. Indem die Demokratie immer mehr auch zu einer ›Fernsehdemokratie‹ (wie z.B. in den USA) wird, gewinnt auch die inszenatorisch gestaltete Darstellung von Politik im Fernsehen an Bedeutung (vgl. auch Willems/Jurga 1998). Die Tendenz der Fernsehberichterstattung zur *Personalisierung von politischen Sachverhalten* trägt dazu ebenso bei wie die Nutzung von Show- und Talksendungen im Fernsehen zur Selbstdarstellung von Politikern. Es liegt deshalb durchaus nahe, dass Schauspieler in politische Ämter streben, es liegt ebenso nahe, den darstellerischen Wert eines Politikerauftritts zu bewerten (vgl. dazu z.B. Morlock 1989, S. 105ff. vgl. Hickethier 1994, S. 69).

VIII. Dokumentarisch – fiktional
Gattungen und Programmformen

Beschäftigten sich die vorangegangenen Kapitel mit den Binnenstrukturen von Filmen und Fernsehsendungen, so geht der Blick im folgenden über das einzelne Produkt hinaus und behandelt den Zusammenhang von Gattungen und Programmformen, denen ein Film oder eine Fernsehsendung angehört.

Der Begriff der *Gattung* ist aus der Literatur geläufig, in der die Gattungspoetik immer wieder die Spezifik der literarischen Gattungen herausgestellt hat. Die von Goethe als »Naturformen der Poesie« bezeichnete Trias Dramatik, Epik, Lyrik (Kayser 1959, S. 332), lässt sich jedoch nicht ohne weiteres auf den Film übertragen. Die Massenmedien mit ihren Formen haben sich diesem Schema verweigert und statt dessen die Notwendigkeit eines *dynamischen* Gattungs- und Formenverständnisses deutlich gemacht.

Für Filmgattungen legte Käthe Rülicke-Weiler 1987 eine *Typologie* vor und unterschied zwischen vier Gattungen: Spielfilm, Dokumentarfilm, Animationsfilm, Mischformen, und differenzierte diese weiter in Arten und Genres (Rülicke-Weiler 1987, S. 21ff.). Der Versuch, die einzelnen Filmgattungen überschneidungsfrei zu definieren, machte jedoch in seinem Scheitern die Grenzen hierarchischer Gattungssysteme sichtbar. Den normativen Setzungen von Gattungsbegriffen, aus einem systematischen Ästhetikverständnis abgeleitet, stehen die in der Filmpraxis gewachsenen gegenüber, die sich an Produktionszusammenhängen (wie z.B. Werbefilm, Industriefilm oder Amateurfilm), Verwendungsbereichen (Kinder- und Jugendfilm) oder ästhetischen Diskussionen (z.B. der Autorenfilm, Frauenfilm) orientieren.

Mediengattungen sind kaum trennscharf zu definieren. Eine Untersuchung der Gattungsbezeichnungen in Programmzeitschriften ergab eine Vielzahl ganz unterschiedlicher Bezeichnungen. Gattungsbezeichnungen dienen nach Siegfried J. Schmidt als *Verständigungsbegriffe im Medienhandeln*, sie strukturieren das Angebot für den Zuschauer, geben eine Orientierung und bauen Erwartungen auf. Sie können nach Bedarf auch verändert werden (Schmidt 1987). Die Untersuchung der auffindbaren Gattungsbezeichnungen bei Schmidt zeigt auch, dass hier häufig Genres mit gemeint wurden (vgl. Hickethier 2001b).

Werden Mediengattungen als Verständigungsbegriffe verstanden, können keine überschneidungsfreien Kategorien und eindeutige ›Schubfächer‹ gesucht werden, in die die einzelnen Produkte aufgrund ästhetischer Eigenheiten sortiert werden können, sondern ist vom kommunikativen Gebrauch der Begriffe auszugehen. Gattungen sind dann wie andere Bezeichnungen von Filmgruppen in einem dynamischen Prozess zu sehen, in dem Gruppen von Produktionen und Sendungen sich gegenüber anderen abgrenzen. Die genaue Bestimmung erfolgt dann durch die sich auch in der Wahl des Korpus der Filme historisch abgrenzende Analyse.

Um dennoch zu allgemeinen Unterscheidungen zu kommen, wird unterschieden zwischen

a) einem *Modus des Erzählens und Darstellens* und
b) einer *historisch-pragmatisch entstandenen Produktgruppe,* die ihre Sammelbezeichnung aus einem besonderen Verwendungszweck, einer besonderen Produktionsweise oder einer besonderen Vermittlungsintention heraus definiert.

Als Modi des Erzählens und Darstellens werden das Fiktionale (Spielfilm), das Dokumentarische (Dokumentarfilm) und die Animation (Zeichentrickfilm) verstanden, wobei vor allem die Unterscheidung zwischen der Fiktion und dem Dokumentarischen von Interesse ist.

Die Animation erscheint als besonderer Modus des Erzählens und Darstellens, weil sie sich in ihren verschiedenen Formen der fotografischen Abbildung nicht (oder nur indirekt) bedient, selbst aber Fiktionen und Sachdarstellungen vermitteln kann.

1. Fiktion – Dokumentation

Siegfried Kracauer unterscheidet lapidar: »Die zwei allgemeinsten Filmtypen sind der Spielfilm und der Film ohne Spielhandlung« (Kracauer 1973, S. 237). Die Definition durch das Spiel erweist sich jedoch bereits als problematisch, weil die *Inszenierung eines Geschehens* vor der Kamera, die beim Spielfilm selbstverständlich scheint, auch im Dokumentarfilm vorkommt. Die Dokumentarfilme von Robert Flaherty oder John Grierson, auf den übrigens die Verwendung des Begriffs ›dokumentarisch‹ (›documentary‹) zurückgeht, waren bis ins letzte Detail inszeniert, vor der Kamera arrangiert und nach Erzählprinzipien aufgebaut (Heller/Zimmermann 1990, S. 19ff.). »Viele berühmte Filme der britischen Dokumentarfilmschule«, so konstatiert auch Wilhelm Roth, »waren ganz oder in wesentlichen Teilen inszeniert.« (Roth 1982, S. 9). Umgekehrt werden auch in fiktionalen Filmen, die sich dadurch bestimmen, dass das Gezeigte ›nicht wirklich‹, sondern ›ausgedacht‹, ›fiktiv‹ ist, Elemente der Wirklichkeit (reale Orte, Landschaften, Menschen, Tiere etc.) einbezogen.

Joachim Paech hat deshalb den Dokumentarfilm vom Fiktionsfilm dadurch unterschieden, in welcher Weise er sein Verhältnis zum »vor-filmisch Realen« definiert: Im Fiktionsfilm ist »das vor-filmische Reale als ›Mise-en-scène‹ und fiktionale Handlung vorübergehend gegeben, um es im Spielfilm ›aufzuheben‹. Den fiktionalen Film gibt es wirklich nur als diesen Film. – Die dokumentierende Wiedergabe des Vor-Filmischen als mehr oder weniger kontingentes Ereignis behauptet dagegen das vor-filmisch Reale als unabhängig vom Film existierend und in ihm grundsätzlich abwesend als bereits geschehen (historisches Perfekt) und filmisch daher als Erinnerung in der vergegenwärtigenden Wiederholung. Der Dokumentarfilm ist immer doppelt: das vergangene Ereignis *und* der gegenwärtige Film« (Paech 1990, S. 24).

Gegenüber dem Vor-Filmischen beansprucht der Dokumentarfilm das Prinzip, dieses im Film in spezifischer Weise als Erzählung und Darstellung zu organisieren, es in eine ›ästhetische Form‹ zu bringen. Es kommt im Dokumentarfilm also nicht darauf an, wie manche dokumentarische Schulen nahe legen, »Lebenswirklichkeit grundsätzlich selbstevident zur Anschauung« zu bringen, sondern es werde, wie Heinz B. Heller nachdrücklich betont, etwas in der Realität als wesentlich Erkanntes durch »ästhetische Konstruktionsprinzipien wieder sinnlich erfahrbar« gemacht (Heller in Heller/Zimmermann 1990, S. 19ff.).

Der von Wilhelm Roth gerade mit dem ›Direct Cinema‹ und dem ›Cinéma Vérité‹ neu gesetzte Beginn des »neuen Dokumentarfilms« zu Beginn der sechziger Jahre (vor allem durch die konzeptionelle Nutzung des Pilottons, mit dem die Dokumentarkamera nicht nur das Bild, sondern gleichzeitig auch den Ton eines Geschehens aufnehmen konnte), bedeutet deshalb keinen grundsätzlichen Wechsel des Modus, sondern stellt nur eine Etablierung neuer Konventionen des dokumentarischen Erzählens und Darstellens dar. Dass man seitdem den »Dokumentarfilm vom Spielfilm meist auch optisch auf Anhieb zu unterscheiden« (Roth 1982, S. 9) vermag, begründet ebenso wie das von Alexander Kluge benannte »Prinzip der Sachlichkeit« (Kluge 1983, S. 163) noch keine wirkliche Abkehr vom Prinzip des Erzählens. So lassen sich durchaus auch für nichtfiktionale Sendungen, wie z.B. Nachrichtensendungen Erzählprinzipien konstatieren und analytisch erhellend Erzählkategorien auf die Nachrichten anwenden (vgl. Hickethier 1997).

Dokumentarisches und fiktionales Erzählen begründen sich in der Form der *Kohärenz* ihrer Erzählungen. Ein wesentliches Strukturmoment des *fiktionalen Erzählens* bildet z.B. das Wissen der Kamera von dem, was als Handlung kommen wird. So kann sie handelnden Figuren vorauseilen und diese dort bereits erwarten, wo sie anhalten werden oder eine neue Aktion beginnen; sie setzt weiterhin den Handelnden in eine komponierte Umgebung und in ein Bedeutung erzeugendes Licht. Die Kamera nimmt damit eine Erzählhaltung ein, die über das Geschehen verfügt, Zeit und Ort des Geschehens letztlich beherrscht.

Die *dokumentarische Kamera* dagegen kann zwar auch um die Handlungen, die sie aufnimmt, wissen, doch das Arrangement und die Inszenierung können immer wieder durchbrochen und irritiert werden. Sie verfügt nicht in dem Maße wie die fiktionale Kamera über das Geschehen, sondern dieses bleibt dem Film gegenüber autonom.

Fiktionales und dokumentarisches Erzählen bilden kulturelle Konventionen und sind deshalb veränderbar, sie können auch als ›Stilmittel‹ und damit als kalkulierbare *ästhetische Strategien* jeweils anders eingesetzt werden: Der Fiktionsfilm kann sich einen dokumentarischen Gestus geben, umgekehrt kann sich der Dokumentarfilm um fiktionale Erzählmuster bemühen.

In den *Gattungen und Programmformen* haben sich diese Erzählhaltungen verfestigt. Die Gegenübersetzung von Spielfilm und Dokumentarfilm hat ihre Fortführung im Fernsehen im Gegensatz fiktionaler Formen (Fernsehspiel, Fernsehserie) und dokumentarischer Formen (Nachrichtensendung, Reportage, Feature, Dokumentation, Dokumentarfilm). Dieser Gegensatz wird jedoch im Fernsehen wie im Kino auch durch zahlreiche Mischformen immer wieder aufgehoben, einzelne Regisseure haben diese Vermischung auch kultiviert.

2. Kinofilm – Fernsehspiel – Fernsehfilm

Im Modus der Fiktion wird zwischen dem Kinospielfilm und dem Fernsehspiel bzw. dem Fernsehfilm unterschieden. In der ästhetischen Diskussion dienen Begriffe wie Spielfilm und Fernsehspiel häufig jedoch nicht nur als Ordnungs- sondern auch als *Kampfbegriffe*, die ein Wertungsgefälle markieren sollen. Mit ›Kinospielfilm‹ wird vor allem von Filmkritikern häufig Opulenz in der Ausstattung, verschwenderische Sinnlichkeit, spektakuläre Handlung assoziiert, mit ›Fernsehspiel‹ dagegen oft das Gegenteil. Als grundsätzliche Zuordnungen sind sie falsch und lassen sich durch eine Vielzahl von Gegenbeispielen widerlegen.

Ursprünglich wird mit *Kino*spielfilm und *Fernseh*spiel signalisiert, für welches Medium die jeweiligen Produktionen *primär* hergestellt wurden, weiter dann auch eine Differenz zwischen verschiedenen Produktionsweisen: *der filmischen und der elektronischen Produktion* (vgl. Kap. IV).

Der Begriff ›Fernsehspiel‹ ist analog zum Begriff des ›Hörspiels‹ (als einer Bezeichnung der Fiktion im Hörfunk) entstanden und bezeichnet die für das Fernsehprogramm *elektronisch* hergestellte Fiktion. Der Begriff blieb auch nach dem Übergang von der elektronischen Live-Produktion in der Frühzeit zu dem mit der Magnetaufzeichnung elektronisch gespeicherten Spiel erhalten. Er war lange eher ein ›administrativer‹ Begriff in den Rundfunk- und Fernsehanstalten und bezeichnete die Abteilungen, in denen audiovisuelle Fiktionen entstehen. Er ist heute durch den Begriff des Fernsehfilms ersetzt worden. Fernsehspiele werden heute fast ausschließlich *filmisch* (auf 35 mm oder 16 mm) produziert. Diese für die Ausstrahlung im Fernsehen primär hergestellten Filme werden *Fernsehfilme* genannt (vgl. Netenjakob 1994).

Die filmische Herstellung der Fiktion hat sich im Fernsehen deshalb durchgesetzt, weil mit dem Film als Produktionsmittel eine bessere Bildqualität, eine höhere Mobilität (Unabhängigkeit vom Studio) und ein größerer Freiraum in der Bearbeitung (Schnitt und Montage) gewährleistet ist. Fernsehfilme können auch unabhängig vom Fernsehen (z.B. im Kino) gezeigt werden, was dem Selbstverständnis vieler Regisseure und Autoren entgegenkommt, die sich weniger als ›Fernsehmacher‹, sondern mehr als ›Filmemacher‹ verstehen.

Die Entwicklung des Kinospielfilms und des Fernsehspiels (bzw. des Fernsehfilms) hat zu unterschiedlichen *ästhetischen Erzähltraditionen* geführt, die durch die Medien bedingt sind. Im öffentlich-rechtlichen Fernsehen der Bundesrepublik können Autoren und Regisseure in aller Regel unabhängig von den Verwertungszwängen, denen das Kino unterlag und unterliegt, anspruchsvolle Inhalte vermitteln und mit den Erzähl- und Darstellungsformen experimentieren, wie dies im deutschen Kino nicht möglich ist. Die kritische Auseinandersetzung mit der bundesdeutschen Realität hat im Fernsehen stattgefunden, ebenso eine Beschäftigung mit den Problemen von Minderheiten und sozial Benachteiligten. Die fiktionale Auseinandersetzung mit dem Nationalsozialismus, die Beschäftigung mit der deutschen Teilung und mit der bundesdeutschen Gegenwart findet im Fernsehen, und hier vor allem im Fernsehspiel und Fernsehfilm, statt. Der Fernsehfilm zeigte sich auch in der Entfaltung von Erzähl- und Darstellungsweisen gerade in den sechziger und siebziger Jahren experimenteller als der deutsche Kinofilm (etwa in den Produktionen von Egon Monk, Peter Lilienthal, Wolfgang Menge u.a.). Im Fernsehen fanden und finden die fiktionalen Produktionen ein Millionenpublikum, wie dies im deutschen Kino nicht mehr möglich ist (vgl. Hickethier 1980, 1993c).

Seit 1992/93 produzieren auch die privatrechtlichen Anstalten Fernsehfilme, die sie häufig als TV-Movies bezeichnen und damit auf ein amerikanisches Konzept des Fernsehfilms setzen (Keller 1998). Der TV-Movie hat auch eigene dramaturgische Konzepte ausgearbeitet (vgl. Hickethier 2000b). Inzwischen kann von einer eigenen Ästhetik des TV-Movies gesprochen werden (Bleicher 1997, 2000).

Das bundesdeutsche Kino ist vor allem durch die Dominanz amerikanischer Filme (bis zu 80 Prozent Marktanteil) geprägt. Hier hat sich ein eher am spektakulären Inhalt, an der Opulenz der Ausstattung, dem Einsatz von special effects orientierter Filmstil durchgesetzt, der vor allem ein junges Publikum (14 bis 29 Jahre) ansprechen will. Der ästhetisch anspruchsvolle deutsche Kinofilm (z.B. von Wim Wenders, Alexander Kluge, Werner Herzog) hat es im Kino dagegen schwer und erreicht dort oft nur ein kleines Publikum. Erfolgreich sind vor allem Unterhaltungsfilme; noch bis in die siebziger Jahre vertraten vor allem die Krimiadaptionen nach Edgar Wallace und die Softpornos (»Hausfrauen- und Schulmädchenreports«) sowie die Pauker- und Lümmelfilme die deutsche Filmproduktion im Kino.

Eine grundsätzliche ästhetische Differenz zwischen Kinospielfilm und Fernsehspiel, wie einige Filmkritiker behauptet haben (vgl. Meyer 1977, Blumenberg 1978), besteht jedoch nicht. Die Gestaltungsregeln gelten für den Kinospielfilm wie für den Fernsehfilm in gleicher Weise. So lässt sich auch nicht zeigen, wie oft vermutet (vgl. Meyer 1977), dass im Fernsehfilm statistisch mehr Groß- und Nahaufnahmen verwendet werden als im Kinospielfilm, dass der Fernsehfilm häufiger in Innenräumen als in Außenräumen spielt, oder dass er langsamer geschnitten sei. Häufig werden in der oft sehr polemisch ausgetragenen Debatte auch Produktions- und Rezeptionsaspekte vermischt, wird die Kleinheit des Bildschirms (gegenüber der Größe der Kinoleinwand), die schlechtere Bildauflösung des Fernsehers, die ablenkende häusliche Situation bei der Betrachtung usf. ins Feld geführt. Doch gilt dies dann ebenso auch für die seit den sechziger Jahren immer häufiger im Fernsehen gezeigten Kinospielfilme, die sich eines ungebrochenen Zuspruchs durch das Fernsehpublikum erfreuen und deren Rezeption im Fernsehen für die jüngeren Generationen heute die zentrale Erlebnisform von Filmen darstellt.

Eine der Ursachen für die Verzerrungen in dieser ästhetischen Debatte Kinospielfilm/Fernsehspiel liegt darin, dass im Gegensatz zum

Kinospielfilm die Fernsehspiele heute kaum noch außerhalb des Fernsehens öffentlich gezeigt werden und damit einer erneuten ästhetischen Auseinandersetzung entzogen sind.

In den siebziger Jahren entstand mit Verbreitung der Videotechnik unabhängig von den Fernsehanstalten die Möglichkeit der *elektronischen Produktion unabhängig von den Fernsehanstalten* und damit den Studios, wobei die Bild- und Tonqualität jedoch anfangs noch relativ schlecht war und den Sendeansprüchen der Anstalten nicht genügte. Die hier entstandenen Videos stammten, von wenigen ›Videopionieren‹ (wie z.B. Gerd Conradt) abgesehen, vor allem aus dem sozialpädagogischen Bereich und den alternativen Bemühungen, mit der Elektronik eine ›Gegenöffentlichkeit‹ gegenüber dem Fernsehen aufzubauen. Versuche, die neue Beweglichkeit der Elektronik für die Fiktionsproduktion auszunutzen, blieben vereinzelt. Der *Videofilm*, wie ihn beispielsweise der WDR in einige Produktionen (Marco Serafini u.a.) erprobte, setzte sich als neue Form nicht durch.

Film-Fernseh-Koproduktion

Neben diesen bestehenden Formen entwickelte sich bereits in den sechziger Jahren, vor allem aber seit Mitte der siebziger Jahre, die sogenannte ›Film-Fernseh-Koproduktion‹. Sie wird auf filmischer Basis hergestellt. Mit dem zwischen der Filmwirtschaft und den öffentlich-rechtlichen Fernsehanstalten 1974 geschlossenen und seither immer wieder verlängerten Film-Fernseh-Abkommen erhielt diese Produktion auch einen institutionellen Rahmen. Seit Mitte der neunziger beteiligen sich daran auch die privatrechtlichen Fernsehunternehmen. Solche Koproduktionen werden aus Eigenmitteln der Produzenten, Filmförderungsgeldern und Mitteln der Fernsehanstalten bzw. -unternehmen hergestellt. Sie werden nach ihrer Fertigstellung zunächst anderthalb oder zwei Jahre im Kino gezeigt (Kinoauswertung) und danach auf Fernsehfilmplätzen ins Programm gebracht. Günther Rohrbach, von 1965 bis 1984 Fernsehspielleiter des WDR, hat diese Filme »amphibische Filme« genannt, weil sie sich in beiden Medien in gleicher Weise bewegen sollten (Rohrbach 1977).

Auch wenn sich dieser Begriff nicht durchgesetzt hat, so hat diese Form der Koproduktion wesentlich zur Blüte des neueren deutschen Films beigetragen. Fast alle wichtigen neueren deutschen Filme (von Volker Schlöndorff, Wim Wenders, Reinhard Hauff, Werner Herzog, Margarethe von Trotta, Helma Sanders-Brahms, Ulrike Ottinger, Helke Sander und vielen anderen) sind als Koproduktionen entstanden (vgl. auch Hickethier 1980).

Von dieser Form zu unterscheiden ist die *internationale bzw. europäische Koproduktion*, bei der verschiedene internationale Sendeanstalten einen Film allein oder zusammen mit unabhängigen Filmproduzenten produzieren. Sie besteht häufig nur aus einer internationalen Kofinanzierung (die Mittel verschiedener Produzenten werden zusammengelegt und damit aufwendige Produktionen finanziert, die aber von einem Team in einem Land allein hergestellt werden). Die ›integrierte Koproduktion‹, bei der auch die Redaktionen der beteiligten Fernsehanstalten am Konzept mitwirken, Schauspieler aus den beteiligten Ländern eingesetzt werden und vielleicht sogar der Stab international zusammengestellt wird, ist seit längerem heftiger Kritik ausgesetzt, weil sich die beteiligten Produzenten oft nur auf den ästhetisch kleinsten gemeinsamen Nenner haben einigen können. Weil solche Filme keine künstlerische Handschrift erkennen lassen, werden sie häufig auch als ›Eurobrei‹, ›Europudding‹ oder als ›Zutatenfilme‹ bezeichnet. Gleichwohl gewinnt die europäische Produktion – im Sinne der Herstellung einer gemeinsamen europäischen Filmkultur – auch durch die Förderung des Films durch die Europäische Union immer mehr an Bedeutung.

Die Entwicklung der Koproduktion ist Ausdruck einer allgemeinen Medienentwicklung, die auf eine Integration von Kino, Fernsehen und Video drängt (vgl. Zielinski 1989), und vor deren Hintergrund der Streit um die Abgrenzungen von Kino und Fernsehen eher anachronistisch wirkt.

3. Die Serie

War bisher vom Fernsehspiel bzw. Fernsehfilm die Rede, so wurde stillschweigend davon ausgegangen, dass es sich hier um einen Einzelfilm handelt. Durch seine besondere Angebotsstruktur (Programmeinbindung und Programmumfang, tägliche Ausstrahlung, individueller häuslicher Zugang zum Programmangebot) neigt das Fernsehen anders als das Kino zu einer seriellen Produktion. Die periodische oder serielle Angebotstruktur (die sich im Programm in feststehenden, wiederkehrenden Programmplätzen ausdrückt) führt dazu, neben dem fiktionalen Einzelfilm verstärkt fiktionale Serien zu produzieren und zu senden. Die Fernsehserie und das Serielle des Fernsehens stehen in einem engen Zusammenhang (Hickethier 1991).

Ein Unterschied besteht zwischen der wöchentlichen abends ausgestrahlten (›prime time serial‹) und der täglichen und tagsüber gezeigten Serie (›daily serial‹), wie sie vor allem in den USA existiert. Weil viele dieser täglich (und tagsüber) ausgestrahlten Serien, die sich in den USA vor allem an Hausfrauen richten, ursprünglich von den Waschmittelkonzernen finanziert wurden, hat sich für sie auch der Begriff der Seifenoper (›soap opera‹ oder ›daily soap‹) eingebürgert.

Grundformen des seriellen Erzählens sind:

a) Im Übergang vom Einzelfilm zur Serie steht der *Mehrteiler* (›miniseries‹). Er besteht aus mindestens zwei Folgen und hat in der Regel nicht mehr als 13 Folgen (z.B. Rainer W. Fassbinders Verfilmung von Döblins »Berlin Alexanderplatz«, 1979, oder von Edgar Reitz »Die Zweite Heimat«, 1993). Er kann als ein zu umfangreich geratener Einzelfilm verstanden werden, der aufgrund zeitlich begrenzter Programmplätze aufgeteilt werden musste, er kann aber auch, und das ist die Regel, eine eigene ästhetische Struktur besitzen und aus der Mehrteiligkeit eine besondere Form des fortsetzenden Erzählens entwickeln.

b) Die *Fortsetzungsgeschichte* basiert ebenfalls auf der Mehrteiligkeit und dem Prinzip der Fortsetzung der Handlung von Folge zu Folge. Nach diesem Prinzip wurden vor allem Familiensagas in den siebziger und achtziger Jahren erzählt, nach diesem Prinzip arbeiten auch die südamerikanischen Telenovelas (z.B. »Die Sklavin Isaura«, 1986f.), die über einen oft langen Zeitraum eine Fortsetzungsgeschichte erzählen, diese aber zu irgendeinem Zeitpunkt (etwa nach 150 Folgen) beenden. Entscheidend ist hier die Verknüpfung der Folgen: Zumeist wird am Ende einer Folge ein Spannungshöhepunkt aufgebaut, aber kurz vor ihm abgebrochen und der Zuschauer mit dem Versprechen »Fortsetzung folgt« dazu verleitet, bei der Fortsetzung wieder einzuschalten, weil er wissen will, wie die nun vorbereitete Situation ausgeht. Diese Form des Spannungsumbruchs (›cliff hanger‹) stammt aus den literarischen Erzähltraditionen (*Die Erzählungen der 1001 Nacht*) und wurde mit dem Zeitungsroman im 19. Jahrhundert (z.B. von Charles Dickens und Eugene Sue) zu einer massenmedialen Erzählform entwickelt.

c) Abgesetzt von der Form des fortsetzenden Erzählens steht die *Serie mit abgeschlossenen Handlungsfolgen.* Hier besitzt jede Folge eine in sich geschlossene Handlung. Die Störung eines zumeist harmonischen Ausgangspunkts durch einen Zwischenfall führt zu einem Konflikt, der in der Folge beseitigt wird, so dass am Ende wieder der harmonische Ausgangszustand hergestellt ist. Die Verknüpfung der Folgen untereinander geschieht durch ein immergleiches Stammpersonal, einen im wesentlichen gleichbleibenden Handlungsort und durch eine gleiche Handlungszeit.

Weil sich die Figuren von Folge zu Folge nicht verändern, tritt die Handlungszeit (im Gegensatz zur fortsetzend erzählten Serie) auf der

Stelle; sie ist damit überzeitlich und allenfalls langfristig durch das physische Altern der Personen gekennzeichnet. Diese Form der Serie hat sich vor allem in den Genres der Western- und Krimiserien bewährt, sie etablierte sich in den fünfziger und sechziger Jahren mit der internationalen Verbreitung amerikanischer Serien, weil die verschiedenen nationalen Fernsehsysteme sich aus dem Gesamtangebot der Serienfolgen unterschiedliche Folgen (auch in abweichender Reihenfolge) zusammenstellen konnten. Diese Form der Serie ist wie die Daily Soap *prinzipiell unendlich produzierbar,* weil sie nicht auf ein vorausberechnetes Ende hin erzählt wird. Dennoch kommen solche Serien, wie die Seriengeschichte gezeigt hat, immer auch zu einem Ende, wenn das Publikum ihrer überdrüssig wird.

d) Die systematische Fortführung dieses Serienprinzips findet sich in der *Reihe,* in der es auch in sich abgeschlossene Folgen gibt, wobei hier die einzelnen Folgen oft nur noch durch ein Titelsignet oder eine gleichbleibende Eingangsequenz zusammengehalten werden (z.B. »Das Kriminalmuseum«). Der Zusammenhalt zwischen den einzelnen Teilen ist hier nur locker.

e) Eine Synthese der verschiedenen Formen findet sich in der *langlaufenden Serie,* die wie die Serie der abgeschlossenen Folgen und die Reihe nicht auf ein vorausberechnetes Ende hin konzipiert, sondern in die Zukunft hinein offengehalten ist (z.B. bei »Dallas«, 1982ff., und »Lindenstraße«, 1985ff.). Sie bedient sich jedoch des Fortsetzungsprinzips. Häufig ist sie mehrsträngig angelegt, so dass einer der Handlungsstränge in der Folge zu einem Ende kommt, ein weiterer beginnt und ein dritter oder vierter durchläuft, um in einer späteren Folge beendet zu werden. Auch hier wird in der Regel mit einem ›cliff hanger‹ gearbeitet, um den Zuschauer auf die Fortsetzung gespannt zu machen und damit an die Serie zu binden.

f) Eine Variante davon bildet die *Daily Soap,* deren Folgen täglich (in der Regel jedoch nur werktags) ausgestrahlt wird. Sie ist auf Endlosigkeit angelegt, kennt keinen finalen Schlusspunkt, auf den sie zustrebt. Dies erreicht sie dadurch, dass der Handlungsfortschritt sich der Ausstrahlungsfrequenz (z.B. im täglichen Rhythmus) anpasst. Zumeist werden mehrere Handlungsstränge miteinander verflochten, so dass ein sehr kleinteiliges, episodenartiges Erzählen entsteht. In einer halben Stunde einer Folge werden teilweise bis zu 20 Sequenzen untergebracht. Der langsame Handlungsfortschritt wird durch den schnellen Sequenzwechsel kompensiert, so dass der Zuschauer den Eindruck eines geballten und ereignisreichen Geschehens erhält. Zumeist werden die Ereignisse in den Daily Soaps jedoch nicht gezeigt, sondern über sie wird nur berichtet.

g) Aus den Soaps hat sich als eine Hybridform (Vermischung mit showdramaturgischen Elementen) die *Reality-Soap* wie »Big Brother« entwickelt, bei der wieder ein finales Ende (z.B. nach 100 Folgen) anvisiert wird, dessen Erreichen dadurch unter Spannung gesetzt wird, dass damit der Gewinn eines beträchtlichen Geldpreises für den siegenden Mitspieler bzw. Mitspielerin verbunden ist. Hier werden die Figuren (die Darsteller spielen und inszenieren sich selbst) in einen Container gesperrt und ihr Verhalten 24 Stunden lang permanent beobachtet. Aus den Aufnahmen wird nach den Prinzipien der Serienmontage eine tägliche Folge geschnitten und am gleichen Tag gesendet. Die Reality-Soap kann als eine neue Erzählform des Jahres 2000 gelten. Ob sich diese Form langfristig durchsetzen wird, muss sich erst noch zeigen (vgl. Weber 2000).

Diese Formen der Serien bilden kein unveränderbares System, sondern werden immer wieder variiert und fortentwickelt, so dass weitere Serienformen durchaus noch möglich sind. Ziel bei allem *seriellen Erzählen* ist es, eine feste Bindung der Zuschauer an das Programm zu gewährleisten. Mit der Etablierung privatrechtlicher Programme in der Bundesrepublik ab Mitte der achtziger Jahre hat in allen Programmen (auch in den öffentlich-rechtlichen) die Zahl der ausgestrahlten Serien erheblich zugenommen.

Das *Serienprinzip* ist nicht an den Modus der Fiktion gebunden. Letztlich sind auch die Nachrichtensendungen als Serien zu betrachten, die über ein festes Stammpersonal verfügen, in denen auch ›Handlungen‹ und ›Geschichten‹ fortgesetzt erzählt werden (der Krieg in Bosnien) (vgl. Hickethier 1997). Ebenso sind auch Magazinsendungen (mit ihren Moderatoren), Unterhaltungssendungen und andere Programmformen serieller Natur. Diese Form von Serialität hebt das Fernsehen gegenüber dem Kino (das in Ansätzen auch serielle Formen kennt) und dem künstlerischen Video ab.

4. Dokumentarfilm – Feature – Dokumentation

Obwohl die Anfänge des Films in der Wiedergabe außerfilmischer Geschehen lagen (zu denen bei den Brüdern Lumière auch die Wiedergabe von kleinen Sketchen gehörte), entwickelte sich der Dokumentarfilm als ein eigenständiger Modus des dokumentarischen Erzählens und Darstellens erst vor dem Hintergrund der entwickelten Fiktionsproduktion, indem mit Robert Flahertys Film »Nanook«

(1922) gezielt Strategien der fiktionalen Erzeugung von Glaubwürdigkeit im dokumentarischen Erzählen eingesetzt wurden (Paech 1990, S. 25). *Dokumentarische Glaubwürdigkeit* besteht im Realismuseindruck, der mit Erzählprinzipien (Perspektivität, Nähe-Distanz-Relationen, Authentizitätsversicherungen) erzeugt wird.

Zwei gegensätzliche Grundhaltungen haben sich herausgebildet:

1.) Das im Film von der außerfilmischen Realität gezeigte wird selbst *als eine Form der Realität* verstanden. Die dokumentierende Kamera begreift sich, ganz im Gegensatz zu den Anfängen des Dokumentarfilms, als eine vornehmlich Realität beobachtende, registrierende Vermittlungsinstanz. Um diese Realität nicht zu verfälschen, darf der Dokumentarist in das zu filmende Geschehen möglichst nicht eingreifen. Ein Geschehen, das für eine zu dokumentierende Situation als bezeichnend verstanden wird, darf, wenn ihre Aufnahme verpasst wurde, für die Kamera nicht nachgestellt werden, weil durch ein solches Arrangement die Authentiziät des Gezeigten in Frage gestellt wird. Kennzeichen dieser dokumentarischen Praxis ist die teilnehmende Beobachtung, verdeckt oder offen ausgestellt.

Im neueren Dokumentarfilm ist diese Auffassung vor allem vom Dokumentarfilmer Klaus Wildenhahn vertreten worden, auch wenn seine Filme durchaus andere Strategien verfolgten (vgl. Wildenhahn 1973).

Mit dieser grundsätzlichen Konzeption (weniger mit Wildenhahns eigentlichem Konzept des Filmens) korrespondiert die bei Zuschauern, aber auch bei Programmverantwortlichen weit verbreitete Auffassung von der *Objektivität des dokumentarisch Gezeigten*. Das Dokumentarische soll die Welt zeigen, ›wie sie ist‹. Diese Auffassung besteht vor allem dort, wo schnell, und damit oft wenig bewusst, gefilmt wird, z.B. bei Nachrichtensendungen. Der Glaube, mit solchen Bildern dem Zuschauer die Wirklichkeit unmittelbar, direkt präsentiert zu haben, bestimmte noch heute viele Fernsehmacher.

Auswahl, Perspektiven, Schnitt etc. bestimmen jedoch immer eine Perspektive auf das Geschehen, wobei die Wahl der Perspektive nicht subjektiver Willkür gehorcht, sondern den kulturellen Bedingtheiten, den institutionellen Zwängen der Auftraggeber und der Realisierenden und den konkreten Produktionssituationen (vgl. Wember 1972).

2.) Dem steht die dokumentarische Auffassung entgegen, dass das fotografische Abbild nicht die Wirklichkeit zeige, weil die Realität, mit einem Wort von Brecht, »in die Funktionale gerutscht« sei. Eine Fotografie der Krupp-Werke oder der AEG »ergibt beinahe nichts über diese Institute«. Die Fotografie zeige nicht »die Verdinglichung der menschlichen Beziehungen, also etwa die Fabrik«. Um diese sichtbar zu machen, habe man »tatsächlich ›etwas aufzubauen‹, etwas ›Künstliches‹, ›Gestelltes‹« zu erzeugen (Brecht 1967, Bd. 18, S. 161). Die bloß beobachtende Dokumentation verfehlt nach dieser Auffassung gerade, die Wirklichkeit darzustellen. Dies kann nur dadurch geschehen, dass der Dokumentarist in die Realität eingreift und das zu Zeigende durch Montage hervorhebt, das im fotografischen Bild nicht Sichtbare durch ästhetische Strategien sichtbar macht. Dem Dokumentaristen wird damit eine organisierende Kraft zugewiesen, die der des Erzählers gleichkommt. Authentizität stellt sich hier nicht als ein Kriterium der ungebrochenen Wiedergabe eines außerfilmisch Realen dar, sondern als ein Konstrukt der Form, in der sich das Dokumentierte präsentiert (vgl. Heller in Heller/Zimmermann 1990).

Mit diesen gegensätzlichen Positionen korrespondieren verschiedenen Formen des Dokumentarismus:

a) Als *Reportage* wird ein Bericht von einem Geschehen, einem Ereignis verstanden, bei dem der Erzähler als Reporter mit dem Anspruch des Dabeigewesenseins auftritt. Ist die Reportage im Literarischen, in der Presse und auch im Radio durch die *sprachliche* Umsetzung bestimmt, wird damit auch immer die Erzählposition deutlich, so operiert die Reportage in den *audiovisuellen Medien* mit dem Augenschein und erklärt das, was zu sehen ist, zur unmittelbaren Wirklichkeit. Im Kino finden sich diese Formen vor allem in den Wochenschauen (vgl. Reimers u.a. 1983). Das Fernsehen steigert diese Form der *Augenzeugenschaft* (›eye-witness‹) noch durch die ›Live-Reportage‹ eines Ereignisses, so dass der Zuschauer das Gefühl des unmittelbaren Dabeiseins gewinnt.

Dass dieser Eindruck immer nur das Ergebnis spezifischer Präsentations- und Kommentierungsstrategien ist, wird deutlich, wenn man die in Reportagen häufig verwendeten Verweise auf das ›Hier‹ und ›Jetzt‹ des Gezeigten beachtet. Der Zuschauer kann aufgrund des präsentischen Charakters des audiovisuellen Bildes im Gezeigten nicht erkennen, ob es tatsächlich in diesem Augenblick live vermittelt wird. Auswahl des Kamerastandpunktes, Kommentar, Montage etc. machen jedoch auch immer deutlich, dass es sich hier nur um einen Bericht, nicht um die Wirklichkeit selbst handelt.

Eine verkürzte Form der Reportage stellt der *O-Ton-Bericht* (O-Ton = Original Ton) in vielen Nachrichten und Dokumentationen dar, bei der eine Aussage mit dem Anspruch, ein ›authentisches‹ Dokument der Realität zu sein, wiedergegeben wird. Häufig kommt es weniger darauf an, was der Befragte gesagt hat, sondern dass auf diese Weise vermittelt wird, dass ein Reporter und damit der Sender ›vor Ort‹ eines Geschehens ist.

b) Der *Dokumentarfilm*, die *Dokumentation*, das *Feature* stellen demgegenüber Formen *durchgestalteter Auseinandersetzung* mit einem Thema, einem Sachverhalt, einem außerfilmischen Geschehen dar, die sich im Fernsehen zumeist durch eine zeitliche Distanz zum Geschehen oder durch eine übergreifende Argumentation auszeichnet. Ist die Reportage, so der Fernsehredakteur Elmar Hügler, »eher das Veräußerlichte eines Themas«, so sucht der Dokumentarfilm stärker »an den inneren Kern heranzukommen« (in: Steinmetz/Spitra 1989, S. 58).

Begriff und Praxis des Dokumentarfilms beziehen sich dabei auf die filmische Tradition, die vom Kinofilm zum Film im Fernsehen führen, wobei seit den siebziger Jahren der Dokumentarfilm fast ausschließlich nur noch im Fernsehen zu finden ist. Inzwischen gibt es umfangreiche Bemühungen seitens des Hauses des Dokumentarfilms, die Geschichte des Dokumentarfilms aufzuarbeiten. In zahlreichen Analysen wurde auch die spezifische Ästhetik des Dokumentarfilms herausgearbeitet (vgl. z.B. Hattendorf 1994, Hoffmann 1997, Kiener 1999)

Das *Feature* bezieht sich im Begriff und ästhetischer Tradition auf eine Form der Hörfunkdokumentation (›featured programme‹), die vom Selbstverständnis her alle Formen der Gestaltung benutzen kann, um »ein Ereignis oder einen Sachverhalt möglichst gefällig und ansprechend darzustellen« (Auer-Krafka 1980, S. 10). Diese Form wurde bei der britischen Rundfunkgesellschaft BBC entwickelt und nach 1945 über den Nordwestdeutschen Rundfunk auch in Deutschland heimisch. Vom Hörfunk kam sie ins Fernsehen, mit ihr auch eine gegenüber dem Dokumentarfilm stärkere Darstellung durch das Wort in den Dokumentarismus.

Der Begriff der *Dokumentation* ist allgemeiner gefasst und wird vor allem im Fernsehen verwendet (vgl. Heller/Zimmermann 1990, Zimmermann 1992, Lampe 2000). Er bezieht im Rahmen der Differenzierung berichtender und dokumentierender Formen im Fernsehen auch Formen des Interviews und der Studiodiskussion, der Visualisierung durch Grafiken, Schautafeln, Studiodemonstrationen etc. mit ein. Häufig tritt auch ein Korrespondent oder Autor direkt vor die Kamera, um die Zuschauer frontal anzusprechen (vgl. auch Zimmermann 1993, Heller/Zimmermann 1995).

c) Stärker als der Dokumentarfilm betont der *Essayfilm* die Unterordnung des Darzustellenden unter die Erzählstrategie eines Erzählers. Der Essayfilm steht »in Denkstruktur und im verweisenden Gestus der Wissenschaft näher« (Möbius 1991, S. 5) als dem Spielfilm und der Dokumentation. Betont wird bei ihm das analytische und reflexive Moment in der Darstellung, auch ist vielen Essayfilmen (von Chris

Marker bis zu Hartmut Bitomsky und Harun Farocki) durch eine Form assoziativer Verknüpfung und elliptischer Argumentationsform eine *poetische* Struktur eigen (vgl. Aurich/Kriest 1998). Der Essayfilm will noch stärker als die Dokumentation Strukturen sichtbar machen, die unterhalb des Oberflächenscheins wirksam sind. Eine gelegentlich verrätselnd wirkende Darstellung (z.B. in den Filmen von Chris Marker) dient häufig dazu, im Betrachter ein Nachdenken über bislang nicht erkannte Zusammenhänge in Gang zu setzen.

5. Dokumentarisch-fiktionale Mischformen

Wenn das Fiktionale, das Dokumentarische und der Animationsfilm als verschiedene Modi des Erzählens verstanden werden, sind sie auch innerhalb eines Erzählzusammenhanges miteinander kombinierbar. Der Wechsel von einem Modus zum anderen wird als Irritation innerhalb der Erzählhaltung verstanden, stellt einen Bruch in der Kohärenz des Erzählten dar, kann jedoch bei häufiger Verwendung auch eine besondere Form der Weltvermittlung, eine individuelle Sicht und ästhetische Handschrift ausdrücken.

Die *Verbindung von Fiktion und Animation* ist in der Regel zielgruppenspezifisch auf ein kindliches bzw. jugendliches Publikum ausgerichtet, z.B. wenn Zeichentrickfiguren im Realfilm mit fotografisch aufgenommenen Personen kombiniert werden (beispielsweise bei »Roger Rabbit« oder »Meister Eder und sein Pumuckel«). Dokumentation und Animation finden sich dagegen eher im didaktischen Einsatz verbunden (häufig bei Lehrfilmen zum Durchspielen eines Sachverhalts mit Hilfe von Animationsfiguren).

Interessanter, weil vielfältiger genutzt, ist die *Mischung von Dokumentation und Fiktion*. Verschiedene Formen haben sich herausgebildet:

a) Die *nachgestellte, fiktive Dokumentation* innerhalb eines Spielfilms (die Wochenschau ›News of the March‹ zu Beginn des Films »Citizen Kane« (1941) von Orson Welles, in der über den Tod von Kane in Form einer Wochenschau berichtet wird, und deren Ungenügen für den weiteren Film Anlass zur szenischen Rekonstruktion von Lebensstationen Kanes gibt). Der Wechsel im Erzählmodus erzeugt beim Zuschauer Spannung, weil er in der Regel zusätzliche Aufmerksamkeit schafft, indem der Zuschauer auch nach der Ursache des Wechsels im Modus der Erzählweise fahndet. Bei »Citizen Kane« wird dieser Wechsel noch durch eine kleine Rahmenhandlung kaschiert. Solche ›Vermittlungsschritte‹ entfallen im Verlauf der Filmgeschichte.

b) Der *dokumentarische Einschub innerhalb einer Fiktion*. In Philip Kaufmans Film »Die unerträgliche Leichtigkeit des Seins« (1987) wird z.b. der Einmarsch der Warschauer-Pakt-Staaten in die Tschechoslowakei 1968 in dokumentarischen Aufnahmen gezeigt, in die auf geschickte Weise die Hauptfiguren einmontiert werden. Der Bruch, den der Einmarsch in der fiktionalen Welt von Thomas und Theresa darstellt, wird durch den Wechsel zwischen den Erzählmodi der Bilder verstärkt. Erst durch dieses Ereignis gewinnt die Geschichte ihre Spannung, weil die »Leichtigkeit des Seins«, die angesichts der politischen Verhältnisse aus einem Akt des Verdrängens heraus entsteht, nun in der »*Un*erträglichkeit« der Verhältnisse zum Problem wird. Die inhaltliche Motivierung begründet den Wechsel des Erzählmodus. Anders dagegen in Robert Zemeckis »Forrest Gump« (1994), hier zeigen Fernsehaufnahmen die Begegnung des einfachen Mannes Gump mit Kennedy und anderen US-Präsidenten und lösen durch die scheinbare Authentizität einen komischen Überraschungseffekt aus.

So sehr die Fiktion durch derartige dokumentarische Einschübe an Realitätsnähe und Härte gewinnt, so sehr wird umgekehrt damit auch das dokumentarische Material langfristig ›entschärft‹ und fiktionalisiert.

c) Die *Konstruktion der Fiktion im Modus des Dokumentarischen*. Woody Allen erzählt in »Zelig« (1983) die Geschichte eines Mannes, der sein Aussehen seiner Umgebung anpassen kann. Die Aufnahmen geben sich aus Dokumentaraufnahmen aus unterschiedlichen Zeiten, teilweise wird die chamäleonartig sich verändernde Figur in historische Aufnahmen einmontiert, teilweise wird historisierend inszeniert. Die Fiktion gibt sich als historische Dokumentation.

Häufig dient die Verwendung dokumentarischer Einschübe auch dazu, Bilder zu erhalten, die sonst nur mit hohem finanziellen Aufwand herzustellen wären. Sie übernehmen damit eine Ersatzfunktion. Dieter Meichsner integriert beispielsweise in seinem Fernsehfilm »Alma Mater« (1970) über die Studenten der Freien Universität von Berlin im Jahre 1968 dokumentarische Aufnahmen von Polizeieinsätzen gegen die Demonstranten in ›dokumentarisch‹ inszenierte Studentenversammlungen, Diskussionen und Demonstrationen. Er bemüht sich um eine nahtlose Verzahnung von fiktionalem und dokumentarischem Material, indem er in den dokumentarischen Einschub selbst wieder einen Schauspieler, den damals noch unbekannten Claus Theo Gärtner, derart ›unauffällig‹ einmontiert, dass der Eindruck entsteht, dieser habe bei den ›echten‹ Demonstrationen teilgenommen. Der Film bedient sich auch sonst der Erzählkonventionen der Reportage, der Rekonstruktion einer Lebensgeschichte, die er durch Inserts,

Standbilder, fiktive Lebensläufe, Interviews immer wieder beschwört. Der Film gibt sich – obwohl fiktionaler Herkunft – den Anschein einer Fernsehdokumentation, um damit auch eine politische Einschätzung über die Studentenbewegung zu vermitteln.

d) Das *gleichberechtigte Nebeneinander von Fiktion und Dokumentation*. Heinrich Breloer und Horst Königstein haben zusammen und einzeln in zahlreichen Filmen Dokumentation (meist in der Form der rekonstruierenden Spurensuche) und Fiktion (als szenischer Nachstellung von Erinnerungen) miteinander verbunden. Vor allem in den Filmen, für die Heinrich Breloer als Autor allein stand, wird eine neue Qualität im Erzählen erreicht.

In »Das Beil von Wandsbek« (1982) von Breloer und Königstein dient die Rekonstruktion der historischen Ereignisse, die dem gleichnamigen Roman von Arnold Zweig zugrunde liegen, als Rahmen für eine fiktionale Darstellung des Altonaer Metzgers, der im ›Dritten Reich‹ zum Henker wurde und schließlich, von der Umgebung gemieden und verachtet, mit seiner Frau Selbstmord begeht. Breloer und Königstein halten bewusst Dokumentation und Fiktion auseinander und machen den jeweiligen Modus deutlich erkennbar. Sie zielen nicht auf eine Täuschung des Zuschauers ab, der Wechsel im Erzählmodus dient dem Wechsel zwischen verschiedenen Welten: die dokumentarische Form bleibt den Opfern vorbehalten, die Fiktion wird dem Henker und seiner Umgebung zugedacht.

Kunstvoller noch setzt Heinrich Breloer seine Technik der Mischung und Kombination in seinen weiteren Filmen ein: »Die Staatskanzlei« (über die Barschel-Affäre, 1989), »Kollege Otto« (über den Coop-Skandal, 1991), »Geschlossene Gesellschaft« (über die Internatsjugend in den fünfziger Jahren, 1987) bis hin zum »Todesspiel« (1999). Hier wird durch Doppelung des dokumentarisch Aufgenommenen und des schauspielerisch Nachgestellten eine Erhellung des Sachverhalts erreicht: Der Schauspieler (Roland Schäfer) erscheint in der Rolle des Ministerpräsidenten Barschel wirklichkeitsgetreu, während der echte Barschel in den dokumentierten Wahlkampfaufnahmen wie ein schlechter Darsteller wirkt. Das gleiche gilt auch für die Darstellung des Coop-Managers Otto durch Rainer Hunold (vgl. Hickethier 1999d).

Es liegt nahe, die verstärkte Benutzung von Mischungen der Erzählweisen in neueren Filmen mit dem Nebeneinander von Fiktion und Dokumentation in den Fernsehprogrammen in Zusammenhang zu bringen, was den Zuschauer ohnehin herausfordert, sich auf den ständigen Wechsel der Erzählweisen einzulassen.

e) *Fiktion/andere Programmformen*: Der Fernsehfilm kennt auch andere Formen des Wechsel der Erzählmodi, indem er die Darstellungskonventionen anderer Programmformen des Fernsehens adaptiert und damit die Wahrnehmungsirritationen für den Zuschauer schafft. Der Fernsehspielautor Wolfgang Menge hat derartige ›Verfremdungen‹ immer wieder benutzt: die Form der *Diskussionssendung* im Fernsehspiel »Die Dubrowkrise« (1969), in dem es um eine irrtümliche Ausgrenzung eines ganzes Dorfes aus der DDR geht, die Form der *Spielshow* im Fernsehspiel »Millionenspiel« (1970), indem er daraus ein Spiel um Leben und Tod für den Spielgewinn von einer Million DM macht, oder die Form der *Nachrichtensendung* im Fernsehspiel »Smog« (1972), in dem es um eine mögliche Umweltkatastrophe im Ruhrgebiet geht. Jedes Mal ist eine Irritation der Zuschauer beabsichtigt, um seine Aufmerksamkeit zu wecken und ein Nachdenken über das Gezeigte zu provozieren.

Für den Wechsel der Erzählmodi lassen sich im Fernsehfilm und Fernsehspiel zahlreiche weitere Beispiele finden. Es scheint, als habe mit der audiovisuellen Angebotsvermehrung auch eine tendenzielle *Entgrenzung der Formen und Erzählweisen* stattgefunden. Diese Tendenz besteht auch auf anderen Ebenen, auf denen ebenfalls eine zunehmende Vermischung zu beobachten ist: z.B. im Bereich der Genres (Genrevermischung) und im Bereich der Programme (Vermischung von Information und Unterhaltung zum ›Infotainment‹).

6. Spielshow – Game Show

Im Rahmen dieser Einführung können nicht alle Programmformen des Fernsehens in ihrem spezifischen Verhältnis zum Grundproblem des audiovisuellen Erzählens und Darstellens charakterisiert werden, (vgl. dazu Kreuzer/Prümm 1979), doch soll zumindest ansatzweise die Form der *Spielshow* (›game show‹) umrissen werden. Die Spielshow scheint vor allem deshalb so bedeutsam, weil hier das bisher vertretene Konzept des Erzählens und Darstellens in den audiovisuellen Medien tendenziell außer Kraft gesetzt wird. Eine Erzählposition wie im Spiel- oder im Dokumentarfilm ist nicht auszumachen, Formen der Zeit- und Raumstrukturierung, wie sie für die Narration beschrieben werden, sind in der Regel nicht erkennbar.

Auch der *Spielbegriff* ist bereits ein grundsätzlich anderer als ihn die Narration kennt, die im Spiel eine (szenisch erprobte) Möglichkeitsform von Weltdarstellung sieht. Gerd Hallenberger hat die andere Struktur der Spielshow herausgearbeitet und sich dabei auf den Begriff des Spiels bezogen, wie ihn Johan Huizinga definiert hat. Spiel ist danach eine vom »eigentlichen« Leben abgegrenzte »Aktivität mit eigener Tendenz«, wird durch »Abgeschlossenheit« und »Begrenztheit« eines Spielortes bestimmt und durch eine auf das Ergebnis hin offene Struktur: das Resultat steht nicht fest, die Spannung, es zu erreichen, ist mit einer »als angenehm erlebten Erwartung« verknüpft (zit. n. Hallenberger/Foltin 1990, S. 30). Das Spiel definiert sich durch einen *indirekten Realitätsbezug*, indem Strukturähnlichkeiten zum ›wirklichen‹ Leben vorhanden sind, der Spielende aber im Handeln von Zweckfreiheit und Konsequenzen des Spiels für sein ›wirkliches‹ Leben freigesetzt ist.

Die Besonderheit des Spiels im Fernsehen ist jedoch, dass es diesen Spielraum nicht wirklich (oder doch nur sehr begrenzt) zum Zuschauer vor dem Bildschirm hin eröffnet, der Zuschauer also nur indirekt ›mitspielen‹ kann. Hallenberger geht nun, unter Verweis auf Nutzungsstudien zum Fernsehen, davon aus, dass der Zuschauer mit dem Fernsehen insgesamt in eine interaktive (also auch wechselseitige) *spielerische Beziehung* tritt, sich der Effekt der Unterhaltung, des Unterhaltenwerdens dadurch einstellt, dass er generell mit dem Fernsehangebot ›spielt‹.

Vor allem in den »*personenzentrierten Spielen*« wird ein interaktiver Rahmen zum Zuschauer hin aufgebaut, so dass dieser in einen Spielzusammenhang einbezogen wird. Hallenberger unterscheidet zwischen den Spielen, die das Fernsehen nur vermittelt (Sportübertragungen, Lotterien, Hitparaden und Wettbewerbe der Unterhaltungsindustrie, z.B. Übertragung des »Grand Prix Eurovision de la Chanson«), und denen, die das Fernsehen selbst organisiert. Eine besondere Form bilden die Beziehungsshows, wie sie Eggo Müller beschrieben hat (Müller 1999).

Bei diesen Spielen, die vor allem im Bereich der Spielshows, aber auch als Spieleinlagen in anderen Programmformen zu finden sind, besteht für den Zuschauer eine Gelegenheit zum Mitspielen (neben der Chance auch einmal tatsächlicher Teilnehmer in einer Show zu werden), indem er die Rolle des »fiktiven Kandidaten«, der am Bildschirm miträt, einnimmt (Hallenberger/Foltin 1991, S. 69). Entsprechend dem Konzept des Nutzenansatzes in der Rezeptionstheorie (vgl. Kap. II) besteht der »Spielgewinn« in diesem interaktiven Feld für den Zuschauer in der »Ergebnisantizipation«, indem er also vorwegnimmt, wie das Spiel ausgehen wird, sowie in »Zusatzgewinnen«, z.B. dass der von ihm als sympathisch empfundene Kandidat gewinnt (und er auf diese Weise »fiktiv mitsiegt«), oder dass es zu zusätzlichen, die bekannten Rituale des Spielablaufs übersteigenden Interaktionen zwischen den Teilnehmern kommt (Hallenberger/Foltin 1991).

Dieses *interaktive Feld* wird durch parasoziale Strategien gestützt, in dem zahlreiche appellative Ansprachen (verbal und visuell) an den Zuschauer erfolgen, dieser sich oft direkt einbezogen fühlt, auch wenn die Ansprache letztlich allgemein und unspezifisch bleibt. Von Seiten der Sendung und vor allem des mitspielenden Stammpersonals (Showmaster, Helfer und Helferinnen) wird dem Zuschauer die Teilnahme an einer »intimen Kommunikationsgemeinschaft« (vgl. Wulff 1992), eine »dialogische Situation« (Neumann/Charlton 1988) angeboten. Diese parasoziale Interaktion, soll sie zustande kommen, kann dem Zuschauer aber nicht aufgezwungen, sondern muss von ihm angenommen werden. Verweigert er dies, kann er statt dessen das Spielgeschehen distanziert betrachten (vgl. Wulff 1992, S. 280). Eine besondere Form dieser Spiele stellen die Daily Talkshows dar, die festgefügte Rituale mit Selbstinszenierungsformen darstellen und dabei eine ständige Überschreitung gesellschaftlicher Normen durch die öffentliche Ausstellung von intimen und privaten Verhaltensweisen betreiben.

Deutlich wird hier eine Dimension des Fernsehens, die das Verständnis der Audiovision als Erzähl- und Darstellungszusammenhang zu sprengen droht. Zwar lässt sich dieser Interaktionszusammenhang auch als von einer übergeordneten Erzählinstanz ›Fernsehen‹ inszeniert denken, so wie auch das theatrale Spiel den Zuschauer direkt einbeziehen kann, ohne den Charakter des Narrativen aufzugeben, oder wie die politische Informationsvermittlung ein interaktives Feld aufbaut, ohne die Funktion aufzugeben, Welt zu erzählen und über Ereignisse zu berichten. Doch besteht gerade bei Spielshows der eigentliche kommunikative Zweck allein in der Herstellung einer solchen Interaktion als Unterhaltung.

Aufgrund der Ähnlichkeit der verschiedenen Spielformen im Fernsehen, ihrer seriellen Präsentationsform und der immer unterstellten Trivialität sind die parasozialen Präsentationsformen auch auf ihre ästhetischen Gestaltungsweisen bislang immer noch viel zu wenig untersucht, aber sie gehören mit zu den wichtigen Aufgabenfeldern der Fernsehanalyse.

IX. Werk, Genre und Programm

Kein audiovisuelles Produkt steht für sich allein, sondern bezieht sich immer auch auf andere, steht in einem kulturellen Traditions- und Gebrauchszusammenhang, der andere Produkte berührt und einbezieht. In der Film- und Fernsehanalyse wie auch in der Film- und Fernsehkritik wird auf diese Zusammenhänge immer wieder Bezug genommen. Unterscheiden lassen sich drei verschiedene Ebenen, weitere sind denkbar und beschreibbar:
 a) Das *Oeuvre* stellt einen biografischen Zusammenhang zwischen den verschiedenen Arbeiten eines Regisseurs oder Autors her.
 b) Das *Genre* stiftet Bezüge zu anderen Produktionen auf einer stofflichen und gestalterischen Ebene und zu einer erzählerischen Tradition.
 c) Das *Format* erscheint als marktbezogene Variante des Genres und findet sich vor allem im Fernsehen.
 d) Das *Programm* schafft eine aktuelle Einfügung in eine laufend sich verändernde Angebotstruktur, bindet es auf spezifische Programmplätze und ordnet das Produkt in Sparten und Ressorts ein, die ihrerseits wiederum eigenständige Traditionen entwickeln.
 Diese Bezugsebenen lassen sich auch als *Horizonte* darstellen, vor denen sich das einzelne Produkt abhebt und Gestalt gewinnt, umgekehrt stellen sie auch nur Konstruktionen, Verallgemeinerungen aus der Zusammenschau der einzelnen Produktionen dar. Oeuvre, Genre und Programm existieren als Rahmen für das einzelne Produkt sowohl auf der Seite der Rezeption als auch der Produktion.

1. Oeuvre

Der *biografischen* Erschließung eines Filmes oder einer Sendung schenkt die Film- und Fernsehanalyse, gemessen an der Zahl der auf diese Weise vorgehenden Arbeiten, große Aufmerksamkeit, ohne jedoch ihren Ansatz sonderlich zu reflektieren. Ein Zusammenhang zwischen verschiedenen Produktionen wird hier durch den gemeinsamen Regisseur gestiftet. Dass dies einen sinnvollen Zusammenhang darstellt, der über das einzelne Werk etwas aussagt, setzt voraus, dass der Regisseur sich mit einer eigenen Handschrift in diesen Produktionen artikuliert und dass im Oeuvre ein Konzept, ein Stil deutlicher als im Einzelwerk zutage tritt. Das muss jedoch nicht immer der Fall sein. Die Bezüge des einzelnen Produkts zu anderen Produkten des Oeuvres zu ermitteln, geschieht durch einen Vergleich der ästhetischen Gemeinsamkeiten und Unterschiede der im Oeuvre zusammengefassten Produktionen.

Das Vorbild dafür liefert die *klassische Autorentheorie* der Literatur, die einen Werkzusammenhang in der originären Schöpfungskraft eines Urhebers begründet sieht. Dass dieses Verständnis bei Filmen und Fernsehsendungen nicht ohne Probleme ist, zeigt sich daran, dass solche biografischen Konstruktionen für einzelne Filme nicht nur vom Regisseur ausgehen können, sondern auch vom Drehbuchautor oder vom Kameramann, oder von den Schauspielern usf. Damit wird derselbe Film zwangsläufig in jeweils ganz unterschiedliche Oeuvres eingereiht. Die kollektive und zugleich arbeitsteilige Herstellung audiovisueller Medienprodukte stellt die Existenz eines einzelnen Urhebers in Frage, auch die scheinbar selbstverständliche Zuweisung einer Gesamtverantwortung an den Regisseur ist nicht unumstritten, weil z.B. beim Fernsehfilm lange Zeit nicht der Regisseur, sondern der Autor als der primäre Urheber galt.

Der *biographische Konnex* darf nicht so wörtlich verstanden werden, dass sich die Anlässe für einzelne Produktionen in jedem Fall in der Lebensgeschichte des Regisseurs begründen. Die Gefahr besteht, hier PR-Strategien der Verleihe und Produktionsfirmen aufzusitzen. Verdächtig ist immer, wenn zu lesen ist, der Regisseur (z.B. Spielberg) habe sich schon seit frühester Kindheit mit den Sternen, den Ufos und der Möglichkeit eines Lebens außerhalb der Erde beschäftigt, und wenn diese Offenbarung ›zufällig‹ im Kontext der Produktion eines Ufo-Films (»Close Encounters of the Third Kind«, 1981) erfolgt. Hier existiert ein breites Feld der Legendenbildung.

Intention des Autors und Regisseurs und *realisierter Film* sind etwas grundsätzlich Verschiedenes. Von einer Einheit von Leben und Werk kann in der Regel nicht ausgegangen werden. Zum einen sind Intentionen als ursprüngliche Absichten, einen Film in dieser oder jener Art zu drehen, Veränderungen im Laufe der Arbeit am Film unterworfen, zum anderen stellen die überlieferten Intentionen oft Erklärungen der Regisseure im Nachhinein dar, sind also Eigeninterpretationen des fertigen Werkes, die vom spezifischen Standpunkt des Regisseurs geprägt sind.

Nach der Fertigstellung eines Filmes ist als Intention nur noch das von Interesse, was sich im Film manifest niedergeschlagen hat, was im

Produkt auch vom Betrachter als künstlerisches Konzept wahrnehmbar ist. Produktionsinformationen können den Blick auf bestimmte Aspekte der Realisierung lenken, doch müssen sich die behaupteten Intentionen im Werk wiederfinden und in ihrer Bedeutung für die Gestaltung überprüfen lassen.

Die *Analyse des Werkzusammenhangs* kann unterschiedliche Strategien einschlagen: Sie setzt das Oeuvre als eine Gesamtstruktur, die sich in den einzelnen Produktionen realisiert hat. Die Analyse liefert ein Tableau, in dem die einzelnen Motive, Themen und ästhetischen Vorgehensweisen auf einer *synchronen* Ebene miteinander ›vernetzt‹ werden, sie setzt alle Werke gleichberechtigt nebeneinander, sieht sie als einzelne Konkretionen eines in der Tiefenstruktur angelegten Werkes, das ähnlich dem erzählerischen Modell der ›Geschichte‹ zu denken ist, wie es Karlheinz Stierle entwickelt hat (vgl. dazu Kap. VI.1). Häufig wird in solchen Analysen eine in sich kohärente filmische Ästhetik entfaltet (beispielhaft: über Woody Allen bei Felix 1992, über Wim Wenders bei Grob 1991, auch über Godard bei Gagalick 1988).

Das entgegengesetzte Modell geht von einer *diachronen* Vorstellung eines Oeuvres aus, das sich in der Zeit in immer neuen Manifestationen darstellt und dabei im historischen Prozess laufend verändert. Die Analyse der Zusammenhänge der einzelnen Produktion in der Werkabfolge stellt hier deutlicher die historischen Veränderungen als Stufungen heraus und betont stärker die Differenzen als die Gemeinsamkeiten. (Beispielsweise über Thea von Harbou bei Keiner 1984, über Fechner bei Netenjakob 1989).

Beide Modelle werden selten in reiner Form praktiziert, statt dessen werden Mischungen nach unterschiedlichen Aspekten des Analyseinteresses und des zu untersuchenden Oeuvres entwickelt. Das historisch sukzessiv vorgehende Modell gibt stärker Gelegenheit, auch andere kulturelle, gesellschaftliche Beziehungen der Oeuvreentstehung und der Werkrezeption einzubeziehen, das stärker a-historisch operierende Modell ermöglicht die systematische Entfaltung einer filmischen oder televisuellen Ästhetik.

Werkzusammenhängen gilt die Aufmerksamkeit vor allem im Bereich des Spielfilms und des Fernsehfilms, seltener im Dokumentarfilm und fast gar nicht bei anderen audiovisuellen Produkten. Für viele Programmformen (z.B. Nachrichtensendungen) scheint eine biographische Analyse nicht sinnvoll, doch wäre sie bei einigen anderen Formen (Unterhaltungssendungen, Serien, Kinder- und Jugendsendungen) unter spezifischen Fragen, etwa der Entwicklung ästhetischer Konzepte, durchaus lohnend.

2. Genre

Siegfried Kracauer verwendet den Genrebegriff, um im Film *Stoffgruppen* und *Motivkomplexe* gegeneinander abzusetzen (Kracauer 1973, S. 343ff). Als solche sind sie jedoch nicht an ein Medium gebunden, sondern medienübergreifend: Krimis, Western, Liebesgeschichte etc. z.B. gibt es nicht nur in Kino und Fernsehen, sondern auch im Roman, im Hörspiel und im Theater. Genres stellen inhaltlich-strukturelle Bestimmungen von Filmgruppen dar (in Abgrenzung zu den Gattungen), sie organisieren das Wissen über *Erzählmuster, Themen und Motive*. Sie stellen aber auch »Regulative der Affektsteuerung« und »Stimulationsprogramme für die Erzeugung von Zuschaueremotionen« dar (vgl. Hickethier 2001b).

Das Genre bestimmt also einen *historisch-pragmatischen Zusammenhang*, in dem sich sowohl Produzenten als auch Rezipienten befinden. Es signalisiert eine bestimmte Erzählung und Erzählweise, stimuliert damit Erwartungen. Genres lassen sich als narrative Grundmuster beschreiben, auf die sich die einzelnen in den Filmen und Fernsehsendungen konkretisierten Geschichten beziehen lassen.

Georg Seeßlen und Bernt King haben ein solches Grundmuster exemplarisch für den *Western* beschrieben: »Der Wilde Westen – das ist Geschichte, die sich als Heldentum ereignet. Der Westen wird gewonnen nicht durch einen Krieg (...) sondern durch das mehr oder weniger stille Heldentum der Rancher, Cowboys, Sheriffs, Eisenbahnarbeiter und Siedler, und nicht zuletzt der Frauen. Im Western ist jeder, der auf der Seite des Guten steht, auf seine Art ein Held, ein ganzer, von keinem Selbstzweifel befallener Mensch, der eine Aufgabe erfüllt, die niemand ihm zu befehlen braucht. Der Wilde Westen ist Hoffnung: Er war Hoffnung für den jungen Einwanderer, der im Westen Bewährung und Heimat fand, und er ist Hoffnung für den jungen Leser von Wildwestromanen und -comics (sowie -filmen – K.H.), dessen ereignislose Zukunft ihm nur allzu deutlich vor Augen gehalten wird, der sich Bewährung nur als Wohlverhalten denken kann. Er ist das materialistische Märchen von der Geschichte, die von allen und durch die Tat aller gemacht wird, er ist darum ein Stück Utopie. « (Seeßlen/King 1977, S. 17).

Das im Western enthaltene gesellschaftliche Muster beschreiben Seeßlen/King: »Der Western ist eine Erzählung von der Menschwerdung verlorener Individuen, von der Gesellschaftsbildung von Menschen und von der Verbürgerlichung einer Gesellschaft. Gesehen wird er nach rückwärts: der Bürger träumt sich in eine Gesellschaft, die noch funktioniert als Zusammenschluss freier Individuen. Autorität existiert nicht als funktionelle, sondern als mythologische Größe; der Westerner widersetzt sich der Rationalisierung: ein utopischer Ansatz mit reaktionären Folgen.« (ebd.).

Es lassen sich in ähnlicher Weise auch für die anderen Genres Beschreibungen finden, die einen *mythologischen Kern* besitzen und zugleich ein »kulturelles System« (Tudor 1973, S. 92) darstellen. Dieses kulturelle System ist nach Frank D. McConnell sogar der eigentliche Urheber der Geschichte, die der Autor bzw. Regisseur aufgreift und auf seine individuelle Weise neu formuliert (McConnell 1977, S. 7ff.). Nicht der Autor, sondern das Genre erzählt also die Geschichte. Damit steht das Genre im direkten Gegensatz zum Autorenprinzip, das gerade die künstlerische Handschrift, die individuelle, sehr persönliche, vielleicht sogar autobiographisch motivierte Erzählung herausstellt. Das Genre-Kino wird deshalb häufig als kulturindustriell hergestelltes dem Autorenfilm gegenübergesetzt, eine Auffassung, die sich jedoch in vielen Fällen nicht aufrechterhalten lässt.

Genres können in diesem Sinne als *Geschichten generierende Systeme* verstanden werden, in denen Mythen tradiert werden, sie sind im Sinne McDonnells immaterielle Institutionen medialen Erzählens, sie sind aber zugleich kulturell und historisch eingebunden und Teil der massenmedialen Unterhaltung. Den Western kann es nicht vor 1800 geben, den Krimi nicht vor der Etablierung der modernen, auf Beweispflicht und rationale Argumentation verpflichteten Verbrechensaufklärung. Genres können auch ›absterben‹, wenn sie gesellschaftlich nicht mehr funktionell sind.

Genres sind unterschiedlich stark konventionalisiert, auch sind sie in unterschiedlicher Weise mythenhaltig. Rainer Winter z.B. sieht das Genre stark am Mythos (im Sinne von Levi-Strauss) orientiert. Er erörtert jedoch nur die Genres des Western, des Krimis und der Horrorgeschichte und liefert keine Abgrenzung von dem, was er nicht mehr als Genre versteht. Denn es sind auch Genres denkbar, die sich nicht auf einen Mythos beziehen lassen (Winter 1992, S. 44).

Es existieren relative feste Schemata für den Western (vgl. auch Rieupeyrout 1963, S. 161f.) und den Krimi, weniger fest sind die Genres der Science Fiction, der Abenteuergeschichte, der Liebesgeschichte definiert, noch diffuser werden Genres wie die Arztgeschichte, die Bergsteigergeschichte usf.

Auch wenn es immer wieder Versuche gibt, die Zahl der Genres als unveränderlich auf eine bestimmte Zahl festzuschreiben (wobei die Zahl der so benannten Genres dann sehr stark differiert), muss ein *historisches Genreverständnis* von der Offenheit des Genrekatalogs ausgehen. Im kulturellen Prozess können sich aus Themen und Motivgruppen immer wieder neu Genres bilden, also ›Geschichten-Ansammlungen‹, die auf konkrete kulturelle Bedürfnisse reagieren.

Ein solches relativ ›junges‹ (und vielleicht auch bald wieder untergehendes) Genre stellt die *Ost-West-Geschichte* dar, die sich nach dem Zweiten Weltkrieg in Deutschland quer durch alle Medien herausgebildet hat. Die Bausteine des Ost-West-Genres sind Teilung und Einheit, Grenzen und ihre Überwindung, die Flucht in verschiedenen Varianten und nicht zuletzt der grundsätzliche Gegensatz zwischen verschiedenen Lebenswelten. Zahlreiche Filme und Fernsehspiele lassen sich unter einem solchen Genre in einem erzählerischen Zusammenhang sehen (vgl. Peulings 1993).

3. Format

In den letzten Jahren hat sich der Begriff des Formats im Bereich der Sendungen und Pogramme (im Gegensatz zu dem in der Bestimmung des Visuellen gebrauchten Formatbegriff – vgl. Kap. IV.1) eingebürgert. Gegenüber dem tradierten Formverständnis geht das Verständnis des ›Formats‹ von einem radikalen Marktbegriff aus. Es kennt im Gegensatz zum Genre keine historische Formentraditionen, sondern sieht alle Elemente nur unter dem Aspekt ihrer aktuellen Verwertbarkeit. Die vorhandenen Elemente der Genres werden ausdifferenziert und die auf diese Weise erweiterten Bausätze auf ihre Marktfähigkeit durchgetestet. Aus den erfolgreichen, d.h. auf eine große Publikumsakzeptanz stoßenden Elementen wird eine Sendung bzw. ein Programm synthetisch zusammengesetzt. Messbares Kriterium für den Erfolg eines Formats ist die Einschaltquote in dem anvisierten Zuschauersegment.

Das Format zielt auf eine kontinuierliche und damit serielle Produktion und eine ständige Anpassung an erkennbare Veränderungen des Publikumsgeschmacks. Formatierung bedeutet vor allem auch die Schaffung gleichbleibender Standards in einer seriellen oder sequentiellen Produktion. Wichtig ist dabei die Herausstellung von personeller Konstanz. Formate wurden in den neunziger Jahren vor allem in den nichtfiktionalen unterhaltenden Sendeformen des Fernsehens (Gameshows, Talkshows, Daily Soaps etc.) betrieben. Der Formatbegriff greift jedoch auch auf den Bereich der fiktionalen Formen über. Für den Bereich der TV-Movies hat der ehemalige Programmchef von RTL Sam Davis eine anschauliche Beschreibung gegeben, wie in den privatrechtlichen Unternehmen formatierte Fernsehfilme entstehen (Davis 2000, Hickethier 2000b).

Die Formatanalyse, will sie nicht allein einer Optimierung der Sendeformen auf das Erzielen höherer Marktanteile und Quoten dienen, ist noch wenig entwickelt.

4. Programm

Mit Programm wird der Zusammenhang vieler, fast immer unterschiedlicher Produkte verstanden, die in einer zeitlichen Abfolge und an einem einheitlichen medialen Ort (Kanal) Zuschauern als Angebot präsentiert werden. Der Begriff hat sich vor allem mit der Ausbreitung von Radio und Fernsehen etabliert. (Der englische Begriff ›program‹ bzw. ›programme‹ meint gegenüber dem deutschen Begriff Einzelsendungen.) Das Programm stellt einen auch vom Betrachter direkt wahrnehmbaren Kontext für das einzelne ästhetische Produkt dar, der an das einzelne Produkt anschließt (Programm eines Abends, eines Tages, des Kinderfernsehens); es ist damit auch der Angebotsfluss in einem Kanal generell (also z.B. das ARD-Programm über einen längeren Zeitraum) gemeint.

Im Prinzip werden alle ästhetischen Produktionen auch in den anderen Medien im Rahmen eines Programms angeboten, auch das *Kino* kennt das Programm mit historisch unterschiedlichen Präsentationsformen von Filmen. Bestand das Kinoprogramm z.B. im frühen Stummfilm aus einer Kette von zehn bis fünfzehn kurzen (oft nur drei Minuten dauernden Filmen) unterschiedlicher Art, so bilden sich mit der Entwicklung ›abendfüllender‹ Spielfilme in den zwanziger Jahren andere Programmformen heraus, die dann im Dritten Reich auf ein einziges Schema vereinheitlicht wurden, das dann bindend vorgeschrieben war: Wochenschau, Kulturfilm, Spielfilm. Dieses Schema, in der Bundesrepublik noch bis in den sechziger Jahren existent, wird dann durch andere Programmformen (zuerst in den sogenannten ›Programmkinos‹) abgelöst, die mit der Einstellung der Wochenschauproduktion und dem Ende des Kultur- bzw. Dokumentarfilms im Kino korrespondieren.

Gewicht gewann das Programm als Präsentationsform in den Rundfunkmedien Radio und Fernsehen, da sich hier die Angebote im Prinzip über den ganzen Tag erstrecken können (›permanentes Programm‹) und damit die zeitliche Strukturierung der Angebotsfolge zu einem Faktor wird, der auch in das Zeitbudget und die Zeitstrukturierung der Hörer und Zuschauer eingreift. Mit der Ausbreitung des Fernsehens wuchsen Umfang und Zahl der Programme, ab Mitte der achtziger Jahre hat sich mit der Zulassung kommerzieller Programmanbieter die Zahl der konkurrierenden Programme explosionsartig vervielfacht (vgl. Hickethier 1993a).

Dominant wird mit der Bedeutungszunahme des Programms nicht nur die Frage der Platzierung einer einzelnen Sendung im Programmfluss (auf einem Termin um 20.15 Uhr werden mehr Zuschauer erreicht als auf einem Termin um 24.00 Uhr), sondern auch die zeitliche ›Formatierung‹ der Sendungen. Für einzelne Programmformen etablieren sich Standardlängen, die durch vorgegebene Programmschemata und festgeschriebene Sendeplätze strikt eingehalten werden müssen. Die damit verbundenen Normierungen beeinflussen das Erzählen und Darstellen tiefgreifend.

Neuerdings etabliert sich, vom Hörfunk und der Werbung kommend, der Begriff des *Formats* auch für das Programm, wobei dabei eine marktbezogen ausgerichtete Angebotsstruktur gemeint ist, die sich aus der Mischung der Eigenschaften von Sendungen, der emotionalen ›Färbung‹ der Sendungen, der zeitlichen Strukturierung etc. ergibt. Sie zielt auf eine leicht erkennbare Differenzierung der Programme innerhalb einer unüberschaubaren Menge von konkurrierenden Kanälen, wie sie in Deutschland im Fernsehen noch nicht besteht. Im Grunde ist der Formatbegriff insgesamt auf einer inhaltliche Entleerung der Angebote angelegt, weil er dazu dient, ein optimales Umfeld für die Werbung zu bestimmen (vgl. Haas/ Frigge/Zimmer 1991, S. 151ff.).

Das Programm als große Erzählung

Das Programm hat im Medium Fernsehen mit seiner Verflechtung der einzelnen Programmteile eine neue Qualität erreicht, so dass durchaus behauptet werden kann, dass das Programm und nicht die einzelne Sendung das eigentliche Produkt des Fernsehens darstellt. Das Programm erscheint als »flow of broadcasting« (Williams 1974), als »Fluss des Lebens«, (Kracauer 1973), als große Erzählung, in der ununterbrochen eine Episode an die andere gereiht und immer weiter und weiter erzählt wird. Fernsehen lässt sich als ein »intertextuelles System« und »narrative structure« (Fiske 1987) verstehen, in denen das Einzelprodukt im Programm aufgeht.

Als Erzähler dieser großen Erzählung ist ›das Fernsehen‹ als Kommunikationsinstitution anzusehen, dessen Erzählen mit dem Wechsel von einer Sendung in die andere nur den Erzählton variiert. Aus der einen televisuellen Teilwelt gleitet der Zuschauer auf diese Weise in die nächste hinüber, der Programmfluss erscheint als ›unendliche Geschichte‹ mit einer nicht abreißenden Zahl von Kapiteln. Das Kontinuum des Programms stellt damit die *Abgeschlossenheit der einzelnen Sendung* in Frage. Die den Rahmen der filmischen Welt konstituierenden Bedingungen von Anfang und Ende eines Werks werden tendenziell aufgelöst.

Mit einer solchen Angebotsstruktur korrespondieren die Rezeptionsformen. Fernsehzuschauer sehen eben nicht nur eine Sendung in einem in sich abgeschlossenen Wahrnehmungsakt, sondern steigen oft zu einem individuellen Zeitpunkt in das ›laufende Programm‹ ein, tauchen also in den Programmfluss ein, wechseln auch häufig die Programme (durch die Fernbedienung problemlos möglich) und steigen irgendwann wieder aus: sie sehen also in der Regel mehrere Sendungen hintereinander, oft auch nur Teile von ihnen. Damit werden die Voraussetzungen der Werkabgeschlossenheit (vgl. Kap. VI.1) in Frage gestellt, die mit dem erzählerischen Setzen von Anfang und Ende einer Geschichte einen abgeschlossenen Kosmos stiftet und damit eine Sinnhaftigkeit behauptet.

Zwar ist die Aufhebung von Anfang und Ende der einzelnen Geschichte durch das Programm relativ, denn noch sind Kennzeichen von Anfang und Ende vorhanden, markieren Titel und Abspann, dass hier eine Geschichte begonnen oder zu Ende gebracht wird. Doch ist die Tendenz zur Auflösung erkennbar und hat sich in den letzten Jahren verstärkt. Beim MTV-Programm lassen sich z.B. bereits weitgehende Grenzverwischungen feststellen. Joachim Paech hat deshalb hier auch Analogien zur Moderne und Postmoderne entdeckt und das Programm als Angebotsform als »programmatisch für die Moderne« bezeichnet (Paech 1999, S. 16).

Die Programmeinbindung des einzelnen Produkts hat zu Strukturveränderungen im audiovisuellen Erzählen geführt, die mit den Begriffen der *Serialisierung* und *Magazinisierung* zu kennzeichnen sind. Magazinisierung bedeutet eine Tendenz zu kleinteiligen Einheiten, Serialisierung eine Tendenz zu größeren Progammverbänden, also zu Serien.

Serien können in diesem Zusammenhang auch als eigene Programmlinien verstanden werden, die über Monate und Jahre hinweg Erzählungen anbieten und Zuschauer daran binden. In den auf Endlosigkeit angelegten Serien (z.B.»Lindenstraße«) ist der Anfang oft vergessen, und das Ende nicht absehbar. Damit ist im traditionellen Kunstverständnis die Sinnstiftung des fiktionalen Kosmos, der sich in der Einheit des Werkes definiert, aufgehoben, gewinnt die Serie den Charakter einer parallelen Wirklichkeit, eines ›Flusses des Lebens‹ im kleinen. Die intendierte Unendlichkeit der Geschichte wird dadurch kaschiert, dass in ihr Einzelgeschichten stattfinden, die kleinere Handlungsbögen darstellen und damit jeweils auch einen Abschluss finden. Ähnliche Tendenzen bestehen auch bei anderen Programmformen. Das gesamte Programm lässt sich in diesem Sinne als ein mäanderartiger Knäuel verschiedener Stränge von Geschichten verstehen, in die sich der Zuschauer verwickeln lassen kann. Ob dieser sich in der Welt von »Knightrider« oder der »Lindenstraße« bewegt, ob er in die Geschichten der »Drombuschs« einsteigt oder die »Piefke-Saga« verfolgt, jeweils wird er in große Geschichtsströme einbezogen, die ähnlich den Romanen des 19. Jahrhunderts große Zeiträume umfassen, viele Personen darstellen und damit eine neue Repräsentanz von Welt vermitteln.

Ebenso erzählen auch die *Nachrichtensendungen* als täglich mehrfach erscheinende Serie mit ihren spezifischen Darstellungsritualen kontinuierlich Geschichten vom politischen Geschehen, die sie Tag für Tag weiterführen, vom Aufstieg eines Gorbatschow bis zu seinem Fall, von der Geschichte eines Schauspielers, der Präsident wurde und siegreich zwei Legislaturperioden überstand, oder von der Geschichte eines Politikers, der mit der deutschen Einigung auch ›in die Geschichte eingehen‹ wollte und dem dies auch gelang, der aber dann viele Schwierigkeiten mit der Verwaltung der Finanzen seiner Partei hatte und sich kraft eigenen Rechts über geltende Gesetze hinwegsetzte. Alle diese ›Nachrichten‹ sind als forterzählende Segmente einer Geschichte zu begreifen, an deren Entstehung der Zuschauer aktuell teilhat, in denen es Helden und Opfer, Gewinner und Verlierer gibt, mit denen die Zuschauer mitleiden oder sie bewundern, zu denen sie Sympathien und Antipathien entwickeln. Den großen Erzählungen der abendländischen Kultur, der Ilias und der Odyssee, die ähnlich lange Zeiträume umfassen, sind diese Geschichten dann nicht mehr so fern.

Programmverbindungen

Wird das Programm als Kontinuum verstanden, gewinnen in ihm die Verbindungsstücke (Senderlogos, Ansagen, Schrifttafeln, Zeitbilder, Trailer) zwischen den einzelnen Sendungen an Bedeutung. Sie sind zum einen Verbindungen, Brücken also zwischen disparaten Angeboten, zum anderen Blockierungen zwischen diesen, damit es nicht zu unkontrollierten Vermischungen kommt. Vor allem mit der Vermehrung der Programme haben sie an Bedeutung gewonnen, weil dem Betrachter die Identität eines Programms (z.B. als RTL- oder ZDF-Angebot) häufig nur noch dadurch signalisiert werden kann. (Kinospielfilme oder amerikanische Serien beispielsweise sind in den verschiedenen Programmen beliebig einsetzbar und erlauben aus sich heraus keine direkte Zuordnung zu einem Kanal). In diesen Programmverbindungen (auch als ›On-Air-Promotion‹ bezeichnet) ist in den neunziger Jahre eine eigene Fernsehästhetik entstanden (vgl. Hickethier/Bleicher 1997). Folgende Tendenzen lassen sich erkennen:

a) Mit den Programmverbindungen (und dem Dekor der vom Anbieter gestalteten Informationssendungen) wird zunehmend eine *ästhetische Durchstrukturierung* (Fernsehdesign) und eine einheitliche Gestaltung des Gesamtprogramms (›corporate identity‹) betrieben. Die Stilisierung des Angebotsrahmens wirkt sich auch auf die in ihm vermittelten Angebote aus.

b) Die Präsentationsdauer der Programmverbindungen verkürzt sich sowohl in den öffentlich-rechtlichen als auch in den kommerziellen Programmen. Indem bei Filmen immer häufiger der Abspann gekappt wird, über ihn bereits die Ankündigung einer weiteren Sendung gesprochen wird und die vermittelnden Ansagen entfallen, *beschleunigt sich deren Abfolgerhythmus* und damit der Eindruck einer permanenten Angebotskaskade.

c) Die Verzahnung von Sendung und Programm wird außerdem noch durch die Platzierung von ›Unterbrecherwerbung‹ verstärkt, die bei den kommerziellen Programmen tendenziell alle Sendungen, vor allem die Fiktionsangebote, oft mehrfach unterbricht und damit aus dem Programm einen Fluss von Fragmenten herstellt. Diese Unterbrechungen zerstören die auf Geschlossenheit und Spannungsentwicklung angelegten Wirkungsdramaturgien.

Man kann diese Tendenz als eine *Zersetzung des filmischen Erzählens* durch das übergreifende Programm verstehen. Diese Tendenz drängt auf Auflösung geschlossener Einheiten in einen ununterbrochenen Strom von Partikeln, die einerseits aus Bruchstücken fiktionaler Weltdarstellung und dokumentarischer Realitätsberichte bestehen, andererseits aus appellativen, an den Zuschauer gerichteten Ansprachen, Aufforderungen, Hinweisen.

Andererseits wird diese Entwicklung immer wieder konterkariert durch eine Tendenz zur Verfestigung, Konventionalisierung und Standardisierung des Erzählens in den populären Formen des Mediums. Entgrenzung und Verfestigung bilden deshalb die Pole, zwischen denen die Veränderungen der Programme stattfinden.

5. Entgrenzung und Verfestigung

Das audiovisuelle Erzählen und Darstellen ist über die Anfangszeit von Film und Fernsehen hinaus auf weite Strecken bemüht, diese Vertrautheit durch *Benutzung literarischer und theatraler Formen* zu bewahren. Die Gründe sind vielfältig. Zum einen sicherlich, um deren kulturelles Renommee auf sich zu lenken, zum anderen aber auch, weil es den Zuschauern um die Befriedigung allgemeiner Unterhaltungs- und Informationsbedürfnisse geht, die nicht den Medien selbst entspringen, sondern sich aus den Lebensverhältnissen ergeben.

Das Interesse der Zuschauer besteht deshalb – zumindest bei einem Großteil des Publikums – nicht primär an medialer Innovation, sondern ist im Grunde auf tradierte Formen ausgerichtet, die sich in der Befriedigung der Unterhaltungs- und Informationsbedürfnisse bewährt haben. Es ist eher inhaltlich orientiert, will bestimmte Geschichten erzählt bekommen, die emotionale Anregungen schaffen und affektive Defizite abbauen, sinnlichen Erlebnisgewinn bieten sowie Bestätigung für das eigene Selbstverständnis und die eigene Lebensweise liefern. Medien bieten mit ihren Angeboten damit den Zuschauern Gratifikationen, die diese für die Stabilisierung ihrer Lebenssituation benötigen.

Daneben besteht eine Tendenz, diese Formen des traditionellen Erzählens, des Regelhaften und Konventionellen aufzubrechen, aufzusprengen, die Möglichkeiten der elektronischen Medien zur Entwicklung eruptiver Formen zu benutzen, das Überkommene zu destruieren und ganz neue Formen des Erzählens und Darstellens zu synthetisieren. Diese Entwicklung ist dem auf Innovation und dauernde Aktualität verpflichteten Medium ebenfalls eigen, sie ist in ihm von seiner medialen Technik her und dem »Universum der technischen Bilder« (Flusser 1985), dem es angehört, strukturell vorbestimmt.

Mit den künstlerisch ambitionierteren Angeboten, die sich in der Regel gerade durch den Gegensatz zu diesem Mainstream-Erzählen definieren, verknüpft sich häufig die *Thematisierung der Medialität* des Erzählens und Darstellens, nicht zuletzt, weil mit der Reflexion dieser Medialität auch bewusst wird, wie und mit welchen brüchigen Erzählformen Welt dargestellt wird. Frakturen, Irritationen, Konventionsbrüche werden bevorzugt.

In beiden Richtungen entwickelt die Audiovision gegenwärtig das Erzählen und Darstellen weiter:

Einerseits werden mit den elektronischen Techniken verstärkt *innere Auflösungen*, Zersetzungen, aber auch *neue Synthesen* der fotografischen Bilder erzeugt, werden elliptische Erzählformen benutzt und

Fragmentarisierungen der Wahrnehmungsräume betrieben. Die dabei zu beobachtende Materialbewusstheit steht in der Tradition der avantgardistischen Kunst der zwanziger Jahre, des russischen Revolutionsfilms, des filmischen Surrealismus und anderer Avantgardetraditionen. Montage, Collage, Selbstzitat dienen dem spielerischen Umgang mit den Möglichkeiten des Mediums, wobei die Tendenz zunimmt, sich dabei nicht mehr auf Wirklichkeiten zu beziehen, die vor-filmisch und vor-televisuell außerhalb des Mediums vorhanden sind, sondern nur noch auf die Wirklichkeit der Medien und ihre Darstellungen selbst. Darin liegt ein selbstreflexives Moment, das die künstliche Medienwelt zugleich als die eigentliche Wirklichkeit versteht.

Andererseits wird eine weitere *Perfektionierung des Realitätsscheins* angestrebt und damit auch der Eindruck erzeugt, die Bilder spiegelten nicht nur eine Wirklichkeit wider, sondern seien in ihrem sinnlichen Eindruck konkreter und sinnerfüllter als die Realität, seien schließlich in ihrer Kohärenz des Sichtbaren stimmiger als diese selbst. Die technische Weiterentwicklung der *elektronischen Bildbearbeitung*, mit der fotografisch-filmische Bilder so verändert und bearbeitet werden können, dass die ›Retusche‹ nicht mehr erkennbar ist, zielt ebenso wie Entwicklungen zum *hochauflösenden Fernsehen* mit seiner höheren Zeilenzahl, seiner größeren Bildfläche auf eine stärkere *Illusionierung* des Betrachters. Der Realitätseindruck, die mediale Transparenz wird dadurch gesteigert, der Fernsehschirm suggeriert damit noch stärker als bisher schon, er sei *das* ›Fenster zur Welt‹.

Auf eine Steigerung der Illusionierung zielen auch die Techniken des ›Cyberspace‹, der ›virtuellen Realität‹, des Netzmediums in seinen vielfältigen Spielarten. Sie knüpfen alle am Traum an, als Zuschauer sich in den Bildwelten auch selbst bewegen zu können, die Welt der Bilder, die man sieht, nicht nur passiv zu erleben, sondern sich in diesem Bildraum auch selbstbestimmt bewegen zu können. Wie bei der Digitalisierung von Film und Fernsehen ist die Basis eine Verbindung der audiovisuellen Welt mit dem Computer. Mithilfe einer speziellen Brille, die die Bilder direkt vor die Augen des Betrachters bringt, und eines Datenhelms, den sich der Betrachter aufsetzt, sowie eines Datenhandschuhs oder auch eines ganzen Datenanzuges, den dieser sich überzieht, kann er das, was er sieht, direkt beeinflussen. Er kann mit dem Datenhandschuh quasi in das Bild hineinfassen, kann etwas ergreifen, kann durch Wendung des Kopfes den Blick im Bildraum wenden, hat den visuellen Eindruck, sich im Raum zu bewegen.

Die *Illusionierung* hat hier eine ganz neue Dimension erreicht. Der Betrachter – Cyberspace-Fans sprechen vom ›User‹ – ist nicht mehr auf die Blicke angewiesen, die die Kamera stellvertretend für ihn auf einen Sachverhalt wirft, er ist nicht mehr auf die Ästhetik angewiesen, die ein anderer für ihn kunstvoll in Bewegung gesetzt hat, er selbst bewegt sich jetzt innerhalb des imaginären Raums, er selbst entscheidet, wohin er blickt, wohin er sich bewegt, was er macht. Die Illusion der anderen Welten, der Traumwelten, in die man nur einzutauchen braucht, sie scheint hier in greifbare Nähe gerückt. Eine künstliche Wirklichkeit wird ›simuliert‹, die »dreidimensional erfahrbar ist, in der man sich zu befinden glaubt, auf welche man ebenfalls durch die Simulation einer Hand oder eines Körpers Einfluss nehmen kann« (Heidersberger 1991, S. 53). Der Film »Matrix« (2000) hat davon einen Eindruck gegeben und die Visionen selbst wiederum für die Erfindung neuer Fiktionsräume genutzt.

Nicht zufällig wird von ›Simulation‹, nicht mehr von ›Fiktion‹ gesprochen. Was sich hier als eine neue Ästhetik, als eine neue Wahrnehmungsmöglichkeit eröffnet, hat mit der Fiktion im hergebrachten Sinne nichts mehr gemein. Hier werden sich neue Formen des Erzählens von Geschichten entwickeln. Die gestaltete Werkeinheit ist hier verloren, die Einheit des Geschaffenen als einer Sinn stiftenden Darstellung und Erklärung von Welt ist aufgegeben. Diese neue mediale Welt versteht sich als eine entgrenzte, die nur noch mit dem Begriff der Simulation zu bezeichnen ist. Für die neuen Geschichten wird sie neue Grenzziehungen vornehmen.

Das audiovisuelle Erzählen wird sich mit den neuen Techniken, sind sie denn einmal präsent, verändern. Doch es wird daneben immer auch noch den Mainstream des traditionellen filmischen Erzählens und Darstellens geben, des wieder und wieder Erzählens immer gleicher oder doch ähnlicher Geschichten, nach denen wir offenbar immer wieder verlangen, die aber auch notwendig sind, um in einer Welt, in denen die direkten sinnlichen Eindrücke immer weniger Informationen über die Welt enthalten, zu bestehen. Dieser Mainstream der filmischen Geschichten, in den wir tagtäglich in den Fernsehprogrammen und in den Kinos eintauchen können, den wir uns durch Videokassetten nach Bedarf ›reinziehen‹ können – er behandelt im Grunde immer die gleichen alten Stoffe, Themen, Konflikte, erzählt wieder und wieder von Liebe und Schmerz, Geburt und Tod.

X. Literaturverzeichnis

Adolph, Jörg 1994: Von der Fliegenlist – aber auch vom Fliegendreck und den Fliegenfängern. Ein Video mit »U2« – »Even Better Than the Real Thing«. In: Hickethier, Knut (Hrsg.): Aspekte der Fernsehanalyse. Hamburg, S. 53-81.
Albrecht, Gerd 1964: Die Filmanalyse – Ziele und Methoden. In. Everschor, Franz (Hrsg.): Filmanalyse 2. Düsseldorf, S. 233-270; auch: Filmseminar Bonn. (66 S. Masch.)
Alpers, Svetlana 1985: Interpretation ohne Darstellung – oder: Das Sehen von ›Las Meninas‹. In: Wolfgang Kemp (Hrsg.): Der Betrachter im Bild. Köln, S. 91-109.
Arijon, Daniel 1976: Grammar of the Film Language. London/Boston.
Arnheim, Rudolf 1932: Film als Kunst. Berlin (Neuausgabe: München 1974).
Asmuth, Bernhard 1980: Einführung in die Dramenanalyse. Stuttgart.
Auer-Krafka, Tamara 1980: Die Entwicklungsgeschichte des westdeutschen Rundfunk-Features von den Anfängen bis zur Gegenwart. Wien.
Aufermann, Jörg 1971: Kommunikation und Modernisierung. München/Pullach.
Aurich, Rolf/Kriest, Ulrich (Hrsg.) 1998: Der Ärger mit den Bildern. Die Filme von Harum Farocki. Konstanz.

Bach, Michaela 1997: Erzählperspektive im Film. Essen.
Bahr, Hermann 1908: Buch der Jugend. Wien/Leipzig.
Balázs, Belá 1924: Der sichtbare Mensch oder Die Kultur des Films (Nachdruck Hamburg 1972).
ders. 1930: Der Geist des Films. Berlin (Nachdruck Frankfurt/M. 1972).
ders. 1972: Der Film. Werden und Wesen der neuen Kunst. Wien.
Bätschmann, Oskar 1984: Einführung in die kunstgeschichtliche Hermeneutik. Darmstadt.
Baudry, Jean-Louis 1980: The Apparatus. In: Theresa Hak Kyung Cha (Hrsg.): Apparatus. New York, S. 41-62.
Bartetzko, Dieter 1985: Illusionen in Stein. Stimmungsarchitektur im deutschen Faschismus. Ihre Vorgeschichte in Theater- und Film-Bauten. Reinbek b. Hamburg.
Bauer, Ludwig 1991: Intonationszeichen. Notationssystem zur Transkription suprasegmentaler intonatorischer Merkmale im filmischen Dialog. In: Kanzog, Klaus: Einführung in die Filmphilologie. München, S. 185-194.
Bauhaus, Peter 1975: Simultanes Fernsehspiel. In: Medium 5. Jg. (1975) H. 4, S. 5-7.
Baxter, Peter 1975: On the History and Ideology of Film Lighting. In: Screen 16. Jg. (1975) H. 3, S. 83-106.
Bazin, André 1977: Was ist Kino? Köln.
Beller, Hans (Hrsg.) 1993: Handbuch der Filmmontage. München.
Benjamin, Walter 1963: Das Kunstwerk im Zeitalter seiner technischen Reproduzierbarkeit. Frankfurt/M.
Bentele, Günter (Hrsg.) 1981: Semiotik und Massenmedien. München.

Berg, Jan 1989: Die Bühnenschau – ein vergessenes Kapitel der Kinoprogrammgeschichte. In: Hickethier, Knut (Hrsg.): Filmgeschichte schreiben. Ansätze, Entwürfe und Methoden. Berlin, S. 25-40.
Berry, Sarah 1999: Genre. In: Miller, Toby/Stam, Robert (Hrsg.): The Blackwell Companion to Film Theory. Malden/Mass., S. 25-44.
Bickert, Hans Günther 1969: Studien zum Problem der Exposition im Drama der tektonischen Bauform. Marburg. (Diss.)
Birett, Herbert 1970: Stummfilm-Musik. Berlin.
Birthwistell, Ray L. 1971: Kinesics and Context. Essays on Bodymotion Communication. London.
Bitomsky, Hartmut 1972: Die Röte des Rots von Technicolor. Kinorealität und Produktionswirklichkeit. Neuwied/Darmstadt.
Black, David 1986: Genette and Film. Narrative Level in the Fiction Cinema. In: Wide Angle 8. Jg. (1986), H.3/4, S. 19-26.
Bleicher, Joan Kristin 1997: TV-Movies – What's the Difference. In: epd medien vom 5.4.1997, S. 3-4.
dies. 1999: Das kleine Kino. Deutsche TV-Movies der neunziger Jahre. In: epd medien Nr. 89 v. 13.11.1999, S. 5-10.
Blumenberg, Hans Christoph 1977: Im Würgegriff des Fernsehens. In: Die Zeit v. 2. 9. 1977, S. 35.
Boggs, Joseph M. 1985: The Art of Watching Films. Palo Alto.
Bolz, Norbert 1991: Eine kurze Geschichte des Scheins. München.
Boorstin, Jon 1990: The Hollywood Eye. What Makes Movies Work. New York.
Booth, Wayne C. 1974: Die Rhetorik der Erzählkunst. Heidelberg (2 Bde.)
Bordwell, David 1985: Narration in the Fiction Film. London.
ders. 1989: Making Meaning. Inference and Rhetoric in the Interpretation of Cinema. Cambridge/London.
ders. 1993: The Cinema of Eisenstein. Cambridge/London.
ders. 1995: ›Die Hard‹ und die Rückkehr des klassischen Hollywood-Kinos. In: Rost, Andreas (Hrsg.): Der schöne Schein der Künstlichkeit. Frankfurt/M., S. 151-202.
ders. 1997: Modelle der Rauminszenierung im zeitgenössischen europäischen Kino. In: Bordwell, David u.a.: Zeit, Schnitt, Raum. Frankfurt/M., S. 17-42.
ders./Thomson, Kristin 1993: Film Art. An Introduction. New York u.a.
Born, Michael 1999: Wer einmal fälscht... Die Geschichte eines Fernsehjournalisten. Köln.
Branigan, Edward 1981: The Spectator and Film Space. Two Theories. In Screen 22. Jg. (1981) Nr.1, S. 55-78.
ders. 1984: Point of View in the Cinema. A Theory of Narration and Subjectivity in Classical Film. Berlin/New York/Amsterdam.
Braudy, Leo 1977: The World in Frame. What We See in Films. New York.
Brauerhoch, Annette 1993: »Acting is a Person« – Zum Autorschaftsstatus von Schauspielern. Siegen (Arbeitsheft Bildschirmmedien Nr. 20)
Brecht, Bertolt 1970: Über den Beruf des Schauspielers. Frankfurt/M.
Burckhardt, Kirsten 1991: Kinetische Zeichen. Notationsverfahren für Bewegungsabläufe im Spielfilm. In: Kanzog, Klaus: Einführung in die Filmphilologie. München. S. 195-199.
Burgoyne, Robert 1990: The Cinematic Narrator: The Logic and Pragmatics of Impersonal Narration. In: Journal of Film and Video. 42. Jg. (1990), H.1, S. 3-16.

Campbell, Joseph 1978: Der Heros in tausend Gestalten, Frankfurt/M. (engl. 1949).
Carnicke, Sharon Marie 1999: Lee Strasbergs's Paradox of the Actor. In: Lovell, Alan/Krämer, Peter (Hrsg.): Screen Acting. London, S. 75-87.
Caroll, James K./Sherriffs, Ronald E. 1977: TV Lighting Handbook. Blue Ridge Summit.
Claus, Jürgen 1991: Elektronisches Gestalten in Kunst und Design. Reinbek b. Hamburg.
Comolli, Jean-Louis 1980: Machines of the Visible. In: Theresa de Lauretis/Stephen Heath (Hrsg.): The Cinematic Apparatus. London.
Casty, Alan 1971: The Dramatic Art of the Film. New York, Evanston, London.
Cook, David A. 1981: A History of Narrative Film. New York/London (2. Aufl. 1990).

Dadek, Walter 1968: Das Filmmedium. München/Basel.
Davis, Sam 2000: Quotenfieber. Das Geheimnis erfolgreicher TV-Movies. Bergisch-Gladbach.
De la Motte, Helga/Emons, Hans 1980: Filmmusik. Eine systematische Beschreibung. München.
Deleuze, Gilles 1989: Das Bewegungs-Bild. Kino 1. Frankfurt/M.
Delius, F.C. 1971: Der Held und sein Wetter. Ein Kunstmittel und sein ideologischer Gebrauch im Roman des bürgerlichen Realismus. München.
Delling, Manfred 1976: Bonanza & Co. Reinbek.
Diebold, Bernhard Ludwig 1913: Das Rollenfach im deutschen Theaterbereich des 18. Jahrhunderts. Leipzig/Hamburg.
Doerry, Hans 1925: Das Rollenfach im deutschen Theaterbetrieb des 19. Jahrhunderts. Erlangen.
Dröge, Franz, 1974: Medien und gesellschaftliches Bewusstsein. In: Baacke, Dieter (Hrsg.): Kritische Medientheorien. München, S. 74-106.
Dyer, Richard 1979: Stars. London.

Eckert, Gerhart 1952: Was ist das Fernsehspiel? Gedanken zu einer werdenden Kunstform. In: Rufer und Hörer 7. Jg. (1952/53) H. 2, S. 95-99.
ders. 1953: Die Kunst des Fernsehens. Emsdetten.
Eco, Umberto 1972: Einführung in die Semiotik. München.
Eder, Jens 1999: Dramaturgie des populären Films. Hamburg.
Eisenstein, Sergej 1946: Dickens, Griffith und wir. In: Ders.: Gesammelte Aufsätze I. Zürich, S. 60-136.
Eisner, Lotte H. 1975: Die dämonische Leinwand. Frankfurt/M.
Enders, Horst (Hrsg.) 1978: Die Werkinterpretation. Darmstadt.
Engel, J.J. 1785: Ideen zu einer Mimik. (Nachdruck Darmstadt 1968).
Enzensberger, Hans Magnus 1970: Baukasten zu einer Theorie der Medien. In: Kursbuch 20, S. 159-186.
Essoe, Gabe 1973: Tarzan of the Movies. Secaucus.

Färber, Helmut 1977: Baukunst und Film. München.
Fast, Julius 1979: Körpersprache. Reinbek.
Faulstich, Werner 1976: Einführung in die Filmanalyse. Tübingen.
ders. 1982: Ästhetik des Fernsehens. Tübingen.

ders. 1988: Die Filminterpretation. Göttingen.
ders. 1990: Medientheorien. Heidelberg.
ders./Korte, Helmut (Hrsg.): Der Star. Geschichte, Rezeption, Bedeutung. München.
ders./Poggel, Holger 1988: Computergestützte Filmanalyse: ›CAFAS‹- Ein EDV-Programm zur quantitativen Auswertung von Filmtranskripten. In: Korte, Helmut/Faulstich, Werner (Hrsg.): Filmanalyse interdisziplinär. Göttingen, S. 147-155.
Felix, Jürgen 1992: Woody Allen. Komik und Krise. Marburg.
ders. (Hrsg.) 2000: Genie und Leidenschaft. Künstlerleben im Film. St. Augustin.
ders. (Hrsg.) 2001: Moderne Film Theorie. Mainz.
Field, Syd 1967: Das Drehbuch. In: Ders. u.a.: Drehbuchschreiben für Fernsehen und Film. München, S. 11-120.
Fiske, John 1987: Television Culture. London.
ders./Hartley, John 1978: Reading Television. London.
Flusser, Vilém 1987: Ins Universum der technischen Bilder. Göttingen.
Foucault, Michel 1971: Die Ordnung der Dinge. Frankfurt/M. (hier TB 1980).
ders. 1978: Dispositive der Macht. Berlin.
Freyberger, Roland 1971: Tricks und Techniken des Fernsehens. Düsseldorf.
Freytag, Gustav 1992: Die Technik des Dramas. Darmstadt (Erstausgabe 1863).
Funkkolleg 1990: Medien und Kommunikation. Konstruktionen von Wirklichkeit. Studienbriefe Funkkolleg Medien. Weinheim/Basel.

Gagalick, Thomas 1988: Kontinuität und Diskontinuität im Film. Die frühen Filme Jean-Luc Godards. Münster.
Geertz, Clifford 1983: Dichte Beschreibung. Beiträge zum Verstehen kultureller Systeme. Frankfurt/M.
Gehr, Herbert (Red.): Sound & Vision – Musikvideo und Filmkunst. Frankfurt/M.
Geldner, Wilfried 1991: Allabendlich die Welt im Griff. In: Süddeutsche Zeitung v. 1.10.1991.
Genette, Gérard 1994: Die Erzählung. München.
Gersch, Wolfgang 1980: Spielen im Film. In: Film und Fernsehen 10. Jg. (1980), H. 4, S. 17-23; H. 6, S. 21-25.
Giesenfeld, Günter (Hrsg.) 1994: Endlose Geschichten. Serialität in den Medien. Hildesheim.
Giesenfeld, Günter/Sanke, Philipp 1988: Ein komfortabler Schreibstift für spezielle Aufgaben. In: Korte, Helmut/Faulstich, Werner (Hrsg.): Filmanalyse interdisziplinär. Göttingen, S. 135-146.
Goffman, Erving 1959: The Presentation of Self in Everyday Life. Garden City.
Greulich, Helmut 1973: Manipulation durch Fernsehen. In: Baacke, Dieter (Hrsg.): Mediendidaktische Modelle Fernsehen. München, S. 163-200.
Grob, Norbert 1984: Wim Wenders. Die frühen Filme. München/Berlin.
ders. 1991: Wenders. Berlin.

Haas, Michael H./Frigge, Uwe/Zimmer, Gert 1991: Radio-Management. München.
Habermas, Jürgen 1962: Strukturwandel der Öffentlichkeit. Untersuchungen zu einer Kategorien der bürgerlichen Gesellschaft, Neuwied/Berlin (4. Aufl.1969).
ders. 1981: Theorie des kommunikativen Handelns. Frankfurt/M..
Hallenberger, Gerd/Foltin, Hans-Friedrich 1990: Unterhaltung durch Spiel. Quizsendungen und Game Shows des deutschen Fernsehens. Berlin.

Hamann, Richard 1980: Theorie der Bildenden Künste. Berlin.
Hamburger, Käte 1968: Die Logik der Dichtung. Stuttgart 1968, 2.Aufl.
Hant, Peter 1992: Das Drehbuch. Praktische Filmdramaturgie. München.
Hartmann, Britta 1992: Zur Texttheorie des Filmanfangs. Berlin FU (Unveröff. Magisterarbeit).
Hattendorf, Manfred 1999: Dokumentarfilm und Authentizität. Ästhetik und Pragmatik. Konstanz.
Haucke, Lutz 1979: Der Schauspieler im Spielfilm. In: Filmwissenschaftliche Beiträge 20. Jg. (1979) H. 4, S. 30-65.
Heath, Stephen 1981: Narrative Space. In: Ders.: Questions of Cinema. London, S. 19-75.
Heidersberger, Benjamin 1991: Die digitale Droge. In: Manfred Waffender (Hrsg.): Cyberspace. Reinbek, S. 52-66.
Heinzlmeier, Adolf/Schulz, Berndt/Witte, Karsten 1980: Die Unsterblichen des Kinos. Glanz und Mythos der Stars der 40er und 50er Jahre. Frankfurt/M.
dies. 1982: Die Unsterblichen des Kinos. Stummfilmzeit und die goldenen 30er Jahre. Frankfurt/M.
Heller, Heinz-B. 1985: Literarische Intelligenz und Film. Zu Veränderungen der ästhetischen Theorie und Praxis unter dem Eindruck des Films 1910-1930 in Deutschland. Tübingen.
ders. 1989: Kanonbildung und Filmgeschichtsschreibung. In: Hickethier, Knut (Hrsg.): Filmgeschichte schreiben. Ansätze, Entwürfe und Methoden. Berlin, S. 125-132.
ders./Zimmermann, Peter (Hrsg.) 1990: Bilderwelten – Weltbilder. Dokumentarfilm und Fernsehen. Marburg.
ders./Zimmermann, Peter (Hrsg.) 1995: Blicke in die Welt. Reprotagen und Magazine des nordwestdeutschen Fernsehens in den 50er und 60 Jahren. Konstanz.
Hick, Ulrike 1992: Kinoapparat und Zuschauer. Zur Geschichte der Wahrnehmungsverhältnisse. In: Ästhetik und Kommunikation 21. Jg. (1992) H. 80/81, S. 189-194.
dies. 1999: Geschichte der optischen Medien. München.
Hickethier, Knut 1980: Das Fernsehspiel der Bundesrepublik. Themen, Form, Struktur, Theorie und Geschichte. 1951-1977. Stuttgart.
ders. 1982a: Filmsprache und Filmanalyse. Zu den Kategorien der filmischen Produktanalyse. In: Der Deutschunterricht 33. Jg. (1981) H. 4, S. 6-27.
ders. 1982b: Das Zucken im Mundwinkel. Schauspielen in den Medien. In: TheaterZeitSchrift 2. Jg. (1982) H. 2, S. 15-31.
ders. 1985: Die umkämpfte Normalität. Kriminalkommissare in deutschen Fernsehserien. In: Ermert, Karl/Gast, Wolfgang (Hrsg.): Der neue deutsche Kriminalroman. Loccum, S. 189-206.
ders. 1986: Mütterliche Venus und leidendes Weib. In: Helga Belach (Hrsg.): Henny Porten. Der erste deutsche Filmstar 1890-1960. Berlin, S. 154-170.
ders. 1990: Schauspielen in Film und Fernsehen. In: Kinoschriften. Jahrbuch der Gesellschaft für Filmtheorie. Wien. S. 45-68.
ders. 1991a: Apparat – Dispositiv – Programm. In: Ders./Siegfried Zielinski (Hrsg.): Medien/Kultur. Schnittstellen zwischen Medienwissenschaft, Medienpraxis und gesellschaftlicher Kommunikation. Berlin, S. 421-447.
ders. 1991b: Die Fernsehserie und das Serielle des Fernsehens. Lüneburg (Kultur Medien Kommunikation Bd. 2, Hrsg. v. d. Universität Lüneburg)

ders. 1993a: Dispositiv Fernsehen, Programm und Programmstrukturen in der Bundesrepublik Deutschland. In: Ders. (Hrsg.): Institution, Technik und Programm. Rahmenaspekte der Programmgeschichte des Fernsehens. (Bd. 1 der Geschichte des Fernsehens der Bundesrepublik Deutschland, hrsg. v. H. Kreuzer u. C. Thomsen) München, S. 169-241.

ders. 1993b: Das Fernsehspiel oder der Kunstanspruch der Erzählmaschine Fernsehen. In: Helmut Schanze/Bernhard Zimmermann (Hrsg.): Das Fernsehen und die Künste. München (Bd. 2 der Geschichte des Fernsehens der Bundesrepublik Deutschland, hrsg. v. Helmut Kreuzer u. Christian Thomsen)

ders. 1995: Dispositiv Fernsehen. Skizze eines Modells. In: montage/AV 4. Jg. (1995) H. 1, S. 63-84.

ders. 1997: Fernsehnachrichten als Erzählung der Welt. Überlegungen zu einer Theorie der Nachrichtenerzählung. In: Rundfunk und Fernsehen 45. Jg. (1997), H. 1, S. 5-18.

ders. 1998: Geschichte des deutschen Fernsehens. Stuttgart/Weimar.

ders. 1999a: Medien und Kultur – die Produzenten am Beispiel des Fernsehspiels. In: Saxer, Ulrich (Hrsg.): Kulturkommunikation. (Sonderheft 2/1998 der Zeitschrift Publizistik) Opladen/Wiesbaden 1998, S. 141-159.

ders 1999b: Der Schauspieler als Produzent. Überlegungen zur Theorie des medialen Schauspielens. In: Heller, Heinz-B./Prümm, Karl/Peulings, Birgit (Hrsg.): Der Körper im Bild: Schauspielen – Darstellen – Erscheinen. Marburg: Schüren Verlag 1999 (Schriften der GFF Bd.7), S. 9-29.

ders. (Hrsg.) 1999c: Schauspielen und Montage. St. Augustin(= Schauspielen im Film 2).

ders. 1999d: Zweimal Barschel, zweimal Pfeiffer in Heinrich Breloers Die Staatskanzlei. In: Ders. (Hrsg.): Schauspielen und Montage. St. Augustin, 245-260.

ders. 2000a: Rundfunkprogramme in Deutschland. In: Hans-Bredow-Institut (Hrsg.): Jahrbuch Rundfunk und Fernsehen 2000/01. Hamburg/Baden-Baden 2000, S 208-222.

ders. 2000b: Fernsehfilm? TV-Movie? Reality-Soap? Gibt es noch eine Dramaturgie des deutschen Fernsehfilms? In: Dramaturg. Nachrichten der Dramaturgischen Gesellschaft Heft 2/2000, S. 4-21.

ders. 2001a: »Wie bitte, Sie lieben das Meer nicht?« – – »Bleiben Sie dran!« Medieninszenierungen und Mehrfachadressierungen. In: Dieter Möhn/Dieter Roß/Marita Tjarks-Sobhani (Hrsg.): Mediensprache und Medienlinguistik. Festschrift für Jörg Hennig. Frankfurt/M. (im Druck).

ders. 2001b: Genretheorie und Genreanalyse. In: Jürgen Felix (Hrsg.): Moderne Film Theorie. Mainz.

ders./Paech, Joachim (Hrsg.) 1979: Modelle der Film- und Fernsehsprache. Stuttgart.

Hoberg, Almuth 1999: Film und Computer. Wie digitale Bilder den Spielfilm verändern. Frankfurt/M.

Hoffmann, Kay (Hrsg.) 1997: Trau – Schau – Wem. Digitalisierung und dokumentarische Form. Konstanz.

Holbein, Ulrich 1991: Der belauschte Lärm. Frankfurt/M.

Horkheimer, Max/Adorno, Theodor W. 1947: Dialektik der Aufklärung. Amsterdam.

Howard, David/Mabley, Edward 1996: Drehbuchhandwerk: Techniken und Grundlagen mit Analysen erfolgreicher Filme. Köln. (engl. 1993).

Jauß, Hans Robert 1970: Literaturgeschichte als Provokation. Frankfurt/M.
Jhering, Herbert 1920: Der Schauspieler im Film. In: Ders. 1961: Von Reinhardt bis Brecht. Berlin, Bd. 1, S. 378-413.
Jossé, Harald 1984: Die Entstehung des Tonfilms. Freiburg/München.
Jurga, Martin 1999: Fernsehtextualität und Rezeption. Opladen/Wiesbaden.

Kaemmerling, Ekkehard 1971: Rhetorik als Montage. In: Knilli, Friedrich (Hrsg.): Semiotik des Films. München, S. 94-109.
Kammann, Uwe (Hrsg.) 1989: Die Schirm-Herren. 12 politische TV-Moderatoren. Köln.
Kandorfer, Pierre 1978: Lehrbuch der Filmgestaltung. Köln-Lövenich.
Kanzog, Klaus 1991: Einführung in die Filmphilologie. München.
Kasten, Jürgen 1990: Der expressionistische Film. Münster.
ders. 1994: Vom visuellen zum akustischen Sprechen. In: Ernst, Gustav (Hrsg.): Sprache im Film. Wien, S. 41-56.
ders. 2000: Filmstil als Markenartikel. Der expressionistische Film und das Stilexperiment. Von morgens bis mitternachts. In. Segeberg, Harro (Hrsg.): Die Perfektionierung des Scheins. Das Kino der Weimarer Republik im Kontext der Künste. München, S. 37-66.
Kayser, Wolfgang 1969: Das sprachliche Kunstwerk. Eine Einführung in die Literaturwissenschaft. Bern. (14. Aufl.)
Keiner, Reinhold 1984: Thea von Harbou und der deutsche Film bis 1933. Hildesheim u.a.
Keller Harald 1995: Spielwiese der Stars. TV-Movies – ein gattungsgeschichtlicher Streifzug. In: Jahrbuch Fernsehen 1994/95, S. 9-18.
Kemp, Wolfgang 1979ff.: Theorie der Fotografie. Bd. I: 1839-1912. München 1980; Bd. II: 1912-1945. München 1979; Bd. III: 1945-1980. München 1983.
Kersting, Rudolf 1988: Wie die Sinne auf Montage gehen. Frankfurt/M.
Kleinsteuber, Hans J./Rossmann, Torsten (Hrsg.) 1994: Europa als Kommunikationsraum: Akteure, Strukturen und Konfliktpotentiale in der europäischen Medienpolitik. Opladen.
Kiener, Wilma 1997: Die Kunst des Erzählens. Narrativität in dokumentarischen und ethnographischen Filmen. Konstanz.
Kloehn, Ekkehard 1982: Typisch weiblich? Typisch männlich? Reinbek.
Klotz, Volker 1962: Geschlossene und offene Form im Drama. München.
ders. 1964: Muse und Helios. Über epische Anfangsnöte und -weisen. In: Ders. u.a.: Romananfänge. Versuch zu einer Poetik des Romans. Berlin, S. 11-36.
Kluge, Alexander (Hrsg.) 1983: Bestandsaufnahme: Utopie Film. Frankfurt/M.
Knilli, Friedrich 1961: Das Hörspiel. Stuttgart.
ders. 1973: Massenmedien und Literaturwissenschaft. In: Kolbe, Jürgen (Hrsg.): Neue Ansichten einer künftigen Germanistik. München, S. 290-305.
ders. 1974: Die Literaturwissenschaft und die Medien. In: Jahrbuch für Internationale Germanistik 5. Jg. (1974) H. 1, S. 9-44.
ders. 1979: Medium. In: Werner Faulstich (Hrsg.): Kritische Stichwörter Medienwissenschaft. München, S. 230-251.
Knilli, Friedrich/Reiss, Erwin 1971: ABC für Zuschauer. Einführung in die Film- und Fernsehanalyse. Gießen.
Koebner, Thomas 1973: Zur Typologie des dokumentarischen Fernsehspiels. In: Arnold, H.L./Reinhardt, St. (Hrsg.): Dokumentarliteratur. München, S. 79-95.

ders. (Hrsg.) 1990: Autorenfilme. Elf Werkanalysen. Münster.
ders. (Hrsg.) 1997: Idole des deutschen Films. München.
ders. (Hrsg.) 1998: Schauspielkunst im Film. St. Augustin (=Schauspielkunst im Film 1).
Kopetzky, Helmut 1990: Inszenierte Geräusche. Vortrag auf den Berliner Hörspieltagen. Berlin (Manuskript).
Korte, Helmut (Hrsg.) 1986: Systematische Filmanalyse in der Praxis. Braunschweig.
ders. 1994: Filmanalyse, das CNfA-System und das Fernsehen oder: Was ist der Gegenstand der Fernsehwissenschaft? In: Hickethier, Knut (Hrsg.): Aspekte der Fernsehanalyse. Münster/Hamburg, S. 204-218.
ders./Werner Faulstich (Hrsg.) 1988: Filmanalyse interdisziplinär. Göttingen (Beiheft 15 zur Zeitschrift für Literaturwissenschaft und Linguistik).
ders. 1998: Der Spielfilm und das Ende der Weimarer Republik. Göttingen.
ders. 1999: Einführung in die Systematische Filmanalyse. Berlin.
Kracauer, Siegfried 1973: Theorie des Films, Frankfurt/M..
ders. 1979: Von Caligari zu Hitler. Frankfurt/M.
Kreimeier, Klaus 1992: Die Ufa-Story. München.
ders. (Hrsg.) 1994: Die Metaphysik des Dekors. Raum, Architektur und Licht im klassischen deutschen Stummfilm. Marburg.
Kreuzer, Helmut 1975: Veränderungen des Literaturbegriffs. Göttingen.
ders./Prümm, Karl (Hrsg.) 1979: Fernsehsendungen und ihre Formen. Stuttgart.
Kristeva, Julia 1978: Die Revolution der poetischen Sprache. Frankfurt/M.
Kuchenbuch, Thomas 1978: Filmanalyse. Köln.
Kühn, Peter 1995: Mehrfachadressierung. Untersuchungen zur adressatenspezifischen Polyvalenz sprachlichen Handelns. Tübingen.
Kurowski, Ulrich 1972: Lexikon Film. München.

Lämmert, Eberhard 1955: Bauformen des Erzählens. Stuttgart. (3. Auflage 1968).
ders. (Hrsg.) 1982: Erzählforschung. Stuttgart.
Lampe, Gerhard 2000: Panorama, Report und Monitor. Geschichte der politischen Fernsehmagazine 1957-1990. Konstanz.
Lasswell, H.D. 1948: The Structure and Function of Communication in Society. In: Bryson, L. (Ed.): The Communication of Ideas. New York (Neuaufl. 1964).
Lavater, J.K. 1802: Nachgelassene Schriften. Zürich.
Leibfried, Erwin 1980: Literarische Hermeneutik. Tübingen.
Liedtke, Rüdiger 1985: Die Vertreibung der Stille. München.
Locatelli, Massimo 1999: Béla Balázs. Die Physiognomik des Films. Berlin (=Beiträge zur Film- und Fernsehwissenschaft Bd. 54).
Loiperdinger, Martin 1990: Als die Bilder laufen lernten. Filmdokumentation. Süddeutscher Rundfunk Stuttgart.
Lotman, Jurij M. 1977: Probleme der Kinoästhetik. Einführung in die Semiotik des Films. Frankfurt/M.
Lowry, Stephen/Korte, Helmut 2000: Der Filmstar. Stuttgart/Weimar.
Luhmann, Niklas 1996: Die Realität der Massenmedien. Opladen.

Marschall, Susanne/Grob, Norbert (Hrsg.) 2000: Ladies, Vamps, Companions. Schauspielerinnen im Kino. St. Augustin (= Schauspielkunst im Film 3).
McConnell, Frank D. 1977: Leopards an History. The Problem of Film Genre. In: Barry K. Grant (Hrsg.): Film Genre. Theory and Criticsm. London.

Maletzke, Gerhard 1957: Kritik und Analyse von Fernsehsendungen. In: Rundfunk und Fernsehen 5. Jg. (1957) H. 2-3, S. 184-197.
ders. 1963: Psychologie der Massenkommunikation. Hamburg.
Mascelli, Joseph V. 1965: The Five C's of Cinematography. Hollywood (3.Aufl. 1968).
Merten, Klaus 1983: Inhaltsanalyse. Einführung in Theorie, Methode und Praxis. Opladen.
Merten, Klaus u.a. (Hrsg.) 1994: Die Wirklichkeit der Medien. Opladen.
Metz, Christian 1972: Semiologie des Films. München.
Metzger, Wolfgang 1953: Gesetze des Sehens. Frankfurt/M.
Meyer, Andreas 1977: Auf dem Wege zum Staatsfilm? Bausteine zur Situationsanalyse des bundesdeutschen Kinos. In: Medium 7. Jg. (1977) H. 10, S. 27-30; H. 11, S. 14-19; H. 12, S. 15-21.
Meyer-Eppler, W. 1959: Grundlagen und Anwendungen der Informationstheorie. Heidelberg.
Meyhöfer, Annette 1986: Vom Mythos des Schauspielers. In: Deutsche Bühne 58. Jg. (1986), H. 10, S. 19-25.
Meyrowitz, Joshua 1987: Die Fernseh-Gesellschaft. Weinheim/Basel.
Michel, Karl Markus 1990: Gesichter. Physiognomische Streifzüge. Frankfurt/M.
Mikunda, Christian 1986: Kino spüren. Strategien der emotionalen Filmgestaltung. München.
Möbius, Hanno (Hrsg.) 1991: Versuche über den Essayfilm. Marburg (Augenblick Nr. 10).
ders./Vogt, Guntram (Hrsg.) 1990: Drehort Stadt. Das Thema »Grossstadt« im deutschen Film. Marburg.
Möller-Naß, Karl-Dietmar 1986: Filmsprache. Eine kritische Theoriegeschichte. Münster.
Monaco, James 1980: Film verstehen. Reinbek.
Morin, Edgar 1958: Der Mensch und das Kino. Stuttgart.
Morlock, Martin 1989: Auf der Bank der Spötter. München.
Müller, Corinna 1994: Frühe deutsche Kinematographie. Formale, wirtschaftliche und kulturelle Entwicklungen 1907-1912. Stuttgart/Weimar.
dies. 1998: Variationen des Kinoprogramms. Filmform und Filmgeschichte. In: dies./ Segeberg, Harro (Hrsg.): Die Modellierung des Kinofilms. München (=Mediengeschichte des Films Bd. 2), S. 43-76.
Müller, Eggo 1999: Paarungsspiele. Beziehungsshows in der Wirklichkeit des neuen Fernsehens. Berlin.
Müller, Harro 1990: Zur Kritik herkömmlicher Hermeneutikkonzeptionen in der Postmoderne. In: Diskussion Deutsch 21. Jg. (1990), H. 116, S. 589-599.
Mulvey, Laura 1980: Visuelle Lust und narratives Kino. In: Nabakowski, Gislind u.a. (Hrsg.): Frauen in der Kunst. Bd. 1. Frankfurt/M., S. 30-46.

Nagl, Ludwig (Hrsg.) 1999: Filmästhetik. Wien.
Naremore, James 1990: Acting in the Cinema. Berkeley u.a.
Neale, Stephen 1992: Genre. London.
Negt, Oskar/Kluge, Alexander 1972: Öffentlichkeit und Erfahrung. Frankfurt/M.
Netenjakob, Egon 1989: Eberhard Fechner. Lebensläufe dieses Jahrhunderts im Film. Berlin.

ders. 1994: TV-Filmlexikon. Regisseure, Autoren, Dramaturgen 1952-1992. Frankfurt/M.
Neumann, Klaus/Charlton, Michael 1988: Massenkommunikation als Dialog. In: Communications 14. Jg. (1988) H. 3, S. 7-37.
Newcomb, Horace M./Hirsch, Paul M. 1992: Fernsehen als kulturelles Forum. In: Hickethier, Knut (Hrsg.): Fernsehen. Wahrnehmungswelt, Programminstitution und Marktkonkurrenz. Bern u.a. S. 89-108. (Grundlagen Bd. 6).

Paech, Joachim (Hrsg.) 1975: Film- und Fernsehsprache. Frankfurt/M.
ders. 1988: Literatur und Film. Stuttgart (Sammlung Metzler Bd. 235), 2. Auflage 1997.
ders. 1989a: Eine Dame verschwindet. Zur dispositiven Struktur apparativen Erscheinens. In: Gumbrecht, Hans Ulrich/Pfeiffer, K. Ludwig (Hrsg.): Paradoxien, Dissonanzen, Zusammenbrüche. Frankfurt/M., S. 773-790.
ders. 1989b: Passion oder die Ein-bild-ungen des Jean-Luc Godard. Frankfurt/M.
ders. 1990: Zur Theoriegeschichte des Dokumentarfilms. In: Journal Film 1990/1991, H. 23, S. 23-29.
ders. 1993: Wiping – Godards Videomontage. In: Beller, Hans (Hrsg.): Handbuch der Filmmontage. München, S. 242-251.
ders. 1994: Vor-Schriften – In-Schriften – Nach-Schriften. In: Ernst, Gustav (Hrsg.): Sprache im Film. Wien, S. 23-40.
ders. 1998: Überlegungen zum Dispositiv als Theorie medialer Topik. In: Medienwissenschaft, 1998, H.4, S. 400-420.
ders. 1999: Das ›Programm der Moderne‹ und dessen postmoderne Auflösungen: Vom Werk zum Text zu Multimedia. In: Paech, Joachim u.a. (Hrsg.): Strukturwandel medialer Programme. Vom Fernsehen zu Multimedia. Konstanz, S. 13-30.
Panofsky, Erwin 1967: Stil und Stoff des Films. In: Filmkritik 1967, H. 6, S. 343-355.
Patalas, Enno 1963: Sozialgeschichte der Stars. Hamburg.
ders. 1967: Stars – Geschichte der Filmidole. Frankfurt/M.
Perincioli, Cristina/Rentmeister 1990: Computer und Kreativität. Köln.
Peters, Jan Marie 1972: Die Struktur der Filmsprache. In: Karsten Witte (Hrsg.). Theorie des Kinos. Frankfurt/M., S. 171-186.
Peulings, Birgit 1993: Die Ost-West-Geschichte im bundesdeutschen Fernsehspiel – Inhalte und Entwicklungen eines Genres. In: Hickethier, Knut (Hrsg.): Deutsche Verhältnisse. Beiträge zum Fernsehspiel und Fernsehfilm in Ost und West. Siegen (Arbeitshefte Bildschirmmedien).
Pfister, Manfred 1977: Das Drama. Theorie und Analyse. München.
Phillips, William H. 1985: Analyzing Films. A Practical Guide. New York.
Porta, J.B. 1931: Die Physiognomie des Menschen. Radebeul bei Dresden.
Prager, Gerhard 1970: Die Zukunft des Fernsehspiels. In: Ders.: Reden und Aufsätze. Mainz 1975, S. 19-23.
Prokop, Dieter 1980: Medienprodukte – Zugänge, Verfahren, Kritik. Tübingen.
Pross, Harry 1987: Geschichte und Mediengeschichte. In: Manfred Bobrowsky/Wolfgang Duchkowitsch/Hannes Haas (Hrsg.): Medien- und Kommunikationsgeschichte. Ein Textbuch zur Einführung. Wien: Braumüller 1987, S. 8-15.
Pross, Harry/Rath, Claus-Dieter (Hrsg.) 1980: Rituale der Medienkommunikation. Berlin.

Pudovkin, Vsevolod 1928: Filmregie und Filmmanuskript. Berlin.
ders. 1983: Die Zeit in der Großaufnahme. Berlin.

Rabenalt, Peter 1999: Filmdramaturgie. Berlin.
Reisz, Karel/Millar, Gavin 1988: Geschichte und Technik der Filmmontage. München.
Remann, Micky 1991: Cyber, Cyber über alles? In: Manfred Waffender (Hrsg.): Cyberspace. Reinbek, S. 15-19.
Rieupeyrout, Jean-Louis 1953: Der Western. Bremen.
Roth, Wilhelm 1982: Der Dokumentarfilm seit 1960. München/Luzern.
Rother, Rainer 1990a: Die Gegenwart der Geschichte. Ein Versuch über Film und zeitgenössische Literatur. Stuttgart.
ders. 1990b: Die Form der Abbildung und die Struktur der Erzählung. In: filmwärts Nr. 17/1990, S. 34.
Rauh, Reinhold 1987: Sprache im Film. Die Kombination von Wort und Bild im Spielfilm. Münster.
Reimann, Horst 1968: Kommunikationssysteme. Umrisse einer Soziologie der Vermittlungs- und Mitteilungsprozesse. Tübingen.
Reimers, Karl Friedrich u.a. (Hrsg.) 1983: Von der Kino-Wochenschau zum Aktuellen Fernsehen. München.
Riedel, Karl Veit 1963: Das Fernsehspiel als Kunstgattung. In: Rundfunk und Fernsehen 11. Jg. (1963) H. 1, S. 1-15.
Ritsert, Jürgen 1972: Inhaltsanalyse und Ideologiekritik. Frankfurt/M.
Ritsko, Alan J. 1979: Lighting for Location Motion Pictures. New York u.a.
Ritter, Hans Martin 1986: Das gestische Prinzip. Köln.
Rülicke-Weiler, Käte 1987: Zur Entstehung und Spezifik künstlerischer Gattungen. In: Beiträge zur Theorie der Film- und Fernsehkunst. Berlin, S. 21ff.

Schäfer, Barbara 1991: Hör-Räume. In: Sprache im technischen Zeitalter 29. Jg. (1991) H. 117, S. 28-48.
Schanze, Helmut 1974: Medienkunde für Literaturwissenschaftler. München.
Schanze, Helmut/Zimmermann, Bernhard (Hrsg.) 1993: Das Fernsehen und die Künste. München (Bd. 2 der Programmgeschichte des Fernsehens des Bundesrepublik Deutschland.)
Schauspielhaus Bochum (Hrsg.) 1979: Lee Strasberg – Schauspielerseminar. Bochum.
Scherer, Christina 2000: Alexander Kluge und Jean-Luc Godard. Ein Vergleich anhand einiger filmtheoretischer „Grundannahmen". In: Schulte, Christian (Hrsg.): Die Schrift an der Wand. Osnabrück, S. 79-102.
Scherer, Klaus R./Wallbott, Harald G. (Hrsg.) 1979: Nonverbale Kommunikation. Weinheim/Basel.
Schlickers, Sabine 1997: Verfilmtes Erzählen. Frankfurt/M.
Schlüpmann, Heide 1990: Unheimlichkeit des Blicks. Das Drama des frühen deutschen Kinos. Basel/Frankfurt/M.
Schmidt, Hans-Christian 1976: Musikalische Titel von Serien-Sendungen des Fernsehens. Überlegungen zu einer alltäglichen Erscheinung. In: Schmidt, Hans-Christian (Hrsg.): Musik in den Massenmedien Rundfunk und Fernsehen. Mainz, S. 279-318.
ders. 1982: Filmmusik. Kassel/Basel/London.

Schmidt, Siegfried J. 1987: Skizze einer konstruktivistischen Mediengattungstheorie. In: Spiel 6. Jg. (1987) H. 2, S. 163-205.

ders. 1990: Medien und Kommunikation. In: Funkkolleg Medien und Kommunikation. Einführungsbrief. Tübingen. 33-38.

ders. 1994: Konstruktivismus in der Medienforschung. In: Merten, Klaus u.a. (Hrsg.): Die Wirklichkeit der Medien. Opladen.

ders. 2000: Kalte Faszination. Medien, Kultur, Wissenschaft in der Mediengesellschaft. Weilerswist.

Schneider, Irmela 1981: Der verwandelte Text. Wege zu einer Theorie der Literaturverfilmung. Tübingen.

Schneider, Norbert 1992: Das Fernsehen – ein Mythenproduzent? In: Hickethier, Knut (Hrsg.): Fernsehen. Wahrnehmungswelt, Programmkonstitution und Marktkonkurrenz. Bern u.a. (Grundlagen Bd. 6), S. 109-127.

Schnell, Ralf 2000: Medienästhetik. Zu Geschichte und Theorie audiovisueller Wahrnehmungsformen. Stuttgart/Weimar.

Schnelle-Schneyder, Marlene 1990: Photographie und Wahrnehmung – am Beispiel der Bewegungsdarstellung im 19. Jahrhundert. Marburg.

Schöll, Norbert 1978: Die Methoden der Filmanalyse – eine Kritik ihrer Verwandlung des Gegenstandes. In: medien + erziehung 22. Jg. (1978) H. 3, S. 163-180.

Schumacher, Ernst (Hrsg.) 1981: Der Darsteller und die Darstellende Kunst. Berlin.

Schumacher, Heidi 1988: »Durch die Sendung führt«. Überlegungen zur Moderation im Magazin. In: Kreuzer, Helmut/Schumacher, Heidi (Hrsg.): Magazine audiovisuell. Berlin, S. 129-140.

Schumm, Gerhard 1989: Der Film verliert sein Handwerk. Montagetechnik und Filmsprache auf dem Weg zur elektronischen Postproduction. Münster.

ders. 1992: Schnitt ohne Schnitt. Gedanken über elektronisches Montieren. In: Hickethier/Schneider (Hrsg.): Fernsehtheorien. Berlin, S. 236-249.

Schutte, Jürgen 1990: Einführung in die Literaturinterpretation. Stuttgart. (Sammlung Metzler Nr. 217), 4. Auflage 1997.

Schwab, Lothar 1979: Der Identifikationsprozess im Kino-Film. In: Hickethier, Knut/Paech, Joachim (Hrsg.): Modelle der Film- und Fernsehanalyse. Stuttgart, S. 24-62.

Schwitzke, Heinz 1952: Der Mensch im Spiegel. Bethel bei Bielefeld.

Seeßlen, Georg 1986: Probleme der Filmanalyse. Methoden und Geschichte. In: medien + erziehung 30. Jg. (1986) H. 1, S. 2-13.

ders./King, Bernt 1977: Unterhaltung. Lexikon zur populären Kultur. Bd. 1 Reinbek.

Segeberg, Harro (Hrsg.) 1996ff.: Mediengeschichte des Films. München (3 Bde.).

Sierek, Karl 1991: Geschichten am Schirm. Ein nützliches Vademekum aus der Theorie des televisionären Dispositivs. In. Georg Haberl/Gottfried Schlemmer (Hrsg.): Die Magie des Rechtecks. Filmästhetik zwischen Leinwand und Bildschirm. Wien, S. 59-70.

Silbermann, Alphons/Schaff, Michael/Adam, Gerhard 1980: Filmanalyse. Grundlagen – Methoden – Didaktik. München.

Steinmaurer, Thomas 1999: Tele-Visionen. Zur Theorie und Geschichte des Fernsehempfangs. Wien.

Steinmetz, Rüdiger/Spitra, Helfried (Hrsg.) 1989: Dokumentarfilm als »Zeichen der Zeit«. München.

Stepun, Fedor 1932: Theater und Kino. Berlin. (Überarbeitete Neuauflage: Theater und Film. München 1953)

Stierle, Karlheinz 1976: Die Struktur narrativer Texte. In: Brackert, Helmut/Lämmert, Eberhard (Hrsg.): Funkkolleg Literatur Bd. 1, Frankfurt/M., S. 210-233.
Strasberg, Lee 1992: Schauspielen oder Training des Schauspielers? Berlin.
Strehle, Hermann 1935: Analyse des Gebarens. Erforschung des Ausdrucks der Körperbewegung. Berlin.
Strobel, Ricarda/Faulstich, Werner 1998: Die deutschen Fernsehstars. Göttingen (4 Bde.)
Szondi, Peter 1975: Einführung in die literarische Hermeneutik. Frankfurt/M.

Teichert, Will 1972/3: ›Fernsehen‹ als soziales Handeln. In: Rundfunk und Fernsehen Teil I: 20. Jg. (1972), H. 4, S. 421-439; Teil II: 21. Jg. (1973), H. 4, S. 356-382.
Teutsch, Barbara 1952: Mimik in der Fernsehzwangsjacke. In: Rufer und Hörer 7. Jg. (1952/53) H. 6, S. 344-345.
Theater heute 1966: Fernsehen und Theater. In: Theater heute 7. Jg. (1966) H. 8, S. 18-22.
Time-Life (Red.) 1972: Die Farbe. (o.O.) (=Life die Photographie).
Trautwein, Robert 1997: Geschichte der Kunstbetrachtung. Von der Norm zur Freiheit des Blicks. Köln.
Töteberg, Michael (Hrsg.) 1999: Szenenwechsel. Momentaufnahmen des jungen deutschen Films. Reinbek b. Hamburg.
Tschirn, Franz 1952: Kunst auf dem Bildschirm. In: Rufer und Hörer 6. Jg. (1951/52) H. 1, S. 41-43.
Tudor, Andrew 1973: Filmtheorien. Frankfurt/M.

Uecker, Matthias 2000: Alexander Kluge. Anti-Fernsehen? Alexander Kluges Fernsehproduktionen. Marburg.

Vogeler, Christopher 1998: Die Odyssee des Drehbuchschreibers. Über die mythologische Grundmuster des amerikanischen Erfolgskinos. Frankfurt/M. (1. Aufl. 1997).

Waldmann, Werner 1977: Das deutsche Fernsehspiel. Wiesbaden.
ders./Waldmann, Rose 1980: Einführung in die Analyse von Fernsehspielen . Tübingen.
Wallbott, Harald G. 1982: Bewegungsstil und Bewegungsqualität. Untersuchungen zum Ausdruck und Eindruck gestischen Verhaltens. Weinheim/Basel.
Warnke, Martin (Hrsg.) 1973: Bildersturm. Die Zerstörung des Kunstwerks. München.
Weber, Frank (Hrsg.) 2000: Big Brother: Inszenierte Banalität zur Prime Time. Münster/Hamburg/London.
Wehner, Josef 1997: Das Ende der Massenkultur. Frankfurt/M.
Weibel, Peter 1991: Transformationen der Techno-Ästhetik. In: Rötzer, Florian (Hrsg.): Digitaler Schein. Ästhetik der elektronischen Medien. Frankfurt/M., S. 205-246.
Weihsmann, Helmut 1988: Architektur im Film. Wien.
Well, Bernhard 1976: Funktion und Metafunktion von Musik im Fernseh-Serienfilm, dargestellt an »Der Fall von nebenan« ARD. In: Schmidt, Hans-Christian

(Hrsg.): Musik in den Massenmedien Rundfunk und Fernsehen. Mainz, S. 276-295.
Welsch, Wolfgang 1991: Unsere postmoderne Moderne. Darmstadt (3.Aufl.)
Wenzel, Eike (Hrsg.) 2000: Ermittlungen in Sachen Tatort. Berlin.
Werner, Paul 1985: Film noir. Die Schattenspiele der ›schwarzen Serie‹. Frankfurt/M.
Wersig, Gernot 1968: Inhaltsanalyse. Berlin.
Wiebel, Martin (Hrsg.) 2000: Deutschland auf der Mattscheibe. Die Geschichte der Bundesrepublik im Fernsehspiel. Frankfurt/M.
Wilkening u.a. 1965: Kleine Enzyklopädie Film. Leipzig.
Willems, Herbert/Jurga, Martin (Hrsg.) 1998: Inszenierungsgesellschaft. Opladen/Wiesbaden.
Williams, Raymond 1974: Television: Technology and Cultural Form. London.
Winkler, Hartmut 1991: Switching, Zapping. Frankfurt/M.
ders. 1992: Der filmische Raum und der Zuschauer. Heidelberg.
Winter, Rainer 1992: Filmsoziologie. München.
Wollen, Peter 1974: Signs and Meaning in the Cinema. London.
Wulff, Hans J. 1991: Telefon im Film/Filmtelefonate: Zur kommunikationssoziologischen Beschreibung eines komplexen Situationstyps. In: Debatin, Bernhard/Wulff, Hans J. (Hrsg.): Telefon und Kultur: Das Telefon im Spielfilm. Berlin 1991, S. 61-105.
Wulff, Hans J. 1992: Fernsehkommunikation als parasoziale Interaktion: Notizen zu einer interaktionistischen Fernsehtheorie. In: SB 3. Jg. (1992) H. 4, S. 279-296.
ders. 1993a: Phatische Gemeinschaft/Phatische Funktion: Leitkonzepte einer pragmatischen Theorie des Fernsehens. In: montage/av 2. Jg. (1993) H. 1, S. 142-163.
ders. 1993b: Situationalität, Spieltheorie, kommunikatives Vertrauen: Bemerkungen zur pragmatischen Fernseh-Analyse. In: Hickethier, Knut (Hrsg.): Beiträge zur Fernsehanalyse. Berlin (im Druck).
Wuss, Peter 1990: Kunstwert des Films und Massencharakter des Mediums. Konspekte zur Geschichte der Theorie des Spielfilms. Berlin.
Wyborny, Klaus 1976: Nicht geordnete Notizen zum konventionellen narrativen Film. In: Boa Vista Nr.3, 1976, S. 117-143.

Zielinski, Siegfried 1989: Audiovisionen. Reinbek.
ders. 1991: Zbigniew Rybczynskis »Steps«. Filmische Produktion und Perzeption an einer Bruchstelle der Mediengeschichte. In: Hickethier, Knut/Zielinski, Siegfried (Hrsg.): Medien/Kultur. Schnittstellen zwischen Medienwissenschaft, Medienpraxis und gesellschaftlicher Kommunikation. Berlin, S. 358-369.
ders. (Hrsg.) 1992a: Video – Apparat/Medium, Kunst, Kultur. Frankfurt/M. u.a. (Grundlagen hrsg. v. Alphons Silbermann Bd. 3).
ders. 1992b: Auslegung von elektronischen Texten. In: Brackert, Helmut/Stückrath, Jörn (Hrsg.): Literaturwissenschaft. Ein Grundkurs. Frankfurt/M., S. 237-249.
Zimmermann, Peter (Hrsg.) 1993: Fernseh-Dokumentarismus. Bilanz und Perspektiven. München.
ders. (Hrsg.) 1997: Fernseh-Dokumentarismus. Bilanz und Perspektiven. Konstanz.
Zucker, Carole (Hrsg.) 1990: Making Visible the Invisible: An Anthology of Original Essays on Film Acting. London u.a.

Sachregister

Abbild, Abbildung 19, *42f*, 45, 56f, 59, 68
Abenteuer 126, 214
Abspann 105
Acting 172
Actionfilm 148
Achsensprung 151
Achterbahneffekt 72
Adaption 116, 195
Adressierung 65
Ästhetik 2, 9, 23, 26, 32, 34, 37f, 47, 101, 111, 113, 119f, 122, 155, 160, 174, 180, 190, 192, 203, 212, 220, 223
Akt 123
Aktion 51, 74, 128
Aktualität 89, 221
Akzentlicht 82
Allegorie 182
Amerikanisch *58*,
Anamorphotisches Verfahren 48
Anfang 120, *123-126*, 133
Animationsfilm 191, 204
Anordnung 51f, 63, 113, 119
Antipathie 170, 219
Apparat, Apparatur 5, 8, 19-21, 44f, 47, 49, 57, 90
Apparatustheorie 19, 85
Architektur *70f, 74-79*, 117
Asynchron 95, 98, 107
Atelier 75, 158
Atmo, Atmosphäre 47, 52, 79, 82, 105
Audiovision, audiovisuell 1, 2, 8f, 11f, 21f, 25, 38, 42, 54, 56, 90, 92f, 95, 119, 133, 140, 209
Aufmerksamkeit 60, 182
Aufnahme 14, 45, 55, 57, 70, 75, 83f, 87, 89, 133, 144, 161, 205
Aufsicht *61f,*
Aufzeichnung 38, 89

Augenzeugenschaft 14
Auktorial *130-132*, 152
Aura 169f
Auslandskorrespondent 89
Aussage 10
Ausstattung 39, 127. 135
Authentizität 45, 201
Autonome Einstellung 148
Autor, Autorin 1, 3, 5, 35, 111, 124, 127, 194, 203, 207, 210f.
Autorenfilm, Autorenkino 135, 148f, 155, *157-159*, 168, 190

Bedeutung 24f, 28, 34f, 114, 116, 118, 145, 171
Beleuchtung 78, 80f,
Beschleunigung 60, 133, 166f
Betrachter 44f, 59, 84, 92, 115, 135, 149, 187, 212, 219, 222
Betrachtung 36, 114, 143, 169
Bewegung 38f, 44, 53f, *64f*, 67f, 70, 86, 108, 110, 119, 121, 133, 140, 153
Bild 14f, 18f, 24f, 28, 33, 38f, *43f*, 46f, 50, 52, 56f, 65f, 83f, 86, 90-93, 95, 97-99, 102-108, 110, 117, 132, 134, 137, 146, 148, 154, 167, 221f
Bild, elektronisches 42, 86f, 91f, 149, 163, 222
Bild, fotografisches 44f, 53, 91
Bild, filmisches 19, 40, 44, *55f*, 86
Bild, kinematografisches *45*, 56,
Bilddiagonale 51
Bildfläche 49, 52, 65
Bildgewebe 89, 92, 162
Bildgrenze 47, 50, 57f
Bildmitte 50f, 64, 72
Bildraum *70-73*, 164
Bildschirm 14, 16f, 20, 87, 89f, 161, 184, 186

Bildschirmpersönlichkeit *186-189*
Blick 52, 57, 63-65, 66, 70, 72, 86, 108, 130, 148, 152, *154*, 159, 169, 180f, 187, 222
Blickachse 64f,
Blue Screen 90f, 162
Breitwandformat 48f
Brennweite 69
Bühnenschau 22

Chatroom 13
Cinemascope 48
Chiaroscuro-Beleuchtung 79
Classical narration, classical style 150
Close Up *59f*
Cliff hanger 198f
Code 117
Collage 86, 91f, 157, 222
Compact Diskette 42, 102
Computer 39-42, 91, 166, 168, 222
Continuity (s. auch Kontinuum) 144, 161
Corporate Identity 23
Cultural Studies 36
Cutting 144

Daily Soap 143, 166, 183, 185, 198-200, 215
Darstellen 2, 22, 25, 27, 92, 96, 102, 110, 120, 135, 155, 158, 169-189, 191f, 200, 209, 223
Darsteller, Darstellerin 128, *169f*, 174, 186
Darstellung 2, 16, 35, 50, 66f, 78, 148, 177
Deixis, deiktische Elemente 85, 108
Demonstratio ad aures 108
Demonstratio am Phantasma 108
Demonstratio ad picturam 108
Demonstratio coram publico 108
De-Montage 92
Dekonstruktion 41, 144
Dekor 53
Denotation 118
Detail *59*, 67
Dialog 39, 103f, 106f, 148, 151, 153
Diegese 85, 113
Digital, Digitalisierung 86, 91, 163, 167, 222

Direct Cinéma 192
Diskurs 19, 35
Dispositiv 19f, 85
Distanz 59-61, 65, 130-132, 151
Distribution 2, 34
Divergenz 107
Dokumentarfilm 18, 138, 148, 190-192, *200-204*, 212, 216
Dokumentarisch-fiktionale Mischformen *204-207*
Dokumentarspiel 138f
Dokumentation 37, *191-193*, *200-207*
Drama, Dramatik 111, 114, 116, 120, 122, 124, 190
Dramaturgie *120-127*, 129, 148, 166
Drehbuch 114, 120, 122, 126, 176
Drehbuchautor, Drehbuchautorin 10, 29, 211
Dreiecksgeschichte 129
DVD 1, 42
Dynamik, Dynamisierung 60, 64, 68

Editing 144
Einfärben 90
Einstellung 24, 37-40, *56-58*, 67, 70, 79, 84, 86, 90, 97, 103, 105, 109, 120, 130, 134, 136, 139, 145f, 149, 151, 157-160, 162, 168, 170, 180
Einstellungsgrafik 39
Einstellungsgröße *58-60*, 150
Einstellungsprotokoll *39*
Einstellungswechsel 39, 87
Ellipse, elliptisches Erzählen 135, 163
Emotion 6, 28, 60, 68, 78, 98f, 106, 115, 125f, 169, 173, 185, 221
Ende 120, *123-126*, 133
Episode, episodisch 123, 137, *147f*
Erlebnis 28f, 45, 60, 102, 131, 141, 163, 195
Erzählen 2, 25, 27, 39, 42, 53, 92, 96, 108, *110-113*, 115f, 119, 131, 133, 135, 138, 143, 145f, 148, 153, 155f, 158, 165, 167, 183, 191f, 200f, 204, 209, 213, 217, 220, 223

Erzähler, Erzählerin 78, 107, 113, 115f, 125, 130
Erzählung 2, 23, 25, 35, 114, 119f, 130f, 140
Erzählstrategien *129-143*
Erzählweise 2, 22, 104, 207
Erzählzeit 39, 119
Essayfilm *203f*
Establishing Shot 150
Experimenteller Film 71, 156, 178
Exposition *123f*, 136
Expressionistischer Film 173

Fabel *113-116*
Face to face 152
Fahrt 63, 67, 69, *72-73*, 105, 164
Farbe 51, 90, 117, 137
Farbräumlichkeit 72
Farbumkehrung 90
Fast motion 133
Feature 105, 1393, *200-204*
Feministische Fernsehtheorie 3
Feministischer Film 71, 155f, 178
Fernbedienung 21, 142, 218
Fernsehanstalt 5, 34, 194, 196f
Fernsehbild *86-89*
Fernsehdesign 23, 83, 92
Fernsehdramaturgie 7
Fernsehfilm 1, 2, 25, 83, 97, 99, 123, 127, 132, 137f, 142, 155, 161f, 178, 183f, 194-197, 205, 207, 212, 215
Fernsehgerät 12, 20
Fernsehgeschichte 26
Fernsehpersönlichkeit 128
Fernsehsendung 2, 3, 5, 21, 27, 30, 32, 36, 118, 147, 190f, 211, 213
Fernsehserie (s. auch Serie) 15, 193
Fernsehspiel 20, 25, 73, 83, 91, 123, 129, 141f, 162f, 183f, 193f, 196f, 207, 215
Fernsehsprache 24
Fernsehstar *186f*
Fernsehtheorie 5, 7, 26
Figur 14, 48, 53-55, 58, 61, 65-67, 73f, 78, 91, 97-99, 101, 103f, 106, 111, 113f, 121-125, 127f, 130, 138-140, 143, 146-148, 151f, 153f, 161-163, 174, 198, 205

Figurenkonstellation 38, 63, 122, *127f*
Fiktion 14, 59, 65f, 77, 91, 99, 105, 110, 127, 143, 155, 184, *191-194*, 200, 204-206, 218, 220, 223
Film Noir 80
Filmerlebnis 31, 36
Film-Fernseh-Koproduktion *196f*
Filmförderung 13
Filmgeschichte 21, 26, 63, 78-80, 144, 148, 176, 204
Filmindustrie 22
Filmkritik 7, 26
Filmprotokoll *36*
Filmserie 176
Filmsprache 2, 7, 24
Filmstar *177f*, 181f, 187
Filmtheorie 5-7, 24, 26, 84, 170, 173
Filmvorführung 22, 36
Filmwirtschaft 5, 15f
Filmzensur 15,
Flash Back 136
Format, Bildformat *47-49*
Format, konzeptionelles 49, 210, *215f*
Forum, kulturelles 14
Fortsetzungsgeschichte 198
Fotografie 42, 44-46, 50f, 84, 86, 117f, 136, 1191
Free-TV 1
Frequenzanalyse 31
Froschperspektive 62
Führungslicht *81f*
Fülllicht *82*

Gattung 99, 148, 159, 190f
Gegenlicht 81
Gefühl 34, 67, 75f, 87, 100, 106, 125
Geisteswissenschaften 32
Genre 24, 47, 83, 99f, 114, 139, 148, 157, 159, 190, *210-213*, 215
Geometrie 50, 52
Geräusch 86, 93, *95-97*, 103, 106
Geschehen 47, 50, 55f, 61f, 68, 72f, 75, 88f, 98, 102f, 113, 115f, 119, 121, 125, 127-130, 134, 139f, 142, 151, 153, 174, 201

Sachregister

Geschichte 3, 15, 24, 36, 54f, 62, 105, 110, 113f, 116, 120-123, 126, 129, 140, 146, 200, 203, 213, 218f, 223
Geschlecht 55, 180
Geste, Gestik 7, 59, 65, 108, 110, 117, 171, 173-175, 178f, 184
Gestus 53, 178
Glaubwürdigkeit 81, 83, 172, 188, 201
Gleichzeitigkeit 14, 88, 135, 139-143
Groß, Großaufnahme 49, *59f,* 67, 151, 171, 195
Größendifferenz 72
Group Shot *59*
Grundausleuchtung 83

Halbnah *58,* 151
Halbtotale *58,* 151
Handlung 38, 54f, 57, 62, 65, 80, 82, 101, 111, 114, 119, 121, 124f, 133, 135, 138, 140, 146-148, 163, 167f, 179, 198, 200, 208
Handlungsachse 65f, 109, 153
Handlungseinheit 38, 97, 146
Handlungsort 39, 74, 150, 198
Handlungsraum 58, 61, 72-74, 88
Hauptlicht 81
Head and Shoulder Close Up *59*
Hell-Dunkel 79
Held, Heldin 66, 127-129, 154, 180, 219
Heritagefilm 138
Hermeneutik *31-33*
High Definition Television (HDTV) 49
High-Key-Stil *80,*
Hintergrund 72, 75, 90, 98, 163
Hintergrundgeräusch 96
Historizität 34
Historienfilm 76, 138
Höhepunkt 123, 126
Hörraum 93
Hörspiel 97, 116, 194, 213
Hollywood 66-68, 80, 83, 100f, 122, 124, 154-156, 158, 167
Horizontalität 71
Horrorfilm 16, 214
Hybridform 185, 200

Ich-Erzähler *131*
Idee 115
Identifikation 59, 154, 170
Identifikatorische Nähe 132, 154
Ideogramm 157
Idol 182, 184
Ikon, ikonisch 117
Illusion 18f, 42f, 67, 71, 73, 78, 84, 91-93, 149f, 155-158, 166, 178, 222
Image 177
Imitation 111
Index, indexikalisch 117
Information 13, 29f, 35-37, 40, 106, 108, 124, 151, 156, 221, 223
Infrarotfilm 90
Inhaltsanalyse *31f,*
Insert 102, 104f, 205
Institution 8, 13-17, 19f
Inszenierung 5, 19, 28, 47, 77f, 176, 191
Intensitätsanalyse 31f
Intention 18, 211
Interaktion 128, 143, 180, 208f
Internet 12, 35
Interpretation 26, 28, *32-35,* 39, 118, 180
Interviewdokumentarismus 139

Jump cut 151, 158

Kabarett 22
Kader, Kadrierung 49
Kamera 39, 45, 47f, 50, 54, 56f, 61, 63f, 68, 70, 72, 81, 83f, 87f, 96, 130, 151-153, 155, 165, 192f, 201, 222
Kamera, elektronische 83, *87f,* 90, 183
Kameraachse 66, 81, 109
Kameraauge 47, 129
Kamerabewegung 50, *62f,* 67, 132
Kamerablick 64, 68, 72, 81, 131
Kamerafahrt *63,* 70
Kameramann, Kamerafrau 10, 29, 52, 80
Kameraperspektive *61f*
Kamerastandpunkt 49, 69
Kammerspielfilm 80

Kaschierung 48f
Kausalität 54, 113, 133
Kinetik 52
Kinoprogramm 21
Kinoraum 13, 19
Kinotechnik 19
Kinotheater 22
Kinotheorie 19
Kleidung 53, 117, 188
Klischee 100
Körper 50, 53, 58, 65, 74, 84, 100, 125, 169, 171f, 175, 179f, 181f, 223
Kognition 6, 125
Kohärenz 71, 85, 119f, 165, 192, 222
Kommunikation 1, 8-11, 13, 17, 21, 28, 30, 108, 117, 217
Kommunikationswissenschaft 10
Kommunikator 9f
Komposition *50-52*, 65
Komödie 125
Konflikt 51, 53, 102, 113f, 121f, 124-126, 148, 223
Konnotation 118
Konstruktivismus 11
Kontext 29f, 33-35, 62, 115, 117-119, 173, 216
Kontingenzanalyse 31
Kontinuität, Kontinuum 24f, 45, 71, 83f, 86, 91f, 97, 108, 155, 164, 181, 219
Konvention 24, 44, 47, 51, 56, 65f, 71, 78, 86f, 98f, 122, 136, 140, 148f, 152, 154, 156, 158, 161, 166, 185, 193, 205, 220f
Konvergenz 12
Kriminalfilm 97, 100, 140, 186, 195, 199, 214
Kultur 42, 110, 118, 121, 1971, 201, 214
Kulturfilm 22, 216
Kulturindustrie 17
Kunst 7f, 43, 50, 85
Kunst, bildende 7, 16, 44, 149
Kunstbetrachtung 44
Kunstlicht 81
Kunsttheorie 6f, 9
Kunstwissenschaft 2

Landschaft 58, 63, 74, 99, 105, 137, 173
Laiendarsteller 175
Leinwand 20, 56, 59, 84, 91
Leitmotiv 101f
Lesart 34
Licht 70, *76-84*, 87, 193
Lichtspieltheater 21
Lichtton 95
Literatur 2, 7, 28f, 54, 73, 105, 110f, 116, 130, 139, 149, 211, 221
Literarisierung 37f
Literaturverfilmung 116
Literaturwissenschaft 2, 32, 36
Live 14, 87-89, 139, 141, 160, 183, 194, 202
Long Shot *58*, 60
Low-Key-Stil *80*
Lustspiel 80

Magazinisierung 218
Magazin 105, 159
Magnetband 42
Magnetaufzeichnung (MAZ) 88-90, 141, 161, 163, 183
Magnetton 95
Mainstreamfilm 74, 127, 149, 1 55, 167, 223
Malerei 43f, 47, 50, 76, 79
Manipulation 17f,
Maske 48f, 90, 127
Massenkommunikationsforschung 10
Massenkommunikationsmodell 10
Massenmedien 31, 190
Match Cut 134
Materialität 71, 90, 149, 163
Medien, Medium 1, 2, 5-9, 11f, 13-20, 24, 28, 42, 55f, 61, 95, 106, 117, 132f, 149, 169, 188, 194, 202, 213, 216, 220, 222
Medienkultur 4
Medientheorie 7, 9, 17
Medienwissenschaft 2, 3, 32, 36
Medium Shot *59f*
Mehrfachadressierung *66*
Mehrteiler 198
Melodram 73
Metapher 109, 182

Sachregister

Methode *26-31*
Metonymie 109
Mimesis 113, 144
Mimik 7, 59, 117, 171, 173, 175, 178, 184
Mischform 190, 193
Mischung 88, 90, 97, 120, *161-164*, 172, 206
Mise-en-scène 155, 160, 181
Moderator, Moderatorin 89, 164, 186f
Modifikation *107f*
Monolog 104, 129
Montage 24, 33, 87, 91, 97, 119f, 130, 139, *143-168*, 171f, 194, 202, 222
Montage, innere 67
Musik 7, 39, 86, 93, 95f, *98-102*, 117, 119, 136, 148f, 165
Musikvideo 83, 92, 162, 165f, 168
Musikwissenschaft 102
Mythos 114, 214

Nachrichten 13, 219
Nachrichtensendung 105, 123, 192f, 201, 207, 212, 219
Nachrichtensprecher, -sprecherin 186
Nah, Nahaufnahme *59*, 67, 151, 195
Nähe 48, 59-61, 65, 68, 151, 154, 172
Nähe-Distanz-Relation *57-61*, 65, 68f
Narration 25, 55, 71, 110f, 113, 129, 132f, 144f, 165, 207, 209
Natur *73-75*, 99, 114, 149, 155
Naturalismus 173
Natürlichkeit 81, 185
Negativform 51
Newsgroup 13, 35
Normalformat 47
Normalobjektiv 68
Normalsicht *61*, 71
Normalstil *80*,
Notierungssysteme 37
Nouvelle Vague 66, 158
Nutzenansatz 10-12

Obersicht 62
Objektbewegung 62

Objektiv 48
Objektivität 18
Öffentlichkeit 13f, 16f, 21, 188
Oeuvre *210-212*
Off 95, 104-107, 130f, 134, 136f, 158
On 95, 104, 137
On-Air-Promotion 220
Opening 124
Ornament 78
Ost-West-Geschichte 215
O-Ton-Bericht 202
Ouvertüre 100f

Paint box 91
Panavision 48
Panning *63*
Panorama 48
Parallelität *107f*
Parallelmontage *139*, 142
Parzellierung *171f*
Pay-TV 1
Performanz, Performance 172
Personalisierung 187, 189
Perspektive 30, 44, 50, 56, *61f*, 115, 130f, 152, 172, 201
Phatische Konstruktion 88
Physiognomie 100, 176, 180f, 188
Pilotton 95, 192
Planimetrische Einstellungen 74, 160, 168
Point of attack 124
Point of view 130
Pornofilm 16
Positivform 51
Potenzierung *107*
Präsentation 53, 55,110, 113, 202
Präsenz 43, 169, 174
Producer 121
Produkt 6, 10, 26, 30, 33f, 36, 121, 123, 190f, 210
Produktion 2, 5f, 8, 18, 27, 29f, 34, 36, 121, 166, 170, 172, 197, 210, 212
Produzent 7, 197
Programm 1, 3, 11f, 15f, 21-23, 40, 86, 141, 186, 190, 197, 200f, 206, 210, 212, *216-220*, 223
Programmfluss 23

Programmmusik 99, 101
Programmstrukturen 22f, 217
Programmverbindungen 24, 220
Projektion 20, 48, 56f, 133, 172
Protokoll *36-38*, 40f
Proxemik 7
Public Relations 14
Publikum 54, 88, 102, 123, 137, 142, 182, 186, 195, 199, 215, 221
Publizistikwissenschaft 2

Querfahrt 64, 73
Quizsendung 141

Radio 8, 13, 15, 93, 106f, 216
Radiofilm 107
Rahmen 20, 46f, 52, 57, 69, 98, 120, 143, 171, 204, 208
Ratgebersendung 88, 123
Raum 42, 49, 52, 60, 62f, 66, 71-75, 78f, 83-86, 91-93, 97, 100, 107, 110f, 143, 146, 150, 152f, 158, 165, 169, 222
Raum, narrativer *84-86*
Realismus 155f
Realismuseindruck, Realitätseindruck 76, 83, 98, 106, 201
Realität 11, 18, 20, 42, 44-47, 57, 76f, 99, 104, , 131, 145, 155f, 158, 166, 184, 201f, 205, 208, 222
Realität, filmische 60, 65, 81
Redakteur, Redakteurin 13, 121
Regisseur, Regisseurin 1, 3, 5, 7, 9f, 29, 35, 52, 80, 124, 127, 145, 157, 159, 161, 193f, 210f
Reichsfilmkammer 22
Reihe 199
Rembrandt-Stil 79
Reportage 193, 202, 205
Repräsentation 43
Requisite 50, 1383, 181
Rezeption 3, 5f, 21, 30, 34-36, 56, 111, 121, 141, 195, 210
Rezipient 7, 9-11, 33, 110
Rhetorik 108, 180
Rhythmus 52, 78, 92, 157, 199, 220
Rolle 47, 131, 172, 175-178
Rollenfach 128

Roman 116, 119, 139, 141
Rückblende 136f
Rückwärtsfahrt *73*, 133
Rückwendung *136-138*
Rundfunk 11, 13, 15f, 194, 203

Satellit 15
Screwball-Komödie 80
Schallplatte 8, 93
Schauspielen 33, *169-189*
Schauspieler, Schauspielerin 1, 10, 127, 169-172, 174f, 177, 179, 182, 184, 189, 205f
Schein 14, 59, 179
Schluss 126, 199
Schnelligkeit 50, 56, 87
Schnitt 39f, 87, 90, 119f, 130, 155, 166, 171, 194, 201
Schrift 102, 104f
Schrifttafel 87, 105, 187, 219
Schuss-Gegenschuss 151
Schwarzweiß 137f, 163
Schwenk *63*, 67, 70, 164
Science-Fiction 74, 77, 100, 139, 214
Segmentierung 40
Seitenlicht 79, 81
Sender 87, 92
Sendung 12, 18, 21f, 24f, 89, 92, 101, 141, 210, 216-218, 220
Sequenz 37-39, 67, 101, 121, 130, *146-148*, 158, 162, 167f, 199
Sequenzgrafik 39
Sequenzliste *38f*
Sequenzprotokoll *38f*
Serie (s. auch Fernsehserie) 1, 23, 25, 73, 123, 143, 155, 176, 185f, 197, 199f, 212, 218-220
Serialisierung 218
Show 88f, 105, 141-143, 165, 188f, 200, 207, 215
Show down 58, 215
Simultaneität 88
Single Shot 59
Sinn 11, 24f, 29, 32f, 35, 110, 118, 120, 122f, 157, 170, 218, 223
Situation 30, 47, 61, 64, 82, 99, 113, 115, 123
Sketch 54

Slapstick-Effekt 133
Slow motion 133
Solarisation 90, 163
Soundtrack 98
Sozialwissenschaften, Soziologie 2, 32
Spannung 62, 64, 115, 122, 124, 126, 132, 139f, 144f, 150, 174, 198, 204, 208
Spannung, induzierte 68, 125
Special effects 76, 195
Speicher, Speicherung 91, 162, 167, 183
Spielfilm 1, 7, 20, 22, 25, 58, 62, 66, 73, 75, 150, 161, 166, 179, 182f, 191f, 196, 212, 216, 219f
Sport, Sportsendung 88, 101, 208
Sprache 7, 24, 93, 95, 99, *102-107*, 117
Sprecher, Sprecherin 130
Sprechweise 106, 185
Split Screen 90, 162
Stanzverfahren 89f, 162
Stereotyp 99f, 183
Stil 47, 76, 79f, 83, 91, 99, 104, 158-160, 173, 185, 195
Stimme 106, 133, 180
Stimmung 58, 75f, 79f, 98-100, 106
Story *113-116*
Straßenfilm 80
Stream of conciousness 46
Studio 75f, 88-90, 161, 166, 183f, 203
Stummfilm 77, 79, 93, 102-104, 175, 216
Suggestion 15, 28, 57, 169, 174, 177
Sukzession 53, 110f, 212
Surrealismus 83
Switchen 11f, 21
Synchron, Synchronität 95, 101, 107
Synekdoche 109
Symbol, symbolisch 117, 178
Sympathie 170, 219
Szene 64, 75, 79f, 103, 114, 123, 133, 138, *147*, 156, 170f
Szenerie 33, 58, 73, 82, 135, 138

Tanz 22, 54, 179
Technik 45, 57, 68, 81, 91, 119. 167, 183, 221, 223

Techno-Ästhetik 90
Teleobjektiv 68f
Text 23f, 32f, 106, 110, 115, 120, 122
Text, filmischer 24
Text, elektronischer 27, 92
Texttafel 102
Textur 89f, 110
Theater 14, 16, 54, 60, 77, 79, 104, 111, 120, 123, 139, 149, 171, 173f, 183, 213, 221
Theaterstück 1, 163
Theaterfilm 1
Theaterwissenschaft 2, 3
Thema 113-116, 120, 212f, 223
Theorie 3, 10, 12, 26, 29, 121f
Three-Shot-Aufnahme 59
Tiefenstaffelung 73
Titelmusik, Titelsong 100-102
Ton 14, 25, 33, 39, 86, 93-95, 100, 107, 117, 119
Tonfilm 22, 47, 54, 104, 175
Totale *58f*
Transparenz 89, *149f*, 160
Traum 74, 83, 100
Travelling *63*
Trick 76, 91, 165
Tropen 108f
TV-Movie 155, 195, 215
Two-Shot-Aufnahme 59
Typus 127

Überblendung 39, 137
Überschneidung 72
Übersichtseinstellung 63, 67, 78, 150-152
Ufa-Film, Ufa-Kino 83, 122, 155, 175
Unmittelbarkeit 28
Unsichtbarer Schnitt *149-156*, 161
Unterhaltung 17, 22, 88, 149, 208, 212, 221
Unterhaltungssendungen 141
Untersicht *61f,*
Unterspielen *172f*
Untertitel 106

Valenzanalyse 31
Varieté 21

Verblendungszusammenhang 17
Verfilmung 105, 116, 176
Verfolgungsjagd 67, 118, 140
Vergegenwärtigung 111
Verkantung 71f
Verlangsamung 60
Verreißen 61, 71, 131, 151
Verschriftlichung 14, 103
Versprachlichung 27
Vertikalität 71
Video 2, 8, 13, 16, 20, 27, 41, 54, 91, 113, 117, 147, 162, 196f
Videoband, Videotape 3, 38
Videokunst 2, 83, 86
Videorecorder 36, 39f, 92
Vielkanal-Kommunikation 11
Virtuelle Realität 222
Visuell, Visualisierung 38-40, *42f*
Vogelperspektive 62
Vordergrund 72
Vorderlicht 81
Vorführung 6
Vorgriff, vorgreifendes Erzählen 135, *138f*
Vorspann 101
Vorwärtsfahrt 72

Wahrnehmung 3, 8, 11, 19f, 22, 27, 34, 36, 49, 56f, 60f, 68f, 76, 85, 92, 98, 108, 111, 121, 125, 150, 153, 158, 163f, 218, 222f
Wahrnehmungsraum 66, 97, 117
Weit *58,*
Weitwinkelobjektiv 68
Wendepunkt 123f
Werbung 1, 14, 24, 190, 217
Werk 26, 34f, 110f, 120, *210-212*, 223
Werkinterpretation 32

Wertung 8, 93, 193
Western 58, 74, 100, 114, 125, 199, 213f
Wiederholung 122, 182
Wirklichkeit 11, 18, 46, 57, 76, 96, 117, 149f, 155, 158, 166, 201, 218
Wirkung 10f, 23, 30, 105, 188, 220
Wochenschau 14, 22, 216
Wohnküchendramaturgie 161, 184
Wort 15, 95, 103, 106-108
Wort-Bild-Beziehungen

Zappen 12, 21
Zeichen 24, 33, 102, 117f
Zeigebild 108
Zeigewort 108
Zeit 22f, 42, 45, 54, 86-88, 111, 116, 119, 133f, 138f, 142f, 146f, 158f, 165, 185, 198, 216, 219
Zeit, erzählte 38, 119
Zeitdehnung *134*
Zeitlupe 135
Zeitraffung *134f,* 186
Zentralperspektive 43, 72
Zirkel, hermeneutischer 33
Zitat 28, 158
Zoom *69f,* 164
Zuschauen 5f, 12, 28
Zuschauer, Zuschauerin 6, 11, 14-22, 48f, 51, 54, 56f, 59-69, 73f, 87-89, 96-98, 100f, 103f, 106, 108, 114, 118, 121-126, 131f, 138f, 145f, 152f, 158f, 168, 181, 185, 187, 200-202, 204, 216, 221
Zuschauerblick 52, 57, 72
Zwei- und Mehrfluchtpunktperspektive 72
Zwischentitel 102f, 104-106

Sammlung Metzler

Einführungen, Methodenlehre
SM   1   Raabe: Einführung in die Bücherkunde zur dt. Literaturwissenschaft
SM   13   Bangen: Die schriftliche Form germanistischer Arbeiten
SM   59   Behrmann: Einführung in die Analyse von Prosatexten
SM   79   Weber-Kellermann/Bimmer: Einf. in die Volkskunde/
          Europ. Ethnologie
SM 112   Schlawe: Neudeutsche Metrik
SM 148   Grimm u.a.: Einf. in die französische Literaturwissenschaft
SM 183   Schwenger: Literaturproduktion
SM 188   Asmuth: Einführung in die Dramenanalyse
SM 190   Zima: Textsoziologie
SM 217   Schutte: Einführung in die Literaturinterpretation
SM 235   Paech: Literatur und Film
SM 246   Eagleton: Einführung in die Literaturtheorie
SM 259   Schönau: Einf. i. d. psychoanalytische Literaturwissenschaft
SM 263   Sowinski: Stilistik
SM 270   Heidtmann: Kindermedien
SM 277   Hickethier: Film- und Fernsehanalyse
SM 283   Ottmers: Rhetorik
SM 284   Burdorf: Einführung in die Gedichtanalyse
SM 285   Lindhoff: Feministische Literaturtheorie
SM 287   Eggert/Garbe: Literarische Sozialisation
SM 300   Kammer: Wissenschaftliche Arbeiten mit dem PC
SM 302   Korte/Müller/Schmid: Einführung in die Anglistik
SM 305   Bauer: Romantheorie
SM 317   Paefgen: Einführung in die Literaturdidaktik
SM 320   Gfrereis (Hrsg.): Grundbegriffe der Literaturwissenschaft
SM 324   Bossinade: Poststrukturalistische Literaturtheorie

Deutsche Literaturgeschichte
SM   47   Steinmetz: Die Komödie der Aufklärung
SM   68   Kimpel: Der Roman der Aufklärung (1670-1774)
SM   75   Hoefert: Das Drama des Naturalismus
SM 128   Meid: Der deutsche Barockroman
SM 142   Ketelsen: Völkisch-nationale und nationalsoz. Lit. in Dtld
          1890-1945
SM 144   Schutte: Lyrik des deutschen Naturalismus (1885-1893)
SM 157   Aust: Literatur des Realismus
SM 170   Hoffmeister: Deutsche und europäische Romantik

SM 175 Wilke: Zeitschriften des 18. Jh. II: Repertorium
SM 209 Alexander: Das deutsche Barockdrama
SM 210 Krull: Prosa des Expressionismus
SM 225 Obenaus: Lit. und politische Zeitschriften 1830-1848
SM 227 Meid: Barocklyrik
SM 229 Obenaus: Lit. und politische Zeitschriften 1848-1880
SM 234 Hoffmeister: Deutsche und europäische Barockliteratur
SM 238 Huß-Michel: Lit. und politische Zeitschriften des Exils 1933-1945
SM 241 Mahoney: Der Roman der Goethezeit
SM 247 Cowen: Das deutsche Drama im 19. Jh.
SM 250 Korte: Geschichte der deutschen Lyrik seit 1945
SM 290 Lorenz: Wiener Moderne
SM 298 Kremer: Prosa der Romantik
SM 331 Schärf: Der Roman im 20. Jahrhundert